4차 산업혁명 시대의
기업가정신과 벤처 창업론

Entrepreneurship and Venture Business Startup
In the 4th Industrial Revolution Era

백 두옥 펴냄

 21세기사

PREFACE

　우리는 빛의 속도로 빠르게 변화하는 지식정보화시대에 살고 있다. 최근 스마트혁명으로 일어난 생활의 변화를 느꼈듯이, 기업들의 부침도 눈 깜짝 할 사이에 일어난다. 이처럼 미래의 변화하는 트랜드에 대응하지 못하면 오랜 역사와 전통을 가진 기업이나 재벌기업도 하루아침에 무너진다. 그런가 하면 잘 알려지지 않았던 조그만 기업이 갑자기 크게 성장하여 일류기업이 되는 경우도 가끔 보게 된다. 산업화시대에는 파레토법칙이 적용되던 대량생산경제 패러다임에서 대기업위주의 경제성장이 가능했다. 또 대기업에서 하청을 받은 중소기업이 있었기에 평생직장이라는 개념이 가능했다.

　그러나 지식정보화시대에는 다품종 소량생산체재로 변하면서 세분화된 수요에 부응하는 많은 소기업들의 창업이 일어났다. 이러한 변화는 평생직장 개념에서 평생 직업 추세로 바뀌는 계기가 되었다. 이에 따라 세계 주요 국가들은 글로벌 금융위기 이후 생존전략으로 창업 및 기업가정신의 부활을 강조하고 있다.

　최근에는 지능정보화사회를 촉진하는 4차 산업혁명이 화두로 등장했다. 당초 4차 산업이란 용어는 2000년 초 독일과 영국에서 '공장 자동화 구축'에 대한 열망과 함께 등장했는데, 개념이 확장되어 '초(超)연결' '초(超)지능'을 지향하며 이제껏 인간이 한 번도 경험하지 못했던 세계로 진입하는 미래사회를 가리키게 되었다.

　4차 산업혁명을 처음 주장했던 '세계경제포럼(WEF)'의 클라우스 슈밥 회장은 "초연결사회로의 변화를 겪으면서 노동의 수요와 공급도 더욱 세분화, 정밀화될 것"이라고 주장한다. 즉 기업뿐만 아니라 일반 소비자들끼리도 '이베이'나 '아마존', '11번가'나 '옥션' 등에서 개인들끼리, 또는 기업과 개인 간에 거래를 하듯 노동력을 거래하면서 '직장' 개념이 사라질 가능성이 높다고 한다. 이를 현재 상황에 대입해 보면, 대규모의 인력을 필요로 하는 건설업, 중공업, 유통업, 금융업, 대형 기계제조업에서 엄청난 수의 인력 구조조정이 일어나게 되고, 해당 기업의 사무 관리직과 영업·마케팅·홍보 사원들 또한 대폭 감축하게 된다. 이들이 지금까지 해오던 일은 인공지능을 바탕으로 한 프로그램과 로봇이 대신할 수 있기 때문이다.

이러한 시대적 변화에 대응하여 선진국들이 청년창업과 기업가정신 활성화를 강조하는 이유는 크게 두 가지이다. 첫째는 사회적문제로 대두 된 고학력 실업의 해결책으로 하고 싶은 일을 스스로 개척하는 '창직'인 즉 창업이 있기 때문이다. 이처럼 글로벌 금융위기와 유럽 재정위기로 인한 세계경제의 동반침체로 청년실업은 세계적인 화두가 되었다. 이는 우리나라 또한 예외가 아니다.

이제는 고용 없는 성장시대의 도래에 따라 대기업을 통한 일자리 창출은 한계에 다다랐기 때문에 수많은 예비창업자들에 의한 창업만이 유일한 대안이라고 할 수 있다.

그 근거로 2003년에서 2013년 평균 대기업의 고용증가율(2.1%)에 과 일반중소기업의 고용증가율(2.7%)비해 벤처기업의 고용증가율(9.1%)이 3배이상 높게 나타났다. 또한 미국 카우프만 재단의 연구결과에 의하면 2007년 미국에서 새로 창출된 일자리의 2/3가 창업기업에서 나왔을 정도로 벤처창업기업의 고용 창출효과는 매우 크다.

창업 및 기업가정신을 강조하는 두 번째 이유는 창업을 통해 국가차원의 새로운 성장동력 확보가 가능하기 때문이다. 미국의 경우에는 국민소득 2만불 달성시점(1988)에 창업가정신 교육확산과 함께 정규 창업교과목이 편성되었다. 뱁슨대학이 기업가정신 학부(entrepreneurship program)를 신설(1989)한 이래 MIT, 스탠포드 대학 등 400개 이상 대학에서 정규교과목으로 편성했다. 또 카우프만 재단의 리더쉽센타 설립(1992)을 통해 창업가정신을 확산시켰다. 이러한 노력의 결과로 휴렛패커드, 애플, 구글, 페이스북 등 대학 및 대학원생 창업의 성공신화가 미국의 신성장 동력이 되었음은 주지의 사실이다.

우리나라도 글로벌 금융위기이후 세계적인 경기침체로 인해 고용없는 성장과 일자리 창출 부족현상이 지속되고 있다. 이런 상황에서 박근혜 정부가 들어서면서 이를 타개할 수 있는 방안으로 일자리를 중심으로 하는 창조경제 구축이 국정목표로 제시되어 다양한 창업지원정책을 추진했었고, 이어서 문재인정부에서도 중소벤처기업부 신설하고 4차 산업혁명 대응계획 및 혁신창업 생태계 조성 방안을 추진하고 있다. 하지만 90년대 말 벤처 붐 이후 우리나라 벤처창업과 기업가 정신지수는 답보상태에 있어서 국민소득 3만불을 넘어 4만불 시대의 진입을 위해서는 기업가정신과 벤처창업 활성화가 필수적이라고 하겠다.

실리콘밸리에서는 시장경제의 작동이 원활하게 이루어지고 있어서 누구라도-외국인일지라도 아이디어나 기술이 사업성이 충분하다면 벤처창업의 꿈을 이룰 수 있는 선순환 벤처창업 생태계가 형성되고 있다. 실리콘밸리는 특히 다른 나라에서 온 이민자들의 적극적인 창업으로 더욱 빠른 성장을 거듭할 수 있게 되었는데, 전체 기업의 43.9%가 이민자들이 설립한 기업이다. 그러나, 우리나라의 판교테크노밸리같은 기술집적단지에서 활동하는 외국인 창업자들을 찾아보기 힘들다. 이것은 인바운드로 외국인 기술자들이나 고급인력이 국내에 들어와서 벤처창업을 활발하게 할 수 있는 창업집적단지 조성 지원제도나 여건은 거의 불모지나 다름없기 때문이다.

세계 주요국에서는 벤처기업 창업촉진을 위하여 미국의 실리콘밸리와 유사한 스타트업 집적단지나 클러스터, 창업지원정책을 추진하여 상당한 성과를 내고 있다. 스타트업 칠레를 비롯하여 런던의 테크시티, 핀란드의 테케스, 스타트업 사우나, 이스라엘의 기술창업보육프로그램 및 요즈마펀드, 중국의 중관촌, 심지어 최근에는 프랑스도 글로벌 스타트업 육성을 위해 스테이션F 정책을 추진하고 있다. 이들 나라의 지원제도들은 기술력이 뛰어난 외국의 글로벌 스타트업들을 유치에 노력하고 있다는 점이다.

우리의 경우, 아웃바운드로 실리콘밸리나 베트남, 상하이에 가서 창업하는 것을 지원하는 제도가 있기는 하지만 국내에서 일자리창출이 더 많이 되는 인바운드로의 외국인 창업촉진을 위해 투자이민을 통한 외국인의 창업지원제도나 스타트업 유치에 관심도 없고 지원도 거의 없는 것은 매우 안타까운 현실이다.

창업 현장에서 일어나는 실제적인 정보와 자료를 정리하여 예비창업자들 또는 대학에서 창업학을 배우거나 창업동아리 활동을 하면서 창업에 관심이 있는 사람들은 물론 창업학을 강의하는 분들이나 창업정책을 입안하는 공무원들에게 유용한 자료가 된다면 필자 나름대로 Start-up Korea건설에 나아가 "기업하기 좋은 나라" 만드는데 조금이라도 기여할 수 있다면 좋겠다는 바람으로 이 책의 집필을 기획했다.

이 책에 수록된 내용 중에는 창업진흥원이 자체적으로 연구한 자료 및 연구 용역을 위탁한 자료들도 많이 인용되었다. 물론 벤처 창업론 내지 창업학이나 기업가정신론을 집필하신 선배 제현들의 연구물들의 여러 부분들을 발췌해서 편집하기도 했다. 실제로 창업하려는 사람들의 창업단계마다 부딪히는 필요한 정보를 제공할 수 있도록 기존에 나와 있는 창업 정보를 종합했다. 이로써 해당 단계에서 부딪히거나 해결해야하는 창업 정보를 제공하면서 그 단계에서 필요한 읽을거리나, 창업에 성공한 CEO들의 창업사례를 첨부했다. 또 이용 가능한 정부지원 제도에 대한 설명도 덧붙였다.

본 교재는 창업의 단계별 프로세스에 대해서 기본적인 내용을 쉽게 이해할 수 있도록 실제 창업과정에서 부딪힐 수 있는 주제별로 내용을 조화롭게 융합하여 설명하고자하였다. 이 책은 총3부 13장으로 구성되어있으며 제1부는 4차 산업혁명시대의 창업환경, 제2부는 창업의 준비와 실행, 제3부는 창업기업의 경영 순으로 내용정리를 하여서 따라 하기 식으로 진행하다보면 창업의 과정을 쉽게 이해할 수 있도록 하였다.

장별 주요 내용을 살펴보면 제1장에서는 최근 화두가 되고 있는 시대의 변화, 4차 산업혁명의 시대의 산업구조 및 노동시장 변화와 창업의 중요성을 기술하였고, 제2장에서는 벤처창업기업들이 잘 성장할 수 있는 생태계조성을 위해 필요한 것이 무엇인가를, 이어서 제3장에서는 창업의 핵심요소인 기업가정신의 중요성을 기술하였는데, 특히 각장 말미에 국내외 성공한 CEO들의 기업가정신 사례를 요약하여 참고하게 하였다.

제4장, 5장, 6장에서는 어떻게 하면 창의적인 아이디어를 하나의 비즈니스 아이디어로 전환해나가는지, 그리고 그러한 아이디어나 기술을 사업화하기 위해 필요한 비즈니스모델 수립, 사업타당성 분석 및 사업계획서 작성 방법에 대해 기술하였다. 제7장에서는 창업기업의 설립을 위한 실제적인 절차, 팀 구성의 조직화 방법 등을 살펴보았다. 특히 자본주의의 폐해를 치유할 수 있는 대안으로 떠오른 협동조합과 소상공인들의 자조적 기반이 되고 일자리 창출수단으로서 협동조합의 창업사례도 기술하였다.

제8장에서는 자금조달의 원천과 운용방법에 대해 기술하였다. 제9장에서는 벤처기업을 위한 적절한 타겟시장의 선정, 브랜드 구축, 4P등 창업기업이 부딪히는 독특한 마케팅 이슈에 대해 초점을 맞춰 기술하였다. 제10장에서는 창업기업의 성장을 위한 지적재산권의 적절한 역할에 대해 검토하고 사업아이디어를 특허, 상표, 저작권이나 영업비밀과 같은 지적재산권 법규정을 통해 보호하는 것에 대해 얘기할 것이다.

제11장에서는 프렌차이징에 초점을 맞춘다. 모든 프렌차이즈 조직이 창업기업은 아니지만, 프렌차이징은 창업기업의 성장과정에서 중요한 요소이다. 우리경제의 고질적인 갑질문화를 치유할 수 있는 하나의 대안으로서 프렌차이즈 조직의 협동조합으로의 전환유형과 사례를 고찰해봤다. 제12장에서는 벤처창업기업이 최종적 목표로 삼는 기업공개 내지 인수합병같은 투자회수전략을 알아볼 것이다. 제13장에서는 신생 벤처창업기업이 죽음의 계곡을 넘기고 지속적으로 성장 발전할 수 있는 전략을 기술하였다.

이 책을 통해 새로운 미래를 개척하고 세계를 움직일 수 있는 한국의 스티브잡스나 빌게이츠, 마윈같은 젊은 CEO들 그리고 매일 이를 꿈꾸며 한 발자국씩 나가고 있는 대학생, 대학원생 및 예비창업자들 가운데 저출산 고령화 사회 저성장의 늪에 빠진 우리나라의 경제성장을 견인할 수 있는 새로운 시각과 사고를 갖고 있는 차세대 인재들이 배출되기를 기대해본다. 아울러 이미 창업활동을 하고 있는 창업가들 및 기존 기업 내에서 활동하면서 미래의 창업을 준비하는 분들에게는 기업가정신을 함양할 수 있는 계기가 되었으면 하는 바램이다.

이 교재가 완성되는데 많은 도움을 준분들에게 감사의 마음을 이 자리를 빌려 표하고 싶다. 우선 온라인 법인창업 시스템에 관한 자료를 업데이트하는 수고를 해준 창업진흥원의 이재훈 부장에게 감사를 드린다. 그리고 자본주의체재하에서 우리사회에 만연된 갑질문화를 해결할 수 있는 대안으로서 협동조합기업 창업의 중요성과, 또 협동조합의 창업 플랫폼을 통해 사회적협동조합도 일자리창출이 가능하다는데 대한 논의와 조언을 해준 한국창업정책연구원의 이순철 부원장에게도 감사의 말씀을 드린다.

창업기업들에 대한 현장 멘토링을 통해 창업기업들이 겪는 애로나 필요 사항을 책에 반영하는데 도움을 준 단국대의 배홍모교수, 이 책 집필하는데 여러 가지 충고와 편의를 제공해주신 세계적인 절전기회사인 ㈜코스모토의 조인현회장님과 전반적으로 책 내용을 감수하여준 단국대 컴퓨터공학과 조성갑 교수에게도 특별히 감사를 드리고 싶다.

또한 따뜻한 마음으로 격려를 아끼지 않은 사랑하는 아내, 딸 경민이와 아들 승연에게도 고맙다는 말을 하고 싶다. 끝으로 본 교재 발간에 많은 충고를 해준 후배 김현수, 그리고 본고 출판에 지원과 독려를 해주신 21세기 출판사 이범만대표에게도 감사의 마음을 전한다.

2018년 8월

한남동 사무실에서

백두옥

CONTENTS

PART III 창업기업의 경영

PART I

4차 산업혁명 시대의 창업환경

I

CHAPTER **1**

4차 산업혁명 시대의 도래와 창업

- 4차 산업혁명은 우리가 '하는 일'을 바꾸는 것이 아니라 '우리 인류 자체'를 바꿀 것이다.

  클라우스 슈밥 세계경제포럼(WEF) 회장

- 석기시대는 돌을 다 썼기 때문이 아니라 더 좋은 기술(청동)이 나왔기 때문에 막을 내렸다. 석유를 소진했기 때문에 석유 시대의 종말이 오는 것이 아니라 태양광, 전기자동차, 자율주행차가 구축하는 새 비즈니스 모델이 더 효율적이기 때문에 석유 시대가 종말을 맞을 것이다.

  토니 세바

제1절 시대에 따른 기업 환경의 변화

인류의 역사가 '노동집약 → 자본집약 → 지식집약' 순으로 발전하여 왔음은 모두가 익히 알고 있는 사실이다. 수렵생활에서 시작한 인류 최초의 경제기반은 노동력이었다. 그러나 시간이 지나면서 보다 우월한 신체능력을 가진, 즉 보다 우월한 생산능력을 가진 인간이 등장하였고, 이들의 생산량은 자신들의 생존에 필요한 양(量)을 초과하게 되었다. 잉여(Surplus)가 발생하기 시작한 것이다. 이들은 그러한 잉여생산물을 타인과 교환하고 축적하면서 '최초의 자본'을 형성한다. 곧 이들은 자신들의 자본을 활용, 자신들은 노동에서 해방되면서도 계속해서 자본의 축적이 가능한 수준의 생산이 가능함을 깨닫게 된다. 자본가의 등장, 그리고 노동집약(Labor Intensification)에서 자본집약(Capital Intensification)의 시대로의 변환이었다.

이들 자본가들은 근대에 이르면서 새롭게 등장한 기술들을 활용, 더욱 거대한 자본을 축적하게 된다. 그리고 이는 그들의 관심을 기존과는 전혀 다른 새로운 차원으로 옮겨놓는다. 직접적인 생산에 투입되어야만 하는 자본 이외의 잉여자본(Capital Surplus)을 어떻게 하면 효과적으로 관리하여 더욱 효율적으로 부를 확장할 수 있는가라는 '자본관리'가 바로 그것이었다. 곧 이러한 새로운 관심은 학문으로서의 경영(Management)과 경영대학(Business School)을 등장시키게 된다. 특히 1900년대 초반 미국을 중심으로 형성된 이들 경영대학들은 자본의 효율적 운용 방안을 연구하고 그 결과를 미래의 자본가에게 교육하기 시작한다. 직접적인 생산의 결과로 형성된 자본을 효율적으로 운용할 수 있는 지식이 중요해진 시대, 즉 지식집약시대가 도래한 것이다.

이러한 과정을 복기(復碁)하다 보면 하나의 공통된 과정이 반복되고 있음을 알 수 있다. '과거 경제원리의 잉여(Surplus)화'와 '새로운 경제중심원리의 등장'이다. 그렇다면 지금까지의 지식집약 시대 역시 잉여, 보다 구체적으로는 잉여지식의 등장을 맞게 되면 그 종말을 맞고 새로운 경제의 중심원리가 등장하게 되지 않을까?

요즈음 기업뿐만 아니라 전 세계가 경쟁력, 신기술과 국제화 등의 단어를 사용하며 무한 경쟁 시대를 예고하고 있다. 흔히들 21세기를 일컬어 'IT 시대', '단절의 시대', '정보화 시대'로 일컫고 있듯이 인류의 삶이 과거에 비해 엄청난 변화가 일어난 것만은 틀림없다. 여러 학자들이 구분한 [표 1-1] 사회의 발전단계를 보더라도 알 수 있듯이 18세기 중엽부터 시작된 산업혁명은 산업화·근대화를 이뤄냈다.[1] 산업사회의 대표 업종은 철강, 자동차 등이었다. 특히 철강은 한때 국가표준의 한 면이다 보니 규격화된 대량생산과 숙련노동자가 대우를 받았다. 1960년대 이후부터 서비스업종이 등장하였으며, 대량생산에서 다품종 소량 생산으로 변화 과정을 거쳤다. 이 시기 국민소득에서 서비스가 차지하는 비율은 50%를 상회했다. 2000년대에는 미국 모든 직업의 80%가 두뇌를 사용하는 (cerebral)산업으로 변모했다. 이러한 과정을 거쳐 산업주의를 탈피하는 탈공업사회는 지식사회로의 변화를 의미한다.

[표 1-1] 사회의 발전 단계

학자	사회발전단계
로스토우(Rostow)	전통적 사회 → 이륙준비기 → 이륙기 → 성숙기 → 고도대중사회
벨(Bell)	전(前)공업화사회 → 공업화사회 → 탈(脫)공업화사회
토플러(Tofler)	제1의 물결(농업사회) → 제2의 물결(도시공업사회) → 제3의 물결(정보화사회)

(1) 산업혁명의 역사적 전개

경제적 측면에서 볼 때, "인류의 역사는 생산과 소비가 변화하고 혁신되는 과정이다." 라고 해도 과언이 아니다. 생산과 소비 방식의 급격한 변화가 있을 때마다 사회와 개인 생활 또한 큰 변화를 겪어왔다. 이러한 생산과 소비의 총체적 변화를 대표하는 산업혁명의 역사적 전개는 [그림 1-1]에 정리된 것과 같다[2].

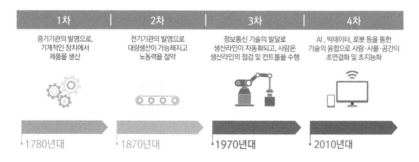

[그림 1-1] 산업혁명의 역사적 전개

출처: 미래창조과학부, 한국과학기술기획평가원, 「이슈분석: 4차 산업혁명과 일자리의 미래」, 2016. 3.28., 1쪽.

---

1   이덕훈(2009) 창업학의 이해, 비엔엠북스, pp.153~155.

2   미래준비위원회, KISTEP, KAIST, 10년 후 대한민국, 4차 산업혁명 시대의 생산과 소비, 미래창조과학부, 지식공감, 2017.4 pp.25~27.

는 애플에서 축출된 후 개인자산을 투자하여 넥스트를 창업하고, 루카스 필름을 인수하여 픽사(PIXAR)를 세우는 등 끊임없는 사업기회를 모색했다. 그러다 다시 애플로 복귀 후 모두가 터무니없는 아이디어라고 생각했지만 신형 컴퓨터는 소음이 없어야 한다고 생각하고 팬을 없앤다. 또 아이맥에 과감히 플로피 디스크 드라이브를 없앰으로써 지속적인 혁신을 이룩한다.

이러한 혁신은 스티브가 회사에 손해가 되더라도 자신이 옳다고 생각하는 바는 끝까지 밀어붙이는, 올바른 것에 대한 판단력을 잃지 않았기 때문에 가능했다. 그는 아주 사소한 문제도 직접 챙기는 마이크로 매니저였기 때문에 최종 결과는 좋았지만 과정은 항상 고통스러웠다.

젊은 시절부터 컴퓨터 디자인에 대해 예리한 감각을 지니고 있었으며, 어떤 프로젝트에 관여하든 우아함과 편이성, 예술적인 디자인을 중시하여 화려한 스타일과 혁신으로 소비자를 사로잡고자 했다. 스스로를 변화시키는 창조 카리스마를 보여준 스티브 잡스의 리더십은 30년 동안 세 번 바뀌었다. 애플컴퓨터 초창기와 넥스트에서는 기술 리더십, 픽사에서는 감성 리더십, 다시 복귀한 애플에서는 기술과 감성을 결합한 위키 리더십을 보여준다. 뿐만 아니라 맥월드 및 신제품 연설에서는 전 세계 사람을 움직이는 카리스마를 보여준다.

높은 목표를 설정하고 이를 요구하는 강압적인 스타일 때문에 때론 비난의 대상이 되기도 했다. 하지만 비범한 인재를 다루는 능력이 뛰어나 이를 잘 극복해 냈으며 애플 복귀 후 아이팟, 아이폰 등 혁신으로 대변되는 많은 제품을 출시하여 큰 성공을 거둘 수 있었다. 이는 기술과 창조성의 결합을 바탕으로 고객의 만족도를 극대화시키려는 노력 덕분이었다.

기업가정신 사례 2 구글 래리 페이지 창업주[16]

래리 페이지는 어린 시절부터 컴퓨터광이었다. 그는 컴퓨터가 많이 보급되지 않던 시기에 컴퓨터를 가까이서 대할 수 있었다. 월드와이드웹이 떠오르던 시기 테리 위노그래드 교수가 월드와이드웹을 논문 주제로 할 것을 권유하여 백럽이라는 역방향 추적 엔진에 대한 연구를 진행하며 구글 창립의 기반을 다진다.

---

16 배종태외 3인(2009), 한국형기업가정신모델정립에관한연구, 창업진흥원, pp.84~85.

미시간 대학교 학부 내 리더십 형성 프로그램에서 교훈을 얻어 전 세계 웹사이트를 다운 받겠다는 황당한 생각을 한 1년 후, 일부분의 웹싸이트 밖에 다운받지 못했다. 하지만 그의 낙관적인 사고가 구글 탄생에 매우 중요한 역할을 한다.

발표된 논문을 통해 연구 성과를 공유하는 학술세계의 전통을 존중하고 그 전통에 참여했다. 또 다른 한편으로는 지적재산권을 보호하는 좀 더 폐쇄적이고 방어적인 기업 스타일 접근법의 영향을 받아 이중의결권 구조가 구글 경영진의 안정성과 독립성을 확보해 준다고 여기고 이를 실행에 옮겼다.

래리 페이지의 성격은 조용하고 사색을 많이 하는 차분한 성격이었으나, 소란스러우면서 외향적인 것을 좋아하는 활발한 성격을 가진 세르게이 브린과 조화를 잘 이뤘다. 이들 둘은 모두 똑똑하고 야심에 차 있었으며 효율성에 지나치게 집착했다. 고정 사용자층을 확보하는 하나의 단계이자 앞을 내다보는 페이지와 브린의 선견지명에 따른 경영방식으로 모든 서비스를 무료로 제공하였으며, 사용자들은 구글의 서비스를 선호하게 된다.

항상 사용자가 무엇을 필요로 하는지 혹은 전반적인 변화추세에 따라 사용자에게 필요한 것이 무엇인지를 지속적으로 관찰하여 서비스한다. 그들은 비용이 많이 드는 전통적인 마케팅 방식을 포기하고 이미 효율성이 입증 된 홍보에 주력했으며, '악해지지 말자'라는 슬로건을 내세웠다.

이처럼 반 상업적인 경영철학 아래 전통적인 기업운영방식을 거부했다. 또 직원들이 자유롭고 편안한 근무환경에서 마음껏 상상력을 발휘하여 기술개발에 주력할 수 있도록 민주적이고 개방적인 기업문화를 구축했다. 뿐만 아니라 매주 근무시간의 20%를 개인적인 취미생활에 투자할 수 있도록 했다.

구글의 기적을 만든 것은 젊은 열정, 자유, 투명성, 창의적인 방식, 대중의 이익, 신용의 조합으로 설명될 수 있다. 이런 구글의 탄생으로 인해 수억 명이 이를 사용하고 있으며, 수천 명이 부자가 되었고, 수십만 명의 장사꾼들의 사업이 번창하게 되었다. 또 인간과 지식 사이의 관계를 완전히 변화시킬 정도의 파급력을 보여주면서 구글링, 구글러, 구글라이제이션 등의 신조어까지 탄생했을 정도이다. 이는 고객의 입장에서 생각하며 끊임없이 혁신을 추구했기 때문에 가능한 일이다.

CHAPTER **2**

벤처창업 생태계론

- 내 첫 번째 회사는 엄청나게 크게 실패했다. 두 번째 회사는 실패했지만, 첫번째보다 덜 실패했다. 세 번째 회사는 적절하게 실패했고, 견딜 만 했다. 네 번째 회사는 거의 실패하지 않았고, 크게 만족하지는 않았지만 그런대로 괜찮았다. 그 다음 다섯 번째 회사는 바로 Paypal이었다.
  맥스 레브친

- 가장 중요한 것은 기회를 잡는 것을 두려워 않는 것이다. 기억하라. 가장 큰 실패는 시도하지 않는 것이다.
  데비 필즈, 미시즈 필즈 쿠키 창업자

제1절 **창업의 의의**

창업이란 사업의 기초를 세우는 것으로, 기업가의 능력을 갖춘 개인이나 집단이 사업 아이디어를 가지고 사업목표를 정하고, 적절한 사업기회에 자본, 인원, 설비, 원자재 등 경영자원을 투입하여 재화를 생산하거나 또는 용역을 제공하여 기업을 설립하는 것을 말한다. 즉, 창업은 재화나 용역을 생산하거나 판매하는 사업을 시작하기위하여 이제까지 존재하지 않던 새로운 기업조직을 만드는 행위이다.

창업을 통한 기업설립의 가장 직접적인 목표는 부를 창조하는데 있다. 창업이 창출하는 부는 개인적으로 소중할 뿐만 아니라 사회적으로도 유용하다. 좀 더 많은 사람들이 물질적인 풍요를 누리기위해서는 먼저 사회 전체의 부가 증가해야하는데, 창업은 이를 위하여 필요한 중요한 활동이다. 창업은 개인적 관점에서 보면 부를 창출하기위한 활동이지만, 그것은 개인의 차원을 넘어서 사회적으로 여러 가지 중요성을 가진다.

창업은 부를 창출하기위한 투자이다. 자본, 아이디어나 기술, 인력과 시간이 투자된다. 따라서 창업은 일자리를 창출한다. 일자리창출은 개인에게는 생활의 수단을 제공하며, 국가적으로는 경제활동인구를 늘리고 실업문제를 해결하는 핵심적인 방안이 된다. 현대사회에서 직장이란 단순히 생계에 필요한 물질을 얻기 위한 활동수단이라는 차원을 넘어 삶의 의미를 부여하는 매우 중요한 부분이다. 또한 일정한 직장은 구성원들의 삶의 질을 결정하는 중요한 요소이기도 하다. 이러한 관점에서 볼 때 창업은 창업자 본인과 창업에 참여한 사람들에게 삶의 공간을 창출하는 행위이다.

창업된 기업은 자원을 활용하여 가치가 좀 더 확대된 새로운 재화나 용역을 생산하게 된다. 만약 기업의 창업이 없다면, 천연자원이 아무리 풍부하더라도 그것을 활용하여 부를 창출하는 활동이 이루어지지 못하거나 저조할 것이다. 또한 기업 활동은 새로운 기술이나 노우하우의 발전을 요구하므로 기업의 창업은 결과적으로 과학과 기술의 발전을 촉진하게 된다. 이와같이 창업은 다양한 사업을 창출하여 경제의 활력을 가져올 뿐만 아니라 다수의 일자리를 창출한다.

이와 같이 창업활동이 경제성장에 크게 기여한다는 근본적인 논리는 슘페터의 '창조적 파괴(creative destruction)'에서 찾을 수 있다. 창업은 불확실하지만 수익성이 높은 새로운 사업기회에 도전하며, 생산성이 낮은 기존기업을 대체함으로써 부가가치를 높이기 때문에 경제성장에 기여한다. 이러한 점에서 창업활동은 노동, 자본, 기술에 이어 네 번째 생산요소로 간주되기도 한다.

선진국에서는 1980년대 말 이후 저성장에 따른 실업해소와 신규고용창출의 필요성이 증대함에 따라 기업가 정신의 함양과 창업촉진을 위한 규제개혁, 인프라 구축 등 여건개선에 주력하고 있다. 우리정부도 최근 들어 저성장에 따른 실업, 특히 청년실업이 증가함에 따라 성장과 고용의 선순환구조를 마련하기위한 정책으로서 벤처 창업생태계 활성화 방안 등 다양한 창업지원정책을 추진하고 있다.

또한 우리 국민들도 IMF 경제위기 이후 창업에 대한 관심이 고조되어가고 있다. IMF 경제위기의 영향으로 기업이 본격적인 구조조정을 단행한 후, 현재의 직장에서 정년까지 근무하겠다고 생각하는 직장인은 극소수인 것으로 나타났다. 한번 입사하면 천직으로 여겨 정년퇴직할 때까지 근무하는 직장이라는 평생직장의 관념이 바뀌고 있다. 지금 일하는 회사의 최고경영자가 되기보다는 직장경험을 바탕으로 언젠가는 창업을 하겠다는 꿈을 가진 사람이 계속적으로 증가하고 있는 추세이다.

제2절 창업의 구성요소

창업을 위해 필요한 요소는 무엇인가? 창업을 위해 가장 먼저 필요한 요소는 창업자라고 할 수 있다. 두 번째로 필요한 요소는 무엇을 생산할 것인가를 결정하는 창업아이디어다. 세 번째로 필요한 것은 자본이다. 이처럼 창업에 필요한 요소와 창업 목표를 명시하여 창업을 다시 정의하면 "창업이란 창업자가 이익을 얻기 위하여 자본을 이용하여 창업아이디어에서 설정한 재화와 서비스를 생산하는 조직 또는 시스템을 설립하는 행위"라고 할 수 있다.

이것을 분해해 보면, 창업의 궁극적인 목적은 이윤추구이다. 또 기업 설립의 필수 요소는 창업자(인적 요소), 자본(물적 요소), 창업아이디어(목표 요소)라고 할 수 있다. 결론적으로 창업자, 자본, 창업아이디어를 창업의 3요소라고 할 수 있다.

(1) 창업자

창업자는 창업아이디어의 확보, 사업성 분석, 사업계획 수립, 계획의 실행 등을 주도하고 책임지는 창업의 주도자이다. 창업자는 이러한 기능을 수행하기 위하여 기업설립에 필요한 유형·무형의 자원을 동원하고, 이들을 적절히 결합하여 기업이라는 시스템을 만든다. 또 기업이 의도한 기능을 발휘하도록 관리하는 역할을 한다. 그러므로 창업자의 능력, 가치관 등은 창업기업의 성패와 효율에 지대한 영향을 미칠 수밖에 없다. 창업자가 창업에서 매우 중요한 요소는 이 때문이다.

(2) 창업아이디어

창업아이디어란 설립되는 기업이 무엇을 생산할지를 결정하는 것이다. 생산품은 구체적인 형태를 가진 재화일 수도 있고, 그 형태를 정의하기 어려운 서비스일 수도 있다. 창업아이디어의 원천은 창업자 자신일 수도 있고, 창업 팀의 일원이거나 제3자일 수도 있다. 창업아이디어로서 갖추어야 할 조건은 생산 활동의 수행결과 기업의 목적인 수익을 발생시키는 것이다.

창업아이디어와 관련하여 티먼즈(J. A. Timmons)교수는 사업기회라는 개념을 중요시한다. 그는 창업아이디어만으로는 기업이 성립될 수 없으며, 이익을 발생시킬 수 있는 여건이 만족되어야 기업이 성립될 수 있다는 것. 이와 같이 기업이 성립될 수 있는 여건이 만족되는 환경과 시점을 사업기회라고 정의한다. 그래서 단순히 사업아이디어를 탐색할 것이 아니라 사업기회를 탐색하여야 한다고 주장한다. 창업이 이루어지도록 하려면 창업아이디어를 티먼즈 교수가 제시한 사업기회로 발전시키는 노력이 있어야한다.

(3) 자본

자본이란 기업을 설립하는 데 필요한 금전적인 자원뿐만 아니라 자본을 이용하여 동원할 수 있는 토지, 기계, 기술자, 원재료 등을 포괄한다. 자본은 창업자 자신이 전액을 출자할 수도 있고, 창업 팀에 속한 여러 사람이 낼 수도 있다.

또한 창업과 경영에 직접 참여하지 않는 제3자로부터 조달될 수도 있다. 기업을 설립하려면 자본조달의 어려움을 경험한다. 여러 연구결과를 보면 창업의 가장 큰 장애요인은 창업자금 확보의 어려움이다. 유망해 보이는 창업아이디어도 자금이 없어서 사장되는 경우가 많다.

창업을 위한 자본공급의 필요성은 개인적 차원뿐만 아니라 장래성이 있는 기업을 잃을 수 있다는 공익적 차원에서도 그 중요성이 인정되어 여러 가지 제도가 운용되고 있다. 예를 들면, 창업자금 공급을 주 업무로 하는 기업인 벤처캐피탈이 있다. 물론, 이들 창업자금 공급회사들로부터 자금을 지원받기 위해서는 까다로운 심사과정을 거쳐야 한다. 하지만 모든 것을 개인의 노력에만 의지하던 때와 비교하면 창업환경이 매우 좋아졌다고 할 수 있다.

창업자금을 조달하기는 예나 지금이나 쉽지 않다. 하지만 창업자가 유능하고 사업아이디어가 경쟁력이 있다는 점을 확신시킬 수 있다면 창업자금을 지원할 개인이나 회사를 발견하는 것이 아주 불가능한 것만은 아니다. 우리가 창업을 공부하는 것도 창업자금을 확보하는 데 필요한 여러 가지 기법을 학습하기 위해서이다.

제3절 창업 과정

창업과정이란 창업의 3대 요소인 창업자, 창업아이디어, 자본이 결합되어 창업이 이루어지는 절차를 말한다. 창업이 준비되고 이루어지는 과정은 창업동기, 창업형태, 창업규모 등에 따라 약간씩 다르게 나타날 수 있다.

그럼에도 일반적인 절차를 정리해 보면 다음과 같다. 창업을 준비하는 예비창업자는 창업을 하기로 결심을 하게 되면 실패에 대한 두려움이나 공포 또는 가족들의 반대를 극복하고 창업목표를 명확하게 설정해야 할 것이다. 자기가 하고자하는 사업에 관한주변의 창업환경을 분석한 후 창업아이디어를 탐색하여 이에 대한 타당성 분석을 통해 긍정적인 결과가 도출되면 사업계획 수립을 추진하게 된다. 이러한 과정은 아래 [그림 2-1]로 나타낼 수 있다.

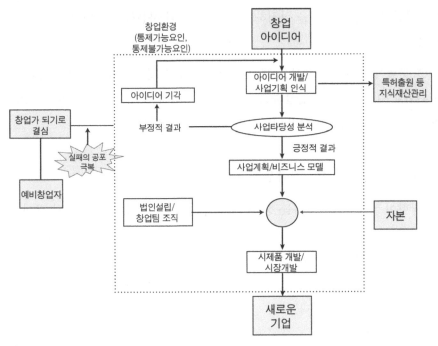

[그림 2-1] 창업과정

(1) 창업 목표설정

매년 수십만 건의 창업이 이루어지지만 대부분 출발점에서 이륙도 못해 보고 끝나고 만다. 간혹 눈부신 출발을 하는가 싶다가 곧 추락하기도 한다. 왜 그럴까? 기업경영에 있어서 기업목적을 효과적으로 달성하기 위해서는 몇 개의 행동집합에서 특정의 행동을 선택할 필요가 있다. 창업자의 의사결정에 따라 기업의 존속이 가능하다는 말이다.

창업을 하기로 결심한 때는 첫 번째 단계에서 기업가의 현재 목표를 규명한다. 두 번째 단계에서는 그 목표를 달성하기 위한 전략을 평가한다. 세 번째 단계에서는 그 전략을 시행하기 위한 기업의 능력을 평가한다. 창업자들은 이 틀을 이용하여 회사의 현 위치와 궤도를 파악할 수 있다.

(2) 창업환경 분석

오늘날은 경제 환경의 급속한 변화로 미래의 경제 상황을 예측하기 어렵다. 이런 객관적인 형편만 생각한다면 창업 결심이 쉽지 않다. 하지만 현재의 경제 환경을 심층 검토해 보면 그 자체가 좋은 사업기회인 업종을 발굴할 수도 있다. 환경변수와 창업자의 잠재력을 감안해 창업의 방향을 설정하고자 할 때 많이 사용하는 방법 중의 하나가 바로 SWOT분석이다.

SWOT분석이란 사업에 영향을 끼치는 각종 환경을 분석하여 기회요인(opportunity, O)과 위험요인(threat, T)을 발굴하고, 이를 다시 자신이 가지고 있는 강점(strength, S)과 약점(weakness, W)에 연결시켜 타당한 방향을 찾는 방법이다.

(3) 아이디어의 탐색과 사업기회 인식

창업방향이 설정되면 창업자는 창업아이디어를 탐색하고 선정한다. 이와 같이 창업은 창업아이디어에서 시작되는데 모든 창업아이디어가 사업으로 연결되지는 않는다. 창업아이디어는 각 단계를 거치면서 기각된다. 창업 시에는 창업아이디어를 포함하여 사업에 대한 포괄적인 조사와 계획이 필요하다. 하지만 창업아이디어를 신속히 실행하지 않으면 창업기회를 놓칠 수 있다.

대기업 경영과 달리 창업은 모든 해답을 얻어야 시작할 수 있는 일이 아니다. 분석과 행동은 창업세계에서는 분리하기 어렵다. 그러므로 현명한 창업자는 먼저 사업에 뛰어들어 즉각적으로 대처하며, 문제발생시 즉시 대책을 강구하고, 그 결과 신속하게 위기를 막고 상황에 따라 전략을 변화시킨다.

(4) 사업의 타당성 분석과 사업계획의 수립

창업아이디어의 타당성 분석은 선별된 창업아이디어를 선택할지 혹은 기각할지를 최종적으로 결정하기 위해서 아이디어의 사업타당성을 종합적으로 분석하는 것이다. 사업타당성 분석은 구체적으로 창업아이디어의 시장성, 기술성, 경제성을 체계적으로 분석한다. 사업성 분석의 결과가 긍정적이면 구체적인 사업계획을 수립하고 사업을 추진하게 된다. 사업계획서는 창업방법의 확정, 회사설립을 위한 기업형태의 결정, 회사설립과 등록의 인적구성, 자금조달계획 등을 일목요연하게 정리한 것이다.

사업계획서는 창업의 가능성을 높이고, 계획적인 창업을 가능케 하여 창업기간을 단축하며, 창업을 도와주는 출자자, 금융기관, 예상되는 거래처와 고객에게 관심유도와 설득자료로서 활용도가 매우 높다. 따라서 사업계획서의 작성은 정확하고 객관적이어야 하며, 전문성과 독창성을 갖춘 동시에 보편타당해야 한다.

(5) 창업기업의 설립 및 운영

사업타당성 분석을 통해 창업 아이디어나 기술이 시장에서 긍정적인 평가가 있는 것으로 나타나면 구체적인 사업계획서를 작성하여, 창업 팀을 조직하고 법인설립 등기를 하면 새로운 기업이 탄생하게 된다. 창업자가 가진 아이디어나 기술에 자본이 결합하여 시제품을 개발하여 시장에 내놓게 될 때, 시장에서의 반응이 좋으면 신생기업의 성장가 능성이 많아지게 될 것이다.

기업은 시장에서의 고객의 니즈를 충족시킬 수 있도록 혁신을 지속시켜야 성장과 발전이 가능하다고 하겠다. 고객의 니즈에 반응하여 성장을 지속하기위해서는 기술개발을 통한 혁신의 결과물인 지적재산권을 현명하게 관리를 필요가 있고, 제품의 특성에 맞는 마케팅 기법을 개발하고 활용하여 매출의 확대를 기해야할 것이다. 또한 특정한 아이템의 경우에는 기업의 브랜드 가치를 활용할 수 있고 가맹점모집을 통한 매출확대를 도모할 수 있는 프랜차이징도 고려해 볼만하다.

제4절 벤처창업 생태계의 이해

(1) 벤처창업 생태계의 의의

벤처생태계란 용어는 탠슬리(Tansley)의 생물학적 생태계의 개념을 벤처에 적용한 것으로서 아직까지 개념화 수준에 머물고 있다. 삼성경제연구소는 벤처생태계를 다음과 같이 정리한다[1]. 우선, 벤처는 주인의식과 고유성(identity)을 가진 자발적 주체로서 환경에 기민하게 반응하는 유기체이며, 생존·이익창출에 대한 욕구와 활발한 성장·진화·융합·분화 등 자기증식을 특성으로 한다. 둘째, 시장원리와 적자생존에 철저하고, 이합집산을 통한 창조적 갈등을 지속적으로 진행한다. 셋째, 대내외 개방 및 느슨한 연결 네트워크 구조를 가지고 있으며, 기술획득과 자원조달에서 강점을 갖고 있다. 넷째, 개인 또는 집단들이 아이디어, 사업기회 창출, 자금·경영지원 등과 관련하여 각자 핵심역량을 갖고서 시너지를 만들어내고 위험과 성과를 배분한다. 다섯째, 변화를 지향하고 지식을 공유하며, 실패에 관대하고, 행동과 극한을 추구하는 문화를 갖고 있다.

---

1 임채윤외 5인, 한국형 벤처생태계 활성화방안, 과학기술정책연구원(STEPI), 2006.12, pp.21~22.

(2) 벤처창업 생태계 모형

벤처생태계는 무엇으로 구성되어 있는지에 대한 논의는 행위자의 다양성과 생태계 내에서의 기능이라는 두 가지 측면에서 다루어졌다. 여기에서 나타난 벤처생태계 모형은 [그림 2-2]에서 볼 수 있듯이 다음과 같은 관점에서 구축된다.[2]

첫째, 벤처생태계는 벤처기업, 벤처캐피털, 회수시장과 같은 몇 개의 기업군으로 이루어진다. 여기서 벤처캐피털과 회수시장은 벤처기업과 자본시장의 정보비대칭성을 완화시켜주는 촉매 역할을 담당한다.

둘째, 자연생태계 내에서 에너지 흐름에 해당하는 것은 지식의 흐름이다. 즉, 벤처기업군의 배태조직의 역할을 담당하는 대학·연구소·기업 등의 연구개발·영업 등의 활동을 통하여 기술혁신의 결과 또는 소비시장의 정보 등을 축적한 기업가들이, 자신이 축적한 지식을 시장에 적용하기 위하여 끊임없이 벤처기업군으로 유입된다.

벤처캐피털의 경우에도 벤처기업에 대해 지식의 흐름을 제공한다. 즉, 기업경영 및 관리적 노하우, 벤처캐피털의 네트워크를 이용한 다양한 시장정보 등의 지식과 함께 자본시장에서 조달한 자본을 벤처기업에 투자하며, 자본과 지식을 벤처기업의 가치에 해당하는 지분과 교환한다.

셋째, 벤처생태계 내에서 회수시장은 자기조직화 기능을 담당한다. 벤처기업과 벤처캐피털에 축적되어온 무형의 가치를 유형화하고, 이를 자본이라는 유형의 물질로 전환시켜 주는 역할을 담당한다.

회수시장에서 벤처기업과 벤처캐피털이 유형화한 자본의 많고 적음에 따라 발생하는 시그널은 차기 배태조직으로부터 벤처기업으로 전환되는 지식의 흐름, 자본시장으로부터 벤처캐피털에 유입되는 자본의 양을 강화 또는 약화시키는 계기가 된다.

넷째, 벤처생태계에서 환경은 제도적 환경, 소비시장 등으로 구분해 볼 수 있다. 제도적 환경으로는 벤처생태계의 상호작용과 물질순환에 영향(강화 또는약화)을 미치지는 못한다. 하지만 이를 원활하게 촉진하는 촉매 역할을 담당하는 각종 인프라, 문화, 지원정책 등이 이에 해당한다.

---

2 전게서, pp. 58~61.

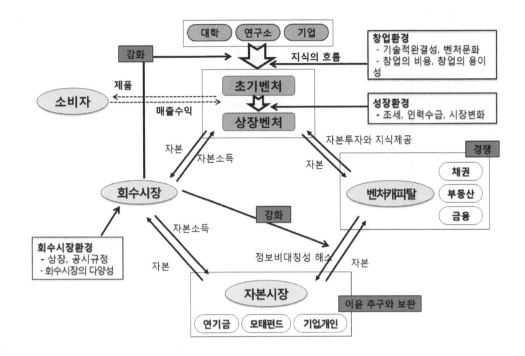

[그림 2-2] 벤처생태계의 구성요소와 참여메카니즘

제5절 국내 벤처창업 생태계 현황

(1) 벤처창업생태계의 구성요소

기업의 성장 발단단계 기준에서는, 예비 창업자가 창업을 통해 창업기업이 되고 창업기업이 성장함에 따라 벤처기업으로 진화한다. 따라서 창업생태계 측면에서 보면, 생산자는 그 구성요소를 예비창업자, 창업기업, 벤처기업으로 분류하고 있지만 실질적으로는 기업의 성장단계인 생명주기(Life Cycle)에 따라 형태만 바뀌는 동일 개체이다. 그리고 창업생태계에서 소비자는 생산자가 분해자로 진행될 수 있도록 지원하며 이를 통하여 수익을 창출 하는 개체들이다. 분해자는 실질적 지분매각, M&A, IPO 등 창업기업이 분해되는 과정을 말한다.

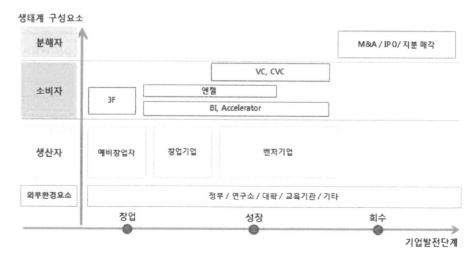

[그림 2-3] 벤처창업생태계의 구성요소

구성요소는 [그림 2-3]에서 제시하는 바와 같이 생산자, 소비자, 분해자와 이를 지원하는 외부 환경요소로 구성되어 있다. 생산자에는 예비창업자, 창업기업, 벤처기업으로 구성되고, 소비자는 3F[3], 크라우드펀딩, 엔젤 투자자, VC, CVC와 BI 및 엑셀러레이터 등이다. 분해자는 생산자가 소비자의 지원을 통하여 M&A, IPO로 분해하는 과정을 말한다. 다음은 각 구성 개체별 특징에 대하여 상세하게 논의하고자 한다.

■ 생산자

• 예비창업자

예비 창업자란 사업을 위해 준비하는 사람 또는 1년 미만의 사업자를 말한다. 현재 예비 창업자에 대한 구체적인 수치는 파악하기 어렵다. 청년창업사관학교 지원(志願)현황을 보면 2014년 일반창업(支援)신청에 987명이 접수하여 227명을 선발했으며, 경쟁률은 4.3 :1이었다. 또한 2014년 글로벌 진출인 후속지원(支援) 신청은 583명이 접수하여 80명을 선발했으며 경쟁률은 7.3 : 1이었다. 창업맞춤형사업화 지원사업 2016년도 상·하반기 모집경쟁률[4]이 각각 6.7:1, 8.2:1이었다. 이런 높은 경쟁률은 창업에 대한 관심이

---

3 창업하는 회사에 투자하는 사람을 3F라고 하는데, 가족(Family), 친구(Friend), 바보(Fool)의 앞 글자가 모두 F로 시작해서 3F는 용어가 생겨났다. 창업회사에 투자하는 것은 사업적인 판단에 의해서가 아니라는 것을 적나라하게 표현한 것이며, 그만큼 초기 창업자금을 투자받는 것이 어렵다는 뜻이다.

증가하면서 예비창업자 또한 증가하고 있는 것으로 추정할 수 있는 근거가 된다. 예비창업자는 창업하기 위해 준비하는 모든 인력으로, 창업기업 확대를 위해서는 예비창업자의 점진적 증가 및 확보가 필요하다.

• 창업기업

전국 16개 시 · 도 중소기업 중 창업에서 제외되는 업종 이외의 모든 기업체중에서 사업을 개시한 날부터 7년이 지나지 않은 기업을 창업기업으로 채택하였다. 신설법인 기준으로 보면 창업기업의 수는 2008년 이후 9년 연속 증가했다. 2008년 50,855개 기업에서 2016년 96,155개로, 2017년에는 98,330개 기업으로 나타났다.([그림 2-4] 참조)

지난해 신설된 법인의 특징을 살펴보면 업종별로는 제조업이 2만629개(21.0%)로 가장 많았으며 도매 및 소매업(1만9천463개, 19.8%), 건설업(9천963개, 10.1%), 부동산업(9천379개, 9.5%)이 그 뒤를 이었다. 지역별로는 광주(18.9%), 강원(13.7%), 세종(12.9%), 전남(10.6%)에서 전년보다 법인 설립이 증가했으며 서울(-1.9%), 인천(-0.6%)에서는 소폭 감소했다. 연령별로는 40대(3만5천86개, 35.7%)와 50대(2만6천527개, 27.0%) 창업주 비중이 높았으며 증가 폭은 60세 이상이 16.9%(1천446개)로 가장 컸다. 반면 30대는 전년보다 2.6% 감소했으며 30세 미만은 2.1% 증가했다.

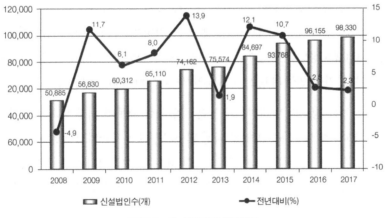

[그림 2-4] 신설법인 증가추이

---

4 ('16.상) 신청 1,425개, 선정 213개, 경쟁률 6.7:1, ('16.하) 신청 1,118개, 선정 135개, 경쟁률 8.2:1창업
　맞춤형사업화 지원사업은 시제품개발 위주로 지원해 오던 것을 '15년부터 사업모델(BM) 개발과 시장전
　문가 멘토링 지원으로 개편하여 창업기업의 생존율*을 높이고 있다.
　* 한국의 3년차 창업기업 생존율 38.2%(자료 : 통계청 기업생멸행정통계, 2015)

• 벤처기업

창업기업이 일정 규모 이상 성장하게 되면 경영자의 의지에 따라 벤처기업으로 등록하게 되고 이를 통해 지속적인 성장을 위한 정부의 각종 지원을 받을 수 있다. 정부지원의 대표 적인 예에는 기술보증기금, 중소기업진흥공단 등의 기관으로부터 받는 자금혜택이 있다. 벤처기업수가 2004년부터 증가세로 전환되어 2016년 말에 33,360개, 2017년 말에 35,282개로 지속적으로 증가하고 있다.

벤처기업의 경영성과를 보면, 2015년 평균 매출액은 69.5억 원, 매출액 영업이익률은 2015년에 4.6% 증가했다. 또한 벤처기업의 재무현황을 살펴보면, 2015년 자기자본비율은 39.2%이고, 부채비율은 155.4%이다. 2015년 현재 지적재산권(특허권) 보유현황을 보면, 국내 특허권을 보유한 기업의 평균 특허권 보유수는 4.5건, 실용신안 보유수는 0.5건, 디자인권리는 1.0건, 상표권 1.1건, 해외 산업재산권 0.4건이다. 2015.12월 현재 특허출원 중인 특허권 수는 평균 0.8건, 실용신안 특허권 0.0 건, 디자인권리 0.1건, 상표권 0.1건, 해외산업재산권 0.1건으로 나타났다.

■ 소비자

• 엔젤

엔젤 투자자 현황을 살펴보면, 2016년 말 기준으로 중소기업청 개인투자 확인서를 발급받은 사업자는 3,984명으로 전년대비 59.8%증가하여 약4천명에 육박하게 되었다. 이는 인구수의 0.02% 정도의 수준이다. 그에 반해 미국의 경우 과거 1년간 엔젤투자 실적이 있는 엔젤투자자는 인구의 0.2 ~ 0.3% 인 약144,000~266,000명으로 추정된다.

창업 초기기업은 정보의 비대칭성과 높은 사업위험 때문에 외부 투자자의 자금을 조달하기가 쉽지 않다. 엔젤투자는 창업자 자신 및 친척, 친구 자금과 전문화된 외부 투자자인 벤처캐피탈의 중간을 이어주는 역할을 하는 것이다. 주로 신생기업 단계에 투자하는 경우가 많으나 성장초기 단계까지에 이르는 비교적 광범위한 투자가 이루어지고 있다.

• 벤처캐피탈

최근 금융시장 안정노력과 경기회복에 대한 기대감으로 코스닥 지수 상승과 함께 벤처투자 시장은 완만한 회복세를 보이고 있다. 벤처캐피탈(창업투자회사)의 신규 진입은 2009~2010년에 두 자리 수를 기록하는 등 활발했으나, 2011년부터 유럽발 재정위기 등

투자여건 악화에 따라 감소세 2011년에 9개에서 2012년에 6개로 감소되었다. 부실 창투사의 구조조정도 2011년에 7개, 2012년에 6개로 가속화되고 있다고 본다.

정부와 벤처투자 업계의 노력으로 인해 벤처캐피탈 투자 규모도 '09년 이후 금융위기 이전 수준을 회복하였으며 '10년에는 1조원을 돌파, '14년 들어 투자규모가 급증(전년대비 18.5% 증가) 하였다. 기관투자가 등의 벤처투자 참여 확대에 따라 투자조합 결성규모도 증가하여 '11년에는 2조원을 돌파하였으나, '12년에는 시장 전망 불투명에 따른 출자자 모집 곤란 등에 따라 감소되었다가 '14년부터 이전 수치로 회복되고 있다.([표 2-1] 참조)

[표 2-1] 벤처캐피탈 운용현황 및 투자실적

구분	2008	2009	2010	2011	2012	2013	2014	2015	2016.6
창투사 신규등록	5개	12개	13개	9개	6개	3개	6개	14개	7개
운용 창투사	97개	100개	103개	105개	105개	101개	103개	115개	116개
신규투자액	7,247	8,671	10,910	12,608	12,333	13,845	16,393	20,858	9,488
펀드결성액	11,435	14,109	15,838	22,591	7,747	15,679	25,842	26,925	16,682

자료: e-나라지표, 벤처캐피탈 투자현황 자료로 작성

• 창업보육센터와 엑셀러레이터

창업보육센터(Business Incubator)이란 임차인의 시설 공유, 컴퓨터, 지원 직원, 통신 장비 및 청소서비스를 포함한 지원 서비스를 통해 개발 및 창업기업을 지원하는 존재로서 시설공간을 운영하고 기술 지원 및 사업계획, 법률, 재무, 마케팅 등에 대한 조언을 제공한다.

현재 정부 주도로 운영하고 있는 창업보육센터는 2014년 07월 기준 279개이며, 대학 내 설립된 창업보육센터가 207개로 74%를 차지하고 있고, 나머지는 연구소 내에 21개, 지자체 및 공공법인이 설립한 BI가 32개이고 민간법인이 설립한 BI는 16개이지만, 중소기업청의 인가를 받지 않은 창업보육센터도 다수 있어 전국적으로 창업보육센터의 수는 300여개 정도로 파악된다. 270여개 BI에 입주한 기업은 15년 말 기준으로 6,254개이며, 연간 매출액은 약 1.7조원으로 전년 대비 9.4% 증가하였고, 고용인원은 18,356명으로 나름대로 창업기업의 보육 인프라로서 성과를 어느 정도 거두고 있다고 평가된다[5].

---

5 BI 졸업 기업중 코스닥, 코스피에 상장·등록된 기업은 총 54개 기업으로 해당 상장기업들의 14년 총 매출액은 9,299억 원이다.

[표 2-2] 국내 액셀러레이터 현황

주요 기업	주요 성과	특징
프라이머(2010~)	• 연중 수시 운영, 24개사 지원 • 퀵캣(판매), 드투페이퍼(광고) 등	• 권도균(이니시스), 이택경(다음) 창업자 출신
벤처스퀘어(2012~)	• 3기수 운영, 28개사 지원	• 스타트업 전문 미디어가 운영
스파크랩(2012~)	• 3기수 운영, 13개사 지원 • 노리(교육), 미미박스(배달) 등	• 버나드문(美 비드퀵), 이한주(호스트웨이)등 실리콘밸리+국내 창업가 중심
닷네임코리아, 파운 더스캠프(2012~)	• 2기수 운영, 24개사 지원	• 강희승(닷네임코리아) 창업자 출신
K-startup (앱센터운동본부, 2013~)	• 2기수 운영, 20개사 지원 • 센텐스랩, 젤리코스터 등	• 구글(자금/멘토링), SK플래닛(자금), D.Camp(입주공간) 협력
네오위즈 네오플라이(2013~)	• 3기수 운영, 22개사 지원 • 마이리얼트립(여행), 이엠컴퍼니 등	• 게임회사 네오위즈와 연계, 게임분야 특화
Fashion Technology Accelerator서울(2013~)	• 1기수 운영, 8개사 지원 • 쉐이커미디어, 루이슈즈 등	• 미국 FT 합작지사 설립, 패션분야 특화
SK플래닛101 스타트업 코리아(2010~)	• 1기수 운영, 6개사 지원 • 오픈, 아우름 플래닛 등	• 사회공헌 차원, 지분 투자 없음
삼성SDS sGen 글로벌(2011~)	• 2기수 운영, 6개사 지원 • 퀼슨, 브이터치 등	• 사내 부서형태 운영, 지분 투자 없음

액셀러레이터는 실리콘밸리에서 성공한 벤처기업인이 축적한 경험과 노하우, 자금, 네트워크를 활용하여 후배 스타트업의 성장을 지원하는 것을 목표로 하여 그 이름처럼 창업기업의 성공을 '가속화'시키는 역할을 수행하고 있다. 현재에 이르러서는 창업초기에 겪는 기술개발, 경영, 투자유치 등에서의 공통적인 시행착오와 애로사항을 저감할 수 있도록 창업 성공률을 제고하는 대표적인 방안으로 부상했다.

[표 2-2]에서 보듯이 국내에는 성공 벤처인 등을 중심으로 20여 개의 액셀러레이터가 운영 중이나, 대부분 2010년 이후 시작되어 아직 활성화 초기 단계이고, 해외에 비해 양적측면과 전문화·글로벌화 등 질적 측면에서 미흡하다.

인큐베이터인 BI와 액셀러레이터를 비교하여 보면, 인큐베이터는 사무실 임대 제공을 중심으로 지원하고 있고, 3~5년 동안 장기적으로 장소를 제공하며 관리하는 특징이 있다. 반면에 액셀러레이터는 자금위주 지원을 하며 단기적인 지원을 통하여 빠르게 기업이 성장할 수 있도록 유도하고 있다.([표 2-3] 참조)

[표 2-3] 인큐베이터와 액셀러레이터 비교

구분	인큐베이터	액셀러레이터
경쟁여부	비경쟁적	경쟁적
보육기간	장기(3-5년)	단기(3-6개월)
초기 투자금	없 음	소액 지분투자
보 상	없 음	일부 지분취득
주요 프로그램	경영지원 서비스	전문적 초기 육성프로그램
지원 단위	개별 지원	기수별 집단지원

■ 외부 환경요소

• 정부의 역할

정부는 촉진자(facilitator)로서의 역할이 필요하고 창업자간 연결성의 기본적 단위로 지역 네트워크가 매우 중요하다. 정부의 역할을 정리하면 다음과 같다.

첫째, 벤처기업의 해외진출을 돕고 벤처투자정책의 일관성을 유지해야 한다. 이를 위해 정부 지원정책의 목적 및 프로그램, 지원창구의 단일화가 필요하다. 이를 통해 여러 기관의 중복 투자를 피할 수 있을 뿐만 아니라 여러 기관이 협력하여 정책방향을 수립할수 있어 시너지 효과를 극대화할 수 있다. 이와 더불어 정책 방향을 지속적이고 효과적으로 추진하기 위해 범부처가 통합한 창업 지원 체제로의 개편이 필요하다.

둘째, 플랫폼 기반의 쉬운 창업환경 조성에 주력해야 한다. 이를 통해 예비창업자들이 창업에 진입할 수 있도록 기업은 창업 플랫폼의 혁신에 주목하고 다양한 협력 및 활용방안을 검토해야 한다.

셋째, 창업 → 성장 → 회수 또는 창업 → 실패 → 재도전이 가능한 선순환 생태계 조성이 필요하다. 실패하더라도 재도전할 수 있는 청년층 창업문화가 형성되어야 지속적으로 창업가가 증가할 수 있다

넷째, 정부지원 펀드는 장기적인 관점에서 모태펀드를 지속적으로 개선해 나가는 것이 바람직하며 요즈마 펀드의 장점을 모태펀드에 적용하는 것이 필요하다. 따라서 전략적으로 국가 간 펀드의 규모와 교류 대상국을 확대하고 이렇게 해서 형성된 해외 투자네트워크를 자금조달이나 투자 시장으로서 뿐만 아니라 회수시장으로도 활용하는 방안을 검토해야한다. 또한 창업자금 지원을 융자 중심에서 투자 중심으로 확대하여 패자부활

을 통한 재창업이 가능해야 한다.

다섯째, 기술지주회사의 설립과 운영이 가져올 기회와 위협의 양면을 고려한 특허정책 및 법률 환경의 개선이 필요하다. 또한 권리의 구제가 전문적이면서 신속하게 이루어질 수 있도록 특허분쟁 관련 관할이 집중되고 침해관련 법리가 정비되어야 한다.

• 마인드 확보(기업가정신)

창업활동의 기본이 되는 것은 도전정신을 기반으로 한 기업가정신으로서 청년창업을 촉진하기 위한 기업가정신 함양 창업교육을 체계적으로 추진할 필요가 있다. 기업가정신교육은 도전정신 등 여러 가지 자질을 함양하는 것으로 창업생태계의 기본적인 마인드이다.

이를 위해서는 첫째, 기업가정신의 활동을 일관성 있게 지원하고 육성하는 기구가 필요하다. 둘째, 전 연령층을 대상으로 기업가정신 교육을 강화하는 것이 필요하다. 셋째, 생계형 창업보다는 기술형 창업에 무게를 두고 기업가정신 육성을 추진해야 한다. 넷째, 기업가정신 육성 프로그램은 자립형 프로그램의 창출을 유도하는 것이 목적이다. 다섯째, 기업가정신의 현상을 체계적으로 측정하는 시스템 구축이 필요하다. 카우프만 재단의 분석 결과 기업가정신 프로그램을 이수한 졸업생이 이수하지 않은 졸업생보다 25% 정도 더 많이 벤처창업을 진행한 것으로 나타났다.

또한 실패를 용인하는 제도적 뒷받침 및 문화의 형성이 필요하다. 각종 창업지원 프로그램이 실패했을 경우, 상환의무 및 책임조항은 없어야 하며, 시장실패의 책임과 부담은 정부차원에서 흡수되어야 한다.

핀란드의 경우 실패하더라도 재도전할 수 있는 청년층 창업문화가 형성되어 있다. 핀란드 Start-up Sauna의 사례를 보면, Failure Day를 통해 정기적으로 실패 사례를 공유하고 서로 부족한 점을 채우는 네트워킹 기회를 제공하는 창업문화가 형성되어 있음을 알 수 있다.

읽을거리 **팁스(TIPS) 프로그램**

TIPS(민간투자주도형 기술창업지원, 이스라엘식)란 Tech Incubator Program for Startup의 약자로 세계시장을 선도할 기술아이템을 보유한 창업팀을 민간주도로 선발하여 미래유망 창업기업을 집중 육성하는 프로그램이다. TIPS프로그램은 글로벌시장을 지향하는 기술력을 갖춘 유망한 창업 팀을 발굴하여 과감한 창업 도전기회를 제공하기 위하여 성공 벤처인 중심의 엔젤투자사, 초기전문 벤처캐피탈, 기술 대기업등을 운영사로 지정하여 엔젤 투자, 보육, 멘토링과 함께 R&D자금등을 매칭하여 일괄 지원한다.

TIPS프로그램의 지원조건을 보면, 창업팀당 최대 10억 원내외(최장 3년이내)이고, 지원내용은 엔젤투자(1억 원) + 성공벤처인의 보육·멘토링 + R&D(5억원) + 추가지원 4억 원(창업자금 1억원, 엔젤매칭펀드 2억원, 해외마케팅 1억원)이다. 아래 그림과 표는 TIPS프로그램 개요와 TIPS프로그램 지원내용을 정리한 것이다.

TIPS 프로그램 개요

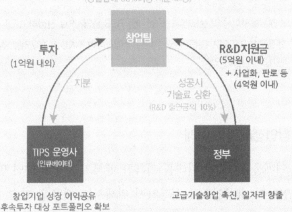

TIPS 프로그램 사업구조

운영사 선정	창업팀 선정	보육/멘토링	졸업/후속투자
• 공개경쟁 입찰방식 - 사업자선정 : 5~10개(매년) • 액셀러레이터 주도 (법인엔젤, 재단, 초기VC 등) • 운영기간 : 6년 (3년 + 3년)	• 기술창업팀 선정 - 1차 : 운영사(인큐베이터) 자체심사 (최대 1.5배수) - 2차 : 정부심사 *심사위원: 관련분야 전문가 pool - 격월 단위 계속 선정	• 보육기간 : 2+1년 • 투자 지원 - 운영사 : 1억원 내외 (창업팀 지분 60%이상, 운영사지분 30% 이하) - 정부 : R&D지원(5억원) (사업화등 추가연계) • 마일스톤 관리, 적극적 멘토링, 엔젤투자	• 후속 VC투자, M&A연계, IPO (코넥스 포함), 연 매출 10억원 이상 수출액 50만불 이상 상시근로자 20인 이상 • 성공시 정부지원금상환 - 기술료 10% (분할납부 가능)

TIPS프로그램의 지원내용

지원조건 : 창업팀당 최대 10억원 내외(최장 3년 이내)
지원내용 : 엔젤투자(1억원) + 성공벤처인의 보육·멘토링 + R&D(5억) + 추가지원 4억(창업자금 1억원, 엔젤매칭펀드 2억원, 해외마케팅 1억원)

구분	보육기간	창업사업화자금	기술개발자금(R&D)				추가연계지원
		엔젤투자금 (운영기관)	정부출연금	민간부담금			
				현금	현물		
창업팀 (1팀 기준)	2~3년	1억원 내외 (정부출연금 20%이상)	최대 5억원	해당금액	해당금액		창업자금 1억원 엔젤매칭펀드 2억원 해외마케팅 1억원
			기술개발자금의 90%이내	기술개발자금의 2%이상	기술개발자금의 8%이상		

총사업비

TIPS 운영사 현황 (2017년 12월 현재)

성공한 벤처인 주도의 엔젤투자회사 및 선도벤처 등 38개를 TIPS 운영사[6]로 선정하고 있다. 38개 운영사를 통해 창업팀 423개 선정, 엔젤투자 845억원 (팀당 평균 2억원)에 매칭하여, R&D 1,467억원, 창업사업화 212.3억원, 해외마케팅 148.5억원을 지원한바 있다.

(2) 선순환 벤처창업생태계의 이해

우리나라에는 연매출 1,000억 원대를 기록한 벤처기업이 2017년 말 현재 513개에 달한다. 이러한 기업들이 대기업으로 성장하기 위해서는 새로운 기술 창업기업과의 연계 활동을 통해 경쟁력을 높여야 한다. 하지만 벤처기업들이 필요한 기술개발을 자체적으로 담당할 수 없기 때문에 신생 벤처창업 기업들과의 연계 협력이 요구된다.

따라서 대학이나 기업에서 첨단기술을 가지고 있는 예비창업자들이 기술 창업을 통해 벤처기업으로 성장해야 한다는 것이다. 또 그러한 벤처기업들이 기존 기업들과 서로 연계관계를 형성해 직접 클러스터를 형성하는 것이다. 이렇게 형성된 클러스터로부터 새로운 벤처기술창업이 지속적으로 이어지는 역동적 과정이 필요하다.[7]

이와 같이 기술을 가진 예비창업자가 창업하여 벤처기업으로 성공하고, 집적지를 이

---

6 엔젤투자회사 12개, 초기전문 VC 12개, 선도벤처 6개, 신기술창업전문회사 4개, 대기업 2개, 혁신센터 1개, 글로벌투자보육기관 1개
7 신창호,김묵환(2012), 서울시 기술창업의 선순환생태계구축방안, 서울시정개발연구원, pp.16~19

루어 산업클러스터를 형성하며, 또 다시 새로운 창업을 촉진하는 구조를 선순환생태계라고 말한다.

창업은 외부환경(Entrepreneurial Framework Condition : EFCs)의 영향을 받아 실직, 이직 등의 필요에 의해 창업을 실행하는 생계형 창업과 비즈니스 기회를 포착한 창업인 기회포착형 창업[8]으로 구분한다.

기회포착형 창업에서는 창업자가 ① 비즈니스 기회가 있다고 인식하고(Perceived Opportunities), ② 자신에게 창업능력이 있다고 생각하며(Perceived Capabilities), ③ 창업의 손익을 따져보고(Opportunity Costs Assessment), ④ 실패의 두려움(Fear of Failure)을 극복한 다음 창업의사를 굳히고 창업을 실행에 옮긴다.[9]

창업활동(TEA[10] : Total Entrepreneurial Activity)은 예비창업자와 창업기업으로 구분한다. 예비창업자(Nascent Entrepreneur)는 기업설립 전 단계를 말하고, 창업기업(Owner-Manager)은 기업설립 후 3.5년 이내 창업자를 말한다. 18~64세까지의 사람 중에서 창업활동(TEA)을 하는 사람이 많은 국가 형태를 창업이 왕성한 국가라 고 한다.

아래 [그림 2-4]의 모델[11]은 벤처창업의 선순환 생태계 마련을 위한 시사점을 제공해준다. 즉, 사회경제적 환경, 외부자원의 활용가능성, 창업에 대한 기대치가 높으면 창업활동에 긍정적인 영향을 미친다. 그리고 비즈니스 기회의 발견(PO)과 창업능력 인식(PC)을 깨닫게 되면 창업의 손익평가(OCA) 단계를 거쳐 창업의 손익평가 후 실패의 공포(FF)를 극복하게 되면 창업활동이 시작된다.

또 창업에 대한 기대가치가 커지면 실패 공포를 극복할 가능성이 커진다. 그런가하면 성공한 창업 기업이 많으면 창업환경에 긍정적인 영향을 미치게 된다. 따라서 기술과 인재의 일정한 직접을 시점으로 대량 기술창업과 성장을 거쳐 기술기반 벤처창업기업의

---

8 개선형 기회추구 창업활동을 말하며 초기단계 창업활동에 속하는 사람 중 (1) 다른 대안이 없는 것을 찾기 위해 일하기보다는 기회를 추구하고자 하는 경우 또는 (2) 현 소득의 유지를 위해서가 아니라 독립성을 높이거나 더 높은 소득을 추구하는 경우(글로벌기업가정신연구(GEM)2010 연구보고서)

9 여기서 다루고자 하는 지식 · 기술 기반 창업은 GEM 모델에서의 기회포착형 창업과 유사하다.

10 초기 창업활동 비율로 18~64세 인구 중 현재 신생 기업 단계의 창업에 해당하는 사람과 현재 새로운 사업의 소유주이며 경영인에 해당하는 사람의 비율임. 창업 및 경영 기간에 따라 태동기 창업활동(임금 지급이 3개월 이하로 이루어진 경우)과 초창기 소유경영(임금 지급이 3개월 이상 42개월 이하로 이루어진 경우)으로 나눌 수 있음(글로벌기업가정신연구(GEM) 2010 연구보고서)

11 신창호 · 김묵한(2012), 서울시 기술창업의 선순화생태계 구축방안, 서울시정개발연구원, pp.18~19

집적으로 첨단 신산업이 형성되는 단계적 과정으로 나타난다. 선순환 벤처창업 생태계 구축에 필요한 요인과 과정의 상호작용을 동태적으로 분석해보면, 벤처창업 생태계 구축 과정은 먼저, 기술과 인재가 집적되어 있어야 하고, 예비창업자의 창업과 성장을 위한 지원제도가 정비되어야 한다.

그 다음으로 두 조건의 결합으로 예비창업자의 대량 창업이 이루어지고 또 그러한 기업들이 성장단계를 거쳐 성공기업의 출현 및 집적의 경로를 따라 발전할 것으로 본다. 기술기반 기업의 대량 창업, 성장, 집적을 위한 생태계 구축 모델은 일정한 규모의 기술과 인재의 집적이 창업을 촉진하고 성공으로 이끌어 성공기업의 집적으로 전환하는 생태계 구축과정을 그려볼 수 있다. 이에 따라 [그림 2-4]와 같은 벤처창업 선순환 생태계 분석틀을 상정 할 수 있다.

먼저 생태계 조건 충족기에는 일정한 규모의 기술과 인재의 집적(필요조건), 예비기술 창업자의 창업과 성장을 위한 지원제도(충분조건)가 갖추어지면, 기업 및 대학·관련기관에서 기술을 지닌 예비창업자를 창업자로 이끌어내 창업자의 집적이 이루어지게 된다.

둘째, 생태계 형성기에는 필요조건과 충분조건의 결합을 통해 대량의 기술창업과 성장으로 전환이 이루어지는 시기인데, 자금·인력 등의 제공을 통하여 기술창업이 증가하고 정보·시설 등의 지원을 통해 창업기업이 성장하며 홍보 등을 통해 지속적으로 벤처기술 창업들이 이루어진다.

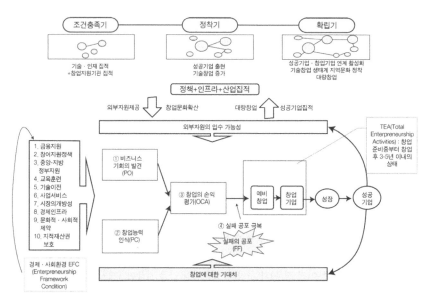

[그림 2-4] 벤처창업 선순환 생태계 분석모형

셋째, 생태계 확립기에는 기술기반 벤처기업들의 집적을 통한 하이테크 신산업이 형성되는 시기로서 다수의 대량 기술창업이 이루어지고 성공기업의 연계 협력체제가 갖추어지게 되면 기술기반 창업의 선순환 생태계가 마련된다.

⑶ 선순환 벤처창업 생태계 조성 방안

앞서 기술한 대로 선순환 벤처창업생태계를 만든다고 하는 것은 인적자본(창업자)과 물적자본(금융, 시설투자) 기술자본(창업아이디어)이 벤처창업의 현장에 몰려들게 만들어 창업생태계내의 참여자와 구성요소가 제기능을 다하게 하여 창업-성장-회수의 순환이 원활하게 되는 것이다. 그렇게 하기 위해서는 아래와 같은 사항들을 해결해야 한다고 본다.

우선 M&A를 활성화하여 열악한 회수환경을 개선하여야 한다. 창업을 촉진하고 선순환 벤처생태계를 구축하는 핵심요소인 회수시장을 선진화시키기 위해서는 M&A 중개인프라를 구축하고 세제지원을 강화하며 민간영역의 M&A 촉진을 위해 중소·중견기업의 CVC(Corporate Venture Capital) 규제를 대폭 완화하여야 한다.

둘째로 '시장논리' 중심의 벤처투자로 전환하는 문제이다. 창업-성장-회수 등 기업 전 생애에 걸친 선순환 투자환경 조성을 위해서는 전문엔젤제도를 개선하고 초기기업의 자금조달을 위한 크라우드펀딩제도를 현실에 맞게 개선하여야 한다.

셋째로 성실실패자에게는 원칙적으로 재도전의 기회를 부여하여야 한다. 기술성 보유기업에게 창업 7년까지는 연대보증을 면제해 창업단계를 넘어 성장단계로 안착할 수 있도록 지원하고, 과점주주의 2차 납세의무를 폐지하여 경영재기의 발판을 구축해 주어야 한다.

넷째로 창업규제의 근본적 해결책으로서 '규제 샌드박스' 제도를 도입하여야 한다. 기술창업 벤처기업에 한해 창업 후 일정기간 동안 진입규제, 영업규제 등의 각종 규제적용을 한시적으로 면제하고, 최소한의 네거티브 방식 규제만을 적용하는 방안을 마련해야한다.

마지막으로 대중소 상생의 열쇠로서 기울어진 운동장을 바로잡아야 한다. 대중소벤처기업 간 기술중심의 공정한 거래질서 정착을 위해 대기업의 1차 협력사에 대한 원가자료 요구를 근절하고, 대기업의 협력사에 대한 보복조치 금지를 법상에 명문화하며, 기술탈취시 입증책임을 피고에게 전환하고 기술(인력) 유출로 인한 특허분쟁시 손해배상액 법원판결에 시장가치 반영하는 등 특단적인 조치가 필요하다.

이와 더불어 산업구조적 접근법으로 자본주의의 폐해를 치유하고 갑질문화를 근본적으로 해결하고 일자리창출을 촉진하기위해서는 협동조합기업의 창업과 개인기업이나 주식회사에서 협동조합으로의 전환에 인센티브를 주는 방안, 협동조합 창업전용 펀드 결성 및 협동조합 창업전용 보육센터의 운영도 필요하다고 본다.[12]

(4) 선순환 벤처창업생태계 조성제도 해외사례

■ 스타트업 칠레(Start-up Chile) 프로그램

칠레 국내의 선순환 창업생태계 조성과 국제무대에서 경쟁력을 갖춘 스타트업의 해외 진출을 위한 플랫폼 구축을 위해 2010년에 시작되었다. 프로그램은 6개월 동안 진행된다. 참가자들은 2000만 페소(3만 5000 달러)의 보조금을 받는데 외국 국적일 경우, 체류기간 1년의 취업비자를 통해 안정적으로 프로그램을 이수할 수 있다.

이러한 지원의 가장 중심적인 목적은 칠레 국내 창업생태계 활성화와 스타트업 발전에 있다. 나아가, 칠레 및 라틴 아메리카 창업생태계의 혁신적인 변화를 모색하고 스타트업 간의 활발한 교류를 통한 생동감 넘치는 다양한 프로젝트의 창출을 모색하고 있다.

매해 세 차례의 라운드를 통해 각 라운드당 100개 프로젝트(연간 300개)를 선발하며, 선발된 자는 창업자금 4만 달러 무상지원하고, 1년 비자와 사무실 제공, 현지 네트워킹 및 정착을 지원받는 대신 창업자는 프로젝트 추진 6개월간 프로젝트에 100% 종사할 의무가 있다.

신청 자격 요건으로는 18세 이상, 2년 내 창업한 자로 컨설팅, 수출입, 프랜차이즈 업종을 제외한 모든 업종이 가능하며 YouNoodle[13] 플랫폼(www.younoodle.com)을 통해 신청서를 영어로 제출하며, 응모자별로 1개 프로젝트만 제출할 수 있고, 최대 3개까지 추천서를 제출할 수 있다.

스타트업 칠레는 선발 절차를 거쳐 국적에 관계없이 창업 자금 및 비자를 지원하고 있다. 칠레는 전세계에서 FTA를 가장 많이 체결한 국가로서 글로벌 개방성이 뛰어나고 중남미에서 비즈니스 환경이 우수한 국가이고 중남미의 지리적, 언어적 특징으로 창업 기

---

12 바로 이어서 읽을거리(사회적기업 창업도 일자리창출이 되나?)에서 사회적기업과 사회적협동조합이 일자리창출을 할 수 있음을 기술하였고, CHAPTER 7 창업기업 설립의 실제에서도 협동조합창업의 필요성을 CHAPTER 11에서 프랜차이징기업의 협동조합으로 전환사례를 기술하였다.

13 유누들(YouNoodle)은 미국 샌프란시스코에 소재한 인력관리업체로서, 프로그램에 참가하고 싶은 스타트업이 지원자격 요건을 혁신 등급이라 불리는 평가 방법을 사용하여 글로벌시장에서의 가능성, 팀구성 인적 자원의 다양성, 관련 네트워크 등을 평가한다.

업이 글로벌 기업으로 성장할 가능성이 크다.

칠레정부에서 발간한 2016년 최신 보고서에 따르면, '스타트업 칠레' 선발 기업은 전자상거래(19%), IT&기업소프트웨어(17%), 소셜미디어 · 소셜네트워크(9%), 모바일 & Wireless (9%), 교육(9%) 등으로 나타났다. 스타트업 성격상 ICT 관련 창업가들이 많았으나 최근 헬스케어 & 바이오테크, 교육, 신재생에너지 분야의 참여도 매우 활발해지고 있다.

선발된 창업자 혹은 기업의 국적을 살펴보면, 칠레(24.3%), 미국(24.1%), 아르헨티나(8.8%), 인도(6.7%), 브라질(4.9%) 순이었다. 연령대는 31~40세(50.5%), 21~30세(40%)로 나타났는데, 2017년 9월까지 '스타트업 칠레' 프로그램을 거쳐간 전체 스타트업의 53%(외국인 23.7%, 칠레인 29.3%)만이 살아남았다고 한다.

지난 2010년 시작한 '스타트업 칠레' 프로그램은 1년에 3차례의 라운드를 통해 각각 100개 기업을 뽑아 6개월간 투자금 · 사업공간과 함께, 미국 실리콘 밸리 출신 전문가의 자문을 제공한다. 지금까지 세계 72개국 창업가들에 대해 1200여 개 이상의 벤처 기업을 지원해 1억 달러의 투자 유치와 1500명이 넘는 고용 창출 효과를 거뒀다. 간접 고용 효과만도 약 20만 명에 달하면서 많은 언론과 각국 정부가 관심 있게 지켜보고 있다.

■ 규제 샌드박스(Regulatory Sandbox)

규제 샌드박스(Regulatory Sandbox)란 신산업 · 신기술 분야에서 새로운 제품과 서비스를 내놓을 때 일정 기간 기존 규제를 면제하거나 유예시켜주는 제도이다. 구체적으로는 사업자가 새로운 제품이나 서비스에 대해 규제 샌드박스를 적용해달라고 신청하면 규제 샌드박스 요건에 해당하는지 심사를 받게 된다.

이후 시범사업과 임시 허가 등으로 규제를 면제하거나 유예해 주면, 기업은 규제 때문에 내놓을 수 없던 상품을 시장에 빠르게 내놓을 수 있게 되어 좋고, 나중에 문제가 생기면 사후 규제를 적용하면 된다. 갖은 어려움을 극복하고 제품을 만들었는데 규제 때문에 출시하지 못하는 경우들이 많은데 규제 샌드박스가 도입되면 그런 위험 부담을 줄일 수 있게 되며 소비자들도 혁신적인 상품 · 서비스가 늘어나게 되므로 소비자효용도 증가한다.

규제 샌드박스 식의 접근은 영국에서 핀테크 산업 육성을 위해 처음 시작되었다. 영국은 2014년 런던을 '글로벌 핀테크 수도'로 발전시키겠다고 선언한 후 규제 샌드박스를 적용했다. 싱가포르도 금융 분야에 규제 샌드박스를 도입해 다양한 핀테크 실험이 일어나도록 장려했다.

일본도 정부 차원에서 규제 샌드박스라는 용어를 국가 전략인 '미래투자전략2017'에 반영했다. 일본은 더 나아가 핀테크 이외의 분야에도 규제 샌드박스를 적용했다. 4차 산업혁명과 유사한 개념으로 일본 정부가 추구하는 '소사이어티(Society) 5.0'을 위해 핀테크·인공지능(AI)·개인정보 가공 및 서비스·IoT 기술·스마트 시티 분야에서 미래 기술을 실증하는 데 규제 샌드박스를 활용하고 있다.

■ 크립토밸리(Crypto Valley·암호화폐도시)'¹⁴ 스위스 주크시

주크시는 스위스 중앙에 있는 주크주(州)의 주도다. 한국의 읍 정도 되는 크기인데 한국의 읍과는 차원이 다르다. 이 주크시를 중심으로 주크주에만 세계 450여 개 블록체인 기업 중 250여 개가 몰려 있다. 대표적인 기업이 이더리움재단, 비트코인 스위스법인, 지난해 암호화폐공개(ICO)를 통해 3000억원의 자금을 모집해 주목받은 한국의 에이치닥(Hdac) 등이다. 지난해 전 세계의 ICO 39억달러 중 40%가 이곳에서 이뤄졌다.

이러니 인구 12만4000명인 주크주에 글로벌 블록체인 회사 250여 개가 들어서면서 관련 사업서비스를 제공하는 금융, 법률, 회계, 정보통신기술(ICT) 등 각종 고부가가치, 고임금 기업 3만2000여 개가 몰려들었고, 관련 회의도 연이어 열리면서 10만9000개의 일자리를 만들어냈다는 것이다. 노인과 학생을 제외하면 1인당 두어 개씩의 일자리가 창출돼 사람이 부족해 난리라는 것이다.

그 결과 우수인력을 양성·공급하기 위해 정보통신대학을 확충하는 등 대학들도 변신하고 있었다. 전 세계에서 많은 기업인, 전문가들이 몰려들다 보니 호텔방이 동이 날 정도이다. 자연히 주크는 금융, 정보통신기술, 사업서비스, 국제회의, 교육, 관광도시로서 혁신을 거듭하고 있다.

주크시의 투자여건은 다른 도시에 비해 훨씬 유리하다. 우선 법인세율이 14.6%로 낮다. 외국기업에 대해서는 9~10%까지 더 낮춰 주고 있다. 비영리법인에는 제로세율까지

---

14 2018.6.13 지방자치단체선거에서 후보는 오거돈 부산시장, 이철우 경북도지사 및 원희룡 제주도지사등 많은 분들이 크립토밸리(블록체인 특구)를 조성하겠다는 공약을 내걸었다. 비록 낙선했지만 남경필 前 경기도지사도 박정오 성남시장 후보자와의 정책협약식에서 제3판교 테크노밸리를 크립토밸리로 추진하겠다고 발표하기도 했다. 이것은 암호화폐 관련 산업을 통해 지역경제를 되살려보겠다는 의도가 담겨 있다고 보겠다.

적용한다. 싱가포르가 법인세율 15%로 경합을 벌이고 있는 점을 감안해 2020년까지 법인세율을 12%로 낮출 계획이라고 한다.

다음으로 규제가 거의 없는 기업환경을 꼽을 수 있다. 스위스는 기본적으로 정부가 주도하는 톱다운(top down) 방식이 아니라 민간의 의견을 수렴해 정책을 수립·집행하는 보텀업(bottom up)방식이 보편화돼 있다. 크립토밸리를 만들기 위해 정부가 한 일은 법인세를 낮추고 규제를 없애고 창의적인 인재를 공급해 주는 비즈니스 친화적 환경을 조성한 게 전부다. 이 덕분에 2013년부터 이더리움재단을 비롯한 글로벌 블록체인기업, 정보통신기업, 금융회사들이 몰려들기 시작한 것이다.

판교밸리, 마곡밸리 등을 정부가 앞장서 지원·육성하고 있는 한국과는 완전히 다른 보텀업 모델이다. 이런 혁신에 힘입어서인지 스위스의 1인당 국내총생산(GDP)은 2017년도 8만6835달러로 룩셈부르크에 이어 세계 2위다.

주크시의 장점으로 ICO 관련 제도와 인프라가 잘 갖춰져 있는 것을 꼽는다. 실제 이 도시는 민관이 적극적으로 협력하며 최적의 크립토밸리를 조성해왔다. 예컨대 스위스 금융감독기구인 금융시장감독청(FINMA)은 ICO 가이드라인을 만들어 ICO 양성화를 위한 제도적 토대를 마련했고, 주크 시의회는 지난해 10월 200스위스프랑(22만원 상당) 범위 내에서 암호화폐로도 세금을 낼 수 있도록 하는 정부지원 암호화폐 프로그램을 승인했다. 이에 따라 주크 시민들은 5월부터 정부 서비스 비용을 비트코인으로 지불할 수 있게 됐다.

■ 에스토니아의 '이레지던스'(e-residence)

최근 혁신의 아이콘이 된 에스토니아는 1990년대초 소련(현 러시아)에서 독립한 인구 130만명에 천연자원도 없는 가난한 나라였다. 독립할 당시에 전화기 보유 가정이 절반이 안 됐을 정도로 정보통신 인프라나 IT와는 거리가 먼 나라였다.

이런 상황을 보완하기 위해 에스토니아는 2001년 국가의 전반적인 행정업무를 온라인으로 처리하는 엑스로드(X-Road) 프로젝트를 시행하기 시작한다. 엑스로드는 정부 주도로 도입된 국가 데이터베이스 플랫폼으로 에스토니아에서 400개의 기관 및 기업이 이를 이용하고 있고 수십 개의 데이터베이스가 연동되며 공공 기록과 데이터는 물론 금융과 통신에 등 개인이 이용할 수 있는 디지털 서비스도 엑스로드를 통해 통합 관리된다. 에스토니아에서는 태어나는 순간부터 개인 아이디를 발급 받고 개인인증정보가 시스템에 저장되어 있기 때문에 전자주민증인 E-ID를 통해 약 2000개가 넘는 공공 서비스를 이용할 수 있다.

에스토니아는 전 세계 최초로 전자영주권 제도인 이레지던스(e-Residency)[15] 제도를 2014년 말에 도입했는데 이레지던스를 발급받으면 에스토니아 내 디지털 서비스를 모두 이용할 수 있는 권한이 생겨 법인 설립 및 관리, 계좌 개설, 세금 신고 및 납부, 디지털 서명을 이용한 모든 계약 등이 가능하다. 즉 사이버 세계에 가상의 영주권을 주고 세계 어디서나 에스토니아 사이버 영토에서 바로 창업을 할 수 있도록 해주는 제도다. 도입 3년 만에 전세계 150여 개국에서 수 만 명이 신청해 받았고 이레지던스 소유자들이 창업한 회사는 수천여개가 넘는다.

유럽연합(EU) 국가에서 법인을 설립 하거나 계좌를 설립하기가 까다롭지만 이레지던스만 있으면 20분 만에도 법인 설립을 완료할 수 있다. EU에서 이렇게 빠르고 간편하게 법인을 설립할 수 있는 곳은 오직 에스토니아 뿐이다.

미국의 나스닥은 에스토니아 이레지던스를 가진 주주에게 전자투표를 할 수 있는 권한을 부여하기로 하고 시범 운영 중에 있다. 이뿐만 아니라 최근 아마존, 이베이 등은 인증기반이 미약한 제3세계 국가 국민 중 에스토니아의 이레지던스를 가진 사람들은 쉽게 전자상거래를 하게 해주는 방안도 검토 중이라고 한다. 명실공히 이레지던스가 글로벌 사이버 상의 신분증 역할을 할 날이 곧 올지도 모르겠다.

이런 에스토니아의 혁신적인 환경 속에 유니콘 기업(기업 가치 10억 달러 이상 스타트업)이 여럿 탄생했는데 세계 최대 인터넷전화 기업인 스카이프, 세계 최대 개인 간 국제 송금업체인 트랜스퍼와이즈 등이 있으며 현재도 전세계의 스타트업 기업이 몰리고 있기 때문에 에스토니아의 미래 성장 가능성은 굉장히 크다고 볼 수 있다.

이제 국력이 단순히 인구, 영토, 자원의 크기로 결정되는 시기는 이미 지나갔다고 본다. 스스로 개방하고 혁신하는 국가와 기업 그리고 개인만이 지속적으로 발전.성장한다고 하겠다.

---

15 이레지던스는 사이버 영주권으로서 이중국적이나 에스토니아 정부에 세금을 내야 하거나 정식 이민이나 영주권 발급을 의미하지 않는다. 특히 전세계에서 최초로 에스토니아 이레지던스 수령센터를 서울에 문을 열어 에스토니아까지 가지 않더라도 온라인으로 신청하고 서울에서 받을 수 있게 됐다.

사회적기업 창업도 일자리창출이 되나?

사회적기업과 사회적협동조합[16]

사회적기업은 법적으로 명확하게 정의된 개념이 아니며, 사실상 이 개념이 보편적으로 사용되기 시작한 건 최근 몇 년의 일이다. 즉, 사회적기업은 1990년대 들어 제3섹터론을 중심으로 보급된 개념으로 현재까지도 서로 상반되는 관계라고 생각했던 사회와 기업을 "사회적 목적을 추구하는 기업"으로 통합한 것이다. 광의의 의미로 사회적기업은 "하나의 기업으로서 상업적인 이윤보다 사회적 목적 추구에 초점을 두고 있지만 기업으로서 그 생존과 성장에 필수적인 수준의 이윤은 창출해야하는 조직체"라고 할 수 있다. 사회적기업육성법에서는 "사회적기업"이란 취약계층에게 사회서비스 또는 일자리를 제공하거나 지역사회에 공헌함으로써 지역주민의 삶의 질을 높이는 등의 사회적 목적을 추구하면서 재화 및 서비스의 생산·판매 등 영업활동을 하는 기업으로서 사회적기업으로 인증을 받은 자를 말한다.[17] 사회적기업은 사회서비스 제공형, 일자리 제공형, 지역사회 공헌형, 혼합형, 기타형의 형태로 운영된다.

유럽에서 사회적 기업은 각나라별로 단체, 협동조합, 공제조합, 종업원주식회사, 사회적 협동조합, 사회적목적 기업등 다양한 형태를 취하고 있다. 그러나, 가장 보편적인 형태의 사회적기업은 협동조합이며 이는 국제협동조합연맹(ICA)이 규정한 국제적 협동조합 원칙에 부합하는 사업체를 지칭한다. 한편, 모든 형태의 협동조합들이 사회적기업으로 간주되는 것은 아니다. 마찬가지로 모든 사회적기업이 협동조합인 것은 아니다.[18]

사회적 기업의 사업 영역

사회적 기업은 사회복지서비스, 교육, 주거, 보건, 재생에너지, 공공시설, 환경, 문화, 관광 등을 아우르는 다양한 분야에서 광범위한 영역의 활동에 참여하고 있다. 사회적 기업은 이러한 영역에서 재화와 서비스를 생산·판매할 뿐 아니라 취약계층의 노동시장 통합에도 기여하고 있다.

가령 주라트리(Juratri)는 유한책임회사(limited liability company)로 설립되었다가 1996년에 협동조합으로 변모한 프랑스의 사회적 기업이다. 이 기업은 쓰레기 분류를 통해 노동시장에서 소외된 사람들에게 일자리를 주고 이들을 사회에 통합하는 프로젝트를 운영한다. 이 밖에도 사용하지 않는 농장을 기부받아 야채농장을 만드는 기업(Fuss Pot Farm), 자폐아 부모를 위한 교육 서비스 전문 기업(Inspired by Autism), 장애인용 목발 거치대가 있는 저렴한 전동휠체어 제조 기업 (ZERO Limits) 등 사회적 기업은 다양한 분야에서 대부분 중소기업 규모로 운영된다.

사회적기업 지원 기관

사회적기업 하기 좋은 문화와 정책 환경이 사회적기업의 창업과 발전에 중요한 만큼 사회적 기업가를 양성하고 사회적기업을 체계적으로 돕는 '사회적기업 지원기관'의 역할도 중요하다. 71개국 2,800명의 사회적 기업가를 양성한 아쇼카(Ashoka)재단은 매년 '아쇼카 펠로우(Ashoka fellow)'를 엄격한 심사 과정을 거쳐 뽑은 후 이들이 더욱 뛰어난 사회적 기업가로 거듭나도록 생활비, 컨설팅, 교육, 네트워크 등을 지원한다. 아쇼카 펠로우들은 사회문제를 해결하고 사회 변화를 이끌어 내기 위해 지속적인 네트워킹을 통해 서로 머리를 맞대고 혁신을 추구한다.

---

16 한국보건사회연구원, 글로벌사회정책브리프(Global Social Policy Brief), Aug. 2016, Vol. 32, pp. 1~4

17 「사회적기업 육성법」 제2조제1호, 「사회적기업 육성법 시행령」 제9조제1항제1호~제4호

18 영국에서 가장 보편적인 유형의 사회적기업은 노동자생산협동조합, 소비자 협동조합, 주택 협동조합,등이 있다.

영국에서 2002년 설립된 사회적기업 지원기관인 언리미티드와 2012년 설립된 빅소사이어티캐피털(BSC)은 각각 복권기금과 은행 휴면계좌 등을 활용해 사회적기업을 재정적으로 돕고 있다. 기술 기반 사회적기업 지원기관인 '캐스트(CAST)'는 사회적기업이 특정 성장 단계에서 재정적 어려움을 겪을 때 투자를 통해 위기를 극복할 수 있도록 돕는 역할을 한다. 베스널 그린 벤처스(Bethnal Green Ventures)는 초기 단계 사회적기업의 인큐베이터 구실을 담당한다. 이와 같이 사회적 기업의 유형과 성장 단계에 따라 다양한 지원 기관이 존재한다.

협동조합 창업으로 경쟁력 있는 기업이 될 수 있을까?

규모가 작고 생산성이 떨어지는 중소제조기업들에 협동조합모델을 적용하여 새로운 활력을 불어넣는 것이 가능할까? 실제로 몬드라곤 협동조합그룹의 하나로 자동차 부품회사인 로라멘디의 경우 2003년 당시 경영상의 어려움으로 주식회사에서 협동조합으로 전환하였다. 로라멘디는 전환 여부를 두고 팽팽한 논쟁을 벌인 후 협동조합기업으로 새로이 출발하였으며, 기업의 주인이 된 직원들은 혁신을 이뤄냈고 안정적인 성장을 구가하고 있다는 평가를 받고 있다.

지금은 조합원들이 기업에 대해 높은 신뢰를 바탕으로 경영의사결정과정에도 적극 참여하고 있으며, BMW, 벤츠, 폭스바겐에도 부품을 납품할 정도로 기술력을 인정받고 있다. 이처럼 경영상이나 자금상 어려움으로 인해 직원들이 협동조합을 결성하여 인수하고 협동조합들끼리 공동 자재 구매, 공동 마케팅을 통해 비용을 절감하고 특허나 기술 공유를 통해 기술 개발 역량을 강화한다면 제조 경쟁력에 새로운 활력을 불어넣을 수 있을 것으로 기대된다.

다만 모든 제조영역에 일괄적으로 적용하기에는 무리가 따른다. 사실 제조업체는 가치사슬(Value Chain)이 복잡하고 소비자 기호 변화에 빠르게 대응해야 하기 때문에 느린 의사결정구조를 지닌 협동조합모델을 바로 적용하기는 쉽지 않다. 다만 사출(Injection), 단조(Press), 일반 조립(Assembly) 등 생산성이 한계에 이른 영역에서 중소기업들이 자발적으로 협동조합형태로 전환하여 비용절감 및 생산성 향상을 통해 경쟁력을 높여나가는 방안을 시도하고 이후 점차 다른 영역으로 확산을 검토해보는 것이 가능할 것이다.

정부도 규모가 작고, 조합의 진퇴가 자유롭다면 공정거래법 예외 적용을 긍정적으로 검토하겠다는 입장이다. 대기업 입장에서도 규모가 작은 개별 기업들의 동반 경쟁력을 높이기 위해서는 많은 시간과 노력이 필요한데, 경쟁력이 떨어지는 중소기업들을 협동조합형태로 묶어 공동 카테고리를 만들어 대응하게 되면 저변을 한꺼번에 끌어올릴 수 있는 장점이 있다.

이처럼 협동조합모델을 중소기업의 R&D 능력 배양과 대기업과 협력업체간의 기술 발전을 촉진하기 위한 정책의 일환으로 적용하고, 기술개발로 기대되는 성과의 일부분을 공동 펀드 자금으로 활용함으로써 공동 기술 개발 환경을 개선해나간다면 대·중소기업간 상호 Win-Win의 가능성이 존재한다.

이러한 방안이 현실화된다면 중소기업이 대다수를 차지하고 소수의 대기업, 중견기업이 존재하는 '압정형' 기업 생태계 구조에서 선진국형 피라미드 기업 생태계 구조로 변환하는 데도 긍정적 영향을 미칠 것으로 전망된다.

영국에서의 사회적 기업을 통한 일자리 창출

영국은 시민사회가 발달되어 자선단체 등의 투자가 사회적 기업으로 많이 몰려 사회적 기업이 성장할 수 있는 좋은 환경이기도 하지만, 영국 정부의 법적·제도적 지원이 큰 역할을 하고 있다. 영국은 2005년 회사법 내에 '지역공동체이익회사(Community Interest Company)'라는 법인을 규정해 이 법인에 상법상 지위를 부여함으로써, 사회적 기업이 수익 사업은 물론 주식 발행을 통한 투자 유치도 할 수 있도록 만들어 주었다. 이러한 정부의 정책적 뒷받침 속에서 현재 영국의 사회적 기업은 7만 개로 성장했으며 약 240억 파운드 규모에 100만 개의 일자리를 자랑한다. 한편 유럽에서 사회적 기업의 주된 역할은 소외계층을 위한 일자리 창출로 알려져 있으며, 사회적 기업은 성공적인 근로통합(work integration)의 사례로 제시된다.

기업가정신 사례 1 **미래산업 정문술 창업주**[19]

정문술 전 회장은 원광대학교 종교철학과에 입학하고 옛 중앙정보부에서 20년 가까이 근무했으나, 전두환 정권 교체기에 명예퇴직을 당하고 창업의 길로 들어서게 된다.

반도체에 대한 교육이나 경험이 전혀 없던 그가 반도체 장비 산업에 뛰어들어 성공한 원인은 먼저 그의 창의성과 독창성 때문이다. 어렸을 때 친구들과 개울에서 놀 때도 물고기를 잡기 위해 다른 친구들은 무작정 물에 뛰어드는 반면, 그는 나무를 가지고 작살과 같은 기구를 직접 고안하여 물고기를 잡았다. 그는 어렸을 때부터 노는 것 하나에도 자신의 창의성과 독창성을 활용하여 자신의 방식을 적용하는데 만족을 느끼는 성격이었다. 이러한 선천적인 독창성과 모험심은 그의 벤처기업 창업과 발전 과정에 있어 큰 강점이 되었다.

또한, 옛 중앙정보부에서의 20년 가까운 공직 경험은 논리적 사고력과 문제 해결력, 해당 정보에 대한 뛰어난 수집 능력을 갖추게 하였다. 특히 중앙정보부에서 일한 마지막 10년은 국가정보전략 수립 업무를 담당하면서, 과거 분석, 미래 전망, 앞으로의 계획에 이르기까지 문제 해결 도출 과정을 공식화하여 적용하는 능력을 향상시키는 계기가 되었다. 이는 창업에 있어서도 사업 기회를 발견하는 데서부터, 창업과 성공에 이르기까지 일련 과정에 있어 논리적 접근 방식을 활용할 수 있었다.

한편 정문술 전 회장은 기업가로서 자신의 기술적 지식과 경험의 부족을 인정하고 실무진과 연구 개발자를 전적으로 신뢰하고 지원했다. 또한 창업 초기의 경우, 직원들에게 야식을 사다 나르고, 화장실 청소도 마다하지 않는 등 직원들에게 진심어린 존경과 신뢰를 얻기 위한 솔선수범의 자세를 보여주었다. 이론적 리더십이 아닌 자기희생이 뒤따르는 실천적 리더십을 중시한 결과였다. 따라서 미래 산업에는 마치 유사종교집단이나 다름없는 기업 문화가 형성될 수 있었다.

정문술 전 회장은 기업 경영에 있어 원칙을 강조했다. 요즘의 기업들은 원칙에 입각하여 운영되면 손해를 본다고 생각하고 모두 원칙을 따르지 않는 경영을 하고 있다고 생각하고, 오히려 자신의 원칙 경영을 '거꾸로 경영'으로 일컬으며 도덕 경영에 앞장섰다. 이는 직원 채용이나 성과보상에 있어서, 학연, 지연, 혈연을 철저히 배제하고, 성과에 따라 차등 보상하는 것에서도 드러난다.

19 배종태외 3인(2009), 전게서, pp.51~52.

2001년 정문술 전 회장은 바이오분야 과학영재 양성을 위해 KAIST에 300억 원을 기부한다. 이는 은퇴 후 자신의 확고한 삶의 목표에 따른 것이다. 그의 은퇴 후 목표는 곱게 늙기로 명예 추구와 돈 버는 일은 거부하고, 늙어가는 것을 억지로 거스르지 않으며, 세상에 대한 이별을 연습하는 것이다. 은퇴 후 그의 삶은 성공한 벤처기업가의 다음 단계의 삶의 중요한 역할 모델이 될 것이다.

기업가정신 사례 2 　메디슨 이민화 창업주[20]

이민화 전 메디슨 회장은 고등학교 졸업반 당시 문과로 시작했으나 졸업 한 달 전에 급히 이과로 진로를 변경했다. 당시 제주도에서 판사들이 향응을 제공받은 '법관파동'이후 현 제도 하에서 법을 공부하는 것은 의미가 없다고 판단하고 객관적인 지식을 쌓고 실력을 평가받을 수 있는 이과로 진로를 변경한 것이다. 하지만 초음파 진단기 업체 메디슨을 경영하면서 이러한 문과에서의 사고방식과 교우 관계는 그에게 균형적 감각을 갖도록 해 주었고, 기업 경영에 많은 도움을 주었다.

이민화 전 회장은 KAIST에서 전기전자공학 석사 취득 후 병역특례로 대한전선에 입사한다. 대한전선에서 그는 연구 부서에 입사하여 우리나라 기업 연구소에서 직접 연구개발한 제품을 시장에 최초로 출시하는 업무에 참여한다. 이후 개발 부서, 생산 부서, 해외 영업 부서를 거치며 기업의 중요 부서 업무를 모두 경험하면서 기업 경영의 노하우를 축적한다.

메디슨 창업 후 그의 가장 성공적인 의사결정 사례는 바로 3차원 초음파 기술을 보유한 크레츠테크닉의 인수였다. 이를 통해 메디슨의 핵심 역량이 기존의 저가 정책에서 시장 선도 기술로 바뀌는 계기가 되었다. 인수 경쟁에 있어서 많은 거대 경쟁기업들이 있었지만 상대적으로 작은 기업의 의사결정의 신속성으로 인수에 성공한다. 결국 성공적인 인수는 메디슨의 성장에 결정적 공헌을 한다.

이민화 전 회장의 의사결정의 기본원칙은 '가치의 선순환'에 있다. 이는 메디슨 창업 초기부터 가지고 있었던 생각으로, 국부창출과 인간존중의 이념을 바탕으로 두 가치의 시너지 효과를 일으켜 선순환 구조를 만들어내는 것이 목적이다. 이는 기업인수를 통한 벤처연방제의 구현과 2000년 초 벤처 버블 붕괴 전의 기업 보유 지분 매각 반대에도 영

---

20 배종태외 3인(2009), 전게서, pp.53~54.

향을 미친다. 이러한 가치의 선순환 개념은 이민화 전 회장의 벤처기업 경영의 주요 철학이기도 했지만, 경영 일선에서 물러난 이후에도 벤처산업 전분과 삶에 대한 철학이기도 했다.

이민화 전 회장은 메디슨 퇴직 후 이러한 자신의 철학을 실현하기 위한 공적인 활동에 많은 노력을 기울였다. 벤처기업협회에 명예회장직으로 벤처기업 관련 정책 조언을 계속하고 있으며, 2009년 7월부터는 중소기업의 불합리한 규제를 발굴 및 정비하는 기업호민관 활동을 맡기도 했다.

이민화 전 회장은 기업 경영에 있어서는 결국 실패하고 말았지만, 패러다임을 바꾸고 현상에 대해 넓은 시각을 가지고 바라보는 능력에는 탁월함을 보인다. 따라서 벤처 산업 전반에 대한 공적인 활동이 그에게 더 맞는 직무라고 생각한다. 아울러 300명 남짓의 메디슨 직원 중 100여 명이 새로운 벤처기업의 수장이 되었다는 사실은 그의 벤처산업 전반에 걸친 공헌을 가늠케 한다.

CHAPTER **3**

기업가정신

- 창업가는 태어나는 것이 아니라 만들어진다.
  로이드 셰프스키

- 기업가는 항상 변화를 모색하고, 변화에 대처하고 변화를 기회로 이용한다.
  피터 드러커

- 당신이 배를 만들고 싶다면, 사람들에게 목재를 가져오게 하고 일을 지시하고 일감을 나눠주는 일을 하지 마라.
  대신 그들에게 저 넓고 끝없는 바다에 대한 동경심을 키워주라.
  생텍쥐페리

제1절 **기업가정신의 개념**

기업가정신은 프랑스어로 Entrepreneur, 영어로는 Entrepreneurship, 독일어로는 Unternehmer이다. 또한 기업가정신은 모험사업가로서 자원의 제약과 위험의 존재에도 불구하고 도전정신과 경영혁신으로 새로운 사업을 일으키는 사람 또는 필요의 공백, 효용의 창조자, 생존부등식의 실현자 등으로 표현된다.

선행 연구자들에 따르면 기업가정신은 다양하게 해석된다. Cantillon은 기업가 (entre-preneur)란 생산수단(토지, 노동, 자본)을 통합하여 상품을 생산 및 판매하고 경제의 발전을 도모하는 사람으로 정의하였다. 혁신을 처음으로 이야기했던 A.Schumpeter에 따르면, 기업가정신이란 창조적 파괴과정에서 리더로서의 공헌된 자, 신제품의 발명 또는 개발, 새로운 생산 방법의 도입이나 개발, 신시장의 개척, 새로운 원료나 부품의 새로운 공급자, 신산업에서 새로운 조직의 형성 등을 이루는 새로운 혁신자를 의미한다.

F.Drucker에 따르면, 뭔가 새롭고 이질적인 것, 유용한 가치를 창조해 내고 있는 경영자, 변화를 탐구, 변화에 대응하고 도전하며 변화를 기회로써 이용하는 사람으로 해석한다. Ronstadt에 따르면, 빨간 신호등 앞에서도 때로는 이를 무시하고 돌진할 수 있는 사람, 스스로 사업을 일으키고 이를 자기 인생에서 가장 즐거운 일로 여기는 사람이며 혼을 다하여 기업을 경영하는 전문적 사업가를 의미한다. Karl Vesper에 따르면, 다른 사람이 발견하지 못한 기회를 찾아내는 사람이며 사회의 상식이나 권위에 사로잡히지 않고 새로운 사업을 추진하는 사람이다. Knight는 기업가란 불확실성 하에서 위험을 계산하고, 결정을 내리며, 산출결과에 책임을 지는 자라고 정의하였다.

이러한 정의를 고찰해 보면 기업가정신의 개념에서는 '기회 포착과 관련된 사고 및 행동'을 강조하고 있으며, 기업가정신에서 공통적으로 언급 되는 요소는 '창의력과 혁신역량', '환경변화에 대한 예측과 이윤추구의 기회인식', '위험감수와 불확실성의 극복', 그리고 '새로운 가치창출' 등이다.

제2절 **기업가정신의 유형**

(1) 상업적 기업가정신

일반적으로 말하는 기업가정신은 영리기업을 주된 적용대상으로 하는 상업적기업가정신(Commercial Entrepreneurship)을 의미한다.

글로벌 비교연구인 GEM에서는 기업가정신을 "개인, 팀, 혹은 기존기업 내에서 새로운 비즈니스 조직을 결성하고, 새로운 기업 및 새로운 사업을 시작하려는 시도"라고 정의하고 있다. GEM 연구에서는 기업가적 활동을 공식적으로 등록된 기업들의 활동뿐만 아니라 비공식적인 활동 즉, 창업을 준비하는 개인들의 행태 및 의도까지 포함하여 기업가활동 비율(Total Entrepreneurial Activity: TEA)을 도출하고 설명하고 있다([그림 3-1] 참조). GEM 연구는 잠재적으로 창업을 하려는 의도를 가진 개인들과, 초기 창업기업(42개월 미만의 신생기업)의 기업가적 활동을 파악하는 동태적 개념의 지표로 널리 사용되고 있다. 즉 기업의 생성측면을 강조하여 동태적인 기회 창출형 기업가정신(opportunity driven entrepreneurial activity)을 생계형 기업가정신(necessity driven entrepreneurial activity)과 구분하여 설명하고 있다.

기업가정신을 경제적인 논리로만 집중해서 볼 것이 아니라 기회를 포착하고 가치를 창조하는 차원에서 이해해야 한다. 또한 지식과 기술 기반의 창의력, 그리고 그것을 만들어내는 소양으로서 개방적, 수평적 소통능력이 필요하다. 기업가정신은 창업 기업의 중요한 요소이며 창업가에게만 필요한 것이 아니라 우리 모두에게도 필요한 것이다.

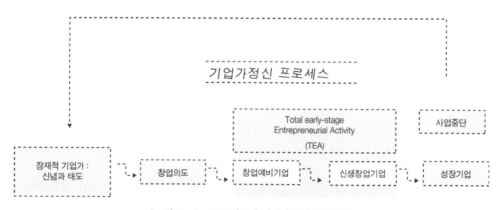

[그림 3-1] GEM 연구의 기업가정신 활동 정의

출처: GEM Global Report 2012.

이러한 관점에서 볼 때, 기업가는 일반적인 비즈니스맨(business man 企業家)을 말하는 것이 아니라 起業家(기업가) 로서 새로운 기회를 추구하여 가치를 창출하는 자를 말한다고 할 수 있다. 이러한 기업가의 정의에 근거하였을 때 기업가정신은 보유하고 있는 '자원이나 능력이 부족 함에도 불구하고 기회를 포착하고, 포착한 기회를 가치로 만드는 사고방식 및 행동 양식'이라고 할 수 있다. 이 때 가치 창출(value creation)이란 창업을 통한 기업의 경제적 가치뿐만 아니라 사회적 가치를 포함하는 개념으로, 기업가정신은 맥락에 따라 기술창업에 있어 상업적 기업가정신, 사내 기업가정신, 사회적 기업가정신 등으로 표출될 수 있다.

(2) 사내기업가정신(corporate entrepreneurship)

흔히 기업가정신(entrepreneurship)이란 말을 들으면 사람들은 벤처기업 창업을 떠올린다. 하지만 기업가정신은 벤처 창업에만 국한되는 개념이 아니다. 대기업이든 중소기업이든 규모에 상관없이 어떤 기업에나 적용될 수 있다. 심지어 정부 같은 비영리 조직에도 적용 가능한 개념이다. 단순히 회사를 창업하고 운영하는 수준을 넘어 새로운 기회를 포착해 가치를 창출하는 활동이 기업가정신의 정수이기 때문이다.

사내 기업가정신(corporate entrepreneurship)은 기성 기업에서 일어나는 기업가적 활동을 가리킨다. 사내 기업가정신은 강제가 없음에도 새로운 일을 수행하기 위한 조직 내 종업원들의 이니셔티브를 일컫는다. 여기서 중요한 점은 "강제가 없다"는(without being asked to do so) 점이다. 굳이 하지 않아도 되는 일, 조직이 시키는 일이 아닌 프로젝트에 자원과 노력을 투입하는 것, 이는 기업의 기업가정신(Corporate Entrepreneurship)과 사내 기업가정신을 가르는 결정적 차이점으로 볼 수 있다.

기업의 기업가정신은 흔히 경영진들의 비전과 전략에 따라 탑다운(top-down) 방식으로 발현되며, 일반적인 기업 내 '신사업 개발'과 같은 이름의 팀에서 수행하는 역할이다. 하지만 사내 기업가들은 조직의 직무가 요구하는 과업에서 자유롭기 때문에 오히려 새로운 것, 창의성, 혁신 등의 가치에 보다 더 집중할 수 있고, 그렇기 때문에 이들의 결과물은 보다 강력한 파급력을 발휘할 수 있다.

사내기업가정신의 핵심은 새로운 매출원 발굴을 목표로 하는 신사업 창출이다. 반드시 성장이 있어야 한다. 이익을 확대하는 게 목표가 아니라 매출을 늘리는 게 중요하다. 단순한 비용 절감 노력이 기업가정신 활동이 될 수 없는 이유다.

여기에 혁신 요소가 결합된 게 사내 기업가정신이다. 예를 들어 해외 수출을 통해 매출을 중대한다고 하더라도 내수 시장에서 팔던 것과 똑같은 제품을 다른 나라에서도 판매하는 것이라면 사내 기업가정신이라고 할 수 없다. 이건 단순히 기존 사업을 확장하는 것에 불과하다. 반드시 혁신적 요소가 신사업 창출과 결합될 때를 사내 기업가정신이라고 할 수 있다."

여기에서 한 가지 더 주목할 것은 이처럼 하지 않아도 되는 일에 몰두할 수 있는 조직의 문화 혹은 제도적 뒷받침이다. 실제로 포스트잇의 탄생을 가능케 했던 스펜서 실버의 접착제와 아트 프라이의 연구는 모두 3M이 이미 1948년부터 마련한 15% 프로그램 덕택이었다고 전해진다. 15% 프로그램이란, 기술직 종업원들은 업무 시간의 15%를 직무 외의 연구나 개발 활동에 자유롭게 할애할 수 있는 3M 고유의 제도를 의미한다.

또한 Gmail의 탄생은 구글이 이와 유사한 20%룰을 정립하는데 기여했다고 전해지는 가운데 이 외 많은 기업들이 유사한 가외 프로젝트(side project) 또는 자기 계발 시간을 업무 시간의 일부로 인정하는 조직적인 제도를 갖추고 있다.

사내기업가정신은 크게 두 가지로 나눠 볼 수 있다.

우선, 기존 역량을 활용해 신사업을 창출하는 유형이다. 대표적 기업으로 아이로봇을 들 수 있다. 이 회사는 원래 한 대에 수백만 달러는 족히 하는 고가의 군용 로봇 전문 제작 업체였다. 하지만 일반 소비자들에겐 '룸바'라는 이름의 로봇 청소기를 만드는 회사로 잘 알려져 있다. 아이로봇은 군용 로봇 제작을 통해 얻은 탁월한 전문성, 즉 기존 역량을 바탕으로 민간인 대상의 제품을 만들어 새로운 사업 기회를 발굴하는 데 성공했다.

두 번째 유형은 비즈니스를 재창안하는 방식이다. 기존 사업을 대체하는 새로운 비즈니스로 아예 주력 사업 포트폴리오를 바꾸는 것이라 할 수 있다. 유전자변형작물(GMO) 업체로 유명한 몬산토를 대표 사례로 꼽을 수 있다. 원래 몬산토는 플라스틱 제품 등을 생산하던 화학업체였다. 하지만 화학업계가 저성장 국면에 처하고 수익성이 점점 압박을 받는 등 위기가 감지되자 종자 개량 등 농업 및 생명공학 중심으로 사업 구조를 완전히 재편했다. 대개 몬산토처럼 비즈니스를 재창안한 경우에는 기존 역량을 '활용'하는 게 아니라 반대로 이를 '파괴'해야만 성공할 수 있다. 아이로봇의 사례와는 전혀 상반된 접근이라고 할 수 있다."

많은 사람들은 대개 창의적인 아이디어, 혁신적인 서비스를 통한 새로운 가치 제안은 뛰어난 기업가가 이끄는 벤처 조직에서 나온다고 생각한다. 또 차고나 기숙사 방에서 시작된 아이디어와 사업가들이 IPO를 통해 억만장자가 되고 세계적인 기업으로 성장하는 실리콘 밸리 식의 성공 스토리 때문인지, 우리는 혁신, 창의, 위대함 등의 가치에 대해 이야기할 때 종종 남들이 보지 못한 비전을 가진 개인의 기업가정신(entrepreneurship)에 주목한다.

하지만 대부분의 사람들은 아직도 시스템과 구조를 갖춘 기업이라는 조직의 구성원으로서 일하는 고용인(employee)이다. 그리고 이렇게 기업에 속한 구성원들 또한 스스로의 비전과 의지를 가지고 새로운 가치 제안을 만들어 낼 수 있다. 이들을 지칭하는 개념을 기업가(entrepreneur)라는 단어를 살짝 비튼 사내기업가(intrapreneur)라고 하는데, 오늘날처럼 새로운 성장의 돌파구를 찾기 어려운 심화된 경쟁 시대에 많은 기업들이 사내 기업가정신(intrapreneurship)에 대해 주목하는 것은 굳이 이해하기 어려운 일이 아니다.

읽을거리　　**포스트잇, 그 출생의 비밀**

1968년, 미국 3M의 연구원이었던 스펜서 실버(Spencer Silver)는 쉽게 떨어지는 접착제를 개발했다. 접착제라는 것은 잘 붙는 것이 본래의 목적인데 붙었다가도 쉽게 떨어지는 이 새로운 아이디어에 대해 주변 사람들과 회사는 원래의 용도를 고려했을 때 실용적이지 않다고 판단했다. 하지만 실버는 포기하지 않고 이후 기회가 될 때마다, 공식적인 세미나와 개인적인 대화를 가리지 않고 끊임없이 이 아이디어를 설파하고 다녔다.

영영 빛을 못 볼 뻔한 이 아이디어는 한 교회 성가대원의 불만을 만나며 전환을 맞게 된다. 3M의 또 다른 직원이었던 아트 프라이(Art Fry)는 1974년 실버의 세미나를 듣다 이 별난 접착제를 어떻게 활용할지에 대해 영감을 받는다. 프라이는 매주 일요일마다 교회에 나가 성가대 활동을 하고 있었는데, 매번 찬송가 책 사이에 끼워 놓았던 종이가 빠지는 바람에 악보를 놓치는 데에 불만을 품고 있었던 것이었다. 찬송가 책의 얇은 종이에 잘 붙으면서도 떼어낼 때는 종이가 찢어지지 않는 책갈피가 없을까 고민하던 그에게 실버의 접착제는 획기적인 솔루션으로 다가왔고, 이후 그는 3년 동안 연구한 결과 오늘날 포스트잇을 탄생시키게 된다.

포스트잇처럼 이렇게 기업 내부 직원들의 자발적인 아이디어와 프로젝트에서 탄생한 제품 혹은 서비스를 우리 주변에서 또 찾아볼 수 있다. 구글의 지메일(Gmail) 서비스 또한 위와 유사한 과정을 거쳐 탄생한 사례이다. 구글의 엔지니어였던 폴 부크하이트(Paul Buchheit)는 본래의 검색 엔지니어링 업무 외에 단순히 "기존의 이메일이 오랫동안 마음에 들지 않았기 때문에(sort of unhappy with email for a long time)" 이러한 Gmail의 프로토 타입을 스스로 만들었고, 그의 동료들은 이 새로운 솔루션에 지지를 보냈다. 오늘날 Gmail은 전 세계에서 가장 많이 쓰이는 이메일 서비스로, 4억 명 이상의 사용자 수를 자랑하고 있다.

(3) 사회적 기업가 정신

사회적 기업가 정신이란 비영리 조직, 정부, 기업의 특성을 동시에 보여주는 새로운 형태의 기업인 사회적 기업의 혁신에 대한 기업가정신이론이다. 전통적인 기업가 정신과 마찬가지로 사회적 기업가 정신은 사회적 기업이 사회적 문제를 해결하는데 있어서 혁신이나 모험, 대대적 변신을 도모하는 것이다. 사회적 기업가 정신이 발현되는 과정은 사회적 기회를 인식하고, 이를 기업적인 개념으로 변화시키면서 시작된다. 그 다음 기업활동에 필요한 자원의 존재여부를 확인하고, 기업의 목표를 수행하기 위해 이들 자원을 동원하는 것이 필요하다.

우리나라에서는 "사회적기업육성법"이 시행되기 전 사회적 기업은 주로 시민단체를 통해 이루어짐으로써 일반인들에게는 생소한 개념이었다. 하지만 미국에서는 비정부 기구가 자생력을 모색과정에서 사회적 기업의 발전이 이루어졌고, 사회적 기업의 발전의 근간이 되는 사회적 기업가 정신이 대두되었다. 다양한 사람들의 활동이 사회적으로 인정을 받게 되면서 사회적 기업, 사회적 기업가, 사회적 기업가정신이란 용어가 보다 광범위하게 사용되었고 요즘에는 일상적인 용어로 변하게 되었다.

사회적 기업가란 용어는 사회적 기업가 정신을 발휘하는 조직인 사회적 기업을 설립하거나 이를 위한 계획을 실천하는 사람을 의미하게 되었다. 사회적 기업가는 종종 공적 기업가(Public Entrepreneur), 시민 기업가(Civic Entrepreneur), 사회적 혁신가(Social Innovator) 등으로 불리기도 한다.

아쇼카 재단의 설립자인 빌 드레이튼은 사회적 기업가는 "물고기를 주거나, 어떻게 물고기를 잡느냐를 가르치는데 만족하는 것이 아니라, 어업을 발전시킬 때까지 쉬지 않는 사람"이라고 하였다. 다른 기업가들과 마찬가지로 사회적 기업가들은 창조적으로 사고하고, 끊임없이 새로운 기술의 발전과 공급원, 배포처, 생산방법 등에 있어서 혁신을 추구한다. 혁신이란 새로운 조직을 형성하는 것일 수도 있고, 새로운 제품이나 서비스를 공급하는 것일 수도 있다. 혁신적인 아이디어는 완전히 새로운 발명일 수도 있고, 존재하는 발명품을 창조적으로 이용하는 것일 수도 있다.

우리 한국사회에서도 이제 사회적 기업이란 말이 크게 유행하고 있다. "사회적기업육성법"이 시행된 지 몇 년이 지난 지금 일자리, 복지 등 사회적 문제의 해결에 있어서 사회적 기업의 중요한 역할이 일반인들에게 인식되기 시작하였다. 이를 반영하듯 다양한 사회적 기업의 성공사례가 언론에 소개되고, 학계에서도 사회적 기업에 대한 다양한 주제의 토론회와 세미나를 개최하고 있다.

사회적 기업의 이런 중요성에도 불구하고, 그 동안 한국의 사회적 기업은 "사회적기업육성법"에 의해 정부의 인증을 받아 정부의 자금지원을 받은 경우가 일반적인 모습이다. 따라서 사회적 기업이 자생력을 갖고 사업의 지속성을 유지하느냐에 대해 많은 의문을 갖고 있다.

미국에서 시작된 사회적 기업은 유럽에서 시작된 사회적 기업에 대응되는 비정부 기구가 세제상의 혜택을 벗어나 자립하는 과정에서 생겨났다. 그래서 사회적 기업은 사회적 목적과 이윤목적의 달성이란 두 가지 목적을 동시에 추구하는 새로운 기업의 형태이다. 따라서 요즘 많은 관심의 대상이 되는 한국의 사회적 기업은 정부지원에 크게 의존하는 기업이 아니라 자생력을 갖는 기업이 되어야 하는 과제를 안고 있다.

우리나라는 다른 선진국에 비해 비교적 안정적인 국가재정을 운영하고 있는 나라로 좋은 평가를 받고 있다. 하지만 최근에는 정치적 포퓰리즘(populism)이 만연하고, 저출산·고령화 문제가 심각해지고 있으며, 각종 정부지출이 비효율성이 누적되고 있어서 결코 안정적인 재정상태를 유지할 수 없을 것이란 분석이 지배적이다.

따라서 복지문제 해결차원에서 우리나라에서 시작된 사회적 기업은 정부지원에만 의존할 수도 없고, 의존해서도 안 되는 상황에 처하게 되었다. 사회적 기업 역시 이를 운영하는 경영자가 기업가 정신을 발휘하여 사회적 목적의 달성과 더불어 경제적 이익의 달성이 이루어야만 생존이 가능하다. 바야흐로 사회적 기업의 창업과 생존 및 발전에 있어서도 기업가 정신이 절대적으로 필요하게 된 것이다.

읽을거리   **협동조합에도 기업가정신이 필요하다**[1]

지난해 12월 협동조합기본법이 시행된 뒤로 1000개 이상의 협동조합 설립이 행정관청에 접수됐다. 협동조합은 경제적 약자들의 필요의 산물이고 상상력의 소산이라는 점을 실감하면서도, 과연 몇 개나 지속될 수 있을지 자못 걱정이 앞서기도 한다. 협동조합도 시장에서 가치를 창출하지 못하면 생존하기 어렵기 때문이다.

1844년 로치데일 소비자협동조합 설립 이전에도, 도시 노동자들이 생필품의 부정직한 거래를 바로잡기 위해 여러 소비자협동조합을 설립하였다. 하지만 얼마 지나지 않아 거의 문을 닫게 되었다. 가장 중요한 이유 중의 하나는 외상거래였다. 외상거래의 한도를 둘러싸고 조합원 사이에 분쟁이 끊이지 않았고 외상거래의 상환이 제대로 이루어지지 않았다.

---

1 한겨레 칼럼 2013.5.13.

또 하나 중요한 이유는 조합원들의 기회주의적 행동 때문이었다. 조합원들이 무조건 조합 매장을 이용하는 것이 아니라, 인근 점포와 가격을 비교해 저렴한 물건만 선별적으로 구매하는 것이 일반적이었다. 그러면서 출자금은 적게 납입하는 무임승차 조합원들이 점점 많아졌다. 이러한 협동조합의 약점을 잘 알고 있는 일반 사기업은 일시적 덤핑을 통하여 협동조합을 고사시키는 전략을 채택했다.

로치데일 협동조합은 일부 조합원들의 반대를 무릅쓰고 외상거래가 아닌 현금거래의 원칙을 처음으로 채택했다. 또 무임승차 문제를 해결하기 위해 이용액에 비례한 배당 원칙을 고안해 냈다. 조합원이 1년 동안 조합에서 구매한 총액(이용액)을 기준으로 연말 잉여금을 조합원에게 배당하는 방식이다. 그리하여 재무구조는 건전하게 되었고, 조합원 1인당 조합 물품 이용액이 증가하기 시작하였다. 규모의 경제가 실현되면서 공급가격이 낮아지는 선순환 구조를 확립하였다. 유럽의 소비자협동조합들은 그 뒤로 도매사업기능을 담당하는 연합사업조직을 출범시키고 조달과 물류 등에서 전문성을 대폭 강화하면서, 사업과 경영의 안정성을 확고히 할 수 있게 되었다.

협동조합이 대규모로 발전한 이후에도 실패하는 사례는 적지 않게 보인다. 1980년대 후반에는 잘나가던 프랑스 소비자협동조합의 연합사업조직, 1990년대 중반에는 독일, 오스트리아, 벨기에의 대규모 소비자협동조합들과 연합사업조직들이 소매유통환경의 급격한 변화에 적응하지 못하고 도산하였다. 2002년에는 매출액 122억 달러의 미국 최대 농협인 팜랜드와 10위 농협인 애그웨이가 잇달아 파산하였다. 캐나다에서 가장 큰 농협인 서스캐처원 휘트 풀은 2002년 경영난 타개를 위해 주식회사로 전환하는 길을 선택했다. 1986~2003년 캐나다 농협의 시장점유율은 거의 모든 농업 분야에서 절반 이하로 줄어들었다.

이러한 실패 사례들은 이용자가 소유자가 되는 협동조합 기업방식에 내재되어 있는 단점을 보완하는 노력이 꾸준히 이어질 때, 협동조합이 지속될 수 있음을 시사해준다. 특히 설립 초기에 조합원 간 분쟁을 줄일 수 있는 이해관계의 동질성 확보와 협동 문화의 촉진, 개별 조합 내부의 분쟁을 중재하고 지원해줄 수 있는 연합조직의 형성이 요구된다. '협동의 마음'만큼이나 '비즈니스를 통한 가치의 창출'에 노력을 기울이는 '협동조합적 기업가 정신'의 함양도 기대된다.

(4) 4차 산업혁명 시대의 기업가정신[2]

기술적 변화에 대한 전문가들의 의견은 엇갈리지만 4차 산업혁명에서 거론되는 기술이 어떤 방향으로든 사회경제에 큰 변화를 가져올 것이라는 데는 이견이 없다. 4차 산업혁명이 단순히 기술적 진보가 아니라 정치적, 사회적 변화이자 인류의 도전으로 논의되는 배경은 장기화되는 경기불황을 극복할 기제로 받아들여지기 때문이다[3].

---

2   한국과학기술정책연구원(STEP1), Entrepreneurship Korea, 2017, Vol.5

3   세계경기불황이 지속되면서 경제학계에서는 고성장의 시대가 저물고 저성장이 필연으로 자리 잡는가에 대한 논쟁이 있음. R.Gordon은 경제성장은 3차 산업혁명시대까지가 정점이고 저성장이 지속될 것이라고 주장하는 반면, J.Mokyr는 과거 과학발전과 기술변화가 경제성장의 동력으로 작용했듯이 미래에도 그럴 것이라고 주장

4차 산업혁명은 인간과 기계의 융합, 가상과 현실의 융합, 스마트·네트워크·자율성과 같은 특징을 바탕으로 개인의 삶, 직업, 일하는 방식, 기업의 형태 등에 큰 변화를 주고 있다.

생산의 주체는 과거 기업(corporation)에서 최근 개인(individual)으로 바뀌고 있다. 기업의 목표가 과거 생산 활동의 효율성 극대화가 목표였다면 이제는 사용자 만족, 가치, 재미 등이 중요한 가치가 되었고, 대량생산 방식에서 니치(niche) 발굴 및 해결하는 방식으로 변화하였다. 또한 '일자리'가 중요하던 시대에서 '일'이 중요한 시대로 고정된 일터의 종말이라는 전환점에 도달했다[4].

그렇다면 기업가정신은 어떻게 달라졌는가. 과거 성공의 개념은 창업을 해서 중견·대기업으로 성장시키는 것으로 이해되어졌으나 이제는 개인이 강조되고 있다. 즉, 기업에 중요한 것은 지식(knowledge)인데 결국 지식을 보유한 것이 '개인'이고 '개인성'을 강조하는 스타트업이 최근 급성장하는 이유이기도 하다. 린 스타트업(lean startup)은 기업(corporation)으로의 진입장벽을 낮추고 있는 기제로, 액셀러레이터(accelerator)는 개인을 키워 기업을 만드는 기제로 작용하고 있다.

4차 산업혁명 시대 기업가정신의 발현을 위한 과제는 무엇인가. 우선 개인은 구직하는 시대의 패러다임의 변화를 인식, '창직'을 준비해야 한다. 「The 100-Year Life」의 저자 린다 그래튼은 은퇴 혹은 정년이라는 개념은 사라질 것이고 앞으로 사람들은 더 오래 일해야 한다고 말한다. 100년을 사는 동안 우리는 2~3개 이상의 직업을 경험하게 될 것이며, 개인이 새로운 기술과 새로운 전문성을 습득하는 것이 평생의 과제가 된다고 말한다.

향후 10년 내에 세상은 모바일 시대에서 인공지능의 시대로 전환될 것이므로 더 빠르고, 더 정확한 인공지능 시대의 사람의 역할에 대한 논의가 가속화될 것이다. 그러한 측면에서 인문중심, 가치 중심의 감성 자본을 축적해가야 한다. 또한 개인주의와 경쟁보다는 상호연결과 협업, 네트워크를 활용할 수 있는 사회적 자본을 쌓아가야 한다.

---

4 「21세기 시민경제학의 탄생」을 쓴 S. Zamagni와 L. Bruni는 '탈일자리(dejobbing)' 시대가 도래했다고 말하는데 이는 활동으로서의 일이 끝났다는 의미라기보다는 개인 각자가 '일의 포트폴리오'를 꾸려가며 사는 시대로서 하나의 일자리, 하나의 직업으로 자신을 정체화할 수 있는 시대를 지나 일하는 생애에 걸쳐 이뤄지는 활동으로 자신의 노동을 재구성해야 하는 시대라고 제시

기업은 혁신의 다양성을 갖추어야 한다. 즉, 익숙한 기술, 스스로 강점이 있는 기술 이외에도 기존 지식 범위 밖의 향후 잠재력이 있어 보이는 기술, 융합이 가능해 보이는 기술에 대한 지식을 갖추어야 한다. 혁신의 다양성을 높일 수 있는 방법으로 인수합병(M&A)와 기업주도형 벤처캐피탈(CVC)을 통한 외부 자원의 획득이 있다[5].

대기업은 스타트업의 투자·인수에 보다 적극적일 필요가 있으며 전통산업의 기업들도 이러한 흐름에 참여해야 한다. 그리고 고객의 니즈를 실시간으로 파악하는 경영이 이루어져야 한다. 신제품의 성공은 고객의 민감성에 기반을 두지 않으면 어려울 것이다.

정부는 다양한 주체가 혁신을 만드는 역할을 수행하고 이를 육성하는 것이 국가의 번영으로 이어질 수 있는 혁신생태계를 구축해야 한다[6]. 이를 기업가적 국가(entrepreneurial state)라 표현할 수 있는데 기업가정신을 근간으로 혁신생태계가 선순환 성장을 지속할 수 있는 국가이다. 여러 주체가 더 많은 혁신을 만들 수 있도록, 혁신의 주체들이 쉽게 혁신할 수 있는 장을 마련한다면 4차 산업혁명 시대 우리는 국가의 번영을 이어갈 것이다.

읽을거리   **기술창업가(techno-entrepreneur)에 대한 잘못된 인식**

지금까지 우리는 기술창업가에 대한 다양한 정의와 의견을 살펴보았다. 하지만 아래에서 살펴볼 수 있듯이 오랜 기간 동안 기업가와 기업가정신에 수많은 선입관과 잘못된 견해들이 제시되어져 왔다. 이러한 편견과 선입관은 기업가(entrepreneur)와 기업가정신(entrepreneurship)에 대해 충분하게 연구하지 못한 결과라고 할 수 있다. 이 분야의 많은 학자들이 지적하듯이 이러한 잘못된 인식들은 올바른 연구결과들을 통하여 바로 잡아야 할 과제라 하겠다. 대표적인 잘못된 인식에 대해 살펴보도록 하자.

• 기술창업가는 생각하기보다는 행동만 앞세우는 사람들이다.

비록 창업가들이 행동 지향적인 성향을 보인다는 것은 사실이나 그들 또한 생각을 하면서 행동한다. 실제로 기술창업가는 자신의 행동을 신중하게 계획하는 매우 조직적인 사람들이다. 오늘날 체계적이고 완성도 높은 사업계획의 수립을 강조하는 추세는 행동하는 기업가 못지않게 '생각하는 기업가(thinking entrepreneur)'가 중요함을 말해주고 있다.

---

5   내부 R&D를 통한 혁신의 다양성을 높이기 어려운 이유는 기업이 혁신을 거듭해 가는 과정에서 이른바 근시안적 학습(myopia of learning)과 역량의 덫(competency trap) 등 조직의 루틴(routine)과 관성(inertia)가 발생하기 때문임.

6   노벨 경제학상 수상자 Edmund Phelps는 「대번영의 조건」에서 개별 주체들의 자생적 혁신이 국가 번영의 원천이라고 함. 또한 Chris Anderson도 「메이커스」에서 새로운 시대에는 개인, 대학, 연구소, 기업 모두가 혁신을 만들어내는 주체가 된다고 밝힘

• 기술창업가는 만들어지는 것이 아니라 태어나는 것이다.

창업가의 특징(characteristics)은 가르쳐지거나 학습될 수 없으며 이는 선천적으로 타고나야 하는 특성(traits)이라는 견해가 오랫동안 지배적이었다. 이러한 특성에는 적극성, 독창성, 추진력, 위험 감수 의지, 분석력, 그리고 대인관계 기술 등이 포함된다.

그러나 많은 연구결과는 기업가정신은 선천적으로 타고 나는 것도 있지만 교육과 훈련에 의해 발달될 수 있음을 제시하고 있다. 따라서 비록 소극적이고 혁신적인 사고력이 부족한 사람일지라도, 교육과 훈련을 통해 얼마든지 훌륭한 기업가로 발전할 수 있다. 마이크로 소프트의 빌 게이츠 역시 내성적인 성격이었지만, 환경과 교육에 의해 세계적인 기업가가 될 수 있었다.

• 기술창업가는 학교교육이나 사회의 부적응자(Misfits)이다.

기술창업가들이 학문적 또는 사회적으로 무능하다는 견해는 일부 기업가들이 학교나 직장에서 적응하지 못하고 나온 후 창업을 하는 과정에서 만들어졌다. 하지만 이런 사례는 지극히 드문 경우이다. 오히려 지금까지 교육기관이나 사회 조직에서 기업가를 단순히 거대 조직의 세계에서 부적응한 사람으로 여기고, 그들이 창출해낼 수 있는 새로운 가치를 인식하지 못했다. 하지만 오늘날의 기업가는 사회적, 경제적, 그리고 학문적으로도 영웅으로 인식된다. 이제 기술창업가는 더 이상 부적응자 (mis fit)가 아니라 전문가로 인식되고 있다.

• 기술창업가는 반드시 표준화된 특성에 맞아야 한다.

오늘날 우리는 완벽히 표준화된 기술창업가의 이상형을 만들어내기 어렵다는 것을 알고 있다. 환경과 기업, 그리고 기업가는 상호간에 영향을 미치고 있으며 그 결과 서로 다른 이상형들이 나타나고 있다.

현재 미국의 대학들 사이에서 이뤄지고 있는 연구 활동들을 살펴보면 향후 성공적인 기업가의 다양한 이상형에 대해 정교한 통찰력을 제공해 줄 것이다. 기업가정신을 올바로 이해하기 위해서 개개인에 내재되어 있는 기업가적인 사고와 태도를 살펴보는 것이 오히려 특정한 이상형보다 더 쉬울 것이다.

• 모든 기술창업가가 필요로 하는 것은 돈이다.

기업의 생존과 유지를 위해 기술창업가는 자본을 필요로 한다. 또한 많은 기업들이 자금 부족으로 인해 실패를 겪는 것도 사실이다. 그러나 충분한 자본이 실패를 막아주는 유일한 방파제는 아니다. 오히려 관리능력의 부족, 재무관리에 이해 부족, 투자의 부족, 사업계획 수립의 부족 등이 치명적일 수 있다. 성공한 많은 기술창업가들은 회사 설립과정에서 충분치 못한 자금 부족의 문제를 극복해왔다. 기술창업가들에게 돈은 사업을 위한 필요조건이지 결코 전부는 아니다.

• 모든 기술창업가에게 필요한 것은 행운이다

기술창업가에게 적절한 행운은 사업을 전개해 나감에 있어 유리하게 작용할 수 있다. 그러나 이러한 행운은 사전에 준비를 갖춘 자에게 찾아오기 마련이다. 준비된 기술창업가가 창업기회를 잘 포착해 성공을 거두면 성공요인이 철저한 준비과정보다는 운이 좋았기 때문으로 보이는 경우가 있다.

하지만, 성공한 기술창업가들은 행운에 앞서 직면한 상황에 효과적으로 대처하고 이를 성공으로 바꾸기 위한 준비가 잘 되어 있는 사람들이다. 즉, 평소 기술창업가의 사전 준비와 결심, 의지, 혁신성 등이 우연한 때와 시기를 만나 행운으로 보였을 뿐이다.

- **기술창업가들은 신중하기보다는 다소 무지할 정도로 행동이 앞선다.**

지나치게 많은 계획과 평가는 끊임없는 문제 발생으로 이어질 수 있다. 그러므로 지나친 분석은 오히려 기업가에게 해가 된다는 의견은 이미 치열한 경쟁을 요구하는 오늘날의 기업가에게는 더 이상 맞지 않는 잘못된 의견이다.

기업의 강점과 약점을 확인하고, 우발적인 상황까지 고려한 명확한 실행계획의 수립, 그리고 신중한 전략 수립 노력 등이 성공적인 기업가의 핵심 요소들이 되었다. 따라서 무지(ignorance)가 아니라 신중한 사업계획의 수립이야말로 성공을 거두는 기술창업가의 특징이라 할 수 있다.

- **기술창업가는 성공을 추구하지만 경험상 실패 확률이 더 높다.**

실제로 많은 기술창업가들이 창업하는 과정에서 성공을 거두기 전에 실패를 경험하기도 한다. 그러나 실패는 이를 통해 기술창업가들에게 많은 교훈을 가르쳐 주게 되고 성공으로 가는 토대가 되기도 한다. 우리가 잘 알고 잇는 3M의 포스트잇은 접착력이 약해 실패했던 접착제를 이용해 만들었고 엄청난 성공을 거두었다. 기술창업가의 실패에 대한 잘못된 통계자료들이 많은 사람들에게 잘못된 인식을 심어주기도 한다.

- **기술창업가는 극단적인 리스크 감수자(도박꾼)이다**

기술창업가에게 있어 리스크는 피할 수 없는 숙명이다. 다만 기술창업가가 감수하는 리스크에 대한 일반 대중의 인식은 상당 부분 왜곡되어 있다. 사실 기술창업가는 낮은 가능성하에서 도박하는 것처럼 보일지도 모른다. 그러나 실제 기술창업가는 리스크를 최소화하기 위한 계획수립과 사전 준비를 하며 이를 전제로 사업을 수행해 나간다.

- **기술창업가는 외로운 존재이다.**

기술창업가는 항상 부족한 자원에서 최적의 해결책을 찾아내야 한다. 따라서 여러 가지 과제를 해결하기 위해서 다양한 네트워크에 의존한다. 이러한 네트워크를 통해 계약을 성사시키고, 제품을 팔며, 자본을 투자받기도 한다. 또한 오히려 창업 초기에는 서로 각자 보완적인 능력을 지닌 기업가들이 협력하여 좋은 기업으로 성장시키는 사례를 볼 수 있다. 상호 보완적인 네트워크를 통해 기술창업가는 새로운 아이디어를 만들고, 자신에게 필요한 전략 수립에 도움을 받을 수 있다.

- **기술창업가는 항상 길고 오랜 시간 일을 해야 한다.**

기술창업가는 치열한 생존경쟁에서 성공하기 위해 많은 시간과 노력을 기울여야 하는 것이 현실이다. 샤워를 하거나, 밥을 먹거나, 심지어 잠을 자기 전에도 온통 자신의 사업을 고민해야 할지도 모른다.

이렇듯 대부분의 시간을 자신의 업무에 투자해야 하지만 기업가에게 그러한 노력과 투자는 시간을 소모하는 것이 아니라서, 자신이 좋아하는 일을 하는 것이기에 단순히 노동시간이 지나치게 많다고만 해석할 수만은 없다. 즉, 물리적인 근무시간은 길지라도 즐기면서 사업을 할 때 오히려 보람과 일의 즐거움을 찾을 수 있기에 길고 오랜 근무시간이 결코 나쁜 것만은 아니다.

하지만, 사업에 많은 시간을 투자하다 보면, 가족과 시간을 보내기가 힘들어 가족들로부터 소외당하는 일도 생길 수 있다. 따라서 자신의 사업에 가족들의 아이디어와 조언을 구하고, 사업 내용을 이해시키는 시간을 가지도록 노력하여 일과 가정을 같이 조화롭게 병행하는 지혜가 필요하다.

제3절 **기업가정신의 본질과 중요성**

(1) 기업가정신의 본질[7]

현대의 시장 경제는 창의력과 추진력을 겸비한 창의적 기업가(Entrepreneur)에 의해 주도되고 있다. 그 바탕에는 창의적 기업가 정신(Entrepreneurship)이 깊이 뿌리 내리고 있다. 그렇다면 창의적 기업가 정신의 본질을 무엇인가? 지금으로부터 약 200년 전인 1800년경 프랑스의 경제학자 세이(J. B. Say)에 의하면 창업 기업가는 "경제적 자원을 생산성이 낮은 영역으로부터 생산성과 이득이 높은 영역으로 이전시키는 사람"이라면서 'Entrepreneur'라는 용어를 제청한 바 있다.

현대적인 상황에서 우리는 기업가 정신에 대해 일정한 범위에서 수렴될 수 있는 견해를 도출할 수 있다. 가트너는 델파이(Delphi) 방법으로 창의적 기업가 정신이 뜻하는 바를 학자와 기업가 등 전문가 의견을 조사한 결과 ① 창업 기업가, ② 혁신, ③ 조직체 창조, ④ 가치창출, ⑤ 이윤추구 여부, ⑥ 성장성, ⑦ 독특성, ⑧ 창업주겸 경영자 같은 8가지 주제를 발견할 수 있었다.[8]

새로운 기업설립과정에는 창업자의 땀과 노력뿐만 아니라 여러 가지 주변 여건이 복합적으로 작용한다. 즉, 창의적인 발상과 추진력을 지닌 기업가가 새로운 사업 기회를 인식하고 그것을 포착하는 데 필요한 자원을 효과적으로 동원함으로써 창업 기업의 성공적 설립과 성장의 밑바탕을 마련할 수 있게 된다.

(2) **기업가정신 구성요소**

밀러(Miller)는 기업가적 특성으로 혁신성, 위험감수성, 진취성을 강조하였다. 이후 코빈과 슬레빈(Covin & Slevin), 자라(Zahra), 그리고 제닝스와 럼프킨(Jennings & Lumpkin)과 같은 학자들이 기업가정신에 대한 연구를 진행시켜 왔으며, 기업가정신의

---

7   정승화(2008) 벤처창업론, 박영사, pp.3~4.

8   ① 창업 기업가: 이는 독특한 개성과 능력을 지닌 개인을 말함, ② 혁신: 새로운 아이디어, 제품/서비스, 시장, 기술 등을 시도하는 것, ③ 조직체 창조: 새로운 조직체 창조와 관련된 행동을 말함, ④ 가치 창출: 창의적 기업가 정신이 가치를 창출한다는 점 ⑤ 이윤추구 여부: 이는 기업가 정신이 영리 단체에만 적용되는 것인가, 아니면 비영리 단체에서도 가능한가에 대한 논란임, ⑥ 성장성: 성장이 창의적 기업가 정신의 주요한 성과 척도라는 점, ⑦ 독특성: 독창적인 것을 만들어 내는 과정임 ⑧ 창업주겸 경영자: 창업주이면서 사업 경영에 직접 관여하는 사람을 내포함

구성개념을 다양하게 제시하였다.

이러한 기업가정신에 대한 연구는 초창기 기업가의 개인적 특성과 행동에 초점을 두고 진행되어 왔다. 그러나 최근의 연구에서는 보다 다양하게 기업가정신을 측정하고 있으며 혼재되어 있는 기업가정신의 구성요인에 대한 보다 깊이 있는 연구의 필요성을 제시한다.

이러한 기업가정신에 대한 연구는 초창기 기업가의 개인적 특성과 행동에 초점을 두고 진행되어 왔다. 그러나 최근의 연구에서는 보다 다양하게 기업가정신을 측정하고 있으며 혼재되어 있는 기업가정신의 구성요인에 대한 보다 깊이 있는 연구의 필요성을 제시한다.

최근에 학자들은 기업가적 지향성(Entrepreneurial Orientation)에 대해 5가지 특성을 제시하고 기업의 성장과의 관계를 연구하였다[9]. 피터 드러커가 정의한 기업가정신 즉 "변화를 찾아내고 (Always search for change), 그것에 반응하며 (Response it), (그 찾아낸 변화와 반응을) 기회로 삼는 활동(exploit it as an opportunity)" 인 기업가정신을 잘 보유한 기업들(관리 지향적 기업이 아닌 기업가적 지향성을 지닌 기업들)이 보유한 특성들이 기업의 성장에 어떤 도움을 주는지를 연구하였다.

첫째, 혁신성(Innovativeness)이다. 혁신성 혹은 혁신적인 프로세스는 '기업들을 성장시키는 새로운 제품들이나 서비스의 도입으로, 기존의 시장구조들이 붕괴되는 과정'이므로, 이런 과정은 새로운 시장을 창출할 수 있기에 분명 기업 성장에 도움이 된다.

둘째, 위험감수성(Risk-Taking)이다. High Risk, High Return으로 기업은 더 큰 수익을 위해, 더 큰 위험을 취해야 하는 것은 당연하다. 반면, 기업들이 위험을 회피할 때는 새로운 변화와 기회를 창출하지 못하게 되어 성장의 모멘텀을 찾기는 힘들어진다.

셋째, 선제적 조치이다. 즉, 진취성 (Proactiveness)이라고 할수 있다. 이는 경쟁자들보다 빨리 새로운 틈새시장을 찾아내, 기회들을 탐색하는 것으로, 경쟁상대보다 일찍 새로운 제품과 서비스, 혹은 브랜드를 도입하거나 라이프 사이클상 성숙기나 쇠퇴기에 접어든 제품이나 서비스를 전략적으로 제거하는 등의 활동이다. 이를 통해 기업들은 자신의 먹거리를 선제적으로 고민하고 행동으로 옮김으로써, 성장을 일궈낼 수 있다.

---

9 José C. Casillas & Ana M. Moreno(2010). Journal Enterpreneurship & Regional Development, "The Relationship between Entrepreneurial Orientation and Growth", vol.22, pp. 265~291.

넷째, 경쟁적 적극성이다. 성취 추구(Drive to Achieve) 및 기회 지향성(Opportunity Orientation)과도 관련되어 있다고 본다. 일반적으로 경쟁에 적극적으로 대처하는 기업이 더 기업가적 지향성이 높을 것으로 이해되지만, 이는 반대일 수 있다. 즉, 기업간 지나친 경쟁은 재무구조를 약화시켜 도산에 이르게 하거나, 경쟁에 이기고도 어려움을 겪는 경우(승자의 저주)가 종종있다. 따라서 기업가적 지향성(기업가정신)이 높은 기업은 경쟁에 적극적이기보다는 틈새시장(블루오션)을 찾는데 보다 적극적인 기업이라고 할 수 있다.

마지막으로 조직 내 자율성이다. 독창성(Initiative)과 책임감(Responsibility)과도 연관될수 있는데, 자율성은 제시된 아이디어가 완성할 때까지 한 개인이나 팀이 가질 수 있는 독립적인 행동으로, 자율성이 높은 기업내에서 보다 활발한 활동들이 발생하고 이를 통해 조직의 성과를 높이게 된다.

이렇듯 기업가적 기업 (기업가정신이 높은 기업)일 수록 통상 5가지 (혁신성, 위험감수성, 선제적조치, 경쟁적 적극성, 자율성)의 특성을 갖고 있다. 또한 이런 특성을 지닌 기업가적 기업은 그렇지 않은 기업들보다 대체로 성장하는 모습을 보이는데, 이는 혁신적이며, 위험을 기꺼이 감수하여, 시장의 상황을 항상 예의주시하면서 선제적으로 조치하기 때문이다. 또한 대내적으로는 자율성이 높지만, 대외적인 경쟁에 적극참여하기 보다는 항상 틈새시장을 찾아 나서는 기업이다.

읽을거리　　**알리바바와 샤오미가 깬 '창업가에 대한 잘못된 환상'**[10]

'20·30대 남성, 구글·마이크로소프트 출신, 청바지에 스니커즈 운동화'—'창업가'의 전형적인 이미지다. 우리나라의 경우 구글, 마이크로소프트가 다음이나 네이버로 바뀌는 것 쯤 다를까? 하버드 경영대학원에서 '창업가 정신'을 가르쳐온 다니엘 아이젠버그 교수는 그의 저서 '하버드 창업가 바이블'에서 창업가들이 젊고 혁신적인 전문가라는 생각은 잘못된 환상이라고 지적한다.

한편 중국에서는 최근 마크 저커버그, 스티브 잡스 등 '아이돌' 창업가들로부터 파생된 젊고 혁신적이고 전문가적인 이미지에 배치되는 두 창업가에 열광하고 있다. 이른바 싱글데이 하룻동안 10조원의 거래가 일어난 알리바바 그룹의 마윈 회장과 중국 스마트폰 시장을 점령한 작은 좁쌀 샤오미의 레이쥔 대표가 그 주인공이다. 마윈과 레이쥔을 통해 창업가에 대한 우리들의 '잘못된 환상 3가지'가 어떻게 깨질 수 있는지 짚어보자.

10　머니투데이 2014.11.17.

창업가는 혁신가인가?

혁신이라고는 찾아보기 힘든 '카피캣(Copy cat) 비즈니스 모델'(다른 기업의 혁신을 재빨리 모방하여 따라잡아 시장을 석권하려는 사업 모델)조차 엄청난 가치를 창출할 수 있다. '중국판 애플'이라 불리는 샤오미는 젊고 유행에 민감하지만 경제적 여유는 부족한 20·30대를 타깃으로 아이폰 같은 세련된 느낌의 스마트폰을 판매한다. 올해 출시된 '미패드'도 아이패드 레티나를 빼닮았는데 중국 젊은이들로부터 높은 인기를 얻고 있다. 샤오미의 운영체제 '미유아이'(MUI) 역시 애플 iOS의 인터페이스를 모방하기도 했다. 일부에서는 스티브 잡스의 트레이드마크인 청바지에 검정색 셔츠를 입고 신제품 발표 컨퍼런스를 여는 레이쥔을 두고 '애플을 넘어 스티브 잡스까지도 모방한다'고 말하기도 한다.

그러나 애플조차 최초의 스마트폰을 개발하진 못했다. 얼마 전 샤오미의 휴고 바라 글로벌 사업부 부사장은 '애플이나 샤오미나 다를 게 없다'고까지 말하기도 했다. 바라 부사장은 지난 29일 월스트리트 저널 라이브 콘퍼런스에 참석해 "스마트폰 디자인은 독창적일 수 없다"며 "애플 아이폰6도 대만 HTC 제품 디자인을 일부 차용하고 있다"고 지적했다.

아이젠버그 교수는 혁신은 '참신하고 독창적인 아이디어를 생생하게 표현해내는 것'이라고 생각하지만 '창업가정신'은 현실적인 가치를 생산해내는 것이라고 지적한다. 혁신적인 아이디어가 가치 창조에 도움을 주지만 창업가가 갖춰야 할 필수적인 요소(고된 노력, 야망, 지략, 파격적인 사고방식, 영업 능력, 리더십 등)들이 아이디어 자체보다 훨씬 중요하다고 그는 말한다.

창업가는 전문가인가?

현재 알리바바를 통한 거래가 중국 국내총생산(GDP)의 2%에 이르고 중국 내 소포의 70%가 알리바바 관련 회사들을 통해 거래되고 있다고 한다. 또한 중국 내 온라인 거래의 80%가 알리바바 계열사들을 통해 이뤄지고 있다. 회계법인 케이피엠지(KPMG)는 2020년이면 중국의 전자상거래 금액이 미국·영국·일본·독일·프랑스의 전자상거래 금액을 모두 합친 것보다 더 커질 것으로 예상하고 있다. 이 추세를 이어간다면 알리바바는 초거대 기업으로 성장할 것으로 보인다.

그러나 거대 전자상거래 업체를 이끌고 있는 작은 거인 마윈의 첫 창업은 IT 회사나 전자상거래업체가 아닌 통역 사무소였다. 항저우 사범대학에서 영어교육을 전공하고 항저우전자대학에서 영어 강사로 일하던 그는 중국 문서를 영어로 번역하거나 통역 해주는 사무소를 열었지만 곧 실패했다.

그런 그에게 인생 역전의 기회가 찾아온 건 이후 미국 출장 길에서 인터넷을 처음 접하면서다. 그는 '앞으로 인터넷 세상이 올 것이라 직감했다'고 한다. 인터넷에 매료된 그는 중국판 인터넷 옐로페이지(업종별 전화번호부)인 '차이나 페이지'를 차렸지만 이 역시 실패했다. 중국 최초의 인터넷 기업인 차이나 페이지는 당시 중국 내 인프라 부족으로 실패할 수밖에 없었다. 인터넷 불모지였던 중국에서 인터넷 기업을 시작했던 당시를 마윈은 "1995년 중국에서 인터넷 사업을 하며 매우 외로웠다"고 회상한다. 그는 "누구도 날 믿지 않았고 나도 내가 뭘 말하고 있는지 몰랐다"며 "심지어 나는 컴퓨터 기술에 대해서도 아무것도 몰랐다"고 말했다. 그가 가진 것이라고는 '인터넷 세상이 올 것이란' 막연하지만 강한 확신뿐이었던 셈이다.

아이젠버그 교수는 법률, 엔지니어링, 과학, 재무 등에 관한 개인의 전문성은 창업에서 필수적인 요소가 아니라고 강조한다. 그는 창업가는 전문가든 아니든 새로운 기회를 인식하거나 창조하려면 전적으로 참신한 눈으로 시장이나 자산을 바라봐야 한다고 조언한다.

창업가는 젊은가?

실리콘밸리 유명 VC(벤처캐피탈)인 세쿼이아의 마이크 모리츠는 "20대 청년들에게는 가족과 아이들처럼 주의를 흐트러트리고 사업을 방해하는 요소가 없다(그래서 성공 가능성이 더 크다)"고 '연령 차별적'인 이야기를 한 적이 있다.

마윈도 올해 초 강연에서 "35살까지 가난하다면 그건 네 책임"이라고 말해 논란을 일으켰다. 그러나 35살은 바로 그가 알리바바를 창업한 나이이기도 하다. 레이쥔의 경우엔 마흔을 넘긴 늦은 나이에 샤오미를 창업했다. 1999년 23세의 나이에 중국의 소프트웨어 개발 업체 킹 소프트에 입사해 2011년엔 최대주주이자 이사회 의장 자리에 올랐지만 4년 전 돌연 은퇴를 선언하고 킹소프트를 박차고 나왔다. 잘 나가는 소프트웨어업체 대표이사 출신인 그가 41세의 나이에 창업에 나선 것은 그 자체로 화제였다. 중국에서도 IT벤처 창업은 20대의 전유물로 받아들여지고 있다. 그러나 레이쥔은 젊은이들처럼 중국의 실리콘밸리라 불리는 베이징 IT 클러스터, 중관춘에서 샤오미의 성공신화를 일궈냈다.

아이젠버그는 '켄터키 프라이드 할아버지'로 유명한 커넬 할렌드 샌더스는 KFC를 시작할 때 60대였고, 레이 크록이 맥도날드 프랜차이즈를 시작한 건 50대 이었으며 아리아나 허핑턴도 인터넷 신문 허핑턴 포스트를 창간할 때 55세였다고 강조한다. 그는 창업가정신을 발휘하기 위한 최적의 연령은 예상할 수 없으며 오히려 늦은 나이에 창업을 하는 이들이 오랜 경력과 경험을 바탕으로 더욱 성공적인 창업을 일궈낼 수 있다고 전한다. '참신한 기술로 강력한 제품을 개발한 혁신적인 젊은이'라는 창업가에 대한 고정관념에 사로잡히는 것 자체가 창업가 정신에 거스르는 행위인 셈이다.

제4절 **기업가정신의 파급효과**

(1) 경제발전과 선진국 진입의 원동력

기업가정신은 특히, 국가 경제발전에 많은 영향을 미친다. 세계적인 기업가정신 및 창업정책조사기관인 GEM의 연구결과에 의하면, 초기 창업활동지수와 국가경제발전과 U자형의 상관관계가 있음을 제시하고 있다. 즉, 개발도상국가 시절에는 신규창업이 활발히 전개됨에 따라 1인당 GDP가 증가하다가, 산업이 어느 정도 성숙되면, 초기 창업활동은 최저점에 머물게 된다. 이후 선진국 수준으로 발전하기 위해서는 정체되어 있는 창업활동지수가 활발해져야 경제발전이 다시 탄력을 받아, 선진국수준 진입이 가능하다고 제시하였다. 결국, 기업가정신 활성화가 국가경제발전의 핵심 원동력임을 주장하고 있다.

우리나라의 경우 2007년 구매력평가(PPP) 기준 1인당 GDP가 2만 4600달러였음을 고려해 위치를 추정해 보면, 현재 한국은 U자형 곡선의 정중앙에 위치해 있다. 따라서 한국이 1인당 GDP가 3만 달러에 도달하려면 산업화시대에 창업활동이 활발했던 것처럼, 지식정보시대에 맞는 새로운 창업이 반드시 다시 활성화되어야만 한다. 특히, 고용 없는 시대를 맞고 있는 국내실정을 감안할 때, 창업을 통한 일자리 창출과 경제 활성화가 더욱 절실히 필요한 시기이다.([그림 3-2] 참조)

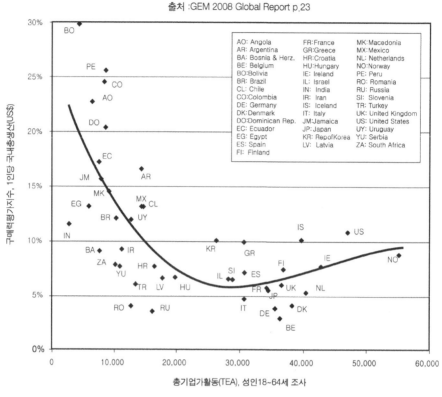

[그림 3-2] 경제발전과 창업활동과의 관계

세계적인 기업가정신 지수를 연구하는 GEM(General Entrepreneurship Monitor)에서
2008년에 연구한 결과에 의하면 한나라의 경제성장은 대기업, 중소기업의 육성 및 발전
외에도 창업기회 제공과 많은 기업들이 새롭게 창업하는 여건이 될 때, 경제성장에 크게
도움이 되는 것으로 조사됐다. 즉 일국의 경제성장은 1/3이 기존 기업, 1/3이 창업활동,
1/3이 상호작용 및 다른 요인에 의해 달성된다고 제시했다. 따라서 기술창업활동은 개인
의 부의 창출은 물론 국가 경제에도 많은 기여를 하고 있다.

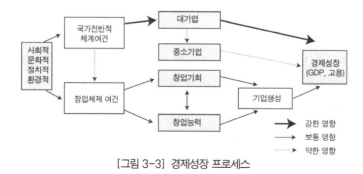

[그림 3-3] 경제성장 프로세스

⑵ 일자리 창출과 고용활성화의 원동력

미국의 경우 1970년부터 1984년까지 미국의 500대 기업들은 400만 ~ 600만 명에 달하는 고용감소를 겪었다. 그러나 같은 기간 중에 창업기업이나 기존 중소기업들에 의한 고용창출 때문에 미국경제는 활력을 유지할 수 있었다.

또 창업에 의한 신규 사업 분야의 개척으로 인하여 기술혁신을 거듭하면서 신규성장을 주도하였음을 알 수 있다. 따라서 혁신 중소기업이야말로 국가 경제를 살리고 지속적인 부와 발전을 창출하는 주체이다. 카프만재단의 연구결과에 의하면, 대기업보다는 창업한지 1-5년 사이의 창업초기 기업의 고용창출 효과가 가장 큰 것으로 나타났다.(그림 3-4 참조)

미래 학자이자 경제정책 전문가인 IT 경제학 교수 레스터 서로(Lester Thurow)는 '지식의 지배 (원제: Building Wealth)'에서 부를 창출하는 요소 중 기업가정신을 으뜸으로 꼽는다. 현대사회에서는 지식축적을 통한 기술혁신이 부를 창출할 수 있는 원동력이라 했다. 모험을 즐기고 변화에 신속히 대응하는 기업가 정신없이는 기술혁신 그 자체가 결코 부를 창출할 수 없다는 점을 강조한다.

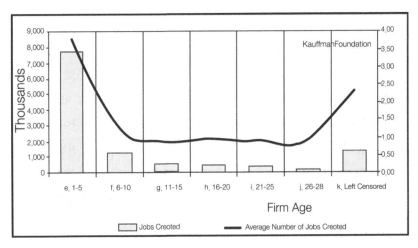

자료 : Kauffman Foundation Research Series(2009), "Where will the jobs come from?"

[그림 3-4] 기업연수별 고용창출효과

제5절 한국 기업가정신의 발전과정과 시사점

최근 성장잠재력 확충과 일자리 창출 확대차원에서 기업가정신에 대한 관심이 고조되고 있다. 특히 우리나라와 같은 혁신주도형 경제에서는 성장 동력원으로서 기업가정신이 매우 중요하다. 유명한 경영학의 대가인 피터 드러커는 우리나라를 세계에서 한때 가장 기업가정신이 높은 나라라고 지칭한 바 있다. 하지만 최근 주요 기업들의 투자부진과 경제 침체 등이 계속되면서 2000년대 초반이후 하락세를 지속하고 있어 특별한 관심과 대응이 필요하다.

주요 선진국들과 비교할 때 우리나라의 총괄적인 기업가정신 지표들은 모두 높은 수준이기는 하다. 그러나 설립한 지 3.5년 미만의 기업가 중 생계형 기업가 비중은 높고 기회형 또는 혁신형 기업가의 비중은 낮은 수준이다. 따라서 기업가정신의 제고를 위한 향후 방향도 기업가의 양적 확대보다는 질적 수준의 확대, 즉 혁신형 기술창업가의 확대에 초점을 둘 필요가 있다.

이를 위해서는 차세대 유망기술 등 신기술창업을 활성화하고, 혁신 바우처 제도 도입 등을 통해 창업의 혁신성을 강화해야 한다. 또 개발기술의 상업화 촉진을 위한 기술 중개 기관의 기능과 역할을 보다 강화해 나가야 할 것이다.

Audretsch and Thurik(2010)[11]에 따르면 선진국들은 1980년대 이후 관리형 경제(managed economy)에서 기업가적 경제(entrepreneurial economy)로 전환되고 있다고 한다. 관리형 경제에서는 '규모의 경제'와 대기업의 역할이 강조되었지만 기업가적 경제에서는 경제성장과 고용창출을 위해 기업가정신과 중소기업의 역할이 강조되고 있다. 특히 ICT 등 기술의 발전뿐만 아니라 공산주의의 붕괴, 세계화의 급진전, 다국적 기업의 경쟁, 생산방식의 변화, 소득증가에 따른 소비수요패턴의 변화 등 복합적 요인들로 인하여 성장 및 고용 창출에서의 신규 기업과 중소기업의 역할이 크게 부각되고 있다.

우리나라는 1990년대 이후 혁신주도형 경제로 진입한 것으로 판단되고, 더욱이 최근 성장잠재력과 일자리 창출의 확대 필요성이 크게 제기됨에 따라 그 어느 때보다 성장 동력원으로서의 기업가정신의 역할이 중요하다. 그러나 우리나라의 기본적인 기업가정신 지표는 모두 2000년대 들어 하향추세를 보이고 있다. 이는 주요 선진국들과 비교해 볼

---

11 Audretsch, D. B. and A. R. Thurik(2010), "Unraveling the Shift to the Entrepreneurial Economy", Tinbergen Institute Discussion Paper TI2010-080/3.

때 그 수준은 높음에도 불구하고 혁신성을 반영하는 기회형 기업가의 비중은 낮은 것으로 나타나고 있다.

따라서 기업가정신의 제고를 위한 정책방향도 기업의 지속성과 성장성, 질 좋은 일자리의 창출, 경제 전체의 성장잠재력 확충 등의 관점에서 혁신 기술형 기업가의 확대에 보다 많은 노력을 기울일 필요가 있다. 기업가정신의 혁신성을 강화하기 위해 많은 정책적 노력을 경주하고 있으나 다음과 같은 정책과제들을 보다 적극적으로 추진할 필요가 있다.[12]

경제전체 혁신의 관점에서 기업가정신과 관련된 다양한 정책들의 성과와 효율성을 제고할 필요가 있다. 이를 위해서는 성과평가제도의 강화와 더불어 지속적인 제도개선이 필요하다. 그리고 기업가정신의 혁신성 제고를 위해서 신기술창업이 보다 활성화될 필요가 있다.

특히 녹색기술 등 차세대 유망기술의 개발과 상업화를 촉진해야 할 것이다. 개발기술의 상업화를 촉진하기 위해서는 기술 중개 기관의 기능과 역할을 강화할 필요가 있다. 이를 위해 기술 중개 기관의 상업화 기술개발 참여확대를 위한 정부 지원강화가 요구된다. 아울러 일반 창업분야 또한 혁신성 제고를 위해 다양한 제도적 장치마련이 요구된다.

기업가정신 사례 1 **빌 게이츠와 마이크로소프트사**[13]

1975년 하버드 대학에 다니던 빌 게이츠(William H. Gates III, 1955년생)는 폴 앨런(Paul Allen)과 사업 기회를 모색하고 앨뷰커크에서 마이크로소프트사(Microsoft)를 창업하였다. 그가 14세 때 어머니가 벼룩시장에서 잡동사니 물건을 팔고 남은 돈으로 컴퓨터를 사준 후 그는 늘 컴퓨터에 심취해 있었다.

그는 앨런과 함께 고교 재학 시절 컴퓨터 프로그래밍 동아리 활동을 하고 공공 기관과의 사업을 한 경험을 살려 지방 엔지니어링 회사에 필요한 프로그램 언어 개발을 하였으나 그 회사가 문을 닫자 4년 후 다시 고향 시애틀로 왔다.

발로 뛰면서 여러 고객을 확보하고 명성을 얻어 가던 중 1980년 아이비엠사(IBM)가 개인 컴퓨터용 운영 시스템 개발을 맡기면서 그들은 일생일대의 기회를 얻게 된다. 아이비

---

12 한국산업경제원, 산업경제정보 제515호(2011), "우리나라 기업가정신의 현황과 시사점" 참조.
13 정승화(2008), 전게서 p.2.

엠은 개인용 컴퓨터를 개발하면서 그 운영시스템에 관심을 두고 있던 차에 마이크로소프트사와 교섭한다. 그런데 처음에 게이츠는 이를 다른 소프트웨어사에게 일임하려 한다.

그러자 아이비엠 측에서 마이크로소프트사가 직접 개발할 것을 종용하자 게이츠는 시애틀 컴퓨터 프로덕트사의 팀 패터슨이 개발한 시스템을 접하고 이를 수정하여 'MS-DOS'(Microsoft Disk Operating System)를 개발하게 된다. 이로써 마이크로소프트사는 1980년에서 1981년까지 일 년 간 사원이 80명에서 125명으로 크게 늘기 시작했고, 매출액이 800만 불에서 1600만 불로 성장하게 되었다.

1995년 현재 게이츠는 130억 불의 재산을 지닌 세계 최대 부자가 되었고, 앨런은 부호가 되어 1983년 퇴사하고 현재는 이사진으로만 남아 있다. 1975년 창업 당시 1600불이던 마이크로소프트사는 매출액이 1995년에는 60억 불에 육박하였고, 200여 개의 제품과 17,800명의 종업원을 거느린 거대 기업으로 성장했다. 또 개인용 컴퓨터 운영 시스템 시장의 80-85%를 점하고 응용 소프트웨어(패키지 소프트웨어)전체의 25% 이상을 생산하고 있다.

놀랍게도 1975년 창업 당시 빌 게이츠는 컴퓨터 산업에 있어서는 소프트웨어가 가장 수익성이 뛰어난 부문이라고 간파한 바 있다. 아이비엠, 애플, DEC 등에서 하드웨어에 집중 투자하고, 창업 동지인 앨런조차 하드웨어와 소프트웨어를 병행 투자해야 한다고 주장하는 분위기에도 불구하고 게이츠는 소프트웨어를 고수하였는데, 그는 그 이유를 다음과 같이 설명한다.

"마이크로프로세서가 매 2년마다 두 배씩 속도가 증가하는 마당에 컴퓨터의 계산 능력은 거의 공짜라고 보아야 한다. 거의 공짜인 것을 만든다는 사업에 뛰어들 이유가 어디 있겠는가? 그렇다면 희소 자원은 무엇인가? 무진장한 컴퓨터 계산 능력으로부터 가치를 얻어내는 데 있어서의 제한점은 무엇인가? 그것은 다름 아닌 소프트웨어인 것이다."

기업가정신 사례 2 안철수연구소 안철수 창업주[14]

안철수 전 CEO는 어려서부터 책을 좋아하여 활자 중독증이 있을 정도로 활자 광이었다. 보통 잘 두는 사람의 어깨너머로 배우게 되는 바둑도 '실전-〉이론'이 아니라 책으로만 공부하면서 '이론-〉실전'으로 배웠다.

그는 유학 생활 경영학을 통해 배운 지식과 이론들을 업무에 적용하였고, 학위 취득

---

14 배종태외 3인(2009), 전게서, pp.55~56.

후에도 미국 스탠포드대학 벤처비즈니스 과정 연수, 고려대학교 기업지배구조 최고과정
을 수료하는 등 끊임없이 배우는 자세를 유지하며 그것을 현장에 적용해 나가는 데 탁월
하였다.

그는 책임감이 강하고, 정직, 성실하며, 꼼꼼하고, 일을 대충대충 못하는 완벽주의자
적인 성격이었다. 내향적이라 사람을 만나고 외부활동을 하는 것보다는 혼자서 책을 읽
고 글을 쓰거나 프로그래밍 하는 것을 좋아했다. 또 어떤 것 하나를 제대로 끝낸 후에 다
른 것을 시작하는 스타일이었다.

그리고 겸손하여 자신의 일을 외부에 알리는 것을 좋아하지 않았다. 그는 철저한 소신
과 원칙주의자로서, 친척이나 학연, 지연으로 연결되는 사람을 채용하지 않고, 항상 모든
일에 삶의 원칙과 일의 원칙에 따른 판단과 선택을 했다. 그의 인생철학은 '진인사 대천
명', 즉, 자신이 컨트롤 할 수 있는 부분은 최선을 다한 후, 자신의 컨트롤 할 수 없는 부
분이나 결과를 겸허하게 받아들이는 것이다. 자기만족이나 매너리즘에 빠지지 않았는지
항상 자신을 점검하여 초심을 지키고자 노력하고 있다.

'기회는 준비된 자의 것'이라는 말처럼, 그는 미리 백신시장의 흐름을 예측하고, 기술
개발과 제품기획에 주력하여, CIH 바이러스 대란을 계기로 큰 성장을 하게 된다. 하지만
현실에 안주하지 않고, 끊임없이 변화하려는 자세를 유지하였다. 그는 정직과 성실을 바
탕으로, 느리더라도 건강한 조직을 선택하였다. 주주들에게 진실만을 말하고, 과장을 절
대로 하지 않았으며, 경제적으로 어려운 상황에서도 원칙대로 하여 번만큼 세금을 정직
하게 내는 '투명 경영'을 실천하였다. 또한 내 돈과 회사 돈의 철저한 구분과 엄정한 자기
기준을 가지고 공과 사를 분명히 하였다.

국가 발전을 위하여 하는 사업이기 때문에 국내기업을 외국에 팔지 않는다는 소신을
가지고 맥아피의 1천만 달러 인수 제의 거절한 일화는 유명하다. 한편 그는 솔선수범하
며 아낌없는 직원 사랑과 직원의 실수도 모두 자신의 책임으로 돌리는 등 신뢰받는 동료
로서의 CEO로도 잘 알려졌다.

그는 다양한 커리어 변환으로도 유명하다. 서울대 의학박사 취득 후, 미국 펜실베이니
아 대학 기술경영학 석사학위를 취득하며 단국대학교 의대 교수로 지내던 중, 1995년에
의사를 그만 두고 안철수연구소를 설립하게 된다. 그리고 창립 10주년을 맞은 2005년
CEO자리에서 은퇴, 유학을 떠나 미국 펜실베이니아 대학 와튼 스쿨 MBA 과정을 마친
후, KAIST 석좌교수로도 재직 했었다.

PART **II**

창업 준비와 실행

II

CHAPTER **4**

아이디어개발과
사회기업 인지

- 군대가 침략하는 것은 막을 수 있지만, 때가 되어 생겨난 아이디어는 막을 수가 없다.
  빅톨 위고

- 언덕을 오르려는 전략만으로는 그 언덕을 차지할 수 없다.
  아마 하이드

제1절 **아이디어의 필요성과 원천**

(1) 혁신과정에서의 아이디어 필요성

기업의 혁신과정 목표는 경영개선, 브랜드 인지도 상승, 새로운 제품과 서비스를 창출하는데 있다. 이러한 혁신과정의 목표를 수행하기 위해서 가장 먼저 언급되는 것이 아이디어이다. 아이디어는 혁신과정의 핵심 부분이다.

Linda Rochford(1991)는 "아이디어들은 제품개발을 위한 원재료"라고 표현했다. 또 Steven Covey(2004)는 "아이디어는 창조의 첫걸음이며 창조의 두 번째 걸음은 아이디어를 물리적 형태로 만들어 내는 행동"이라 묘사했다. 또한 여러 학자들뿐만 아니라 많은 종류의 서적, 논문, 잡지 등에서도 혁신과정에서의 아이디어의 중요성을 강조하고 있다. 그래서 혁신과정의 아이디어 도출은 가장 우선되어야 하는 과정으로 널리 인식되고 있다.

(2) 아이디어의 가치

자동차의 바퀴, 인쇄기, 전구, 페니실린, 트랜지스터, 그리고 모든 다른 발명, 발견, 사회적 진보 등은 기본적인 아이디어에서 출발했다. 박물관, 역사관련 책 그리고 TV쇼와 같이 모든 출판·영상물도 인류의 위대한 아이디어에서 비롯됐다. 이러한 사실에도 불구하고 여전히 아이디어들은 정형화된 지식재산권 혹은 지식과 같은 문서형식으로 이루어져 있지 않기 때문에 보통 사람들의 생각에는 쉽게 얻은 만큼 쉽게 잊어도 되는 일회성 아이템으로 기억한다.

아이디어 관리와 같은 새로운 연구영역과 창의성 관리와 혁신관리와 같은 오래된 연구영역에서는 기업에서 아이디어들을 어떻게 창조하고 다루며 관리하는지에 대한 연구를 지속적으로 하고 있다.

의심할 여지없이 아이디어들은 기업의 혁신에서 필요한 요소이며, 몇몇 아이디어들은 다른 어떤 혁신 요소들보다 더 가치가 있다고 평가한다. 따라서 새로운 아이디어를 가지고 창업을 준비하는 창업기업이나 성장을 위해 혁신을 추구하는 기업에서도 아이디어의 체계적인 관리는 사업의 성패를 가늠하는 중요한 요소임을 직시하고 이에 대한 철저한 준비가 필요하다.

(3) 아이디어의 정의

아이디어가 가지는 사전적 의미는 '생각, 관념' 또는 '인식, 이해, 견해' 등과 함께 '단순히 떠오르는 생각 또는 '상상'으로 정리되어 있다. 또한 관용적으로는 '착상'이라는 뜻도 포함하고 있다. 딕셔너리닷컴(Dictionary.com)은 아이디어를 "지적 이해, 깨달음 혹은 행동적 결과와 같은 것들이 마음속에 존재하는 어떤 구상"이라고 표현했다. 또 American Heritage Dictionary는 "지적활동의 결과물이 마음속에 잠재적으로 존재하거나 실제로 존재하는 사고 또는 구상"이라고 정의를 내렸다.

이러한 정의를 분석하면, 아이디어는 계획적이고 논리적으로 정리된 생각이라기보다는 순간적으로 번뜩이는 '재치'쪽에 더 가깝다고 해석할 수 있다. 또한, 다른 학자들의 견해는 "아이디어란 낡은 요소들의 새로운 조합이다"라며 아이디어는 기존에 존재하는 것들을 새롭게 재창조시키는 과정을 거쳐 세상에 나오게 되는 것이 대부분이라고 주장했다.

아이디어에 대한 정의를 종합한다면, 아이디어는 단순한 인간의 지적활동결과물의 관념적 의미에 불과하지만 기존의 지식, 정보, 사실 그리고 기존 아이디어에 새로운 아이디어를 결합시켜 봉착해 있는 문제를 상상력을 동원해 만든 해답이라고 축약할 수 있을 것이다. 즉, 아이디어란 인간이 문제 해결의 도구로 사용한 '정신 활동의 산물'이라는 것이다.

[그림 4-1] 아이디어 재창조과정

(4) 아이디어 원천

아이디어의 원천은 크게 6가지로 구분할 수 있다.

첫째, 기술의 진보이다. 컴퓨터와 커뮤니케이션의 발달로 많은 사업 아이디어가 창출되고 있다. 또한, 융복합 기술(예 : Biotechnology, Nanotechnology) 시대의 도래로 인해 다양한 기술을 활용한 새로운 사업이 점차 증가하고 있는 추세이다.

둘째, 시장의 니즈와 사용자에 의한 해결방안이다. 고객의 욕구를 가장 효율적으로 충고 마이애미로 간다. 그는 연방정부 공무원과 우연히 대화하던 중 "그래, 정치에 입문하는 것은 좋다. 그렇지만 너 뭘 해서 먹고 살래?"라고 묻는 말을 듣게 된다. "내가 뭘 할 수 있지?"라고 반문하면서, 그는 불현듯 그 지방에 많은 은행들이 신규 등록하고 있음을 떠올리고는, "은행업이 내가 할 사업"이라고 생각한다. 그리고는 정치판에서 만난 사업하는 친구들을 찾아가서 투자 그룹을 만들고, 곧 인접 지역에 은행업 등록을 신청한다. 그 등록 신청은 받아들여졌고, 그는 창업하게 된 것이다.[3]

위의 사례에서처럼 어떤 사람들은 일상적인 대화에서 불현듯 사업 아이디어를 찾아내기도 한다. 그러나 대개의 경우 이러한 사업 아이디어는 거의 일상적인 대화로 지나쳐 버리게 되는 일이 많고, 실제로 여기서 창업기회를 잡는 사람은 기회에 민감한 안테나와 이를 재빨리 행동으로 옮길 줄 아는 사람뿐이다.

(7) 일상적 관찰

좋은 사업 아이디어를 찾은 창업자들을 보면 흔히 무심코 기회를 발견하는 일이 많다. 일상적인 생활에서 자신에게 발생한 문제를 유심히 관찰하고 그 해결책을 모색하는 가운데 새로운 사업 아이디어를 확보한다. 이 경우 누구라도 유심히 관찰하면 사업기회를 발견할 것 같다. 하지만 소비자의 결핍욕구를 꼼꼼히 따져보고 추진하는 사람만이 창업으로 연결된다.

크레이트 앤 바렐(Crate & Barrel)사를 창업한 사람들은 유럽 여행에서의 관찰이 사업기회가 되었다. 여행 중 그들은 아직 미국에서는 도입되지 않았지만 멋있고 혁신적인 부엌용품과 실내용품들을 볼 수 있었다. 이들은 귀국해서 회사를 세운 다음 이미 유럽에서 시장조사가 검증된 이들 제품을 만들기 시작했다. 유럽이라는 지역에서 얻게 된 소비자의 구매행태를 보고 그 제품을 아직 접해 보지 못한 미국 소비자 시장에 적용했던 것이다.

위 사례에서 창업자는 여행 중 관찰로부터 당시로서는 유망한 사업기회를 일구어 냈음을 알 수 있다. 이런 식으로 일상적인 생활 속에서의 관찰이 의외의 사업기회가 되는 경우가 많다.

3　Vesper, Karl H., (1990) ibid, p.145.

(8) 계획적 탐색

앞에 열거한 대부분의 경우, 사업기회의 발견은 체계적인 탐색보다는 우발적 요인에 의해서 발견되는 경우가 많다. 그러나 평소 적극적으로 탐색하던 사람에게는 더 빨리 우연적인 발견이 포착될 것이다. 즉, 예비창업자는 단지 우연적 요인으로 창업기회가 찾아오기만을 기다려서는 안 된다. 적극적이고 체계적인 방법으로 자신의 아이디어를 탐색하는 자세가 필요하다.

새로운 아이디어를 얻기 위해서는 남들보다 앞서 상황적 변화의 패턴을 인식하는 것이 중요하다. 변화의 조짐과 패턴을 인식하는 데는 단순히 논리적이고, 선형적일 뿐만 아니라 이미 알고 있는 지식과 경험을 귀납적으로, 연상적으로 또는 직관력으로 재구성하는 창의적 사고력이 필요하다.

기업가정신 사례 1　**소프트뱅크 손정의 창업주[4]**

손정의 소프트뱅크 회장은 일본 국적을 가지고 있고 일본에서 손꼽히는 부자로 유명하지만 부모님 모두 한국인인 재일 교포이다. 어린 시절엔 재일 교포로 동네 아이들에게 '조센진'이라는 놀림을 받으며 자랐다. 하지만 특유의 리더십으로 적극적으로 학급 활동에 참여하고 친구들과 어울려 그가 한국인이라는 사실을 친구들은 사귀고 난 한참 후에야 알게 되곤 했다.

하지만 고등학교 시절 우연히 어학연수로 미국에 가게 된 후 외국인으로서 일본에서 성공하는 데 한계가 있다고 판단하고, 미국으로 유학을 결심한다. 고등학교를 자퇴한 후 캘리포니아 세라몬테 고등학교에 편입 후 홀리네임스 칼리지를 거쳐 버클리대 경제학부에 편입한다.

미국에서의 유학 경험은 그에게 새로운 세상을 깨닫게 해 주었고, 특히 캘리포니아 지역으로의 유학은 자유롭고 창의적인 그의 생각이 창업의 꿈으로 실현되기에 최적의 장소였다. 대학 유학 시절부터 학비 조달을 위해 단순한 아르바이트가 아닌 발명을 통한 특허 획득을 생각하여 250가지 이상의 발명을 한 일화에서 그의 남다른 창의성과 독창성을 엿볼 수 있다.

그는 전공이 경제학이었으나 아이스크림 가게에서 처음 만난 학교 동기 루홍량과 음

4　배종태외 3인(2009), 전게서, pp.96~97

성 신디사이저의 권위자인 모더 박사와 함께 미국에서 음성 전자번역기 사업을 시작한다. 그는 기술 전문가도 아니었으나 특유의 리더십과 추진력, 그리고 사람들을 포용하고 목표를 공유하는 뛰어난 리더십으로 조직을 이끄는 탁월한 능력을 가지고 있었다.

이는 일본에서의 창업 과정에도 그대로 나타난다. '소프트뱅크'를 창업하고, 컴퓨터 소프트웨어 유통 사업에 뛰어들 때 오사카 가전전시회에 자본금의 80%를 투입하는 모험적인 투자로 회사의 인지도를 높이는 계기를 마련한다. 또 소프트뱅크의 유명 PC 잡지 광고 게재가 거부당하자 평소 관심을 기울였던 출판업에 진출하여 기종별 정보 잡지 형식의 두 개의 월간지를 동시에 창간하는 사례에서는 그의 과감한 결단성과 위험을 기꺼이 감수하려는 기업가정신이 돋보인다.

손정의 회장의 성공은 인터넷 서비스 산업에 대한 패러다임의 변화를 정확히 예측한 것과 산업의 특성인 빠른 변화에 대응하기 위해 속도를 중시했다는 것에서 이유를 찾을 수 있다. 야후 재팬 출자 파트너 선정에서 인터넷 기업의 속도를 우선시하는 손정의의 철학으로 소프트뱅크가 그 파트너로 선정될 수 있었고, 이는 소프트뱅크 발전에 중요한 동력으로 작용했다.

손정의 회장은 일본과 미국에서 모두 벤처기업을 성공시킨 장본인으로, 양국 모두의 벤처기업인들에게 존경의 대상이다. 그는 일본의 인터넷 산업 발전 뿐 아니라 세계의 인터넷을 통한 삶의 질을 높이는데 큰 역할을 담당하고 있다.

기업가정신 사례 2 | 비야디(BYD) 왕촨푸 창업주[5]

중국의 전기자동차 생산업체인 비야디(BYD) 창업자이자 CEO인 왕촨푸는, 1987년 중남(中南)대에서 야금물리화학을 전공하고, 베이징유색금속연구원에서 석사 및 연구원 생활을 했다. 그는 모험심이 많고, 추진력이 강하며, 남들에 비해 창의력과 아이디어가 굉장히 뛰어났다. 또한 배짱이 두둑하고, 좋은 사업 수완을 가지고 있었다.

베이징금속연구소 연구원으로 일하던 중 연구소의 정부 지원금이 삭감되면서 직장이 흔들렸고 고심 끝에 1995년 선전에서 충전용 휴대폰 리튬 이온 배터리 제조업체 BYD를 조그맣게 시작하게 된다. 처음 BYD는 '돈 벌게 해줍니다(Bring You Dollars)'의 약자였다. 배터리 제조 공급에 성공을 거듭하던 중 배터리 분야에서 쌓은 기술을 자동차 시장

의 미래인 전기자동차에 접목하는 승부수를 던져 2003년에는 파산직전의 국영 자동차 업체인 시안 친촨자동차 지분 77%를 인수해 자동차 시장에 뛰어든다. 이 때 BYD자동차로 이름을 바꾸면서 BYD 'Build Your Dream'의 약자로 바뀌게 되었다. 전기자동차라는 대체 에너지 산업으로 인해 중국 자동차 시장에서 돌풍을 일으키게 되고, 세계적인 투자가인 워렌 버핏의 투자도 받게 된다.

그는 창업 10여년 만에 BYD를 중국 최대의 휴대전화 배터리 업체로 성장시키면서, 자사 배터리의 안전성을 홍보하기 위해 배터리의 용액을 직접 마시는 일도 서슴지 않았다. 소비자들에게도 BYD가 만든 제품은 다른 기업에서 만든 비싼 제품보다 더 오래 쓸 수 있다고 거듭 강조하였다.

그는 '다른 사람이 생각하는 것을 나는 실행하고, 다른 사람이 생각하지 못하는 것을 나는 감히 생각하려 한다.'는 신조를 가지고, 기업을 경영해 오고 있으며, 중국의 젊은 기술자 실력이 유럽 기술 전문가들보다 뛰어나 어떤 물건이든 만들어낼 수 있다며 자신감으로 직원들을 독려해왔다.

국제 금융위기 속에서도 워렌 버핏의 투자를 받아 1년 만에 주가가 무려 7배나 뛰어오르며 일약 부자의 반열에 올라, 중국내륙의 'Hurun 갑부순위'에서 2009년 350억위안의 자산으로 갑부 1위를 기록하기도 하였다.

세계 최대 자동차인 일본의 도요타 자동차의 플러그 인(plug-in) 하이브리드 자동차 기술을 능가하는 하이브리드 자동차를 양산함으로서, 중국 자체 기술력을 확보한 그는 중국 사람들로부터 '기술광인', '자동차광인'으로 불리고 있다.

CHAPTER **5**

사업타당성 분석과
사업계획서 작성

- 최악의 시나리오를 대비하지 않는 사업 계획이 가장 나쁜 계획이다.
  슘페터

- 끝까지 생존하는 종은 강하고 두뇌가 좋은 종이 아니라 변화에 잘 대처하는 종이다.
  찰스 다윈

제1절 **사업타당성 분석과 위험평가**

(1) 사업타당성 분석의 필요성

사업타당성 분석이란 경제주체가 수행 및 추진하고자 하는 사업 활동의 타당성 여부를 조사, 분석, 검토하여 경영의사 결정 자료를 제시하는 활동을 말한다.[1] 즉, 창업 혹은 신규 진출 사업의 가치를 평가하는 것이다. 사업 평가에는 기술적인 측면, 시장점유율, 경제적인 평가 등 총체적인 분석을 통한 가치측정 과정이 이루어져야 한다.

객관적이고 체계적인 사업타당성 검토는 계획사업의 객관성을 높이고, 사업시작 전 위험요소를 확인하게 하여 창업회사의 성공률을 높일 수 있다. 또한 사업 타당성 검토를 통하여 구상하고 있는 기업의 여러 가지 제약요소와 문제점 등을 파악할 수 있다. 이에 따라 창업기간을 단축할 수 있고 효율적인 창업업무를 수행할 수 있다.

창업자가 독자적으로 점검해 볼 수 없는 계획 제품의 기술성, 시장성, 수익성, 자금수지계획 등 세부항목을 분석하고 제시한다. 이는 해당 업종에 대해 미처 깨닫지 못한 세부사항을 사전에 인지하여 제품 등의 물리적 특성에 대한 학습 기회를 통해 효율적 창업경영을 도모할 수 있다. 아울러 기업의 구성요소를 정확히 파악함으로써 시장의 경영능력 향상에 도움을 줄뿐만 아니라 계획사업의 균형 있는 지식습득과 보완사항을 미리 확인하여 조치를 취할 수 있다.

(2) 예비사업타당성 분석

사업아이템 선정전에 다수의 예비 아이템을 선별하는 과정이다. 이 단계에서는 후보 사업 아이디어 발견을 위해 사업가능 아이디어를 나열하고, 예비사업 아이디어를 발견한 후, 예비사업성분석 및 후보사업 아이디어를 1차적으로 선정한다.

예비사업타당성 분석에서 검토하는 내용에는 일반사항과 외적 요인의 확인이 있다. 일반사항은 얼마나 팔리겠는가?, 기술적으로 타당한가?, 소요자금은 얼마인가?, 수익성은 어떠한가? 를 우선적으로 확인한다. 이를 통해 보편타당성과 객관성을 확보하여 창업자의 주관을 배제한 사업 가능성을 확인한다.

---

1   최종렬,정해주(2011), 벤처창업과 기업가정신, 탑북스, pp.266~304

(3) 본 사업타당성 분석

예비 사업성분석에서 1차적으로 선정된 후보사업 아이디어에 대한 상세한 분석과정이다. 아이템 적응성 분석, 시장성 및 판매전망 분석, 제품 및 기술성 분석, 수익성 및 경제성 분석, 자금수지 및 성장성분석 등을 통해 사업성공 가능성을 확인하는 과정이다.

본 분석의 분석체계는 당해사업체 기본문제를 검토한 후 경영자 및 경영기본 목표·방침을 검토하고, 환경 분석, 시장성과 경영계획, 기술성검토, 판매계획과 자본계획, 인사·조직과 자금계획, 시설투자계획을 통해서 추정재무제표를 작성하는 과정으로 진행된다.

사업타당성 분석 평가 요소는 사업타당성 검토를 위해 분석해야 할 항목을 말하며 이는 사업타당성 검토 목적에 따라 해당 항목에 약간의 차이가 있을 수 있다. 계획사업의 성공가능성을 체계적이고 합리적으로 분석, 평가하기 위한 사업타당성 평가항목은 일반적으로 수행능력 및 적합성 분석, 시장성 분석, 기술성 분석, 수익성·경제성 분석, 자금수지·성장성(위험성) 분석 5개 항목으로 대별하고 있다.

사업수행 능력 및 적성분석의 세부 평가항목으로는 사업적성 및 자질(적성 또는 흥미, 추진력, 건강 등), 경험과 지식(창업분야 관련), 사업수행 능력(아이디어, 기획능력, 영업력, 상황판단, 지속적인 친절 능력 등) 및 기타 창업자의 경영능력 등이 있다.

시장성 분석으로는 사업 아이템의 국내·외 동향, 잠재수요, 동업계 현황 및 실적분석(유사상품 포함), 시장규모 추정 및 특성분석, 유통구조 및 특성분석, 동업계 판매조직 및 판매전략, 예상소비자 특성분석(소득수준, 구매형태, 변화추세, 고객의 해당 상품 수용가능성 등), 상권분석(수요예측, 통행인구, 소비형태, 점포분포 현황, 교통조건, 경쟁점포 수, 공공기관, 잠재고객, 불시계획 등), 점포 및 입지여건(건물상태, 주변 환경, 주거환경, 지형지세, 동선 적합 여부) 및 판매전망에 대한 추정 등이 있다.

기술성 분석은 기성제품에 대한 비교 우위성, 시설계획 및 생산시설 규모, 생산능력 및 조업도, 원재료 조달 및 원단위 사정, 기술 및 기능인력 확보, 예상 불량률 및 개선 가능성이 있다.

수익성/경제성분석에는 투자비용 분석, 자금조달 능력 검토, 수익전망, 손익분기점 분석, 단기, 장기 채산성 분석을 통해 아이템의 타당성을 검정한다.

자금수지/성장성(위험성)분석은 소요자금의 조달 가능성, 자금조달, 운용계획표 작성, 차입금 상환능력 검토, 사업계획에 대한 위험요소 분석, 성장 가능성 등이 검토해야 할 세부요소이다.

■ 시장성 분석

시장성 분석을 간략히 설명하면 판매하고자 하는 아이템을 어느 정도 팔 수 있겠는가를 조사·분석하는 것을 말한다. 이는 사업성패의 핵심요소로 판매예측(sales forecast)을 통한 제품생산으로 사업 성공가능성을 증가시키고, 사업아이템 선별수단으로 이용된다.

사업의 성패는 제품 판매에 있으며, 아무리 품질이 우수하고 신제품이라 하더라도 판매되지 않으면 사업에 성공할 수 없다. 즉, 시장성 분석은 사업성패의 갈림길이며, 사업타당성 분석의 핵심요소이다.

궁극적으로 시장성 분석의 최종목표는 계획제품에 대한 판매예측, 즉 앞으로 생산할 제품이 시장에서 얼마나 팔릴 것이냐, 향후 수요 증가추세는 어떻게 변할 것이냐를 분석하는 것으로 집약할 수 있다. 시장분석의 핵심요소는 전반적인 시장동향 분석, 제품성 분석, 경쟁적 지위 분석, 제품가격 분석, 수요예측, 그리고 시장 및 제품 환경 분석 등이다.

• 전반적인 시장동향 분석

전반적인 시장동향 분석은 기존 제품 및 유사 경쟁제품에 대한 전반적인 시장동향분석이다. 업종별 시장성 분석 도서 및 관련 업계의 자료를 수집·분석하여 시장규모 분석, 시장의 특성 및 구조분석, 소비자 분석 등을 실시한다. 또한 시장 및 제품을 싸고 있는 환경 분석도 이루어져야 한다.

시장규모 분석은 기존시장에 대한 판매영역별, 고객별 잠재수요를 분석하는 과정이다. 국내 동제품, 대체 및 유사제품에 대한 수급실적을 분석한다.

시장특성 및 구조분석은 관련 제품 시장의 특수한 사정을 분석해봄으로써 시장참여 후 발생 가능한 예기치 못한 특수 환경을 인지하고, 시장침투 성패 여부를 분석한다.

소비자분석은 소비자의 구성분포 및 변화추세를 분석함은 물론 제품의 소비 형태와 소비단위 및 구매동기와 소비자 수요형태 등을 분석한다.

시장 및 제품 환경 분석에는 자연환경 분석, 기술적 환경 분석, 마케팅 환경 분석이 있다. 자연환경분석은 사무수행능력, 생산기술 노하우, 영업조직 및 생산조직의 효율성, 신제품 개발능력 등 분석 등과 같은 인적자원 분석과 에너지 및 에너지 대체자원에 대한 수요·공급과 원재료에 대한 수요·공급의 용이성 분석 등 물적 자원 분석이 있다.

기술적 환경요인 분석은 대내외적인 기술 환경의 변화추세를 미리 분석 예측하여 대응방안을 수립하고, 경쟁기업 제품에 대한 자사의 전반적인 기술수준을 측정하여 시장 점유율과 시장의 수요·공급에 미치는 영향을 분석하는 것을 말한다.

마케팅 환경 분석은 최적 마케팅 전략과 선택전략이 매출변화에 미치는 영향을 분석 하는 것이다. 따라서 판매방법, 판매대금 회수방침, 어음과 현금 결제 비율의 정도 등을 정하고 이에 대한 검토 분석을 실시한다.

• 제품성 분석

제품성 분석은 기술성 분석 차원에서도 검토되어야 하며 제품 자체의 강·약점 분석 과 제품 라이프사이클 및 보급률을 분석한다. 제품의 강·약점 분석은 제품의 특성, 품 질 등을 기준으로 기존 제품과 유사 및 대체 제품에 비해 자사제품의 강·약점을 분석하 는 것이다.

즉, 타사제품과 비교한 자사제품의 기능, 특성, 차별성, 기술성, 브랜드 보유여부 등의 분석이 이루어져야 하며, 자사의 강점에 초점을 두고 분석하되 동시에 취약점에 대한 분 석을 병행하여 자사의 경쟁력 강화를 위한 방편으로 삼아야 한다.

제품 라이프 사이클 분석은 제품성 분석에 있어 매우 중요한 요소이다. 만약 제품 라 이프 사이클을 무시하고 그 시장에 뛰어든 경우 사업 실패와도 연결될 수 있는 측면이 많다. 이는 시작하려고 하는 사업이 제품수명 주기상 어디에 속하는지를 분석하고, 현재 시장에 존재하는 제품으로 기존시장에 진입하는 경우 기존회사의 제품 보급률에 대한 분석을 병행한다.

• 경쟁적 지위분석

시장성 분석 중 가장 중요한 요소가 경쟁적 지위분석이다. 경쟁기업의 범위와 경쟁요소 를 선택해야 하며 일반적으로 재무상태, 생산능력과 생산실적, 주요경쟁요소를 분석한다.

경쟁적 지위분석(경쟁자 분석)에 있어 계획제품을 생산하는 경쟁기업의 범위와 경쟁 요소를 분석하는 것이 핵심 분석요소이다. 경쟁기업의 범위는 계획제품과 동일제품을 생산하는 기업, 유사제품의 생산기업, 대체제품을 생산하는 기업이다. 이후 선정된 기업 을 대상으로 기본적인 재무상태, 생산능력과 생산실적, 기타 주요 경쟁요소를 분석한다.

재무상태 비교는 경쟁적 지위분석 항목 중 가장 흔하게 객관적으로 분석할 수 있는 항 목이 재무상태 비교이다. 따라서 재무상태 비교에 활용되는 자료는 각 기관에서 발행하는 기업체 또는 산업체 총람 및 신문에 공고되는 경쟁기업의 재무제표 등을 활용할 수 있다.

기본적인 재무상태 비교분석은 해당 기업의 재무제표를 이용하여 분석하는 데, 과거 약 5년 정도의 자료를 비교한 추세분석이 보다 유용하다. 생산능력과 생산실적을 비교·분석함은 경쟁기업의 잠재적 생산능력 분석으로 매우 중요하다. 생산능력은 기업의 설비능력과 가동능력에 의해 분석이 가능하다.

생산능력, 생산가능력 및 실적비교는 실제 경쟁기업의 잠재능력을 파악하기 위해서는 경쟁회사들의 사업장 규모, 생산능력 및 생산실적 등도 비교해야 한다.

• 제품의 채산성 분석

제품의 채산성 분석은 사업효과를 측정하는 하나의 기준이 된다. 따라서 아무리 높은 매출을 실현한다 하더라도 채산성이 없다면 좋은 사업이라 할 수 없다. 제품 채산성 분석에는 제품원가 및 마케팅 코스트 등의 분석, 마진율 등의 분석, 제품가격 분석을 해야 한다.

• 수요예측

수요예측은 일정 기간에 소비자 또는 고객에게 판매되는 상품의 수량 또는 금액을 측정하는 것이다. 시장점유율 분석, 판매량 증감요인 분석, 판매전망, 부황적응도 및 계절성 등을 분석한다. 수요예측기법에는 직접자료법, 계열지수법, 소비율법, 상관관계법, 기타 수요예측방법 등이 있다.

• 판매계획 및 판매전략

판매계획이란 어느 지역에서 언제, 얼마만큼 팔 것이냐의 목표를 정하고 그 목표를 달성하기 위한 여러 가지 마케팅 수단들을 동원하는 마케팅 계획과 광고 및 판촉계획, 판매비용 계획을 의미한다.

기업경영에 있어 판매는 매우 중요하다. 판매량을 올리고 시장점유율을 증가시키기 위해서는 판매전략이 필요하다. 판매계획 및 전략에는 판촉 및 광고전략, 영업전략 등을 수립해야 한다.

시장성 검토에서 판매계획의 실현가능성과 적정성을 판단하여, 실제 제품을 생산하여 출시하였을 때 발생하는 생산차질에 대해 대비해야 한다. 경쟁사가 신제품을 시장에 출시하면 기존업체는 가격을 내리거나 품질을 더욱 개선시킴으로써 시장을 방어하는 판매

전략도 필요하다.

■ 기술성 분석

기술성 분석은 제품의 생산과 관련되는 제 요소, 즉 제품이 원만하게 생산될 수 있는지를 분석하는 것이다.

즉, 계획하고 있는 제품이나 용역의 생산과 판매에 관련된 기술적 측면에 대한 전반적인 검토와 분석으로 제품에 대한 특성, 화학적 반응, 기계적 기능, 생산 시스템, 공정 등 생산제품에 대한 철저한 조사·분석과 더불어 공장입지, 시설계획 및 생산시설 규모, 생산능력 및 조업도, 원재료조달 및 개선가능성 등을 종합적으로 분석해야 한다.

특허나 실용신안 등 산업재산권에 의한 창업의 경우에는 이론과 실제와의 격차가 어느 정도인지, 또 예상되는 불량률 및 하자발생 가능성은 없는지를 세밀하게 검토해야 한다. 실험실 내의 검증만으로는 불충분하며 실제 산업현장에 적용해 보지 않으면 예상외로 사업실패확률이 높다. 이는 산업재산권은 기술 자체의 평가이지 사업 성공가능성의 확인이 아니기 때문이다.

따라서 계획된 사업이 기술적으로 타당한가를 조사하고 현실적으로 기업에 적용하는데 문제점이 없는지 분석한다. 또 여러 가지 기술적 문제점을 분석하여 합리적 대안을 선택하는 과정으로서 기술성 분석이 이루어진다. 기술적 타당성 분석은 사업계획의 원가추정을 위한 기초자료를 제공하고, 시장분석결과에 의거하여 설정한 매출수량을 만족시키기 위한 생산 활동의 기술적 실현가능성과 제품원가의 추정치를 제공한다.

즉, 사업을 영위하는데 필요한 기술, 기계와 장비, 자재와 노동력, 입지 및 시설 등을 대상으로 하여 제반의 기술적 측면을 검토하고 평가하는 분석영역이라 하겠다. 기술성 분석의 핵심 포인트는 첫째, 성장시장인가?, 얼마나 빠르게 성장 할 것인가?, 둘째, 경쟁사가 있는가?, 경쟁자의 수 및 경쟁사의 기술수준은?, 셋째, 쉽게 따라올 수 있는 기술인가?, 쉽게 따라올 수 있는 사업이라면 제품수명이 단축된다.

예로 18개월마다 기술발전이 2배로 증가하지만 제조원가는 증가하지 않는다(Moore's Law). 넷째, 빠른 기술발전 추세에서 자기기술만을 고집하는 기업은 시장적응력을 상실한다. 따라서 기술개발에 있어 내부자원 뿐만 아니라 외부자원까지 충분히 활용해야 한다.

이러한 기술에 있어 독점력은 기술의 형식과 기술 내용에 따라 다른 특성을 보이고 있다. 기술형식에 있어 독점력은 특허 등 형식지 형태의 보호와 노하우 같은 암묵지 형태의 보호로 나눌 수 있다. 기술 내용은 여러 구성요소가 결합된 복잡한 기술과 개발의 고난이도와 같은 어려운 기술로 구분할 수 있다.

이러한 기술의 독점력과 수익성과의 관계를 보면 첫째, 원천기술형 기업으로 생명공학 또는 우주항공산업 등 개발기술의 어려움으로 성공 가능성은 낮으나, 개발에 성공한다면 초기에 큰 수익을 창출할 수 있다. 특허를 통한 권리확보 형태를 취하며, 제공가치의 생산을 위한 경쟁자의 다양한 모방으로 유사제품의 진입이 가능하다.

둘째, 핵심기술형 기업은 D램 반도체, 디스플레이 산업 등 생산방식의 보이지 않는 노하우(암묵지)로 보유 기술에 대하여 특허 등에 의한 독점적 보호는 받지 못하나, 모방이 어렵다(삼성전자의 반도체 생산 기술, 일치하지는 않지만 도요타의 생산기술 등). 또한 높은 생산성의 기술을 보유하기에는 많은 시간과 시행착오가 필요하기에 기술 보유도 쉽지 않다. 이런 산업에서 시장이 대규모일 경우 충분한 수익이 보장된다(반도체 등).

셋째, 응용기술형 기업은 일반화된 시장을 대상으로 하는 제품(휴대폰, PC 등)으로 다양한 기술의 조합을 통해 제품의 차별화를 추구한다. 넷째, 요소기술형 기업은 네비게이션과 같이 GPS 기술 및 디스플레이 등 다양한 기술을 복합적으로 활용하여 가치를 제공하는 제품으로 사용 기술에 대한 특허 형태의 독점적 보호에 어려움이 있다(실용신안 등 타 산업재산권은 가능). 반면 각 기술간의 어플리케이션 능력 등 최적화에 노하우가 필

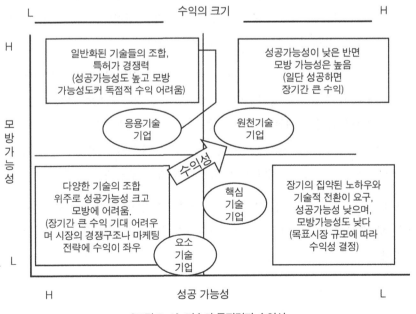

[그림 5-1] 기술의 독점력과 수익성

요하기에 단기적인 모방에는 어려움이 있다. 하지만 시장 진입과 확산성은 아주 높아서 단기 수익창출 가능성이 높은 산업이다(하이패스 단말기, 교통카드 등).

기술의 독점적 형태에 따라 성공가능성, 모방 가능성과 수익의 크기를 정리하면 [그림 5-1]과 같다.

■ 수익성 및 경제성 분석

시장성·기술성 분석을 통해 획득한 자료를 종합하여 재무제표를 추정하고, 필요한 자본의 규모를 결정하며 투자안의 경제성을 평가하는 활동이다. 즉, 수익성 및 투자의 효율성에 대한 분석이다. 이는 아무리 계획제품의 품질이 좋고, 시장성이 뛰어나서 성공적으로 생산·판매되더라도 수익이 제대로 창출되지 못하면 사업성이 없기 때문이다.

수익성·경제성 분석은 사업타당성 분석의 최종단계일 수 있다. 또 창업 후 경영전략을 수립하기 위한 사전 준비과정일 수도 있다. 따라서 경제성 분석은 재무 분석이라 할 수 있다. 재무분석은 창업업종의 사업화에 필요한 소요자금 및 창업 후의 수익성을 추정하기 위한 분석이다.

이에는 시장성 분석을 통해 장·단기적으로 예측되는 수입계획과 지출계획을 비교하여 경제적 타당성 평가를 시행하며, 경제적 타당성 분석은 추정재무제표를 근거로 하여 미래의 경영 상태와 자금흐름 그리고 손익분기점 분석을 포함하고 있다. 수익성 및 경제적 타당성 분석의 평가항목은 크게 나누어 수익성 전망, 손익분기점 분석, 그리고 투자수익 및 계획사업의 경제성 분석 등으로 분류할 수 있다.

수익성전망은 향후 3~5년간의 추정 재무제표에 의한 이익분석, 2~3년 내에 흑자실현이 가능한가에 대한 추정으로 평가한다. 손익분기점 분석은 손익분기점 매출액 추정 및 실현 시기는 언제쯤인가에 대한 분석의 기준인 판매량, 금액, 고정비, 변동비 등의 검토가 이루어진다. 투자수익 및 경제성 분석은 다양한 투자수익률 산출방법을 이용하여 예상 투자수익률을 산출하고 목표수익률과 비교를 통해 경제성을 판단한다.

분석방법으로는 회계적 이익률법(연평균 순이익/연평균 투자액이 목표 수익률 보다 큰 지 여부로 경제성 판단), 회수기간법, 순현재가치법(NPV법), 내부수익률법(IRR법)의 기준이 있다.

■ 자금수지 및 성장성 분석

자금수지 분석은 사업에 필요한 적정자금의 규모는 어느 정도이며, 이 자금을 적기에 차질 없이 상환할 수 있는지, 그리고 조달된 자금은 상환조건에 따라 상환기간별로 원만히 상환할 능력이 있는지의 여부를 검토하는 것이다. 성장성 분석은 기업의 성패에 중대한 영향을 미칠 수 있는 위험요소 분석과 더불어 장기적 기업경영측면에서 지속적인 성장발전이 가능한지를 분석하는 것이다.

성장성 분석의 구체적 내용을 보면 자금수지 및 조달능력 검토, 위험요소 분석, 성장성 분석(기업환경 종합 분석)으로 구분할 수 있다. 자금수지 및 조달능력 검토는 소요자금의 규모 및 조달 가능성 검토와 자금 운용 계획 및 현금유동성 분석 및 차입금 상환재원 및 가능성 검토(이자 납부 포함)이다. 위험요소 분석은 기업환경 분석 및 경영 위험요소, 정책변동, 경쟁격화, 생산요소 변동, 노사분규 등 위험요소에 대한 대응전략 수립 등이 있다. 성장성 분석(기업환경 종합 분석)은 기업의 성장 가능성과 성장의 정도를 추정하는 과정이다.

자금수지 및 성장성 분석을 실시하기 위해서는 먼저 판매계획, 생산계획 및 일반관리 계획을 수립해야 한다. 따라서 자금수지 및 성장성 분석에서 수행되어야 할 내용은 다음과 같다.

- 총 소요자금 추정으로, 기업의 사업성 분석과 사업계획에 있어서 매우 중요하다.
- 자금조달 계획으로 총 소요자금이 추정되면 자금조달 계획을 수립하여야 한다.
- 수익성 지표를 계산해야 하는데, 사업의 내부수익률이나 프로젝트의 현가 등 사업의 전체적인 수익성을 나타내는 지표를 구하여 사업의 수익성을 평가하여야 한다.
- 미래의 경영상태 지표를 계산해야 하는데, 미래의 사업 경영 상태를 나타내는 지표들, 예를 들면 유동성 비율(유동비율, 당좌비율 등) 수익성 비율(총 자본이익률, 자기자본이익률 등)을 구하여 미래의 경영 상태를 검토하여야 한다.

(4) 위험의 평가와 관리

창업실패의 원인은 창업의 출발점인 아이디어 발굴에서부터 기술(제품)개발, 양산시스템 구축, 원부자재의 조달, 판매활동, 자금관리 등 다양한 위험에 노출되기 때문이다. 특히 창업 초기에는 이러한 위험에 대처할 만한 역량이 부족함에 따라 실패 가능성이 높다.

따라서 창업자는 성공적인 창업과 사업의 지속적인 유지 발전을 위해 내부역량 개발과 함께 성장단계별 위험을 적시에 파악하고 적절한 대응방안을 수립해야 한다.

또한 벤처기업 투자자는 창업기업이 갖고 있는 위험의 종류와 그 정도 및 극복방안에 대하여 알고 싶어 한다. 이는 사업의 성공 가능성(upside potential)뿐만 아니라 실패 시 부담해야 하는 위험(downside potential)에 관해서도 동일하게 궁금해 한다. 일반적으로 벤처기업 창업에 있어 직면하는 위험은 기술위험, 시장위험, 경쟁위험, 관리위험, 재무위험으로 구분한다.

제2절 사업계획서의 작성

(1) 사업계획서의 개념

창업자가 가장 먼저 해야 할 일은 사업계획서를 만드는 일이다. 창업과정에서 사업계획서 작성은 계획한 사업에 관한 제반사항을 객관적이고 체계적으로 작성하는 것이다.[2] 이러한 사업계획서는 기업의 얼굴이며 사업목적달성에 필요한 방법과 절차, 활동범위 등을 글로 표현한 것이다. 이는 사업 성공가능성을 다시 점검할 수 있는 도구이다. 또한 사업계획의 강점과 약점을 재인식하는 기회를 제공하고 본격적인 사업추진 시 유용한 지침으로 사용된다.

이런 의미에서 사업계획서는 새로운 사업을 시작함에 있어 필요한 모든 관련 요소들을 기술하는 준비 서류이다. 이 서류는 게임계획서(game plan)또는 지도(road map)와 비유되며, 현재 나의 위치는 어디인가, 목적지는 어디인가, 그리고 어떻게 도달할 것인가와 같은 질문에 답을 하게 된다. 잠재적인 투자자, 공급자 그리고 소비자들도 이 사업계획서를 요구하기도 한다. 사업계획(서)은 외적 요소를 반드시 고려해야한다.

사업계획서는 사업타당성 분석에서 검토된 사업아이디어를 구체화하는 데 필요한 제 요소의 조달과 운영, 조직화, 생산 및 판매, 운영활동 등에 대한 세부적이고 구체적인 서류이다. 이는 내부적으로는 실천 기준의 지침이고, 외부에는 사업을 알리고 동의를 구하는 도구이다. 사업계획서의 네 가지 핵심내용은 다음과 같다.

---

2   최종렬, 정해주(2011), 전게서 pp.310~345

① 고객과 최종 사용자에게 상당한 가치를 창출해주거나 더해준다.

② 고객에게 의미 있는 문제를 해결하거나, 누구든지 기꺼이 웃돈을 지불하고서도 채우고자 하는 결핍이나 욕구를 충족시켜서 가치를 창출하거나 더한다.

③ 적정한 시장과 큰 이익 폭 그리고 돈을 벌 수 있는 특징들을 갖게 된다. 즉, 5천만 불 이상의 시장규모, 20% 이상의 고성장, 40% 이상의 고 수익률, 수익이 계속해서 발생하고 낮은 자산과 운전 자본으로 양(+)의 초기 순 현금 흐름을 보인다. 세후 10% 이상의 순이익률을 보이며, 투자자에게 매력적이고 현실성 있는 제안(25% ~ 30% 이상의 투자수익률)이 그것이다.

④ 사업시작 시점에 창업자와 경영팀에게 아주 적합하며, 시장에도 잘 어울리며, 위험과 보상의 교환관계 측면에서도 조화를 이룬다. 사업계획서의 작성은 궁극적으로 다음에 대하여 자신 및 이해관계자에게 답하기 위한 것이다.

이상의 검토결과 사업계획서의 정의는 이론적으로 회사의 목표가 무엇인지 설명하고 향후 5년 동안 이러한 목표를 달성하기 위하여 어떠한 수단을 사용할 것인가를 설명하는 서류라고 정의할 수 있다. 실무적으로는 이익실현을 위해서 기업의 보유자원을 효율적으로 활용하기 위한 경영전략을 체계적으로 문서화한 것으로 정의할 수 있다.

이러한 사업계획서인 Business Plan은 특정과제나 아이템에 대한 제안서 성격의 Business Proposal보다 포괄적인 의미를 가진다. 기술의 발전 속도 및 정보화시대의 변화속도와 글로벌화한 시장의 역동성은 사업계획서의 수명을 단축시켰다. 이같이 빠르게 변하는 환경 속에서는 유연성과 대응성이 중요한 생존기술이다.

사업계획서를 통해 아이디어를 사업으로 발전시키는 과정과 그것을 어떻게 실행할 것인가를 사업계획에 명료하게 표현하기 위해서는 초점을 명확하게 맞추고 결단을 내리고 헌신하는 모습과 함께 열린 마음과 '겸손한 자세'가 필요하다. 즉, 사업계획서는 결코 완성된 것이 아니라 계속 보완하는 작업이다. 또한 사업계획서를 작성하는 것은 새로운 벤처 창업을 위한 청사진, 전략, 자원, 그리고 인력요건을 정의하는데 좋은 방법의 하나이다.

하지만 일반적으로 창업자들이 다음과 같은 단순한 결론을 내린다. 두툼하고 잘 다듬어져 투자를 유혹할 정도의 사업계획서만 있으면 사업은 자동적으로 성공하리라 보는 것이다. 이는 사업계획과 사업수행을 혼돈하고 있는 것이다. 성공은 사업계획서를 개선하고 실천함에 따라 실현되는 것이다.

(2) 사업계획서의 중요성

사업계획은 구체적이고 객관적이어야 하며, 상대방으로 하여금 신뢰성을 주는 사업계획서야 한다. 창업자 자신이 창업 및 발전전략을 설계해 보는 기회가 되고, 주관적인 사업구상이 아니라 객관적이고 체계적으로 사업을 검토할 수 있는 기회가 되어야 한다. 창업에 필요한 제반요소를 점검하고, 부족한 부분을 파악함으로써 효율적으로 창업과정을 수행하고 이를 통해 창업성공률을 높일 수 있다.

또한 창업과정에서 어떠한 전략을 취할 것인가를 세밀하게 분석하여 결정할 수 있으며, 창업자가 외부로부터 자금조달을 원하는 경우, 창업자가 자신의 '기회'를 외부투자자에게 체계적으로 설명하기 위해서 필요하다.

이러한 사업계획이 다루어야 할 9가지 질문은 ① 새로운 사업의 고객은 누구인가?, ② 고객은 제품이나 서비스의 구입결정을 어떻게 내리는가?, ③제품이나 서비스가 소비자의 구매 욕구를 어느 정도 자극하는가?, ④ 제품이나 서비스의 가격을 어떻게 결정할 것인가?, ⑤ 목표고객에게 어떻게 접근할 것인가?, ⑥고객을 확보하기 위한 비용(시간적 자원)은 얼마인가?, ⑦ 제품이나 서비스의 생산과 유통비용은 얼마인가?, ⑧ 고객 지원비용은 얼마인가?, ⑨ 고객유지는 용이한가?이다.

사업계획서의 중요성은 유용성 측면에서 확인할 수 있는데 회사의 목표가 무엇인지 설명하고 향후 5년 동안 이러한 목표를 달성하기 위하여 어떠한 수단을 사용할 것인가를 설명하는 서류이다. 따라서 사업추진의 출발점이며, 성공적인 사업을 위한 최소한의 필요조건이라는 면에서 사업계획서의 중요성은 강조된다.

다시 말해 계획서류(plan-do-see의 출발점)로 내부학습과 성과향상에 기여한다. 사업활동의 행동지침(안내역할)으로 창업자와 창업 팀에게 창업에 대한 학습과 성과향상 기회를 제공해주며 성과평가 등 내부평가기준으로서의 역할을 수행한다. 또한 자금조달 등 외부 이해관계인의 평가기준이 되어 외부자원의 획득을 위한 다양한 투자자들의 투자심사를 위한 판단 근거가 된다. 즉, 사업계획서는 사업에 대한 의지와 신념을 나타내는 창업자 자신의 얼굴이자 신용이다.

(3) 사업계획서의 용도

■ 창업자 입장에서의 용도

사업계획서는 창업자 본인의 사업성공 가능성 판단자료로 활용되기도 하고, 외부투자자 유치를 위한 자료로도 사용된다. 또 사업타당성 분석을 별도로 실시하지 아니하고 사업계획을 작성하는 경우는 사업계획서 작성과정에서 사업성을 검토하기도 한다.

사업계획은 의사소통의 수단이 된다. 즉, 고려하는 사업에 참여할 투자자, 동업자, 간부급 인사들과 의사를 교환할 때 중요한 보조 자료가 된다. 대부분의 사업은 구두만으로 충분히 설명하기 어려울 정도로 복잡하다. 뿐만 아니라 제안사업을 구두로 설명하려면 관계자들로부터 충분한 이해를 얻기에 어려움이 있다. 따라서 짜임새 있게 작성된 사업계획은 주변 사람들을 움직이는 중요한 수단이 될 수 있다.

다음으로 초기 행동지침이 된다. 사업계획서는 창업 초기의 업무 추진계획이다. 사업이 일단 시작되면 처리해야 할 업무가 많고 시간이 부족하여 가능한 여러 가지 대안들을 검토하고 세부적인 계획을 수립하는 일에 많은 시간을 보낼 수 없게 되는데 이때 사업계획은 유용한 행동지침이 된다.

■ 투자자 입장에서의 용도

투자자 입장에서 사업계획서는 투자사업의 타당성을 판단하는 자료로 활용된다. 사업계획은 투자자가 의사결정을 하는 데 사용하는 가장 기본적인 자료이다. 사업계획은 사업제안자와 투자자가 최초로 접촉하는 매개물인 경우가 많다. 사업계획이 어느 정도 가능성을 시사해야 사업제안자와 투자자가 직접 만나서 사업을 논의할 수 있게 된다.

다음으로는 창업자와 경영진의 능력을 평가하는 자료로 사용된다. 투자자들이 사업계획서를 통하여 가장 관심을 가지는 사항은 창업자와 경영진이 계획사업을 성공시킬 능력을 가졌는가를 판단하는 것이다. 투자자들은 사업계획서에 나타난 여러 가지 내용들, 예를 들면 업계의 동향, 시장의 추이, 경쟁상태, 사업의 독창성, 소요자금, 대상기업의 현재 재무상태 등에 대하여 사실 확인을 하고 사업의 타당성을 평가하고자 한다.

(4) 사업계획서의 종류와 반영 요소

■ 사업계획서의 종류

사업계획서는 작성 목적과 용도에 따라 다양하게 작성될 수 있다. 사업계획서에는 고정형식 사업계획서와 자유형식 사업계획서, 약식사업계획서, 완전사업계획서가 있다.

고정형식 사업계획서는 사업계획의 형식이 미리 정해져 있는 사업계획서를 말한다. 즉, 창업투자회사, 금융기관, 정부기관 등에서는 사업계획 형식을 미리 작성해 놓고 신청자들로 하여금 주어진 형식에 따라 사업계획을 작성하도록 하는 경우가 많다. 이는 자신들의 평가 목적인 용도에 따라 필요한 사항 중심으로 기술토록 하기 위해서이다.

자유형식 사업계획서는 사업계획 작성자가 임의로 결정한 형식에 따라 작성한 사업계획을 말한다. 자유형식 사업계획서를 작성하는 경우에도 사업계획서에 포함되어야 할 내용은 고정형식 사업계획서의 경우와 유사하다. 자유형식 사업계획서를 작성하는 경우에 포함되어야 할 내용과 형식은 그 구성형식에 따라 약식 사업계획서와 완전 사업계획서로 구분할 수 있다.

약식 사업계획서란 사업계획의 모든 내용을 자세히 포함하지 아니하고 요점만 간략히 정리한 사업계획서를 말한다. 이는 사업기회의 핵심에 대한 정보와 분석, 회사가 누릴 수 있는 경쟁적 우위, 그리고 창업자의 창조적 통찰에 대한 사실적 설명이다.

완전 사업계획서는 사업계획의 모든 사항을 상세히 포함하는 사업계획을 말한다. 사업계획서의 용도와 주요내용, 사업계획서의 형태를 정리하면 [표 5-1]과 같다.

[표 5-1] 사업계획서의 유형

용도	내용	사업계획서 형태
내부운영용	• 사업운영용 • 투자검토용	비정형 사업계획서
자금조달용	• 투자유치용(벤처캐피탈, 엔젤투자자, 주식공모, IR) • 금융기관 대출 신청용	비정형 사업계획서
	• 정책자금(융자, 출연)신청용 • 신용보증 신청용 • 은행자금 신청(신용조사)용	정형 사업계획서
인·허가용	• 창업사업계획 승인용 • 각종 인허가용	정형 사업계획서
기술평가용	• 기술담보가치 평가용 • 벤처기술평가/이노비즈기업 평가 • 코스닥 예비심사를 위한 기술평가 등	정형 사업계획서
대외업무용	• 사업제안, 전략적 제휴, M&A 용 • 협력회사 등록 또는 백화점(할인점)입점용 • 공공기관 입찰 또는 등록 • 대리점 또는 가맹점 모집용	비정형 사업계획서
기타용도	• 창업보육센터 입주신청용 • 창업경진대회 참가용 등	정형 사업계획서

사업계획서의 용도에 따라 작성 주요 포인트는 아래와 같다.

■ 내부운영용 사업계획서

　내부용 사업계획서에서 강조해야 할 내용은 ① 사업환경분석 : 사업의 필요성을 입증할 수 있는 시장 환경 또는 마케팅환경 등에 관한 사항, ② 비즈니스모델 : 고객모델, 운영모델, 전략모델, 수익모델에 관한 구체적인 사업모델을 제시하고 전략과 실행계획에 관한 내용을 설명, ③ 마케팅전략 : STP전략과 마케팅믹스전략 등을 통해 상품 및 서비스 개발계획, 유통경로별 가격구조와 마진, 수익규모 등에 관한 사항을 작성, ④ 수익성 분석 : 투자에 따른 매출 및 수익금액을 추정하고 경제성 분석에 관한 내용을 산출하여 검토함을 중심으로 작성한다.

■ 자금신청용 사업계획서

　자금신청요인 경우 ① 차입금현황 : 금융기관별 차입금 금액, 대출일, 만기일, 이자율, 담보 및 보증현황 등을 작성, ② 투자계획 : 시설 자금, 기술개발자금, 운전자금 등 투자금액에 대해 세부적으로 작성하며, 필요시 세부 견적내용 첨부, ③ 자금수지계획 : 투자되는 소요자금에 대해 자기자금과 타인자금에 대한 내용을 작성하며, 구체적인 조달방안에 관한 내용을 제시, ④ 이익계획 : 이자 및 원금상환계획 조건을 고려하여 연도별 이익 또는 현금흐름이 적정하게 산출될 수 있도록 작성함이 중요하다.

■ 투자유치용 사업계획서

　투자 요청용일 경우 주요 작성내용으로는 ① 회사비전 : 회사의 사업방향 및 목표를 달성하기 위한 전략을 작성, ② 시장 규모 및 전망 : 국내외 시장규모 및 수요예측, 예상 점유율 등 중장기 전망 및 시장경쟁력을 작성, ③ 기술의 특징/독점성/차별화 : 제품기술에 대한 독점성, 경쟁기술 및 대체 기술과 차별성과 함께 개발 로드맵을 통해 사업 성공 가능성 작성, ④ 투자계획 : 투자되는 자금의 사용용도 및 일정에 관한 계획의 작성, ⑤ 이익계획 : 투자자금의 회수시점, 수익률 추정이 가능한 이익 및 현금흐름과 투자제안(주식발행 조건 및 투자금 회수 방안 등에 대한 내용)에 대한 내용이 있다.

■ 사업제휴용 사업계획서

　타 기업과 제휴하고자 할 경우 사업 계획서는 ① 사업목적 : 현재 사업의 문제점과 필요성, 사업방향, 수요예측 등에 관한 내용을 작성, ② 사업효과 : 사업제휴에 따른 매출액 및 이익, 기업 및 브랜드 가치, 회원 수의 향상 등 사업효과에 관한 사항을 정량적으로 작성, ③ 사업영역 및 범위 : 각 사의 업무내용 및 범위, 역할, 추진일정 등을 작성하고 필요시 사업실행에 따른 소요금액 및 사업추진 방법 등을 설명, ④ 수익구조 : 매출 및 수익의 발생 흐름과 이익배분 방법 및 절차 등에 관한 내용을 작성할 필요가 있다.

■ **IR(Invest Relation)용 사업계획서**

기업설명용 사업계획서의 주요 사항으로는 ① 사업방향 : 현재 사업내용과 실적, 향후 사업방향 및 계획 등에 관한 내용을 작성, ② 경영전략 : 신규사업, 투자, 개발 등 사업 및 경영전략, 전반에 관한 내용을 사업부문별로 작성, ③ Financing Highlight : 매출계획과 함께 성장성, 수익성, 안정성 등 재무현황 전반의 실적과 계획에 관한 내용을 작성, ④ Invest Summary : 사업환경, 내부역량과 성장가능성, 수익성, 사업모델 등에 관한 내용을 작성한다.

사업계획서 작성 시점에 따라서는 최초 사업 시작 시 작성하는 서술형 사업계획서, 투자자에게 사업을 제시할 때 제시하는 요약사업계획서, 그리고 발표용 사업계획서인 프레젠테이션용 사업계획서가 있다.

요약사업계획서는 30초 이내에 사업의 개요와 필요성, 성공 가능성을 설명할 수 있을 정도의 양으로 작성하여 이해관계자들을 설득하는데 사용한다. 엘리베이터를 타고 내리기 전까지의 시간만 주어진다고 하여 엘리베이터 테스트라고도 한다. 작성 유형은 일반적인 현황과 강점을 중심으로 설명할 때에는 개조식으로, BM사업이거나 그림으로 표현함이 적합할 때에는 도식형으로, 경쟁제품이나 기업이 분명할 경우에는 장·단점을 비교하는 도표비교형이 유용하다.

서술형 사업계획서는 PT용과 대비되는 것으로, 내부 검증용 또는 VC에 사업계획서만 우선 제시할 경우에 사용된다. 논리적이고 정확한 표현으로 작성되어야 하는 일반적이고 전형적인 사업계획서이다.

프레젠테이션용 사업계획서는 IR용으로 발표도구이기에 편리해야 한다. 작성 시 주요 지침으로는 다양한 유형의 자료(통계/사례/인용문 등)를 준비하여 활용하는 것이 효과적이다.

자료구성에 있어 가능한 형상화된 규칙과 구조 사용하며, 주요항목은 7개 이내로 하라. 발표시간에 맞추며, 적절한 글자 크기의 사용 및 페이지를 기재하라. 지나치게 화려한 색상 및 미디어 효과 사용을 지양하는 것이 좋다.

■ **사업계획서의 반영요소와 작성원칙**

사업계획서는 사업의 기회와 이를 성공으로 이끄는 데 필요한 자원이 무엇이고, 언제, 어느 정도인지를 확인하고 이에 부합되도록 작성되어야 한다. 사업계획서가 이러한 조건을 충족하려면 주요 영향요소들을 반영하고 있어야 되는데 이러한 영향요소로 고려되어야 할 내용은 기회, 외부환경, 사람, 위험과 보상이 주된 내용이다. 이러한 요소가 반영된 요약이 포지션 선언문(Statement of Position)이다.

사업의 포지션 선언문은 경영팀의 구체적 활동계획을 표시하고, 간결하고 효과적 설명 및 미션에 공감할 수 있도록 기술하는 것을 말한다. 이의 형식은 ⓐ (필요와 기회의 제언) ⓑ (목표고객)을 대상으로 ⓒ(이점-구매 동기부여) ⓓ(제품/기업명)은 (제품/기업 영역)을 ⓔ(주 경쟁자)와 다르게 활동할 것이다로 정리하고 있다.

사업계획서 반영요소의 세부작성법으로 사람에 대하여는 인적자원의 강점을 설명하라. "나는 사람에 투자하지, 아이디어에 투자하는 것이 아니다."라고 말한 미국의 유명한 벤처캐피탈리스트 Author Rock의 경구는 사람의 중요성에 대하여 단적으로 표현하고 있다. 노력한 투자자들은 사업계획서를 볼 때 구성원의 이력서를 먼저 본다. 이를 통해 창업멤버들이 알고 있는 지식과 사람, 창업자 자신의 인지도를 평가한다.

기회에 대하여는 수익기회를 명확하게 밝혀야한다. 새로운 사업의 경쟁자는 누구인가?, 경쟁자들은 어떠한 자원을 가지고 있는가?, 그들의 강점과 약점은 무엇인가?, 새로운 기업의 진출에 대해 그들은 어떠한 반응을 보이고 있는가?, 경쟁자들의 반응에 어떻게 대응할 수 있는가?, 나와 같은 기회를 발견하고 이용할 수 있는 사람은 누구인가?, 경쟁사를 합병 등의 방법으로 흡수할 방법은 있는가? 등에 대하여 명확히 표시하여야 한다.

외부환경에 대한 통찰력을 보여주는 것이 좋다. 환경의 변화는 매력이 없는 사업을 매력적으로 바꾸기도 하고, 매력 있는 사업을 별 볼일 없게 만들기도 한다. 외부환경의 변화가 자신의 사업에 도움을 줄 것인지, 방해할 것인지에 대한 통찰력을 보여야 한다. 사업계획서에 나타난 외부환경이 필연적으로 변한다는 사실을 인식하고 그러한 변화들이 사업에 미치는 영향을 예측해야 한다. 창업자가 외부환경을 유리하게 바꿀 수 있다면 그 방법에 대하여 설명하여야 할 것이다.

위험과 보상은 위기관리 대책과 투자자 보상책을 밝히는 것이다. 벤처창업은 기술위험, 시장위험, 관리위험 및 재무적 위험을 수반하며, 이러한 위험을 어떻게 관리하는가에 따라 사업 성패가 결정된다. 따라서 미래를 정확하게 예측하기는 힘들지만 잠재적인 투자자들에게 위험과 보상의 유형과 정도를 설명할 수 있어야 할 것이다.

전문투자자들은 회수에 대한 광범위한 대안을 가진 기업을 선호하며, 기업이 그 대안을 유지하고 지속적으로 발전시키기를 원한다. 사업계획서의 작성원칙은 이해의 용이성, 간결성과 명료성, 객관성과 주관성, 일관성과 정확성, 독특한 개성 등의 기준이 제시되고 있다.

(5) 사업계획서 작성순서

사업계획서는 그 목적, 용도 및 제출기관에 따라 내용상 차이가 있으며, 분량과 첨부서류에도 큰 차이가 난다. 사업계획서 작성 전에 미리 기본계획과 작성순서를 정하여 작성하여야만 시간과 노력을 절약할 수 있고 내용에도 충실할 수 있다. 사업계획서는 아이디어의 개발, 아이템 선별 후 선별된 아이템이 처해있는 환경을 분석한다. 분석된 환경조건을 바탕으로 타당성 검토를 수행하고, 사업모델을 수립한 후 이를 구체적으로 실행하기 위해 작성하는 것이다.

사업계획서 작성 절차는 예비 절차와 본 절차의 단계를 거쳐 수행된다. 예비 절차는 먼저 사업계획서 작성의 목적에 따라 기본 방향을 설정한다. 이는 사업계획서의 용도를 확인하고, 사업계획서의 종류를 검토하는 단계이다. 다음으로 사업계획서 작성목적 및 제출기관의 소정 양식을 검토한다. 이 과정에서는 사업계획서의 용도를 분류하고, 사업계획서의 종류를 구분하여 적합한 형태를 선택한다.

본 절차는 선택된 사업계획서의 용도와 형식에 부합하는 사업계획서를 작성하기 위한 사업계획서 작성계획을 수립한다. 이 과정에서는 계획의 기본요점을 정리하고, 세부적인 유의사항을 검토한다. 다음으로 사업계획서 작성에 직접 필요한 자료와 첨부서류를 검토한다. 각종 정보수집 및 정리와 작성 시 필요한 보조자료를 검토한다. 구체적으로 회사개요, 제품, 서비스, 시장, 경쟁사, 마케팅, 운영활동, 경영팀, 재무정보 등에 대한 정보를 수집한다.

자료 수집을 마치면 작성해야 할 사업계획서의 폼(form)을 결정한다. 용도에 따라 양식을 선택한다. 기본 틀의 구성은 총괄 요약문, 회사개요, 제품, 서비스, 시장분석, 경쟁자분석, 마케팅 계획, 경영팀, 재무정보, 첨부서류 순이다. 이후 용도에 맞는 사업계획서를 작성하고 편집, 최종확인 및 점검 후 제출한다. 사업계획서의 실질적 작성 순서는 [그림 5-2]와 같다.

사업계획서 작성 책임에 있어 top-down인지 down-top인지를 확정하여 최종 확인자를 명시할 필요가 있다. 다만 이해관계자(잠재참여자, 잠재투자자 등)는 경영자의 사업계획서를 원한다.

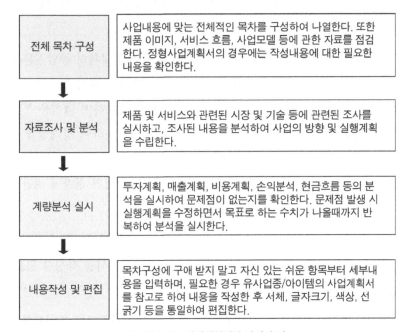

전체 목차 구성	사업내용에 맞는 전체적인 목차를 구성하여 나열한다. 또한 제품 이미지, 서비스 흐름, 사업모델 등에 관한 자료를 점검한다. 정형사업계획서의 경우에는 작성내용에 대한 필요한 내용을 확인한다.
자료조사 및 분석	제품 및 서비스와 관련된 시장 및 기술 등에 관련된 조사를 실시하고, 조사된 내용을 분석하여 사업의 방향 및 실행계획을 수립한다.
계량분석 실시	투자계획, 매출계획, 비용계획, 손익분석, 현금흐름 등의 분석을 실시하여 문제점이 없는지를 확인한다. 문제점 발생 시 실행계획을 수정하면서 목표로 하는 수치가 나올때까지 반복하여 분석을 실시한다.
내용작성 및 편집	목차구성에 구애 받지 말고 자신 있는 쉬운 항목부터 세부내용을 입력하며, 필요한 경우 유사업종/아이템의 사업계획서를 참고로 하여 내용을 작성한 후 서체, 글자크기, 색상, 선 굵기 등을 통일하여 편집한다.

[그림 5-2] 사업계획서의 작성 순서

(6) 사업계획서 작성 유의사항

사업계획서 작성자는 내부와 외부의 인력을 활용할 수 있다. 사업계획서는 내부자 작성을 원칙으로 하고 외부 전문 인력의 조력을 받는 것이 좋다. 사업계획서는 사업주체의 기회에 대한 이해를 바탕으로 작성될 때 정확한 사업계획서가 될 수 있다. 작성과정에 처음 구상했던 전략이나 전술과 다른 방안을 검토할 수도 있고, 그 결과도 추정함으로써 최상의 방안을 도출할 수 있기 때문이다.

아울러 해당 사업에 필요한 인력과 재정적 요건도 확인할 수 있다. 다만 부족한 부문에 대한 전문적 보완과 검증은 외부 인력의 도움을 받을 필요가 있다. 사업계획서의 독자로 내부독자는 창업자, 이사회, 경영진, 종업원 등이 있으며, 외부로는 고객, 공급자, 판매회사, 투자자, 은행 등이 있다.

사업계획서 작성은 누구나 사업계획서를 읽으면 창업하고자 하는 사업 내용을 알 수 있도록 구체적으로 작성해야 한다. 내용에 실현 가능한 계획을 수립하고, 가급적이면 전문용어를 피하고 단순하고도 보편적인 용어를 사용하여 설명한다. 근거가 불충분한 자료 또는 비논리적인 추정은 피하는 것이 좋으며 사업의 잠재된 문제점과 발생할 수 있는 위험요소를 기술하고, 그에 대한 대안을 제시함으로써 변화에 대한 대처능력을 표현하는 것이 바람직하다.

또한 결론에 대한 자신감 및 명료성을 보여줌으로써 사업계획의 종합결론은 설득력 있는 내용으로 간단명료하게 작성하며, 주된 생산제품만 기술하며 부수적이고 다양한 생산제품에 대한 기술은 가급적 피함으로써 주요 내용을 강조하며 핵심을 부각할 필요가 있다. 향후 기술개발 가능성과 사업의 발전 잠재력을 강조하여 장래성을 보여주며, 인력 및 경영진의 사업 관련 이력을 기술함으로써 사업주체의 경영능력을 강조한다. 자체조달 가능한 자금 내역과 규모를 정확히 표현하는 등 사업계획 전반에 대한 정확성과 자금조달 가능성을 보여줌이 좋다.

사업계획서 작성 시 창업가가 갖지 않아야 할 자세로 첫째, 사업계획서 작성은 지루한 작업이다. 둘째, 사업계획서는 복잡하다. 셋째, 나는 사업계획서를 작성할 필요가 없다. 넷째, 사업계획서는 단 한번만 작성하면 된다가 있다.

성공 사업계획서 작성지침으로는 첫째, 독자에 맞는 사업계획서를 준비하라. 둘째, 포괄적으로 충분히 검토한 후 다시 작성하라. 셋째, 외부 전문가의 의견을 구하라. 넷째, 쉽게 해당항목을 찾을 수 있게 작성하라. 다섯째, 통계자료에 기초하여 예측을 하라. 여섯째, 인터넷을 사용하라. 그리고 구두 프레젠테이션에 대비한 구성과 자료의 준비가 필요하다.

(7) 사업계획서의 구성 및 내용

사업계획서의 구성은 사업내용의 요약, 회사소개 및 아이템 소개를 포함한 사업 전반에 대한 소개부문과 시장 및 내부역량 등 환경 분석 부문, 투자 및 생산, 판매 등 운영계획 부문, 그리고 재무정보와 투자자에 대한 제공정보를 포함하는 이익확인 부문으로 구분할 수 있다.

현재 사용되는 각종 사업계획서의 내용은 그 해당 용도에 따라 여러 가지 계획내용을 포함하고 있으나 종류별 사업계획서 형식은 거의 유사하다. 이들 각 사업계획서의 전체 내용을 종합하여 표준사업계획서를 제시하면 [그림 5-3]과 같다.

> **1. 기업체 현황**
> ・회사개요 ・업체 연혁
> ・창업 동기 및 기대효과 ・사업전개 방안 및 향후 계획
> **2. 조직 및 인력 현황**
> ・조직도 ・조직 및 인력 구성의 특징
> ・대표자 및 경영진 상황 ・주주현황
> ・관계회사 내용 ・종업원 현황 및 고용 계획
> ・교육훈련 현황 및 계획
> **3. 기술현황 및 기술개발 계획**
> ・제품(상품)의 내용 ・제품(상품)아이템 선정 및 사업전망
> ・기술현황 ・기술개발투자 현황 및 계획
> **4. 생산 및 시설계획**
> ・생산 및 시설현황 ・생산 공정
> ・원・부자재 사용 및 조달계획 ・시설 투자 계획
> **5. 시장성 및 판매계획**
> ・관련 산업의 최근 상황 ・동업계 및 경쟁회사 현황
> ・판매 현황 ・시장 총규모 및 자사제품 수요전망
> ・연도별 판매계획 및 마케팅 전략
> **6. 재무계획**
> ・재무현황 ・재무 추정
> ・향후 수익전망
> **7. 자금 운용 조달계획**
> ・소요자금 ・조달계획
> ・연도별 증자 및 차입계획 ・시설 근대화 및 공정 개선계획
> **8. 특정분야별 계획**
> ・공장입지 및 공장설립계획 ・자금조달
> ・기술개발 사업계획 ・시설 근대화 및 공정 개선계획
> **9. 첨부서류**
> ・정관 ・등기부등본
> ・사업자등록증 사본 ・최근 2년간 결산서류
> ・경영진・기술진 이력서
> ・공업소유권(특허・실용신안・의장) 및 신기술 보유관계 증빙서류
> ・기타 필요서류

[그림 5-3] 사업계획서의 구성

표준 사업계획서에는 요약 사업계획(총괄 요약문)을 제외하였는데, 요약 사업계획서는 본 사업계획서와 별도로 작성되어 이해관계자, 특히 벤처캐피탈 등 투자자와 잠재적 참여자 등에게 우선적으로 제시된다.

이는 사업계획에 대한 이해관계자의 관심을 확인하거나 유도할 수 있으며, 사업기회에 대한 보호의 목적도 있다.

사업계획서 작성단계에 따른 결과물을 검토하면 사업계획서 작성 진행수준에 따른 진척사항과 내용을 확인할 수 있다. 전체적 흐름은 [그림 5-4]와 같다.

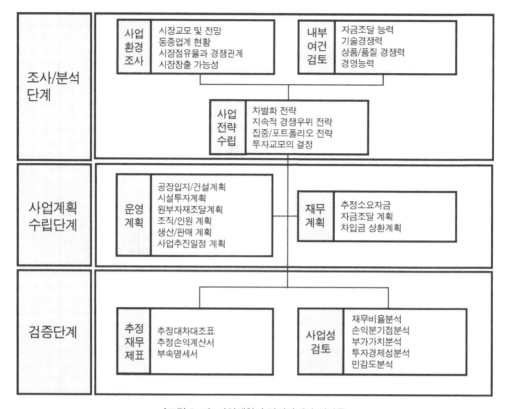

[그림 5-4] 사업계획서 작성단계와 결과물

제3절 사업계획서 작성 방법

사업계획서의 작성은 사업계획서 부문별 작성요령을 이해하고 본인이 직접 작성해야 한다. 이 과정에서 작성요령을 잘 숙지하여 활용하면 훌륭한 사업계획서를 만들 수 있다.

사업계획서 만드는 기술은 사업을 성공시키는데 필요한 기술과 반드시 일치하지는 않는다. 이해관계자들은 창업팀의 기회에 대한 이해와 분석 및 그에 대한 헌신을 보려는 것이다. 그들은 컨설턴트가 아니라 팀과 리더에게 투자하는 것이다. 사업계획서의 핵심은 시장기회의 분석과 경쟁성 분석, 그리고 결론으로 얻게 되는 성공할 수 있는 경쟁전략에 대한 분석이다.

(1) 사업계획 총괄 요약문

사업계획서 총괄 요약문은 사업계획서의 전체 내용을 요약한 것이 아니다. 또한 요약문은 사업계획서의 서론 부분이 아니며, 사업계획서의 머리말도 아니고, 주요사항만 임의로 모아 놓은 것이 아니다. 총괄 요약문은 사업계획서 내에 있는 매우 짧은 간결한 사업계획서로 청사진, 사업개념 인식 또는 정의를 주 내용으로 한다.

총괄요약문의 목적은 대내적으로는 작성과정을 통해 사업내용을 구체화하며 우선순위를 결정할 수 있다. 또 사업계획서 작성의 지침이 되고, 경영진의 조기참여를 유도할 수 있다. 대외적으로는 사업계획서의 사전검토와 사업보호, 사업에 관한 독자의 관심과 상상력 유인, 사업계획서의 세부 내용에 대한 관심제고 및 사업계획서 나머지에 대한 음미 기회를 제공한다.

총괄요약문 작성 시기는 사업계획서를 작성하기 전에 총괄요약문의 초안을 작성하고, 본 사업계획서를 작성한 후 총괄 요약문을 수정 작성함이 바람직하다. 총괄 요약문 작성 시 기술적 고려사항으로는 2-3쪽 이내로 가능한 짧으면서 전체 사업계획서를 알고 싶도록 관심과 흥미를 유도하게 작성해야 한다. 사업의 독특함을 설명할 수 있도록 사업의 기회에 초점을 맞추며, 강조점이나 의견에 대한 근거자료가 본문에 있음을 확신시킨다. 사업개념, 목표시장, 재무예측 등의 근거로 구체적 숫자를 사용토록 한다. 투자의 세부적 내용을 기재하고, 설명력에 대한 검토를 다양하게 한다.

(2) 회사 및 사업 개요

회사소개와 자사제품과 서비스에 대한 컨셉, 그리고 경쟁을 벌일 업종과의 중복영역은 중요한 고려대상이다.

회사의 미션인 사업 목적에 대한 정의와 목표시장에 대한 명시가 중요하다. 회사의 과거 역사(배경), 회사의 현재 상태(강점과 약점), 회사의 미래목표(전략), 법률적인 이슈 및 소유권, 주요 경영자 및 회사의 중요한 일정표를 제시해야 한다.

작성 시 기술적 고려사항으로는 회사개요에 있어 제품과 서비스에 대하여 5W1H를 사용하는 등 명확하게 설명한다. 시장의 특성과 회사의 초점을 정확히 설명한다. 작은 기업일수록 사업을 구체적으로 정의 설명한다. 기 진행사항이 있다면 간략히 언급하고, 손실이나 소유권변동이 있다면 설명한다. 경영진에 대한 프로필은 정황하지 않게 하나 사업과 관련 있는 경력은 기재할 경영팀에 대한 내용 별도로 작성한다.

작성 주요내용으로는 산업현황, 회사의 개요, 제품과 서비스, 진입전략과 성장전략 등이다. 산업현황은 제안된 사업이 진행될 동일 산업계의 현 상황과 업계의 구조를 설명한다. 시장의 규모, 성장추세, 경쟁사들을 간단히 제시하고, 신제품이나 신기술, 새로운 시장과 고객, 새로운 자원의 조건, 새로운 시장 진입자와 퇴출자, 사업에 긍정적으로나 부정적으로 영향을 미칠 국가적 또는 경제적 동향과 요인들을 설명한다.

회사개요에는 사업의 컨셉, 주요 사업의 내용, 제공할 제품과 서비스, 그리고 주요 대상고객을 개략적으로 설명한다. 사업배경을 설명한 후 창업 시기를 적시하며, 회사의 이념이나 비전을 제시한다. 사업과 관련한 회사의 연혁을 간략히 기술하고, 과거의 경영실적을 제시한다. 과거의 낮은 성과가 있다면 이도 기술하고 그러한 상황의 재발방지와 영업의 개선을 위한 현재와 미래의 노력을 설명한다.

판매할 제품과 서비스의 일차적인 사용뿐만 아니라 중요한 2차적 사용까지 포함해서 설명한다. 제품과 서비스의 고유한 특성을 강조하고 이것들로 어떻게 의미 있는 가치를 만들거나 부가할 수 있는지를 강조한다. 현재의 시장상황과 제품이 출시되었을 때의 시장과의 차이점에 초점을 맞추어서 제시한다. 제품에 대한 단점(노후화를 포함한다)에 대한 설명도 포함한다. 제품의 현 개발단계를 제시하고 완전한 개발 및 시장 출시까지의 시간과 비용을 제시한다. 업계에서 우위를 점할 수 있는 제품의 특징을 설명하고, 산업재산권 등 독점적 특성을 제시한다.

마케팅 계획의 핵심적인 성공변수(제품의 혁신성, 타이밍의 우위, 마케팅의 방법 등)를 제시하고, 처음 5년간의 성장에 대한 예측 및 시장진입 및 성장전략의 도출근거를 설명한다. 이에는 기회와 부가 가치, 다른 경쟁적 우위(경쟁사의 약점 같은)에 대한 내용이 제시되어야 한다.

(3) 시장분석

시장분석의 중요성과 시장분석의 정보가 사업계획서의 다른 부분에 결정적 영향을 준다는 점에서 창업가는 이 부분을 가장 먼저 검토한다.

시장분석은 사업계획서의 여러 부분 중 가장 어렵고 중요한 부분이기도 하다. 여기서 제공되는 정보는 경쟁 상황에서 시장이 확대되고 있을 때 자신의 기업이 시장을 장악할 수 있다는 점을 보여주어야 한다.

일반적으로 산업분석, 목표시장 분석, 경쟁자 분석 등이 이루어진다. 산업분석은 유사

제품을 공급하는 모든 기업이나, 밀접하게 관련되어 있는 다른 산업, 그리고 이들을 지원하는 공급 및 유통 시스템에 대한 분석이 이루어진다. 또한 산업규모, 시장, 제품, 유통시스템, 성장추세에 대한 정보를 과거, 현재, 미래로 구분하여 작성한다.

목표시장 분석은 누가 우리 제품에 관심이 있고, 그 시장에의 접근방안 및 적합한 판매경로 선정의 기초가 된다. 목표시장 분석의 내용으로는 목표시장이 무엇이며, 규모는, 세분화 정도는, 시장의 추세 등을 파악한다. 또한 소비자 및 경쟁자에 대한 인식으로 소비의사결정 요인은 무엇이며, 경쟁상황은 어떠한지를 확인해야 한다. 아울러 이에 대한 대응(방어)전략을 수립한다.

대응전략에는 인구통계학적 특성, 지정학적 특성, 심리적 특성, 소비 형태 특성 등 고객특성을 고려해야 한다. 또한 회사의 기대성장률을 생각할 때 주요 제품의 잠재고객은 충분한가?, 산업의 성장 여부는 어떠한가? - 성장 산업이어야 가치 있는 시장이다 - 와 같은 시장조사가 이루어져야 한다.

다음으로 경쟁자 분석이 이루어져야 한다. 경쟁자가 없다고 생각하는 것은 시장상황에 대한 깊이 있는 검토가 없었다는 것으로 인식되어 독자로 하여금 신뢰를 상실하게 된다. 경쟁자 프로파일을 검토하여 누가 당신의 경쟁자인가?, 그들의 기본특성은 무엇인가? 등을 확인한다. 시장점유율, 강점과 약점의 비교, 제품특성, 이미지, 고객관계 등과 같은 시장변수, 재정이나 다양성과 같은 기업변수, 잠재경쟁자 및 대체재, 진입장벽, 경쟁자 정보원천 등의 내용을 확인한다.

이러한 시장분석 및 경쟁자 분석 중 중요한 요소들에 대한 내용을 정리하면 아래와 같다. 첫째, 고객으로 제품의 주요고객이 누가 될 것인지를 검토한다. 잠재고객들은 공통된 특징과 정체성을 지닌 비교적 동질적인 집단으로 분류되어야 한다(고객 세분화). 예를 들면 자동차 부품은 제조사와 정비업체에 공급하는 유통업체 두 군데를 고객으로 할 수 있다.

이에 따라 두 개의 세분시장에 대한 검토가 이루어져야 한다. 각 세분시장에서 주요 구매자들은 누구이고 어딘지를 나타내어라. 또한 고객에의 접근이 쉬우며, 잘 받아들여지는지, 고객이 어떻게 구매하는지(유통경로), 그 조직에서의 의사결정은 어느 부서에서 내리는지, 그리고 이 결정에 걸리는 시간 등을 검토한다.

고객의 구매과정을 설명하되, 구매결정에 미치는 요소(가격, 품질, 시간, 배달, 훈련, 서비스, 인맥 또는 정치적 압력 등)에 대한 근거와 현재의 구매결정을 바꾸게 될 이유가 포함되어야 한다. 현재 확보된 주문, 계약 또는 MOU 등을 제시한다. 이것은 강력한 영향력을 가지는 자료이다. 제품에 대해 관심을 보이는 잠재고객명단과 그들이 관심을 갖는 이유도 설명한다.

또한 관심을 보이지 않는 잠재 고객과 그들의 이유도 기술하고, 부정적 고객 반응을 극복할 방안도 제시한다. 시장에서 얼마나 빨리 제품이나 서비스를 수용할 것인지를 확인한다. 현재 사업을 하고 있다면 현재의 주요 고객명단과 판매동향을 제시한다.

둘째, 시장규모와 동향에 대한 검토의 제시이다. 향후 5년간의 총 시장 규모와 시장점유율을 세분시장별로, 지역별로, 국가별로 나누되 출시할 제품에 대하여 단위별, 가격별, 잠재 수익별로 제시한다. 또한 주요 고객 집단별, 지역별, 국가별로 3년간의 전체 시장 잠재성장률을 제시한다. 시장 성장에 영향을 미치는 주요한 요인(업계동향, 사회경제적 추세, 정부 정책, 인구통계학적 변화)들과 과거의 시장추세를 검토한다. 과거와 미래에 예상되는 성장률의 차이를 설명해야 한다.

셋째, 경쟁과 경쟁우위에 관한 것으로 경쟁사에 대한 장·단점을 현실적으로 평가한다. 대체품을 평가하고, 국내외의 공급기업의 목록을 제시한다. 경쟁상품이나 대체품을 시장점유율, 품질, 가격, 성능, 서비스, 보증조건 등 기타 관련사항을 근거로 비교한다. 고객과 경쟁사가 제공하는 경제적 이익 측면에서 자사제품이 창출하는 근본적인 가치를 비교한다. 기존 제품의 장·단점을 검토하여 이들이 고객의 요구를 만족시키지 못한 이유를 제시한다. 개선된 제품과 시장우위를 점할 수 있게 허용한 경쟁사의 약점을 기술한다.

예를 들면 불친절하다거나, 무대응 한다거나, 변화를 감지하지 못한다거나 등이 있다. 경쟁사들의 시장 점유율, 매출액, 유통방법, 생산능력 및 재무상태, 비용구조, 수익성, 이윤추세 등을 검토한다. 서비스, 가격, 성능, 비용, 품질면에서 시장의 선두는 누구이며, 최근에 퇴출되거나, 새로 진입한 회사에 있어 진입과 퇴출의 이유를 설명한다.

주요 경쟁사의 고객이 구매하는 이유와 떠나는 이유를 검토하며, 경쟁사의 영업에서 취약점과 자사의 경쟁우위를 설명한다. 무엇 때문에 그들과의 경쟁이 쉽거나 어려운지를 설명하고, 특히 특허와 같은 독점적 이익을 통해 얻어지는 경쟁적 우위를 제시한다.

넷째, 시장점유율과 매출 추정치를 제시한다. 제품이 현재, 잠재적인 경쟁에 직면했을 때 팔릴 수 있는 이유를 설명한다. 구매계약을 했거나, 하려고 하는 주요고객을 제시하고 이들 계약의 범위와 성립 이유를 제시한다. 미래의 주요고객에 대한 것도 기술한다. 제품의 장점, 시장규모와 동향, 고객, 경쟁사와 제품, 전년도의 판매동향에 대한 평가에 근거하여 다음 3년 동안의 시장점유율과 매출액 추정치를 제시한다. 이때는 사용한 주요 가정을 명시하여야 한다. 매출성장과 평가된 시장점유율이 업계의 성장, 고객 및 경쟁사의 장단점과 어떻게 연관되어 있는지를 보여준다. 현재 사업을 진행하고 있다면 전체 시장, 당신 회사의 시장점유율, 지난 2년간의 매출액도 제시하라.

마지막으로 지속적인 시장평가에 대한 제시이다. 고객의 욕구와 서비스를 평가하고, 제품의 업그레이드와 신제품 개발계획, 생산시설의 확장계획의 범위를 정하고, 제품의 가격을 결정하기 위해 지속적으로 목표시장을 어떻게 평가해 나갈 것인지를 설명한다.

시장분석 작성 시 기술적 고려사항으로는 산업의 성장추세를 설명할 때 구체적으로 그 이유를 설명해야 하며, 산업분석은 경쟁상황이 아니라 당사와 경쟁사가 어디에서 경쟁하는가를 설명하는 것이다. 시장상황을 설명할 때 추측에 의존하는 실수를 배제해야 하며, 당신 산업에 대한 부정적인 정보를 포함하는 것에 두려워 말라. 현실을 정확하게 파악하고 있음을 알리는 설명이 된다. 관련 인용 자료는 첨부하고, 고객과 시장(지역 등)을 일반화하지 말고 구체화하며, 시장에 영향을 주는 요인을 분석하고, 대응방안을 제시함이 중요하다.

경쟁자 분석 작성 시 기술적 고려사항은 '경쟁자는 없다'라고 절대 하지 말라. 신뢰상실의 원인이 된다. 경쟁자는 명확히 정의되지 않으므로 직접적인 경쟁자 뿐 아니라 간접경쟁자를 고려한다. 경쟁자를 보는 시야를 넓혀라. 고객이 왜 경쟁자의 제품을 구입하는지 평가한 후 강점과 약점을 분석하라. 이때 표를 이용함이 가장 효과적이다.

(4) 마케팅 계획

마케팅 계획의 가장 기본 전제는 '당신 회사는 무엇을 판매하려고 합니까?' 와 '당신의 고객은 무엇을 사려고 합니까?' 이다. 즉, 고객이 원하는 요구의 달성방법에 있어 어떤 요소들이 가장 중요하게 영향을 미치는지, 그러한 요소들의 수준이 서로 부합되는지를 검토하는 것이다. 이를 통해 예상매출액이 어떻게 달성되는 지를 보여준다.

마케팅 계획에서는, 기회를 살려 경쟁적 우위를 확보할 총괄 마케팅 전략을 세밀하게 작성한다. 이에는 제품정책, 가격정책, 유통정책, 판촉 및 광고정책을 포함한다. 언제 누가 무슨 일을 해야 할 것인지도 설명되어야 한다. 총괄 마케팅 전략에는 회사가 갖고 있는 분명한 마케팅 전략을 설명하고, 목표로 하는 틈새시장에서 주어진 가치사슬과 유통통로를 설명한다. 예를 들면, 이미 주문받은 고객과 우선 판매노력을 기울일 대상, 그리고 2차 대상고객을 구분 제시한다.

또한 잠재고객의 특성을 파악하고, 접근방법을 제시한다. 이에는 기존의 판매중심시장에 임대시장 개척과 같은 혁신적인 시장 확대 방법의 도입과 같은 예를 들 수 있다. 현금 흐름 주기를 결정하는 데 기초가 되는 계절적 동향을 검토하고 비수기 판매 증진 방안을 제시한다. 정부의 지원책 여부를 확인하고 방안을 제시한다.

마케팅에서 다루는 주요한 요소로 가격결정은 고객의 지불의향, 경쟁자의 가격, 제품특성이 가격에 미치는 효과에 대한 사항들이다. 이러한 가격전략은 원가전략과 함께 기업의 이익전략을 구성하는 요소이며 가격차별화 전략에 있어서 고가전략, 이익극대화 전략, 저가전략, 매출증대 전략이 있다.

가격을 어느 정도 수준으로 정해야 ① 시장에서 받아들여져서, ② 경쟁속에서 일정한 시장점유율을 유지하고 증대시킬 수 있으며, ③ 수익을 창출할 수 있을지를 설명한다. 참신성, 품질, 보증, 타이밍, 성능, 서비스, 원가, 효율증진 등을 통해 부가된 가치나 고객 입장에서의 비용회수 측면에서 당신이 정한 가격과 경쟁업체나 대체품과의 가격 차이와 당신의 가격 전략을 판단한다. 당신의 가격이 경쟁사보다 낮다면 어떻게 낮출 수 있는지와 어떤 방식으로 수익을 유지할 수 있는지를 설명해야 한다.

제품전략이란 기업이 제공하고자 하는 제품이나 서비스 유형과 특징을 정의하고 파악한다. 그 결과 시장 포지션이 결정되는 데 제품의 독특성, 어떠한 고객의 욕구를 충족시킬 것인지, 제품에 대한 고객의 인식 및 가격의 위치, 기술리더십, 경영자 스타일, 서비스철학, 제품 품질 등이 복합적으로 결합되어 나타난다.

유통전략은 목표시장을 표적으로 하여 유통경로를 개척하고 유통시스템을 유지, 관리하는 활동으로 일반적으로 유통경로가 충실화 될수록 소비자의 제품구매는 쉬워지나 유통코스트는 상승한다. 사업장의 위치선정은 목표시장에의 접근성이 가장 중요하다.

또한 소매업자, 도매업자, 영업직원 등 유통경로에 있는 구성원에게 주어지는 각각의 이익의 폭과 가치사슬을 설명한다. 그리고 할인정책, 독점권 등의 정책을 설명하고, 경쟁사와 비교를 제시한다. 직접 판매 팀을 유지할 계획이면 조직의 구성방법 및 인원 등을 제시한다. 제시하거나 사용하고 있는 유통경로에 있어 특별한 문제점이나 현재의 잠재적 취약점을 언급하고, 개선방안을 제시한다.

판매촉진 활동은 제품의 매출 증진과 기업의 이미지를 좋게 하는 활동으로 수단만이 아니라 비용과 효과를 고려해야 한다. 이에는 판매방법인 경로와 판매원 관리 및 촉진활동이 있다. 판매예상에 대비한 촉진활동의 일정과 예산을 제시하며, 어떤 종류의 광고나 판촉행사를 통해 제품을 소개할 것인지, 판매권자에게 제공한 판매보조물을 줄 것인지, 전시회 등이 필요할 것인지 등에 대하여 설명한다.

마케팅 계획 작성 시 기술적 고려사항으로는 고품질/저가격 정책으로 경쟁력 확보라는 정책에 독자는 의문을 가진다. 따라서 이러한 정책을 제시할 경우 수익성 유지방안의 제시가 필요하다. 경쟁사 대비 고가의 경우 그 기초를 구체적으로 제시할 필요가 있다. 경쟁사의 매장에서 구매해보고 평가해야 하며, 경쟁사의 강, 약점의 파악을 위한 판매망, 가격, 제품, 가치, 서비스, 납기 등 제 분야를 고려해야 한다. 모든 판매망이 기존의 경쟁자와 동일한 기회를 나에게 준다고 전제하지 마라. 다른 요구가 있을 것을 감안하라.

(5) 기술현황 및 개발계획

개발기술의 성격 및 범위, 제품과 서비스가 시장성을 가질 수 있을 때까지 투자되는 기간과 비용을 검토한다(흔히 개발비용은 종종 낮게 추정된다는 점에 주의하라). 이러한 기술개발은 공학적인 작업이 수반될 수도 있고, 디자인의 개선 또는 특별한 기술과 장비와 직원을 찾아내어 조직하여 서비스 업무를 제공하는 것일 수도 있다. 주요작성 내용에는 개발 현황과 과업, 난관과 위험, 제품의 개선과 신제품, 개발예산 및 독점권 문제를 포함한다.

개발현황과 과업은 각 제품과 서비스의 현재 상태와 좀 더 나은 시장성을 갖기 위해 요구되는 개발사항을 설명한다. 회사가 보유한 현재 혹은 앞으로의 개발에 필요한 역량과 전문적인 기술을 제시한다. 제시한 제품의 가치를 실현할 수 있는 시기를 제시해야 한다.

난관과 위험은 예상되는 주요 설계나 개발상의 문제점과 해결책을 밝힌다. 설계와 개발비용에 끼칠 영향, 시장에 도입하기까지의 기간 중에 발생될 우려와 위험 등에 대한 논의를 포함한다.

제품의 개선은 초기제품에 대한 설명과 더불어 개선 방향과 같은 소비자집단에게 팔 수 있는 관련 신제품이나 서비스 계획을 제시한다. 개발과 관련한 인건비, 자재비 등의 개발예산과 관련되는 비용을 제시하고, 예상되는 현금흐름의 예측을 포함한다. 보유하고 있거나 필요한 산업재산권을 설명하고, 배타적 또는 독점적 권한을 가진 계약 내용을 제시한다. 소유권 분쟁과 같이 계류 중이거나, 타이밍에 관한 독점적 권리와 예상 시장에서의 미해결 문제에 대하여 설명한다.

또한 완성된 개발제품이나 서비스에 대한 설명(제품화와 상품화), 제품 또는 서비스의 특성(경쟁사와의 차이점, 비교우위 등), 제품 연구개발 활동에 있어 기술관리와 개발전략, 그리고 제품생산 및 보증, 수리 활동도 계획서에 포함되어야 한다. 계획서 작성 시 기술적 고려사항으로는 차별성을 강조하고, 모방에 의한 대비방안 기술을 제시하고, 핵심 성공요인에 초점을 맞추고, 경쟁상의 강점을 구체적으로 기술한다.

(6) 생산 및 운영 계획

제조 및 공장가동 계획은 공장의 위치, 필요한 시설의 종류, 소요공간, 시설과 장비 그리고 필요한 인력을 포함한다. 제조업의 경우 생산계획에는 재고관리, 구매, 생산관리 및 판매 또는 아웃소싱(make-or- buy decisions)에 대한 정책이 포함된다. 사업상의 기본적인 영업주기를 특징짓는 조달주기를 확인하고, 계절적 수요 등에 대한 대비도 제시한다.

지리적 입지는 노동력의 조달, 고객 또는 협력업체와의 근접도, 교통의 접근성, 국세 및 지방세의 유리 여부, 공업용수나 전기와 같은 기본적 사회간접자본의 접근성 측면에서 위치의 장·단점을 설명한다. 기 창업기업이라면 현재 사용하고 있는 공장과 사무실 공간, 창고와 공장부지, 설비 및 장비를 설명하고 현재의 시설이 적정한지를 설명한다. 아울러 규모에 있어 경제성을 검토한다.

창업이라면 생산에 필요한 시설을 언제 어떻게 확보할 지를 제시한다. 시설과 공간을 임차할 것인지 매입(건축)할 것인지를 제시하고, 이에 따른 예산과 시간을 밝히고, 투여되는 자금이 자금조달의 어느 정도 비중을 갖는지 검토한다.

아울러 3년 이후의 판매예상에 부합하는 장비나 시설을 추정하고, 현재시설의 증설 및 개선계획을 제시한다. 부품의 조달 및 하청 기업의 관리, 납품관리(기일, 품질, 수량 등), 재고관리비용 및 노동의 숙련도 등 기술외적인 문제에 대한 검토도 포함한다.

고객 서비스 및 불만을 최소화하기 위한 품질관리와 검사절차를 수립해야 한다. 또 제품 및 생산 공정에 적용되는 국내외 규제를 확인한다. 즉, 면허, 허가, 환경승인 등 사업착수에 필요한 사항을 기재한다. 관련법 상 또는 계약상의 의무와 책임을 검토한다.

운영활동은 회사의 일상적인 업무의 설명으로 개념적, 이론적인 내용을 실무에서 어떻게 적용할 것인가를 검토하는 과정이다. 운영활동에 대한 계획이 내부목적일 경우 더욱 중요하다. 이에는 활동의 규칙, 절차 매뉴얼 작성도 필요하다.

운영계획 작성의 출발점은 계획된 활동이 회사의 성격과 성공여부의 결정에 중요한 본질적 활동인가? 사업 수행과정에서 자주 직면하는 문제해결을 위한 활동인가? 이다. 이러한 검토를 바탕으로 사업 활동에 중요한 영향을 주는 활동 중심으로 계획을 수립할 필요가 있다.

생산 및 운영계획의 작성내용으로는 개발 전담부서, 주요 활동일정, 내·외부의 잠재적 문제와 같은 내용의 개발활동 구매의사결정, 사업장 위치, 설비, 노동력, 품질경영, 재고관리, 서비스, 보험, 정부규제, 창업일정-12~18개월 정도-과 같은 생산 활동이 있다. 운영계획 작성 시 기술적 고려사항으로는 개발상태 설명에 있어 지적재산권에 관한 사실과 기타 주요한 개발내용을 포함한다.

투자유치 계획서일 경우는 개발상태 기술에 각별한 주의가 필요하다. 나의 계획을 듣는 상대방은 특정분야의 전문가임을 명심하라. 부품을 자체생산 또는 외부 조달한다면 그 이유에 대하여 수익성 관점에서 설명이 필요하다. 사업장의 위치 선정에 대한 이유를 시장, 수송, 원재료, 인력의 관점에서 설명할 필요가 있다.

(7) 경영 팀

경영팀에 대한 작성은 경영참가자의 역할에 대한 설명과 핵심경영인과 이들의 1차 의무에 대한 내용, 기업구조에 대한 내용, 이사회와 지분구조에 대한 설명이 제시된다. 즉, 사업에 헌신하겠다는 경영진의 자세와 기술과 관리의 적절한 균형 및 해당 사업에 대한 경험과 사업능력을 밝힌다. 구체적으로 조직, 핵심경영자, 경영보상과 소유권, 상여금 및 기타 계약, 이사회 등에 대한 설명이 포함된다.

조직에 대한 내용은 회사 핵심경영자의 역할과 각 직위를 담당할 사람을 소개한다. 주요 역할을 수행하는 인원을 고용할 수 없다면 이러한 기능을 어떻게 보완할 것인지에 대한 설명이 필요하다.

초기에 핵심 인력이 참여할 수 없다면 언제 합류할 것인지를 제시한다. 핵심경영자에 대한 경력, 특별한 관련 노하우, 수완, 과거 및 현재의 실적을 제시하고 그들이 역할을 충분히 수행할 수 있음을 증명하라. 아울러 책임도 명시하라. 핵심경영 팀이 받을 임금, 주식 소유 계획, 스톡옵션이나 보너스 계획을 설명하고, 그들의 과거 보수와 비교하여 제시한다. 또한 제공된 옵션 등 계약의 권리부여에 대한 제약을 설명한다.

다른 투자자의 참여가 예상된다면 그들의 소유지분 비율과 참여 시점, 참여 가격 등도 제시한다. 아울러 이사회의 규모와 구성에 대한 정책을 제시한다. 또한 고문이나 전문가를 통해 받을 필요한 서비스를 밝히고 관련 자료를 제시한다.

(8) 경제성 분석 및 위험정보

이익과 수익의 규모와 지속성을 명료하게 포함시킨 경제적, 재정적 특징들은 기회가 매력을 지닐 수 있도록 뒷받침해 주는 기초이다.

사업의 근간이 되는 영업과 현금흐름 주기, 가치사슬 등은 합리적인 수준이어야 한다. 이에는 총이익과 영업이익, 잠재수익과 지속성, 고정비, 변동비 및 제조 간접비, 손익분기점까지의 시간, 양(+)의 현금흐름에 도달하기까지의 개월 수 등이 제시되어야 한다. 특히 적절한 업계의 표준, 경쟁사에 대한 정보, 또는 자사의 경험을 참고하여 사업이 산출해 낼 수 있는 예상 세후 수익의 흐름에 대한 규모와 지속성을 제시한다. 아울러 이 수익이 얼마나 지속될 지 또는 소멸할 지를 명시한다. 시장장벽의 조성, 기술적인 그리고 시장에서의 조달시간(lead time)과 같은 그 이유를 설명한다.

주어진 시장진입전략과 마케팅 계획 그리고 제안된 자금조달계획으로 성립되는 단위 손익분기점 도달 매출시점을 설명하고, 이러한 가정 하에 현금흐름이 양(+)이 되는 시점을 제시한다. 현금이 고갈되는 시점을 예상하고 상세한 대비를 제시한다. 사업의 성장과 규모의 변화에 따라 발생할 현금흐름의 변동을 단계별로 설명한다.

벤처 기회에는 위험과 문제가 따르며, 사업계획서에는 이들에 대한 의외의 가정이 항상 포함되어 있다. 작성하고 계획한 모든 계획과 반대되는 결과가 도출될 가능성과 위험성에 대한 설명을 해야 한다. 판매계획 등에 전제된 사항이 합리적인지의 여부를 검토하여야 한다. 치명적인 결합을 가진 것처럼 보일 수 있는 기회라면 그것을 합리화하는 이유를 미리 제시한다.

만약 서술되지 않은 부정적인 요인을 잠재적 투자자가 발견한다면 기회(벤처 기업 또는 창업자)에 대한 신뢰는 저하될 것이고, 자금을 유치하는 데 어려움이 따를 수 있다. 대부분의 투자자들은 경영팀의 내용을 먼저 확인하고, 그 다음에 부정적 요인 부분을 읽는다는 점을 염두에 두자. 부정적 요인 부분을 빠트린다면 사업 계획서를 읽은 사람으로 하여금 다음 사항 중 하나인 것으로 오인 받게 된다.

첫째, 창업자는 상대방을 매우 순진하거나 생각이 없는 사람으로 생각한다. 둘째, 창업자는 상대방을 속이려 하고 있다. 셋째, 창업자는 문제를 인식하고 대처할 만큼 충분한 객관성을 갖고 있지 못하다.

제시한 사업기회의 위험성을 밝혀내어 설명하는 것은 관리자로서의 당신의 능력을 나타내고, 벤처 캐피탈이나 개인투자자의 신뢰를 얻을 기회이다. 위험성을 인정하고 논의하는 데 있어 주도권을 잡는다면 투자자들로 하여금 당신이 문제를 이미 파악하고 있고, 충분히 문제를 다룰 수 있다고 생각하게 만드는 데 도움이 된다.

이 부분에서 언급할 위험은 다음과 같다. ① 사업계획서에 내포된 가정과 위험성, ② 주문확보 전의 자금고갈, 경쟁사에 의한 가격 덤핑, 업계 전반에 걸쳐 잠재해 있는 불리한 추세, 예상액을 초과하는 설계나 제조비용, 예상 매출액 미달, 제품개발 일정의 차질, 부품이나 원자재의 조달과 관련한 예기치 못한 어려움이나 장기지연, 은행신용 획득상의 예기치 못한 어려움, 대량주문 시 운영부족, ③ 성공에 영향을 미칠 가장 치명적인 가정과 문제 및 위험이 무엇인지를 지적하고, 각 경우에 있어 불리한 상황전개에 따른 부정적 영향을 최소화할 대안과 계획을 제시한다.

(9) 재무계획 및 투자자를 위한 정보

재무정보는 창업자로 하여금 회사가 직면한 재정적인 문제에 정면으로 부딪치게 한다는 점에서 중요하다. 또한 창업자 및 투자자로 하여금 투자기회를 평가하는 기초가 되며, 투자 결정의 근거가 된다. 재무계획의 목적은 벤처기업의 잠재력을 보여주고, 재정적 생존능력을 위한 시간표를 나타낸다. 또한 재무상태의 표준을 세워 놓고 재무관리를 하기 위한 운영계획으로서도 필요하다.

재무계획의 일부로서 자금운영표의 작성도 중요하다. 현금흐름의 필요 금액을 추정하려면 현금흐름에 기초한 회계방식을 채택한다. 가능하면 3년간의 재무제표와 근거자료로서의 매출수준과 성장, 수금과 지불기간, 재고요건 등의 전제를 제시한다. 재무계획에서 제시하는 정보는 과거 및 미래의 추정 재무제표(대차대조표, 손익계산서, 현금흐름표)와 예측 시 사용한 재무정보, 손익분기분석과 재무비율을 포함한 재무 분석정보 및 소유구조 현황과 투자요청 내역을 작성한다. 아울러 벤처사업을 위한 투자 상환(회수)방법을 설명한다.

재무계획 작성 시 기술적 고려사항은 회계기준에 따라 재무제표를 작성한다. 그리고 전문가의 검토가 필요하다. 모든 예측자료에는 계절성, 사업주기 등에 의한 효과를 포함해야 하며, 현금의 필요성을 과소평가하는 우를 범하지 말라. 회사의 성장에 관한 가정은 충분한 근거를 제시한다. 투자자가 어떻게 돈을 벌 수 있으며, 투자의 대가가 무엇인가에 대하여 언급한다.

투자자를 위한 정보제공의 내용은 ① 기업이 원하는 것은 무엇이며, 투자자에게 제안할 수 있는 것은 무엇인가?, ② 기업의 강점과 약점은 무엇이며, 약점에 대한 대책은 무엇인가?, ③ 투자를 하도록 하는 매력 포인트는 무엇인지, 투자자가 부담해야 할 리스크는 무엇인가?, 투자자는 어떤 방법으로 투자금을 회수할 것인가?를 제시한다.

추정대차대조표는 ① 장래의 일정기간에 영업활동을 수행한 결과 기말에 자산·부채·자본의 상태가 어떻게 변화할 것인가를 보여주는 것이다. ② 추정손익계산서가 주로 수익성을 검토하기 위하여 작성하는데 반하여, 추정대차대조표는 경영정책, 경영의 안정성, 경영의 유동성 등에 대한 관점에서 작성된다.

추정대차대조표의 작성요령은 다음과 같다.

① 추정대차대조표를 작성함에 있어서는 최근의 대차대조표를 출발점으로 하여 그 숫자가 어떻게 변화할 것인가를 계정과목별로 하나하나 추정한다. ② 먼저 전기 말 재무상태(기존업체) 또는 현재의 재무상태(신설업체)를 기준으로 하여 작성한다. 즉, 기준연도 대차대조표를 작성한 후 각 계정과목별로 순 증감액을 가감하여 현재의 재무 상태를 표시한다. ③ 매출액을 기준으로 총자본회전율(매출액/총자본)을 곱하여 자산총계 및 부채와 자본총계를 산출한다. ④ 기업경영분석은 한국은행에서 제공하고 있는 중소기업의 동 업계 대차대조표상 자산 총계 및 부채와 자본총계에 대한 각 계정과목의 비율을 참고하여 연도별 각 계정과목의 금액을 산정한다. ⑤ 각 자산계정의 합계와 자산총계, 부채와 자본 각 계정과목의 합계가 부채와 자보총계 합계와 일치하여야 한다. ⑥ 감가상각은 추정 시에는 종합상각법(단일평균 감가상각률)을 적용하는 것이 간단하나, 회사에 적합한 방법(세무서에 신고한 방법)으로 사용해도 된다(정액법, 정률법 등). ⑦ 자본금은 전기 말 자본금에서 당기 증가분을 가산하여 차기의 자본금으로 표기한다.

추정손익계산서는 기업의 장기 경영계획을 바탕으로 자금의 수지. 즉 자금의 원천(조달)과 자금의 운용계획에 의거 작성된다. 추정손익계산서는 기업의 향후 성장 가능성을 타진해 볼 수 있는 가장 중요한 재무제표이다. 이는 연도별 매출액 규모는 얼마나 되며, 당기순이익은 어느 정도를 실현하여 기업의 궁극적 목표인 수익달성 가능여부를 예측할 수 있다.

추정손익계산어의 작성요령은 다음과 같다.

① 당기 제품 제조원가는 각 제품별로 제품 한 단위 당 원재료비, 노무비, 경비를 산출하여 당기 총 제조비용을 산정한 후, 여기에 기초재공품 재고액을 가산하고, 기말재공품 재고액을 차감하여 당기 제품제조원가를 산정한다. ② 판매비 및 관리비는 인건비와 기타 경비로 구분하여 작성한다. ③ 영업외비용은 이자 비용 등을 말하며, 일괄하여 계상한다. ④ 영업외수익은 금융자산운용에 따른 이자수익 등을 기재한다. ⑤ 특별손실과 특별이익은 해당항목이 있으면 계상한다. ⑥ 마지막 단계인 법인세비용 등을 산출하여 세전 순이익에서 차감하여 당기 순이익을 산출한다. ⑦ 정확한 당기순이익을 산출하기 위해서는 전문가의 세무조정이 필요로 하지만 추정손익계산서 작성 시에는 세무조정을 생략한 채 바로 세율을 적용하여 법인세비용 등을 산출하고, 법인세차감 전 순이익에서 법인세 비용 등을 차감하여 당기순이익을 계상한다.

(10) 첨부서류

사업계획서 속에 포함시키기에는 계획서의 내용이 너무 방대해져 곤란하지만 반드시 필요한 관련 정보를 이 항목에서 제시한다. 즉, 사업계획서에는 사업의 하이라이트만 요약하여 제시하고, 수집된 다양한 정보는 필요시 확인토록 하는 것이 독자의 부담을 감소시킨다. 특히 투자유치를 위한 외부독자에게 제시할 경우 이점은 매우 중요하다.

첨부서류의 주요 내용은 주요 경영진의 이력서, 경영자의 신용관련 서류, 제품사진이나 구매주문서 사본, 시장조사 자료 및 결과, 마케팅 홍보자료, 제조공정 및 기계의 사양, 임대차 계약서 또는 리스 계약서, 구매계약서, 지적재산권 관련 사본, 주요계약서 사본 및 기타 증빙서류 등이 있다. 투자자를 위한 외부용일 경우 각종 서류는 확인을 위하여 요구할 때 제시하는 것이 일반적이다.

제4절 사업계획서와 사업타당성 분석의 관계

사업타당성 분석과 사업계획 수립의 흐름은 [그림 5-5]와 같다. 시장성 분석을 통해 판매계획이 수립된다. 이는 세부로 수요(판매)예측을 통해 판매계획을 수립하며, 부수적으로 시장의 특성과 내부역량에 따라 가격정책 등 판매전략이 수립됨에 따라 판매관리비 계획이 수립된다.

기술성 분석은 원가 및 투자계획의 근거가 된다. 즉, 투자(시설)계획에 따라 감가상각비 추정이, 생산계획에 따라 원가계획이 도출된다. 투자 계획에 따라 자금조달계획이 수립되며, 하위계획으로 영업외 비용계획이 수립된다. 이러한 계획과 손익분기점 분석 등 경제적 분석을 통해 손익계산서와 대차대조표를 작성한다.

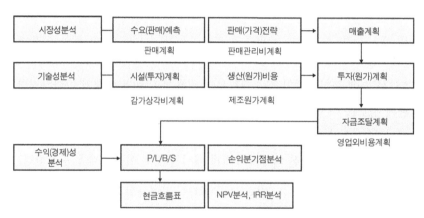

[그림 5-5] 사업타당성 분석과 사업계획서의 흐름도

기업가정신 사례 1   구글 세르게이 브린 창업주[3]

세르게이 브린은 어린 시절부터 컴퓨터광이었다. 그는 컴퓨터 보급이 일반화되지 않던 시기에 컴퓨터를 가까이서 대할 수 있었다. 그리고 월드와이드웹이 떠오르던 시기 테리 위노그라드 교수가 래리 페이지에게 월드와이드웹을 논문 주제로 할 것을 권유하여 백럽 이라는 역방향 추적에 관한 엔진에 대해 연구를 진행하며 구글 창립의 기반을 다진다.

미시간 대학교 학부 내 리더십 형성 프로그램에서 교훈을 얻어 전 세계 웹사이트를 다

3   배종태외 3인(2009), 전게서, pp.86~87.

운반겠다는 황당한 생각을 하고, 1년 후 웹사이트를 일부분밖에 다운받지 못하였지만 그의 낙관적인 사고가 구글 탄생에 매우 중요한 역할을 한다. 발표된 논문을 통해 연구 성과를 공유하는 학술 세계의 전통을 존중하고 그 전통에 참여했다. 그러면서 다른 한편으로는 지적재산권을 보호하는 좀 더 폐쇄적이고 방어적인 기업 스타일의 접근법에도 영향을 받아 이중 의결권 구조가 구글 경영진의 안정성과 독립성을 확보해 준다고 여기고 이를 실행했다.

세르게이 브린의 성격은 소란스러우면서 외향적인 것을 좋아하는 활발한 성격이었으며, 매우 사교적이었지만 고집이 셌다. 이런 그의 성격은 조용하고 사색을 많이 하는 차분한 성격을 가진 래리 페이지와 조화를 잘 이뤘다. 뿐만 아니라 세계적인 갑부임에도 결혼 전까지 방 두 개짜리 임대아파트에 살았으며 친환경 하이브리드카를 타고 다닐 정도로 검소함과 소탈한 성격이었다.

구글은 고정 사용자층을 확보하는 하나의 단계이자 앞을 내다보는 페이지와 브린의 선견지명에 따른 경영방식으로 모든 서비스를 무료로 제공했다. 이에 따라 사용자들은 구글의 서비스를 선호하게 된다. 항상 사용자가 무엇을 필요로 하는지 혹은 전반적인 변화추세에 따라 사용자에게 필요한 것이 무엇인지를 지속적으로 관찰하여 서비스한 것이다. 그들은 비용이 많이 드는 전통적인 마케팅 방식을 포기하고 이미 효율성이 입증 된 홍보에 주력했고, 또 '악해지지 말자'라는 슬로건을 내세웠다. 이처럼 반 상업적인 경영철학으로 전통적인 기업운영방식을 거부했다.

또 직원들이 자유롭고 편안한 근무환경에서 마음껏 상상력을 발휘하여 개술개발에 주력할 수 있도록 민주적이고 개방적인 기업문화를 구축하였다. 뿐만 아니라 매주 근무시간의 20%를 개인적인 취미생활에 투자할 수 있도록 했다.

구글의 기적을 만든 것은 젊은 열정, 자유, 투명성, 창의적 방식, 대중의 이익, 신용의 조합으로 설명될 수 있다. 이런 구글의 탄생으로 인해 수억 명이 이를 사용하고 있으며, 수천 명이 부자가 되었다. 또 수십만 장사꾼들의 사업이 번창하게 되었으며 인간과 지식 사이의 관계를 완전히 변화시킬 정도의 파급력을 가져왔다. 따라서 구글링, 구글러, 구글라이제이션 등의 신조어까지 탄생했을 정도이다. 고객 입장서 생각하면 끊임없이 혁신을 추구했기 때문에 가능한 일이었다.

> **기업가정신 사례 2**   **아이디스 김영달 창업주**[4]

　　김영달 대표는 우리나라 대표 연구기관인 KAIST에서도 특히 많은 기업가를 배출한 이광형 교수의 인공지능연구실 출신이다. 보안컨설팅 업체인 해커스랩 뿐 아니라 창업 4년 만에 코스닥에 등록한 인터넷 보안 업체인 '인젠', 카트라이더 등 인가 온라인 게임을 만들어 낸 '넥슨' 역시 이광형 교수 연구실에서 공부한 동기들이다. 단순히 공학을 공부하고 학위 취득을 목표로 한 김영달 대표는 창업에 대한 열린 사고를 가지고 있던 이광형 교수의 영향을 크게 받았다.

　　이광형 교수는 김영달 대표가 박사 과정 수학 중 박상일 대표가 이끄는 실리콘밸리의 원자현미경 제조 벤처기업인 PSI사에 교환연구원으로 6개월 간 파견을 보내 실리콘밸리의 높은 기술력과 창업 열기를 체험하도록 배려했다.

　　또 연구실 학생들에게도 수시로 '창업 아이템을 가져와라', '창업계획서를 작성해 봐라' 등의 질문을 던지며 끊임없이 창업을 독려했다. 뛰어난 공학 지식을 가지고 있는 학생들에게 끊임없이 창업 의욕을 고취시킨 결과 김영달 대표도 이에 영향을 받아 아이디스를 창업하게 된 것이다.

　　하지만 아이디스도 국내의 많은 연구원 출신 창업 기업과 마찬가지로 초기에는 국가 연구소나 학교 등의 연구 용역을 통해 매출을 기록한다. 김영달 대표를 비롯한 연구진들의 연구 수행 능력이 매우 뛰어났기 때문에 연구 용역 의뢰는 본업인 디지털비디오레코더(DVR) 개발을 포기하더라도 충분히 기업 운영이 가능할 정도로 많이 들어왔다.

　　하지만 김영달 대표는 많게는 한 용역 당 20억 원에 달하는 용역 매출을 과감히 포기하고 DVR 개발에 매진하는 결단을 내린다. 이는 우리나라의 많은 기술 벤처기업들이 연구 용역을 통해 쉽게 매출을 기록하고 자체 기술 개발에 소홀하여 더 이상 기업 발전을 이루지 못하는 현실을 감안하면 분명 기업가적인 선택으로 인정받을 만하다.

　　김영달 대표의 기업 경영에 있어 중요한 원칙은 바로 시장 중심적 사고이다. 물론 뛰어난 기술을 보유하고 있고 연구 개발 능력도 뛰어나지만 무엇보다도 기술에 집착하지 말고 시장이 필요로 하는 제품을 개발한다는 원칙이다.

---

4   배종태외 3인(2009), 전게서, pp.77~78.

따라서 원천 기술을 개발하는 것보다는 개량 기술을 선택하여 경쟁 가능한 시장을 찾고자 했고, 결국 DVR 제조 시장에 뛰어들게 되었다. 또한 외부 투자금 유치에 신중을 기하고, DVR 주변기기를 패키지로 판매하는 대신 DVR 기기 자체에 대한 핵심 사업에만 집중하는 보수적 경영을 실행하여 벤처기업으로서 겪을 수 있는 위험 요소에 대비하려는 노력을 다하고 있다.

CHAPTER **6**

비즈니스 모델

- 비즈니스 모델이 많을수록 비즈니스 모델이 없다는 것을 의미한다.(赚钱模式越多越说明你没有模式)
  마윈(马云) 알리바바회장

- 업계는 과거이고, 고객은 미래다. 경쟁업체가 아니라 고객에 집중하라. 가장 많은 것들을 가르쳐주는 것은 고객
  이다. 한 기업이 시장에서 도태되는 것은 경쟁업체가 아닌 고객에 의한 것이다.
  야나이 다다시 유니클로 회장

제1절 비즈니스 모델의 의의

비즈니스 모델은 가치를 창조하고 전파하여 어떻게 수익으로 변환하는지를 체계적으로 묘사하는 것이다. 좀 더 쉽게 설명하면 돈을 버는 메커니즘의 핵심을 기술이다. 그런데 바로 이 부분에서 수많은 모호성이 존재한다. 수익을 창출하는 메커니즘에 대한 범위와 정도가 제각각 다르기 때문이다.

비즈니스 모델 관련 저서로 잘 알려진 폴 티머스 박사는 비즈니스 모델을 다음의 세가지 구성요소로 정의하고 있다.

첫째, 제품/서비스 및 정보의 흐름에 대한 청사진(여러 비즈니스 주체들 및 각 개체의 역할 정의)이다. 둘째, 다양한 비즈니스 주체들에 대한 잠재적 효익이다. 셋째, 수익출처 정의 즉, 비즈니스 모델에는 누가 사업에 참여하고 이들에게 주어지는 대가는 무엇이며 또 어떻게 돈을 벌 수 있는가 하는 내용이 담겨야 한다는 것이다.

반면, 비즈니스 모델의 또 다른 전문가인 마이클 라파 교수는 비즈니스 모델을 기업이 수익을 내며 지속적으로 생존해 나가기 위한 목적으로 사업을 수행하는 방식을 의미한다고 정의했다. 위와 같은 정의들을 종합해 볼 때, 비즈니스 모델에는 기업의 고객들과의 관계 규명, 자금의 주요 흐름, 주요 효익의 내용이 담겨야 함을 파악할 수 있다.

많은 창업자들이 비즈니스 아이템과 컨셉을 비즈니스 모델과 같은 것으로 혼동하는 경우가 많은 것 같다. 비즈니스 아이템과 그 아이템이 추구하는 컨셉은 이러한 활동을 위한 '재료'에 불과할 뿐이다. 이를 '비즈니스 모델'그 자체로 등치시키면 실패확률이 높아질 수밖에 없다.

그렇다면 비즈니스 모델의 본질은 무엇일까? 32개의 실패한 스타트업 자료를 분석해 보니 20개의 중요한 이유를 파악할 수 있었는데, 그 중에서 Top 5에 해당하는 이유가 매우 의미있게 다가온다. 가장 큰 실패이유는 'Ignore Customers : 고객을 모르거나 무시해서'이다. 이 말은 결국 스타트업 창업자들의 상당수가 그들이 만든 제품과 서비스가 고객에게 제공되는 '효용(Benefit)'보다는, 그들이 만들고자 하는 제품과 서비스 아이템과 컨셉에 너무나 큰 자신감과 확신을 가지고, 고객이 원하는 제품이나 서비스를 제공하는 것이 아니라, 그들이 제공하고 싶은 것만을 골라서 제품이나 서비스를 만들어 고객에게 팔려고 노력한다는 이야기다.

두 번째로 가장 높은 이유로 뽑힌 것이 'No Market Need : 시장의 니즈를 확보하지 못해서'이다. 스타트업이 제공하려는 제품 또는 서비스가 '고객의 효용(Customer Benefit)'을 먼저 고려하지 않고 상용화되는 경우 당연히 고객의 외면을 받게 된다. 그들이 타깃으로 하는 고객이 존재하는 시장의 니즈를 불러일으키고, 확산시킬 수 있을 까? 시장(Market)이 있는 곳에 사업 아이템이 존재하는 것이며, 사업 아이템은 반드시 초기 타겟 고객에게 '효용'이 있음을 증명하여 확산되어야 한다.

고객과 시장에 대한 확신을 바탕으로 탄탄한 팀멤버(창업팀)가 구성되어야 하며, 이 3가지가 어느 정도 조화롭게 구성되었을 때, 초기 엔젤투자자의 투자도 쉽게 이뤄질 수 있다. 이 투자금을 바탕으로 마케팅 활동에 대한 계획과 Burn Out에 대한 대비를 할 수 있는 것이다. 고객을 모르거나 무시하면 시장의 니즈를 확보할 수 없고, 고객을 무시하고 시장의 니즈도 확보하지 못한 창업팀(not the right team)에게 어떤 투자자도 돈을 대줄 이유가 없다. 스타트업의 초기 납입자본금은 6~12개월 내로 고갈되고 이 후 스스로 주주들이 유상증자에 참여하지 못하면 바로 죽음의 계곡(Valley of Death)에 빠지게 되고, 이는 마케팅 활동의 저조(Poor marketing)와 자금의 부족으로 이어져(Ran out of cash) 망하게 되는 것이다.

비즈니스 모델의 본질 중 하나는 바로 제품이나 서비스가 아니라 '고객'과 '시장'이라는 점이다. 창업자가 제품이나 서비스에 집착하는 이유는 초기 사업 아이템과 컨셉에 집착하기 때문이다. 고객과 시장이 원하는 제품이나 서비스를 고민하기 보다는 본인이 발견/발굴한 사업 아이템을 얼마나 빨리 상용화하는 지에 관심이 많기 때문이다.

제2절 비즈니스 모델의 중요성

흔히 많은 사람들이 비즈니스 모델과 사업계획서를 혼동한다. 사실 비즈니스 모델은 사업계획서와 구별되어야 한다. 사업계획서는 대개 50~100 여 페이지 분량의 상세한 문서로서 재무적 예측자료 등이 포함되어 있다. 예를 들면, 은행에서 대출을 신청하면, 금융기관에서는 사업계획서를 요구하게 된다. 금융기관 측에서는 대출 신청자가 추후 대출금을 상환할 능력이 있는지를 평가하기 위해서 상세한 자료를 요청한다.

이에 비해, 비즈니스 모델은 훨씬 압축적이고 상세한 내용을 담기보다는 핵심적인 내용을 간략하게 표현한다. 하지만 비즈니스 모델은 기업이 수익을 창출하기 위한 구체적

방법을 서술하여야 한다. 사업계획서가 서류형태로 작성된다면, 비즈니스 모델은 누구든지 쉽게 기억할 수 있을 정도로 충분히 작은 개념으로 표현한다. 비즈니스 모델이 만일 서류로 작성된다면 한 페이지로 족하다. 여러 마디의 말 보다는 하나의 그림으로 표현되는 것이 적합하기 때문이다.

또한, 기업이 초기에 수립한 비즈니스 모델로는 지속적으로 수익을 창출할 수 없다. 수익의 원천은 고객인데 고객의 가치는 끊임없이 변화한다. 기존의 수익모델은 고객의 가치변화, 경쟁기업의 출현과 함께 새로운 수익모델을 찾지 않으면 도태될 수밖에 없다. 따라서 기업은 고객의 가치를 창조할 수 있는 새로운 수익모델의 지속적인 개발이 이루어질 때만이 지속적인 성장이 가능하다.

(1) 비즈니스 모델의 구성요소

성공적인 비즈니스 모델을 수립하기 위해서는 많은 고객을 유인하여 수익과 연결시킬 수 있을 때 [그림 6-1]과 같이 4가지 성공요소를 가진 경쟁력 있는 비즈니스 모델이 수립된다. 또한, 가치창출을 위한 활동들이 선순환적인 구조를 형성하여 경쟁자들이 쉽게 모방할 수 있도록 설계 될 때 지속성을 확보할 수 있다.

[그림 6-1] 비즈니스 모델의 4가지 성공 요소

출처: 삼성경제연구소, 성공적인 비즈니스 모델의 조건, 2011년

■ 명확한 가치제안(Value Proposition)

가치제안은 제품이나 서비스 자체를 말하는 것이 아니라 고객의 관점에서 문제를 해결하고 니즈를 충족시킬 수 있는 해결방안을 제공한다는 뜻이다. 고객이 원하는 가치는

여러 사회현상에 따라 변화된다. 따라서 고객에게 점차 차별화 될 수 있는 요소들을 강화시켜야 한다. 또한 기존 시장 내에서 니즈가 충족되지 못한 고객 군을 발굴하여 가치제안 기회를 포착하는 것이 필요하다. 이와 더불어 가격과 제품품질 등의 이유로 인해 현제 시중에 나와 있는 제품 및 서비스를 사용하지 않고 있는 잠재고객을 발굴하는 것도 중요하다.

읽을거리   **'나노'의 고객가치 제안**

어느 비오는 날 인도의 대기업인 타타그룹의 회장인 라탄 나발 타타는 스쿠터를 타고 달리고 있는 인도 가족을 보았다. 아버지가 어린아이를 품에 안은 채 핸들을 쥐었고, 뒷좌석엔 아기를 안은 아내를 태웠다. 그 모습을 보면서 안전하고 합리적인 가격의 가족용 운송수단이 있으면 좋겠다고 생각을 했다.

여러 테스트를 거쳐 중산층 이하 잠재고객을 타깃으로 한 초저가 자동차 '나노'를 개발하였다.

이 모델의 가격은 10만 루피 우리 돈으로 280만원이다. 280만원이라는 단가를 맞추기 위해서 에어컨, 수동 창문, 노 파워스티어링, 와이퍼 1개, 사이드미러 1개만이 달려 있다. 낮은 원가를 달성

출처: 타타자동차 홈페이지

하기 위해서 다양한 요소들을 큰 폭으로 혁신하였다. 획기적인 부품 수의 감축, 값싼 소재 활용, 부품의 85% 아웃소싱, 납품업체 수 60% 감축 등 생산원가 절감을 위해 기존의 업계 관행을 다수 파괴하였다. 또한, 모듈화 디자인으로 외부 조립업체도 주문을 받아 조립이 가능하도록 하는 등 조립 및 유통 방식에서도 혁신을 추구하였다.

최근 몇 년간 IT기술로 인해 용이해진 편의성과 낮은 가격 등이 핵심 고객 가치로 더욱 각광받고 있다. 또한, 인터넷 활용의 확대로 인해서 그 동안 오프라인에서 해결하지 못한 개인들의 니즈에 맞춰 서비스를 제공하는 기업들이 점차 부상하고 있다.

일반적으로 명확한 가치제안을 위해서는 다음과 같은 3가지 요소를 포함해야 한다.

- 목표 고객계층

- 고객에게 주어지는 가치 혹은 혜택

- 기업이 고객가치가 담긴 제품 혹은 서비스를 동종 산업의 경쟁사들보다 더 탁월하게 제공할 수 있는 이유

■ 유통 채널(Channels)

유통 채널은 고객에게 필요한 또는 고객이 원하는 가치를 고객에게 전달하는 경로나 방법을 의미한다. 전통적인 마케팅 4P 전략에서도 유통채널의 중요성을 강조하고 있다.

따라서 최종 목표는 고객을 선정하고 고객이 원하는 니즈를 파악해서 가장 효과적이고 신속하게 고객에게 전달될 때, 사업 비즈니스로서의 의미를 가지게 된다. 이러한 유통채널을 구축하는 방법으로는 회사가 직접적으로 관리 운영하는 직영 채널이 있을 수 있다. 또는 적절한 파트너 채널을 활용 할 수도 있다. 이외에도 도매나 소매 등의 적절한 방법을 통해 고객에게 다가갈 수 있다.

■ 고객 관계(Customer Relationship)

지금까지 고객을 세분화하고, 고객이 원하는 가치를 파악하며 이를 효과적으로 전달할 수 있는 채널을 살펴보았다. 이러한 과정을 통해서 기업과 고객은 인연을 맺게 된다. 여기서 고객관계란 최초 맺어진 고객을 지속적으로 관리할 수 있는 방법 또는 형태 등을 뜻한다.

고객은 누구나 인정받고 기억되기를 원한다. 최근에는 점점 소수의 특정 고객에게 집중하는 헌신적이고 개별적인 고객 관계 관리 등이 중요해지고 있으며(예. 은행 PB 등), 이 단계를 뛰어넘어 고객 스스로 콘텐츠를 창조해 내도록 유도하는(예. 유투브 등) 비즈니스 모델 등이 있다.

■ 수익원(Revenue Streams)

모든 기업은 최종적으로 수익창출을 목적으로 한다. 따라서 비즈니스 모델을 만들어 가는 과정에서도 기업이 향후 어떤 방법으로 수익을 창출할 수 있을 것인가에 대한 고민이 선행되고 명확하게 제시되어야 한다.

따라서 아무리 좋은 비즈니스 모델이라고 할지라도 명확한 수익모델이 없다면 비즈니스 모델로서의 가치가 없다. 고객의 입장에서 왜 우리 제품이나 기술에 기꺼이 돈을 지불할 것인지를 고민하고 유인책을 고민해 나가는 과정이 필요하다.

일반적으로 기업의 수익 창출은 기본적인 물품판매, 이용료, 가입비, 대여료/임대료, 라이센싱, 중개수수료, 광고 등의 방법이 있다. 제시된 각각의 수익원은 서로 다른 가격구조를 가진다. 따라서 수익원을 극대화할 수 있는 가장 효과적인 방법을 비즈니스 모델에서 찾아내야 한다.

■ **핵심자원(Key Resources)**

지금까지는 고객이 원하는 가치, 고객 세분화, 그리고 이를 위한 채널과 고객관계 관리 등을 살펴보았다. 다음 단계는 이전의 과정을 수행하기 위해서 필요한 핵심자원 등에 대해 고민해야 한다.

비즈니스 모델을 사업화하는 과정에서 재무 및 인적자원, 지적재산권 등의 다양한 자원이 필요하다. 원활한 비즈니스 진행의 핵심자원은 물리적인 것일 수도 있고, 재무적인 것일 수도 있다. 또 지적인 영역이나 인적자원의 영역에 속할 수도 있다. 또한 기업은 이 핵심자원을 직접 소유할 수도 있지만 리스를 하거나 핵심 파트너들로부터 획득할 수도 있다.

■ **핵심활동(Key Activities)**

핵심활동은 기업이 비즈니스를 제대로 수행해 나가기 위해서 요구되는 필수적인 중요한 실행과정을 말한다. 따라서 핵심활동에서는 고객을 선정하고, 채널을 구축하며, 효과적인 고객관리를 통해 수익원을 창출하는 모든 활동을 고려해야 한다. 이러한 핵심활동은 비즈니스 모델의 유형에 따라 달라질 수 있다.

예를 들어 MS는 소프트웨어 개발이 핵심활동이며, PC 제조업체인 Dell의 경우 공급망 관리가 기업의 핵심활동이라고 할 수 있다. 이처럼 우리 기업에게 가장 중요한 핵심활동이 무엇인지를 정확하게 파악하고 수행해 나갈 때 성공적인 비즈니스가 가능하다.

■ **핵심 파트너십(Key Partnership)**

핵심 파트너십이란 특히 초기 창업기업의 경우 위에서 살펴본 자원, 또는 채널, 고객 등의 요소에서 부족한 경우가 대부분이다. 따라서 효과적으로 시장에 진입하고 사업을 수행해 나가기위해 상호 도움이 될 수 있는 적절한 파트너를 확보하는 것이 중요하다.

이러한 핵심 파트너십은 크게 비 경쟁자들 간의 전략적 동맹, 경쟁자들 간의 전략적 파트너십, 새로운 비즈니스 개발을 위한 조인트 벤처, 안정적 공급을 확보하기 위한 '구매자-공급자'관계 등으로 나누어 볼 수 있다.

■ **비용구조(Cost Structure)**

비용구조는 위에서 검토된 모든 요소들을 실행해 나가는 과정에서 발생하는 비용을 의미한다. 이에 따라 비용구조를 구성하는 요소로 고정비, 변동비, 규모의 경제, 범위의 경제 등이 있다.

제5절 비즈니스 모델 적용사례 : (주)이음소시어스[3]

(주)이음소시어스는 소셜 데이팅 서비스이다. 20~30대의 싱글 남녀를 대상으로 하루에 한명씩만 이성을 소개시켜주는 온라인 데이팅 서비스이다.

기존의 결혼정보시장에서 다양한 연령대에서 여러 명의 대상을 고객이 만족할 수 있을 때까지 서비스를 제공하는데 비해 (주)이음소시어스는 하루에 한번 '이음신'이 1대 1로 짝을 점지해주는 구조이다.

초기 창업시기의 관점에서 (주)이음소시어스에서 만든 소셜 데이팅 서비스를 토대로 비즈니스 모델 캔버스에 적용을 시켜보면 [그림 6-3]과 같다.

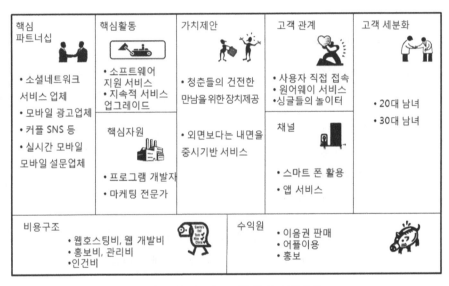

[그림 6-3] 비즈니스 모델 캔버스 적용사례

■ 고객 세분화

소셜 데이팅 서비스는 미국에서 온라인 게임과 디지털 음원 시장에 이어 3위의 시장 규모를 차지할 정도로 규모가 크다.

---

3 창업진흥원(2012), 기술창업보육론, pp. 220~223.

국내에서는 140여개의 온라인 데이팅 서비스가 운영되고 있고, 오프라인 결혼정보시장도 지속적인 성장세를 보이고 있어 매치메이킹 시장의 규모는 점차 확대될 것으로 기대된다.

하지만 오프라인 결혼정보시장은 과다한 경쟁으로 인해 소비자들의 불신감도 높아지고 있고, 온라인 데이팅 서비스도 대개 음성적이거나 불신의 대상으로 전락하였다. 따라서 (주)이음소시어스의 대표인 박희은씨는 이러한 문제점을 보완할 수 있는 건강한 싱글들의 놀이터를 만들기로 결정하였다.

박희은씨는 어림짐작으로 대한민국에서 연애와 결혼에 가장 관심이 높은 연령층인 20~30대를 목표고객으로 설정하고 국내 20대와 30대 미혼남녀가 약 1천만 명 있다는 가정 하에 이 중 100만명을 본 서비스를 이용하는 고객으로 설정했다.

■ 가치 제안(Value Proposition)

20~30대 미혼남녀를 고객대상으로 선정한 후에 고객들에게 새로운 가치를 부여하기 위해서 기존 소셜 데이팅 서비스와는 다른 안전한 만남을 연결할 수 있는 장치를 제공한다.

우선 현재 고가시장으로 형성되어 있는 결혼정보시장을 저렴한 가격과 흥미로운 서비스를 제공해 재편하고자 하는 목표를 설정한다. 결혼이라는 무거운 관계에서 벗어나 이성간의 호감을 맘껏 발산하고, 그로 인해 서로를 잘 알 수 있는 기회가 주어진다면, 결혼이라는 관문을 통과하는데 들어가는 과다한 비용과 시간을 아낄 수 있기 때문이다.

또한, 회원가입에 승인과정을 설정하였다. 회원가입에는 가입비나 뛰어난 스펙을 요구하는 것이 아니다. 신청서에 얼마만큼 자신을 성실하게 표현을 했는지가 중요한 승인 요건으로 작용한다.

이러한 이유로 본 서비스를 이용하는 회원들은 안심하고 서로 교감할 수 있게 되었다. 뿐만 아니라 남녀의 회원비율을 1:1로 맞추어 회원들이 원활한 만남을 가 질 수 있도록 노력을 기울였다.

■ 채널(Channel)

본 서비스가 가치고 있는 가치 제안을 원활하게 전달하기 위해서 소비자들만의 공간을 제공하였다. 본 프로그램의 취지는 아름다운 만남서비스를 제공하는 것이다. 따라서 자신들이 원하는 대상간의 원활한 소통을 유지하는 것이 중요하기 때문에 특정 키워드가 일치하는 것을 우선 반영시켰다. 그리고 비슷한 지역에 나이는 대체로 남성이 더 많도록 알고리즘을 만들었다. 이러한 시스템을 통해서 고객들이 본 서비스가 추구하는 가치 제안을 평가할 수 있도록 하였다.

■ 고객관계(Customer Relationship)

본 서비스는 기존의 고객들에게 지속적인 신뢰를 확보하기 위해서 프로필에 키워드, 사진까지 올린 회원의 수를 관리한다. 또한 소비자가 보는 자료의 양질을 유지하기 위해서 프로필에 정보를 많이 담으려고 노력하고 있다. 이와 같은 철저한 관리뿐만 아니라 남녀의 인연을 이어준다는 '이음신'을 중심으로 스토리텔링적인 요소를 담아 서비스를 이용하는 고객에게 지속적인 관심을 유도하고 있다.

이음신은 오후 12:30분 회원들에게 오늘의 "운명의 상대"를 알려준다. 물론 운명의 상대를 소개할 때는 회원들이 생각하는 이상형에 가장 근접한 상대를 분석하여 소개한다. 이음신이 제공한 이성의 정보를 받은 회원은 24시간 내에 이성과의 만남을 원하는지 여부를 결정한다. 상대방을 만나고자 하는 경우에는 'OK'권을 구입하면 이음에서 상대방의 연락처를 제공받는다.

제공된 상대방이 마음에 들지 않을 경우에는 만남을 포기하면 된다. 이음은 이음서비스 가입을 '이음신국 입국', 이음회원을 '이음신족', 이음의 블로그를 '이음신 캐비닛'이라 부른다. 이음신국에 입국한 회원들끼리는 말끝을 '음'으로 끝내는 '음체'를 씀으로써 용어 설정에서부터 용어의 사용에 이르기까지 일관되게 이음만의 문화를 느끼며 결속감을 더욱 다지고 있다.

■ 수익구조(Revenue Stream)

본 서비스의 수익구조는 어플 다운로드를 통한 수익, 간접 광고 홍보비 등이 있지만 가장 큰 수익은 'OK'권을 판매해 얻는 판매수익이다. 하루에 한 명씩 2주(14)동안 이용하는 OK권이 9,900원, 30일 동안 이용하는 OK권을 1만 4,900원에 판매하고 있다.

OK권의 비용은 크지 않지만 회원수가 10만 명에 육박하기 때문에 많은 수익을 창출하고 있다.

■ 핵심자원(Key Resources)

본 서비스의 경우 핵심자원은 인적자원이다. 소비자가 원하는 다양한 서비스를 제공하기 위해서는 흥미를 유발할 수 있는 콘텐츠 제작을 위한 스토리텔러가 필요하다.

또 새로운 고객을 창출하기 위한 여러 가지 전략을 구상하는 마케팅 전략 전문가, 웹의 기능을 원활하게 유지시켜 줄 수 있는 웹 에디터도 있어야 한다.

그런가 하면 효과적인 메시지를 전달할 수 있도록 그래픽을 구성하는 그래픽 디자이너도 있어야 한다. 또한 각종 이벤트와 제휴혜택, 할인 행사 등을 기획하는 블로그 홍보 마케터, 프로그램의 안정성을 확보하는 프로그래머 등이 필요하다.

■ 핵심활동(Key Activities)

본 서비스의 핵심활동은 지속적인 고객관리 시스템 개발과 새로운 콘텐츠 개발이다. 또 신규 고객을 개발하는 다양한 홍보방안도 핵심활동에 포함된다. 또한 다양한 매출구조를 형성하기 위해서 수익구조 개선을 위한 노력도 필요하다.

향후 해외진출도 고려하고 있기 때문에 해외의 20~30대의 미혼남녀의 국가별 특성과 문화적 차이 등을 분석하고 새로운 전략을 구상하는 것도 중요한 활동 중 하나이다.

■ 핵심 파트너(Key Partners)

핵심 파트너는 현재 소셜네트워크 서비스를 제공하고 있는 소셜네트워크 서비스 업체, 모바일을 통해서 광고를 대행하고 있는 모바일 광고업체, 또 유사관련 남녀 매칭 서비스를 제공하고 있는 커플 SNS 서비스 업체가 있다. 또 고객의 요구사항에 대해 실시간으로 모바일 설문을 실시할 수 있도록 도움을 줄 실시간 모바일 설문 기업 등이 핵심 파트너들이다.

■ 비용구조(Cost Structure)

비용구조는 16명의 직원에게 지불되어야 되는 인건비, 임대료, 시설관리비 등이 있다. 또한 추가적인 웹 개발에 필요한 웹 개발 및 프로그램 개발 비용이 있다.

휴맥스 변대규 창업주[4]

휴맥스를 창업한 변대규 CEO는 서울대학교 제어계측공학 학사, 석사, 박사 출신으로, 벤처 1세대를 대표하는 기업가 중 한명이다. 한 달에 5~10권의 책을 읽는 독서광으로 좌우명은 '깊이 생각하고 최선을 다하자.'이다. 그는 사람을 쉽게 믿고 신뢰하는 편이면서 과묵하고 조용한 성격을 지녔다. 항상 도전하며 실패를 두려워하지 않는 삶을 목표로, 다음 9가지의 인생철학을 가지고 있다.

1) 오늘 하고 있는 일에 최선을 다하자

2) 주위에 봉사를 위한 희망과 목표를 가지되 기대를 하지 말자

3) 시간을 낭비하지 말자

4) 욕망을 억제해 조화로운 생활을 영위하자

5) 고통을 통해야 결실이 있다.

6) 배우고 성장함을 잊지 말자

7) 깊이 생각해 정신을 단련하자

8) 창조적 사고를 지속하고,

9) 낙관적 태도를 유지하자

그의 인생 롤모델은 바로 피터 드러커 교수이다. 변대규 CEO는 피터 드러커 교수를 경영의 스승이라 생각했다. 그래서 피터 드러커 교수의 저서들을 교과서 삼아 탐독하며 배운 내용들을 경영에 적용해 나갔다.

변대규 CEO는 아웃소싱을 최대한 활용한 전형적인 벤처 조직을 운영하면서, 경영효율을 극대화한 대표적인 케이스이다. 그는 생산을 아웃소싱 하는 대신, 첨단제품 개발과 시장개척에 주력했다. 인사부문도 전문 컨설팅 업체에 위탁하는 형태로 기업을 운영했다. 또한 회사 내 25개 팀을 R&D, 마케팅, 생산의 3개 부문으로 나누고 해당 부문장이 각각 CEO역할을 수행하도록 하였다.

4　배종태외 3인(2009), 전게서, pp. 63~64.

특히, 사람을 가장 중요하게 여겨, 사람이 최고자산이라는 생각으로 경영을 하다 보니, R&D 인력이 전체직원 중 절반이상이 넘는다. 회사이름도 그러한 이유에서 '사람에게 최고의 가치를 준다.'는 뜻의 휴맥스(Human Maximization)로 지었다.

그는 고객 관점에서 생각하고, 그 생각에 맞춰 제품을 만들어야 한다는 경영원칙을 가지고 있다. 기업의 존재 목적은 주주가치와 이해관계자의 이익 극대화 등 조직 내부에 있는 것이 아니라 사회적 부의 창출, 고객가치와 만족도 제고라는 외부적 요소에 있다고 말한다. 한편, 경영관리를 하기 위해서는 경영에 대한 일반적 지식을 갖추어야 하고, 직접 경영을 해본 경험도 있어야 한다는 것. 그러기 위해서는 공부가 필요하다고 강조한다.

그는 계속 기업의 지속적 성장을 위해 성장 저해요소를 해소할 수 있는 전략적 혁신 방안 모색에 힘쓰는 한편, 조직원들과의 솔직한 관계 및 커뮤니케이션 활성화를 위해서도 꾸준히 노력하고 있다.

기업가정신 사례 2　**쏠리테크 정준 창업주[5]**

쏠리테크 창업자이자 현재 CEO를 맡고 있는 정준 사장은, 서울대 전자공학과를 졸업한 후 스탠포드 대학에서 레이저 전공으로 박사 학위를 받았다. 그는 깐깐하고, 직설적이지만 차분한 성격이며, 강한 자부심을 가지고 있다. 실패에서 배우고 새로운 기회를 얻어야 한다는 인생철학을 가지고 있는 그는 수많은 사람들에게 도움이 되는 일을 하는 것은 정말 큰 보람이며, 벤처를 해서 사람들의 가치를 높이는 것은 보람된 일이라고 말한다.

그는 공포의 외인구단 같은 서로 다른 분야의 사람들이 열정을 가지고 출근하고 싶어 하는 회사를 만들기 위해 KT 사내 벤처제도를 이용해 창업했다. 그는 KT 사내벤처 1호로서, 스탠포드 박사 출신인 정준 사장, 노던웨스턴대 박사 출신인 이승희 이사, 역시 노던웨스턴대 박사에 숭실대 전자공학부 교수인 김종훈 연구소장, 서울대 전기공학과 출신에 한국기술투자를 거친 이인영 이사의 통신회사, 벤더, 벤처캐피탈, 대학교를 중심으로 한 서로 다른 경력과 뛰어난 배경으로 상호 보완적 관계를 형성했다.

'고위험, 고수익'의 일반 벤처기업의 속성과는 달리, '저위험, 저수익'을 추구하고자, 기술이 간단하고 개발기간이 짧으며 시장이 확실한 중계기 제조업을 선택하게 된다.

5　배종태외 3인(2009), 전게서, pp. 73~74.

일반적인 기업가적 성향과는 달리 외부 투자 유치가 어려운 우리나라의 벤처기업 환경 하에서는 '저위험, 저수익' 방식의 사업 모델이 더 적합하다고 판단 한 것이다. 그 후 핵심 경쟁력을 쏟아 부을 수 있는 곳에 주력하면서, '저위험, 저수익' 방식으로 일정한 수익이 보장되면 '고위험, 고수익'구조로 변화하여 보다 높은 수익을 추구하는 방식으로 기업을 운영했다.

그는 기업은 단거리 경주가 아니고 마라톤이므로, 벤처를 하려고 마음을 먹었다면 장기적인 안목을 보고 차근차근 과정을 밟아 가야 한다는 경영 철학을 가지고 있다. 순간순간 선택의 시점에서 눈앞의 이익보다는 미래의 가능성에 중점을 두고 의사결정을 해왔다.

그는 기술과 엔지니어링 배경이 있는 사람을 능력 있게 생각하여, 사람을 선택할 때에는 능력(지식), 태도(대인관계, 생각, 성실성, 정직성), 동기부여(하고자 하는 의지, 성취욕구)를 중요하게 생각한다. 그런데 그 중에 태도를 가장 핵심적 요소로 평가한다.

벤처기업은 R&D 인력 뿐 아니라 회계, 경영, 기획, 재무 등 고루 균형을 갖는 조직을 만들어야 한다는 것 또 구성원 각자의 경쟁력과 능력을 향상시켜 주는 것이 중요하기 때문에 기업은 경쟁력을 엮어서 회사의 가치를 높여한 한다는 것이다. 바로 이것이 기업가의 역할이라는 생각을 가지고, CEO로서의 역할을 다하기 위해서 계속 노력하고 있다.

CHAPTER **7**

창업기업 설립의 실제

- 비즈니스에서 중요한 것은 규모가 아니다. 자본금 50만 달러의 회사가 5백만 달러의 다른 회사보다 더 많은 이익을 올리는 경우가 있다. 효율이 따르지 않는다면 규모가 핸디캡이 된다.
  허버트 카슨

- 당신이 내놓은 첫번째 상품에 부끄럽지 않다면, 당신은 너무 늦게 런칭한 것이다.(If you are not embarrassed by the first version of your product, you've launched too late.)
  Reid Hoffman

- 누군가는 성공하고 누군가는 실수할 수도 있다. 하지만 이런 차이에 너무 집착하지 말라.
  타인과 함께, 타인을 통해서 협력할 때에야 비로소 위대한 것이 탄생된다.
  생텍쥐페리

제1절 **창업기업의 형태**

창업을 하고자하는 자는 자신의 사업아이디어에 따라 사업아이템을 결정하고, 사업아이템이 타당성이 있다고 판단되면 이를 시장에 내놓기 위한 구체적인 사업계획을 작성하고 사업활동에 소요될것으로 예상되는 자금을 조달하여야한다. 이러한 제반준비활동이 완료되면, 창업자는 본격적으로 자신의 아이디어를 상품으로 개발하여 시장에 공급하게 되는데, 이러한 기능을 수행하기위해 기업의 형태를 갖추는 과정이 창업기업 설립이다.

기업형태란 일정한 기업체제 위에 기업이 취하고 있는 방식의 형태를 말하는데, 이것은 분류하는 관점, 즉 기업의 규모·업종·자본의 출자관계·법률상의 규제 등에 따라 여러 가지로 분류된다. ① 기업을 경영하는 규모의 크기에 따라 대기업과 중소기업으로 구분되며, 이 규모의 크기는 자본·판매 및 종업원수 등을 기준으로 한다. ② 기업의 업종에 따라 공업·상업·광업·금융업·통신업·서비스업 등으로 구분할 수 있다. ③ 기업에 대한 출자관계에 따라 사기업·공기업 또는 공사공동기업(公私共同企業)으로 구분된다. ④ 법률상의 규제에 따라 합명회사·합자회사·유한회사·주식회사 등으로 구분할 수 있다.

아래에서는 창업기업으로 설립할 수 있는 기업의 형태에 대해서 살펴보기로 한다.

(1) 개인기업

개인기업(individual enterprise)은 일개인이 출자하고 자기의 이윤을 얻기 위하여 경영하는 경제적 형태로서, 역사적으로 모든 사기업이 우선 개인기업의 형태를 취하게 되는 원시적이고 자연적인 형태이다. 개인기업은 한 사람이 단독적으로 출자·지배하여 경영상의 모든 위험한 손실을 책임지고 이윤을 독점하는 단독기업으로서, 기업형태 중에서 법적규제가 가장 적고 또한 창설하기에 가장 용이하다는 특징이 있다.

개인기업의 장점은 다음과 같다. ① 모든 이윤을 독점한다. 즉, 개인기업의 기업주는 모든 기업이윤을 기업주 개인이 독점할 수 있다. ② 창립이 용이하고 창업비가 적게 든다. ③ 활동이 자유롭고 기민성이 있다. ④ 기업주는 유리한 대인접촉을 할 수 있다. ⑤ 비밀 유지가 가능하다. 반면에 개인기업은 다음과 같은 단점이 있다. 즉, ① 무한 책임이므로 기업주는 많은 위험을 부담케 된다. ② 기업주의 개인사정에 따라 영속성이 결여된다. ③ 자본조달 능력에 한계가 있다. ④ 기업주의 경영능력에 한계가 있다.

개인기업은 경영규모가 확대됨에 따라 대자본이 필요하게 된다. 이에 따른 대자본 형성은 개인기업이 자기 스스로 획득한 이윤을 축적, 개별자본을 확대해가는 집적의 방식과 또는 다른 기존 개별자본과 결합, 대자본을 형성하는 집중 방식에 의하여 이루어진다. 그러나 이와 같은 대자본의 형성에 있어 집적의 방식에는 개별자본 스스로 획득한 이윤의 축적이 전제가 되므로 제약을 받게 된다. 그리고 집중 방식에 있어서도 결합과 지배가 서로 대립되고 있어 통일을 기하기가 힘들며, 일단 통일이 되었어도 다시 대립이 노출될 가능성이 있어 대자본 형성에는 한계가 있게 된다.

(2) 법인기업

우리나라 상법 제 170조는 회사의 형태를 주식회사[1], 유한회사[2], 합자회사[3], 합명회사[4] 4종류로 규정하고 있다. 이러한 회사형태 구별의 법적 기준은 회사의 구성원인 사원 책임의 범위 및 그 모습에 따른 것이다. 즉, 인적 회사로서 합자회사와 합명회사, 물적 회사로서 주식회사와 유한회사를 인정하고 있다.

인적 회사는 사원이 회사채권자에 대해 직접 책임을 지는 형태인 데 비해, 물적 회사는 사원이 회사채권자에게 직접 책임을 부담하지 않고 간접 책임을 지는 형태이다.

법인기업 설립에 따른 발기인 또는 사원의 수는 주식회사의 경우 제한이 없으나, 유한

---

1 주식회사는 다수의 사람으로부터 유한책임인 주식의 증권화에 의하여 자본을 동원시키고, 경영의 위험을 분산, 전문경영자에게 운영을 위임시키는 특수제도의 회사로서 자본결합의 강대한 요구에 따를 수 있고, 기업규모의 비약적 확대가 가능하다는 점에서 대표적인 기업형태가 되었다. 주주는 개인기업자·합명회사·합자회사의 무한책임사원과는 달리 회사의 채권자에 대하여는 무한책임을 지지 않고, 다만 자기가 출자한 금액에 관하여서만 회사에 대하여 책임을 지게 된다. 이런 유한책임제도에 의하여 광범위하게 자본을 동원시킬 수 있다.

2 유한회사(private company)는 사원 전원이 그들의 출자액을 한도로 하여 기업채무를 변제한다는 유한책임 사원으로 구성된 회사이다. 유한회사의 전사원이 유한책임을 진다는 점은 주식회사의 경우와 같으나, 유한회사는 비교적 소수의 사원과 소액의 자본으로 조직되므로 중소기업경영에 주로 이용된다. 사원수가 제한되어 있고, 설립의 절차가 간단하여 소규모사업에 적합한 형태이다.

3 합자회사(limited partnership)는 무한책임사원과 유한책임사원으로 조직되는 기업형태이다. 즉 합자회사의 특징은 출자액의 한도내에서 채무를 변제할 의무가 있는 유한책임사원과 출자액을 초과한 기업의 채무에 대해서도 변제할 책임을 지는 무한책임 사원으로 구성되어 있는 것이다. 따라서 합자회사는 적어도 1인 이상의 유한책임사원과 1인 이상의 무한책임사원으로 구성된다.

4 합명회사(ordinary partnership)는 2명 이상의 사원이 공동으로 출자(出資)하여 형성되는 회사형태로서, 개인기업이 직접 결합된 것이라 하겠다. 합명회사의 출자 기업자인 사원인 회사의 채무에 대하여 무한책임을 부담하는 동시에 정관에 특별한 계약이 없는 한 전원이 회사의 경영에 참여해야 한다.

회사의 경우는 2인 이상 50인 이하(벤처기업의 경우 300인 이하), 합자 · 합명회사의 경우는 2인 이상으로 규정하고 있다.

법인기업의 출자단위는 합자회사 · 합명회사의 경우 출자한도가 없으며 자본금도 등기 시 명기하도록 하고 있다. 주식회사의 경우 1株의 금액은 100원 이상으로 하고, 자본금의 제한은 없다(2009년 5월 상법 개정). 유한회사는 1좌에 5천원 이상, 자본금 1천만원 이상으로 규정하고 있다.

법인기업 형태에 따른 의결기관, 주주와 사원의 이동, 조직변경, 합병 등의 유사점과 차이점은 [표 7-1]과 같다. 우리나라의 영리법인 수는 2016년 말 현재 48만 4,492개이며, 이 중에서 주식회사가 460만 3,737개로 95.7%, 유한회사 1만 7,221개(3.6%), 합자회사 2,800개(0.6%), 합명회사 671개(0.1%)로 나타나고 있다.

[표 7-1] 법인기업의 형태별 비교

	주식회사	유한회사	합자회사	합명회사
법적 근거	상 법	상 법	상 법	상 법
책임	유한책임	유한책임	유한책임 무한책임	무한책임
발기인 또는 사원수	제한 없음	2인 이상 50인 이하 (벤처기업은 300인 이하)	2인 이상	2인 이상
출자의 종류	금전, 현물(주식)	금전, 현물(지분)	금전, 현물, 노무, 신용(지분)	금전, 현물, 노무, 신용(지분)
정관인증	필 요	필 요	불 필요	불 필요
출자단위	주당 100원 이상 자본금의 제한 없음	1좌 5천원 이상 자본금 1천만원 이상	출자한도 없음 등기 시 명시	출자한도 없음 등기 시 명시
의결기관	주주총회 (1주1의결권)	사원총회	무한책임 사원의 동의	무한책임 사원의 동의
주주와 사원의 이동	원칙상 자유 정관에 양도제한 가능	사원외 양도 시 사원총회 특별결의 필요	무한책임사원 동의 필요	무한책임사원 동의 필요
조직변경	유한회사로 변경가능	주식회사로 조직 변경 가능 (법원인가 필요)	합명회사로 변경가능 (사원동의 필요)	합자회사로 변경가능 (전 사원 동의 필요)
합병	자 유	유한회사 또는 주식회사와 합병 가능	전사원의 동의 필요	전사원의 동의 필요

자료 : 중소기업청 외, 『창업사업계획승인 실무중심 창업 · 공장설립 가이드』, 2006.

(3) 협동조합

협동조합은 경제적으로 약한 지위에 있는 소생산자나 소비자가 서로 협력, 경제적 지위를 향상시켜 상호복리를 도모할 목적으로 공동출자에 의해 형성된 기업이다. 따라서 협동조합의 직접목적은 영리보다는 조합원의 경제활동에 있어서의 상호부조에 있다. 협동조합은 산업혁명에 의하여 비약적으로 발전된 대기업의 압력에 대항하기 위하여 19세기 초에 형성된 것으로, 생산조합·영국의 소비조합·독일의 신용조합이 그 대표적인 예이다. 협동조합기본법 제2조에의하면 협동조합 이란 재화 또는 용역의 구매·생산·판매·제공 등을 협동으로 영위함으로써 조합원의 권익을 향상하고 지역사회에 공헌하고 하는 사업조직이다. 협동조합의 정의를 요약하면 [표 7-2]와 같고, 협동조합의 유형과 예는 아래 박스에 요약하였다.

[표 7-2] 협동조합의 정의 요약

구분	내용
사업범위	**공동의 목적을 가진 5인 이상의 구성원이 모여 조직**한 사업체로서 그 사업의 종류에 원칙적으로 제한이 없음
의결권·선거권	출자규모와 무관하게 **1인 1표**
책임범위	조합원은 출자규모에 한정된 **유한책임**
가입 및 탈퇴	가입과 탈퇴가 자유로우나, 조합원의 동질성을 제한하기 위해 가입자격은 제한 가능
배 당	정관에 의해 배당하되 전체 배당 액의 50% 이상을 이용 실적 배당으로 하여 이용자 이익 확보

협동조합 유형 (예)

- 생산자협동조합 : 생산자 수익창출을 위한 공동판매, 공동자재구매, 공동브랜드 사용 등
  (예) 전통시장상인협동조합, 공동브랜드식당
- 소비자협동조합 : 조합원의 소비생활 향상을 위한 물품의 구매 또는 서비스의 이용
  (예)공동육아협동조합, 통신협동조합
- 직원협동조합 : 특정사업을 영위하기 위해 직원이 조합을 소유, 관리, 일자리 마련
  (예)대리운전협동조합, 퀵서비스협동조합
- 다중이해협동조합 : 다양한 이해관계자의 복리증진 등에 기여하는 행위
  (예)독거노인도시락배달협동조합(생산, 소비, 직원고용, 자원봉사, 후원 등 다양한 형태)
- 사회적협동조합 : 둘 이상의 서로 다른 유형의 이해관계자로 구성, 전체 사업의 40% 이상 공익사업 수행
  (예)취약계층에게 육아서비스를 제공하는 보육사회적협동조합(교사,자원봉사,후원 등)

⑤ 출자자명세서

⑥ 사업허가 · 등록 · 신고필증 사본

    – 해당법인에 한함

    – 협동조합의 경우 설립신고확인증, 사회적협동조합의 경우 설립인가증

    – 허가(등록, 신고) 전에 등록하는 경우 허가(등록)신청서 등 사본 또는 사업계획서

    – 대리인, 위임자 신분증 필참

    ※ 사업자등록 신청일로부터 3일 이내에 사업자등록증 교부

(9) 영농조합법인 설립절차

■ 영농조합법인 의의

영농조합법인이란 5인 이상의 농업인이 모여 조합을 이루고 법인으로 조직을 갖추어 농업에 관련된 공동이용 시설의 공동 이용, 공동출하. 가공 및 수출을 목적으로 사업하는 법인을 말한다. 농업인 여러명이 협력하여 농산물의 생산성을 높여 조합원의 소득증대를 위한 영리법인이다.

농(어)업을 목적으로 운영하는 법인은 농업회사법인(상법 적용)과 영농조합법인(민법 적용)으로 분류된다. 농업회사법인은 기업적 경영체로 규정하고 있어 상법상 '회사에 관한 규정'을 적용하는 반면 영농조합법인은 다수가 모여 경영하는 협업적 농업경영체로 민법상 '조합에 관한 규정'을 적용 받는다. 영농조합법인은 농업 · 농어촌기본법 제 15조에 따라 특수 법인으로 분류하고 있으며, 영농조합법인 설립에 필요한 조건과 절차 및 필요 서류는 다음과 같다.

■ 영농조합법인 설립 조건

영농(어)조합법인 설립은 별도의 인가나 허가 없이 설립 조건만 만족하면 자율적으로 설립할 수 있다. 설립 시 등록세는 비과세 신청할 경우 지방세법 제 267조에 의거 면제 받을 수 있고 설립 등기한 날로부터 30일 이내에 관할시장, 군수에게 필요 서류를 첨부하여 통지해야 하며 설립조건은 아래와 같다.

① 발기인 : 농(어)업인 5인 이상

    ※ 농업인 자격에 해당하는 아래 사람은 거주지 관할 국립농산물품질관리원의 출장 소장에게 농업인 확인 신청을 통해 농(어)업인 자격(농업인확인서)를 발급 받을수 있다.

- 1000㎡ 이상의 농지를 경영하거나 경작하는 사람, 농업 경영을 통해 연간 농산물 판매액이 120 만원 이상 되는 사람, 1년 중 90일 이상을 농업에 종사하는 사람, 영농조합법인의 농산물 출하 · 가공 · 수출하는 활동에 1년 이상 계속해서 고용되어 있는 사람, 농업회사법인의 농산물 유통 · 가공 · 판매 활동에 1년 이상 계속 고용되어 있는 사람

② **사업목적**: 생산성을 높이고 농산물의 공동출하, 가공 및 수출을 통해 조합원의 소득을 높이기 위해 다음의 사업을 영위해야 한다.

- 농업의 경영 및 그 부대사업, 농업에 관련된 공동이용시설의 설치 및 운영, 농산물의 공동출하, 가공 및 수출, 농작업의 대행, 기타 영농조합법인의 목적 달성을 위해 필요한 사업

③ **조합원**: 농업인, 생산자 단체

④ **준조합원**: 영농조합법인에 생산자재를 공급자, 기술 제공자, 농지 임대 위탁 생산물을 대량으로 구입하거나 가공, 유통하는 사람

⑤ **출자**: 현물, 현금, 농지

※ 출자 제한 : 조합원 1인 한도나 준조합원 출자 한도 제한은 없음

■ **영농조합법인 설립절차 및 방법**

영농조합법인설립절차[6]는, 일반적으로 '발기(농업인 또는 생산자단체) → 정관의 작성 → 기타 설립에 필요한 행위(조합원의 모집, 총출자좌수의 결정, 설립년도 사업계획 수립 등) → 창립총회 개최(이사회 구성) → 출자증서 발행 → 설립등기(등기소) → 법인 설립 신고(세무서)' 순서로 진행된다. 영농조합법인 설립에 따른 별도의 인가나 허가는 필요가 없다. 다만 농업인 5인 이상이 조합원으로 등록 되어야 한다. 즉 농업인 5인 이상이 영농조합법인 설립을 발기하고 설립에 필요한 절차를 준비하여야 한다.

① 발기

② 정관 작성(만장일치)

---

6 농업회사법인은 상법상의 회사에 관한 규정을 준용토록 하고 있다. 이에 따라 이사 3인과 감사가 있어야 하지만 자본금 10억원 미만인 회사를 설립하는 경우에는 이사는 1인 또는 2인으로 할 수 있고, 감사도 선임하지 않아도 된다. 농업회사법인 설립 시 출자는 현금과 현물이 모두 가능하며 비농업인의 출자 합계액은 당해 법인의 총 출자액의 90%를 초과하지 않아야 한다.

③ **기타 설립에 필요한 행위**: 사원의 모집, 명부 작성, 총출자 좌수의 결정, 설립년도 의 사업 계획, 설립과정에 필요한 재산의 취득

④ **창립총회**: 정관의 승인, 임원 선출 및 이사회 구성, 설립년도 사업계획 승인

⑤ **이사회(대표이사)**

⑥ **출자의 불입**: 출자금 불입, 현물 출자의 평가

⑦ **설립등기(법 제 16조 3항, 시행령 9조)**: 등기신청서 작성 및 첨부서류 준비

※ 첨부 서류 : 창립총회 의사록, 정관(공증), 출자 자산의 명세, 조합법인을 대표할 조합원을 증명하는 서류

⑧ **관할 등기소에 설립 등기(등기부 등본 발급)**

⑨ **법인 설립 신고(30일 이내 세무서장에게)**

※ 첨부 서류 : 등기부 등본, 정관, 현물 출자 목적의 명세서, 출자자의 주소, 성명, 출자 지분을 기재한 명세서 등

⑩ **농업경영체계 등록(법 제 4조), 농산물품질관리원**

※ 영농조합법인 설립에 필요한 서류 : 상호, 본점 주소, 사업 목적, 임원, 출자금 납부영수증, 농업확인서 또는 농업경영체등록증, 발기인 전원의 인감증명서와 인감도장, 대표이사, 감사, 이사가 될 사람의 인감증명서, 주민등록등본, 인감도 장(발기인과 중복시 각각 준비)

⑽ 온라인 법인설립 절차

온라인 법인설립시스템(www.startbiz.go.kr)은 법인설립을 위해 30개 이상의 구비서 류를 작성하여 7개 기관을 방문해 처리하던 법인설립 업무를 온라인으로 쉽고 빠르게 처 리할 수 있는 법인설립 프로그램이다. 즉, 법인인 주식회사 설립을 인터넷으로 신청하고 정관, 의사록, 주식인수증 등을 인터넷에서 표준양식으로 작성하여 등기신청하고, 사업 자등록, 4대보험 신고까지 진행할 수 있다. 통상 법무사에서 법인설립을 대행하던 업무 를 정부가 창업활성화를 위하여 시간과 비용을 절감하도록 개발한 제도이다. 이 시스템 은 처음에 온라인 재택창업 시스템으로 불려졌는데, 법인기업의 창업에만 적용되기 때 문에 온라인 법인설립 시스템으로 불린다.

2010년 01월 자본금 10억 미만의 주식회사 발기설립 서비스를 시작으로 주식회사 모

집설립, 유한회사, 합명회사, 합자회사의 회사설립 서비스를 점진적으로 확대해 나갈 예정이다. 아래 온라인으로 법인창업을 실행하는 내용과 절차를 시연해본다.

■ 준비사항

1. 개인공인인증서 및 감사 공인인증서 (가족이나 지인을 섭외해서 공인인증서 미리 준비한다) - 감사가 없으면 공증을 받아야하므로 비용과 번거로움 발생할 수 있기 때문에 등기부등본상 1인 법인 설립이지만, 감사 1인이 추가로 더 있어야한다.

2. 법인도장-2만원이내로 동네에서 만들면 된다.

3. 사업장 임대차 계약서- 사업을 하려면 사업 하려는 공간이 필요하기 때문에 임대차계약서를 요구하고 있다. http://blog.daum.net/xa78cu08bizu/84 양식은 여기서 다운 받아도 되고 검색을 이용해도 된다.

   - 전화번호 기재란은 다른 지인에게 부탁해서 세무서에서 전화가 올 경우를 대비하여 전화번호를 기재하여야 한다.

   - 자가, 전세, 월세 모두 세대주(주인)의 주민번호를 알아야한다.

     - 집이 자가일 경우 : 부모가 집주인 경우 막도장을 파서 전세로 가짜계약서 작성한다. 본인 명의일 경우는 그냥 등기권리증으로 진행한다.

     - 전세일 경우 : 집에서 거주할 경우 월세계약서로 가짜 계약서를 작성한다. 친구나 지인이 전세에 사는 경우 친구나 지인을 세대주로 하고 그 안에서 하는 것처럼 월세로 가짜계약서를 작성한다. 계약금이나 월세는 주변 시세와 비슷하게 적당히 작성한다.

     - 월세일 경우 : 본인이 월세 살 경우는 상관없다. 친구나 지인에게 부탁할 경우 계약 된 월세보다 절반정도의 금액으로 계약서 작성하여 임대하여 사용하는 것처럼 작성한다. (세대주 역시 친구나 지인이 된다.) 임대차계약서는 법인 명의로 해야하나 개인명의도 가능하다. 이것은 지역별 세무서 조사관에 따라 다르다.

4. 스캐너 - 임대차계약서, 법인도장 인영을 위해 스캔이 필요하다.

5. 인터넷등기소(www.iros.go.kr)에 대표이사가 회원가입을 해야 나중에 등기소 가는

번거로움을 해결할 수 있다. 창업시스템 이용 시 발생되는 비용은 잔고증명서가 최대 3,000원이고 법인등록세는 자본금과 지역에 따라 차이가 있으나, 법인설립 등기 신청 수수료는 20,000원이다.

■ 창업실행

※ 온라인재택창업시스템에 접속해서 이용하려면 운영체제가 반드시 Windows XP여야 한다. 두세 개의 보안을 위한 프로그램이 설치된다.

온라인 재택창업 시스템은 16개 시중은행과 법인등기시스템(대법원), 지방세망(행안부), 금융공동망(금융결제원, 시중은행), 4대보험[7] 연계시스템(4대보험 센터), 국세정보시스템(국세청) 등 회사설립 관련 업무시스템을 연계하는 통합시스템으로 창업을 희망하는 사람이면 누구든지 사용 가능하다.

온라인 재택창업 시스템을 이용하면 은행, 시·군·구청, 상업등기소, 세무서, 4대 보험기관을 방문하지 않고도 자본금 납입 증명서(통장 잔고증명서) 발급, 법인등록세 납부, 법인등기, 사업자등록증 발급, 4대 사회보험 신고 등의 절차를 원스톱으로 진행할 수 있다.

여기서 미리 회사설립체험 기능을 이용해 미리 한번 해보고는 것이 좋다.

http://www.startbiz.go.kr/EP/web/portal/jsp/EP_Default_new.jsp

---

7   4대보험 : 국민연금, 고용보험, 건강보험, 산재보험

http://www.startbiz.go.kr/ 온라인재택 창업시스템을 이용

1. 회원가입을 하시고 회원가입창에서 재택창업시스템까지 체크해서 가입한다.

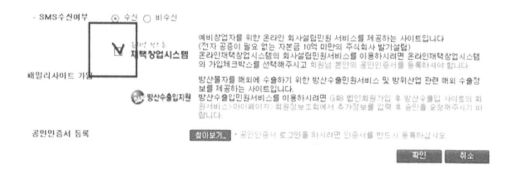

2. 가입이 완료됐으면 이제 로그인 하고 이제 실제 창업을 시작해 본다. 회사설립 신청
   화면으로 들어가면 아래와 같은 화면이 나온다.

법인설립에 대한 기본정보를 작성한 다음 정관, 주식인수증 등을 차례대로 작성합니다.
기본정보 작성 이후에는 대부분의 서류가 자동으로 만들어지니 어렵지 않게 진행하실 수 있습니다.

▌ 법인설립 기본정보 [도움말] 작성가이드 체험하러가기

○ 법인설립 기본정보 등록

※ 각 항목의 ▣을 클릭하여 도움말을 먼저 확인 후 입력하십시오.　　　　　　　　　　　　* 는 필수입력사항

회사형태 ▣	주식회사 [10억미만 ∨]
회사명* ▣	희망 상호명　[선택 ∨] 한글 상호를 입력하세요　[상호명 검색] （희망 상호명은 15자까지만 입력 가능합니다.） 외국어 상호명　[선택 ∨] 외국어 상호를 입력하세요. （외국어 상호명은 선택사항입니다.）
공고방법* ▣	공고 매체　[　　] 발행지역 [　　] 공고 홈페이지 [　　]　（공고 홈페이지는 선택사항입니다.）
회사주소/ 전화번호 ▣	본점주소* [　] - [　] [주소검색] [　] 본점전화번호 [‘-’를 포함한 전화번호]　팩스번호 [‘-’를 포함한 팩스번호] (이동전화)
발행주식정보* ▣	주식유형　기명주식　발행할 주식의 총수 설립시 발행하는 주식총수　자본금 발행주식의 종류　보통주　1주의 금액* [선택 ∨]
공동대표여부* ▣	[아니오 ∨] • 공동대표가 있을시 ‘예’를 선택하세요 • 공동대표일 경우 재택창업시스템 상담콜센터(1577-5475)로 꼭 연락주세요. • ‘각자대표’는 재택창업시스템에서 진행을 할 수가 없습니다. • 미성년자를 구성원에 등록할 시에는 ‘법인설립 구성원’ 도움말을 참고하세요. • 만 14세 미만 구성원에 대해서는 대표이사로의 지정이 불가합니다.

법인설립 구성원* ▣	성명/상호	회사여부 발기인여부	주민번호/사업자등록번호 직위 주 소	주당인수금액 전화번호	주식의 종류 이메일	출자지분
		[개인 ∨]	800603 - ●●●●●●●		보통주	[　] 주
	박제석	[발기인 대표 ∨]	[순수주주 ∨]　[‘-’를 포함]		[　　]	
		[　] - [주소검색] [　]			[추가]	

• [위 각 호에 관련된 부대사업 일체] 경우 정관 기본양식에 포함되는 내용이니 중복입력은 삼가해주세요.

사업목적* ▣　• 사업의 목적 기입 시 [한국표준산업분류 용어사전] 해당 버튼을 클릭하신 후
　　　　　　　　새 페이지에서 원하시는 부분을 검색하신 후 참고하셔서 작성해주시면 되겠습니다.

하다가 궁금하면 화면 위쪽 도우미를 이용한다. 공란들 다 채우고 저장하면 다음 화면, 작성된 서류 제출 전에 꼭 1577-5475 에 전화해서 확인해 달라고 한다.

이런 화면이 나온다.

1. 구비서식 작성화면 클릭해서 순서대로 그냥 한번 읽어보시고 쭉 진행하면 된다. 다되면 일괄서명으로 등록한다.

※ 모두 하루에 처리해야한다. 다음날 이어서 하면 상담원 통해 날짜 변경해야하는 번거로움이 발생한다. 감사의 서명도 있으므로 같은 날 감사도 공인인증서로 서명해야 한다. - 참고사항: 이사1명, 감사1명으로 창업을 하면 대표이사라는 직함을 못쓴다

2. 회사설립 신청서는 준비했던 스캐너를 이용해서 하나하나 작성해준다. 모르시면 도우미이용 혹은 1577-5475 에 전화해서 확인해 달라고 한다. 모든 서류 작성이 끝나

면 내가 할일 메뉴를 통해 하나 하나 진행하면 된다. 컴퓨터 사용이 익숙하지　않더
라도 작성도움말이 잘 되어 있으므로 하나하나 해나가면 크게 어렵지 않다.

자본금 잔액증명은 화면에서 바로 비용처리 되며, 법인 등록세 및 세금은 각지방세 납
부사이트에서 처리한다. 여기까지 진행하면서 사소한 부분에 대한 궁금증이 있다면, 온
라인 창업시스템 상담원이 친절하게 설명해준다. 온라인 검색질의 시간과 정력을　낭비
할 수도 있다.

법인설립등기가 되면 사업자등록을 신청한다. 사업자 등록을 신청을 하면 이제 바통
은 세무서로 넘어간다. 세무서 조사관이 법인설립서류와 기타등을 검토 2~3일소요 3일
째 연락이 없다면 조사관에게 연락해서 재촉 한다.

⑾ 주식회사 설립에 따른 장·단점

장점으로는 사업운영에 있어 신용도 제고, 주주의 유한책임, 절세 기능이 있고, 단점
으로는 법적인 규제와 절차의 복잡성이 있다.

사업운영에 있어 신용이 매우 중요하다. 여기서 말하는 신용에는 2가지가 있는데, 그
하나는 자금조달에 관한 신용이고, 다른 하나는 평판으로서의 신용이다.

창업기업이 은행 등 금융기관으로부터 자금을 차입하는 경우, 개인기업으로 빌리는
경우와 주식회사로 빌리는 경우를 비교하면, 빌릴 수 있는 가능성이나 그 액수에 있어
주식회사 쪽이 훨씬 더 유리하다.

거래를 함에 있어서도 개인기업과 비교할 때 주식회사의 신용도가 매우 높아 사업상 거래 및 계약 등이 훨씬 쉽게 이루어진다고 볼 수 있다. 종업원의 채용 등에 있어서도 개인기업과 비교하여 주식회사 쪽의 이미지가 훨씬 좋아 채용하기 쉽다는 장점이 있다.

주주의 유한책임의 의미는 창업자가 개인기업 형태로 사업을 영위한다면 자금차입 등 채무의 최종적인 책임을 창업자 개인이 지게 되나, 주식회사 설립을 통해 사업을 영위한다면 원칙적으로 출자한 금액만큼의 책임밖에 지지 않으므로 그 점에서 위험이 작다고 할 수 있다. 다만, '1인 주주, 1인 이사'와 같은 경우 주주는 곧 이사이므로 경영상의 책임을 지게 된다는 점을 잊어서는 안 된다.

주식회사를 만드는 데 따르는 세 번째 장점은 '절세'가 가능하다는 점이다. 개인기업의 경우 이익이 나며 날수록 세율이 올라가게 되며, 사장에게 지급하는 급료가 경비로 처리되지 않는 등 절세 면에서 매우 불리하다. 그런데 주식회사는 개인기업에 비해 일정 수준 이상 이익발생시 세율이 상대적으로 낮고, 사장의 월급이 경비처리 되는 등 다양한 절세가 가능하다.

주식회사는 회사운영에 따른 장점이 매우 많다고 할 수 있으나, 단점도 있다. 즉, 회사 설립 시 법인등록세 및 법인등기 절차가 복잡하며, 회사운영에 있어 개인과는 명확한 구분 및 자금의 전용 시 불이익이 있으므로 보다 많은 노력이 필요하다는 점이다.

⑿ 협동조합 창업의 필요성

협동조합은 소비자나 소상공인이나 근로자가 조합을 만들어 개인보다는 단체의 힘으로 경제활동을 함으로써 사업수익 증대, 근로 안정을 포함한 자신들의 이익을 최대화하는 경제제도이다. 주식회사나 개인회사와 같은 기업이 매출을 통한 이윤창출을 주목적으로 하는데 반하여 협동조합은 공급을 통한 잉여가치를 창출하는 것을 주목적으로 한다.

모든 경제활동의 이익이 대자본 소유자에게 집중되고 있는 현재의 금융자본주의 문제점을 극복할 수 있는 대안으로 2008년의 미국 발 금융위기 이후 세계적으로 크게 조명 받았다. 세계의 많은 대기업이 도산하고 M&A되고 있는 때에 스페인에 있는 '몬드라곤 협동조합'은 1개 협동조합이 근로자를 오히려 15,000명이나 확대 채용하였기 때문이었다.

미국의 햄버거 브랜드 '버거킹'은 현재 가맹점이 연합하여 운영하는 협동조합이다. 그들도 처음에는 본점에서 가맹점에 배송되는 모든 공통재료의 값이 비싸고, 규제가 심하고, 가맹점이 현지 구매하는 재료는 소량이라 비싸게 구입할 수 밖에 없는 주식회사였다. 그러나 경영이 어려워진 가맹점들이 본사와 10년여 투쟁 끝에 본사에는 브랜드 로열티만 지급하기로 하고 자기들끼리 협동조합을 구성하였다. 재료구입비, 인테리어 변경비 등이 획기적으로 낮아지고 자율성이 높아지니 사업이 잘 될 수 밖에 없었다. 이제 폐업하는 사람은 거의 없고 몇 년 사이에 전국의 매장수가 2배로 늘어났다. 기존의 본사는 로열티가 배증하니 오히려 수입이 증가 되었다.

퇴직한 시니어들이 많이 창업하는 프랜차이즈 가맹점(식당, 편의점, 제과점, 커피전문점 등)을 예로 들어 협동조합의 이점을 설명해 보고자 한다. 우리나라의 프랜차이즈 가맹점들은 점주의 인건비도 건지지 못하는 경우가 대부분이고 80%이상이 개업 후 수년 이내에 막대한 손실을 안고 폐업하거나 가맹주가 바뀌지만 본사는 돈방석에 앉아서 매출 1조를 넘기고 해외로 진출하는 업체가 계속 증가하고 있다.

협동조합은 시니어에게 더 적합한 형식으로 생각된다. 대부분의 시니어는 대 자본주 1인이 되어 소득을 독점하여야 할 필요보다는 작은 소득이라도 안정된 일자리를 확보하여 주인정신으로 일하며 보람을 느끼고 싶어하기 때문이다. 청년, 자녀와 협동조합을 만들면 1석 2조일 것으로 생각된다. 실제로 유럽의 가족기업은 대부분이 협동조합이라고 한다.

UN은 2012년을 협동조합의 해로 정했고 우리나라 정부도 신속하게 2012년 12월 1일 협동조합 기본법을 만들어 이에 대응하여 오늘날 처한 경제 및 사회문제의 해결을 시도하기 시작하여 작년 12월 이후 금년 7월 사이 2,000 여개나 되는 협동조합이 우리나라에서 새로이 결성되고 있는 상황으로 국민들의 적극적인 관심과 호응을 얻고 있다.

협동조합이란 공동으로 소유되고 민주적으로 운영되는 사업체를 통하여 공통의 경제, 사회, 문화적 필요와 욕구를 충족시키고자하는 사람들이 자발적으로 결성한 자율적인 조직이다.

이러한 협동조합의 운영방식과 제도는 오늘날 정부가 주도하는 복지정책의 취약점을 보완하고, 중산층을 강화시키는 한편, 보다 많은 일자리를 창출하고자 하는 시대적인 욕구와 상통하는 제도라 생각된다.

주식회사의 의사결정과 소유권은 주식 소유자에게 있으나, 협동조합의 조합원의 공동 소유로 총회에서 제반 사항이 결정되는 차이가 있다. 세법상으로도 협동조합이 현재 상황으로는 주식회사나 개인기업보다 유리한 조건이다. 1인 1표 1주 1표제로 투자금액의 다소에 차이가 없이

운영되며 무한증자와 자산 건전성 측면에서 주식회사 제도 보다 큰 장점이 있다. 그러

나 경영 지배력과 경영의 속도가 비교적 약하거나 늦는 것이나 조합원간의 다툼의 소지가 있는 것이 협동조합의 단점으로 지적된다.

따라서 협동조합 설립 시는 이러한 단점을 보완하기 위해 정관 및 규약을 꼼꼼히 만들어야 할 것이다. 이는 성공적인 조합 활동을 위해 사전에 꼭 면밀하게 챙겨야 하는 점임을 절대 간과해서는 안 될 것이다.

읽을거리 **지역경제진흥과 일자리창출 방안으로서 대규모 협동조합 설립을 통한 귀농귀촌사업**[8]

OECD가 최근 발행한 '기업가정신 2017' 자료를 보면, 근로자 250명 이상인 한국 대기업의 고용 비중은 전체의 약12.8%이다. 이들이 국가 경제 총부가가치에서 차지하는 비중이 약56%에 이른다. 한국과 비중이 56%로 같은 미국의 고용 비중은 약58.7%로 한국의 4.5배이다. 약50%로 한국보다 비중이 낮은 일본도 고용 비중은 약47.2%로 한국보다 3.7배 높다. 특히 북유럽은 기업 간 고용 비중 격차가 두 배도 안될 만큼 아주 작다.

이것은 우리의 고용 없는 성장이 얼마나 심각한 상태인가를 여실하게 보여주고 있다. 이들의 총부가가치 대비 노동자에 대한 보상 비중도 약28%이다. 또한 한국의 중소기업 노동자 임금은 대기업의 약 41.3%로 기업 간 임금격차도 크다. 북유럽 국가인 핀란드는 약70.9%, 스웨덴은 약69.4%로 기업 간 임금격차가 아주 작다.

이처럼 한국의 대기업들은 해외 기업과 비교해 유달리 고용 비중은 낮고 대기업과 중소기업 임금격차는 큰 것이 특징이다. 이런 이유로 우리나라는 대기업과 재벌 천국이라 말하지 않을 수가 없다. 그러므로 개인이 중소기업으로 창업을 하거나 취업하는 것은 불행한 일이 된다.

그러나 이런 대기업들도 이제는 업종별 변화가 일어나고 있다. 지난 20년 동안 100대 기업의 절반이 정보기술(IT)·서비스 업종 위주로 재편이 되어 이제는 굴뚝산업의 퇴장을 알리고 있다.

이런 결과는 3차 산업혁명의 발전에 따른 것이다. 3차 산업혁명은 전 산업 분야의 기술발전을 촉진해서, 과거 노동집약적 산업을 지식, 기술, 정보와 같은 지식 정보의 산업으로 고도화 시키고 있다. 그러므로 수십 년 동안 정체되어 있는 우리의 농촌도 3차 산업혁명에 대비할 수 있도록 하고, 우리의 젊은 세대에게도 한국에서 사업이 가능한 대기업을 기반으로 산업을 발전시켜 나가게 해야 한다. 이렇게 조직을 갖추어야만 국내외 대기업과 경쟁을 할 수가 있고, 이것만이 국가의 미래를 담보할 수가 있기 때문이다.

본 연구원의 제안을 요약하면 지금까지 정부가 귀농인 들에게 개인 한도로 사업비 3억 원과 주거비용으로 7500만원의 보증을 지원해 귀농사업을 진행하고 있다. 이 보증자금 중 사업비 3억 원을 귀농 세대주 200명이 모두 조합출자금으로 출자할 경우 한 조합 당 출자금은 약 600억 원에 이르게 된다. 이 출자금 600억 원은 현재 대기업으로 분류되는 자본금 기준이 500억 원인 점을 감안한다면 매우 큰 출자금이라는 것을 알 수 있다.

8　한국창업정책연구원(kepico.cafe24.com) 협동조합칼럼 '동반귀농으로 대기업의 주인되자'/(재)전북테크노파크외 (2015), 집단 귀농 · 귀촌을 통한 6차산업단지 조성연구용역(최종보고서)

또한 2014년 귀농자 평균 세대 당 귀농투자금은 1억 2천3백만 원 이었다. 200세대 일 경우 약 246억 원에 이른다. 이 둘을 합하면 846억 원이다. 이처럼 뭉치면 큰 자금이 된다. 그러므로 개인들이 진행하고 있는 농업 6차 산업 귀농·어·촌 사업을 최소 100인 이상이 함께 협동조합을 플랫폼으로 하는 귀농·어·촌 사업을 진행하도록 유도하여 진행하자는 것이다.

주거문제도 300세대 이상이 모여서 마을을 만들 경우 비용이 많이 절약된다. 그 절약되는 자금으로 지역사회와 공동으로 사용하는 마을공유물을 생성할 수가 있게 된다. 이런 마을 공유물로는 연구실, 창업보육센터, 도서관, 게스트하우스, 홈스테이 룸, 공동입출하장, 자원재활용센터. 냉동고, 농기구, 자동차, 자전거, 장난감, 게임장, 의류, 창고, 생활용품, 수영장, 카센터, 뷰티숍, 드레스숍, 세탁방, 체육관, 공동식당, 레스토랑, 보육원, 공원, 수목원, 캠핑장, 공동체문화 등 도시가 전혀 부럽지 않는 다양하고 편리한 공유 자산을 출발 시점부터 보유할 수가 있게 된다.

우리가 50년 전에 강남을 설계했듯이 다음세대가 4차 산업혁명시대를 구가할 수 있도록 살기 좋은 주거와 직장환경을 지역사회에 구축하는 것이다. 4차 산업혁명시대 농촌은 생산과 2,3차 가공은 조합기업이 과학영농으로 하고, 유통과 마케팅, 신기술 창업과 디지털산업의 확장은 조합원들이 주도적으로 진행해 나가는 것이 합리적이다.

조금 더 구체적으로 설명하면, 조합출자금 3/1은 조합기업이 협동농장(농업, 가금류. 축산. 과수. 임업. 수목원. 야생화. 화해단지. 산나물, 산약초, 내수면양식)과 박물관, 예술촌, 힐링센터 체험관광, 템플스테이, 태마파크 등 그에 따르는 사업을 추진한다. 3/1은 지역 경제와 공유하는 조합 유통과 마케팅 사업(지금까지 농협이 했어야 할 사업과 3차 산업부분)을 추진하고, 나머지 3/1은 조합연구소를 기반으로 R&D에 따른 신기술 창업과 디지털산업 부분으로 포트폴리오를 구성해 진행하되, 지역 특성을 고려할 필요가 있다.

그리고 조합자금의 횡령 등을 염려할 경우 조합자금을 금 거래소의 금을 매입해서 보관관리 할 경우 안전성을 추가로 확보할 수가 있고, 이것을 마을화폐로 사용할 경우 새로운 디지털사업과 품앗이 등을 용이하게 하는 신용사회 구축(국내외거래) 등 많은 장점이 있다.

이 제안의 핵심은 중앙정부의 리더쉽으로 각 지자체 실정에 적합한 혁신형 신세대 협동조합기업을 민, 관, 학, 멘토기업 등이 주축이 된 융복합 사업을 구축 하는 것이다. 본 제안의 실행은 중앙정부가 지자체 몇 곳에 시범사업을 진행해 롤 모델을 만들어 제시하면, 각 지자체가 지자체 실정에 적합한 모델을 개발해 나가는 것이 가능하다.

이것을 바탕으로 전국의 153개 시군에 지역 당 각 5개 구역을 지정, 수익형 동반귀농 조합기업을 구축한다면 전국에 약 765개의 수익형 동반귀농 조합기업을 만들 수 있게 된다. 한 곳당 평균 귀농 세대주를 200명으로 가정할 경우 약 153,000세대의 세대주를 귀농(귀농교육을 마친 예비귀농인은 약 170만 명 추산) 시킬 수 있으며, 그들의 거주 인원을 2.5명으로 계산할 경우 전국적으로 약 382,500명의 동반귀농을 달성 시킬 수 있게 된다.

또한 765개의 조합기업 모두가 양질의 정규직 신규 고용을 채용하게 됨으로 인해서, 최소 조합마을 일자리가 2~3년 이내에 약 40만 명과 조합기업이 2년차 이후 매년 약 10만(연구원30%) 명의 일자리 창출 효과를 달성할 수 있게 된다. 이럴 경우 심각한 일자리문제는 곧바로 숨통이 트일 수 있다. 전국의 지방정부가 지방현실에 적합한 새로운 조합기업 마스터플랜을 제시하게 되면, 청년세대는 그 사업계획 중에서 자신의 관심과 성향에 맞는 협동조합기업을 자신의 의지로 선택하는 선택권이 생기게 된다.

특히 협동조합은 모두가 주인이기 때문에 동등한 조합원 자격으로 사업에 참여를 하게 되어 곧 바로 주인의식을 갖게 되는 가장 큰 장점이 있어 조합원으로서 자존감을 한층 높일 수가 있다. 더욱이 협동조합은 구축이 되면 공동체가 발휘하는 일체감으로 인해 상대적 빈곤감이나 양극화에 대한 두려움에서 벗어나게 되며, 조합원들이 사회의 공동선(Common Good)을 추구함으로 인한 자긍심도 함께 얻을 수가 있게 된다.

⒀ 업종별 창업절차

■ 제조업 창업절차

제조업의 창업절차는 다른 업종의 창업에 비해 준비해야 할 사항이 복잡하고 많다. 특히 제조시설에 대한 준비에 충분한 검토가 요구된다.[9]

• 공장설립 진행 흐름도

공장설립을 위해서는 [그림 7-2]와 같이 공장입지의 선정, 공장설립의 인허가 그리고 공장 건축의 단계로 진행된다. 공장을 설립할 수 있는 지역은 공장건설을 위해 조성한 계획입지(국가공단, 지방공단, 농공단지)와 국토이용관리법 미 도시계획법상 세분된 대별적인 용도지역(지구)중 공장설립이 허용되는 자유입지에 한정되어 있다.

업무의 구분	진행순서	
공장입지의 선정	공장입지 형태의 결정 ↓ 입지조사(지역분석) ↓ 입지분석(개별분석) ↓ 입지의 결정	
공장설립의 인 · 허가	사업계획서 작성 ↓ 구비서류준비 ↓ 측량설계 ↓ 사업승인 신청 및 허가 ↓ 개별법상 사업 인 · 허가	(자유입지) (자유입지)
공장건축	토목공사 및 준공 ↓ 건축설계 ↓ 건축허가 신청 ↓ 공장설립 완료보고 및 사용검사 ↓ 공장등록증 발급	(자유입지)

[그림 7-2] 공장설립 절차

---

9   최종렬,정해주(2011), 벤처창업과 기업가정신, 탑북스, pp472~478

계획입지는 "산업단지 및 개발에 관한 법률"에 정한 목적에 부합할 경우 입주가 가능하며, 자유입지는 "국토이용관리법", "도시계획법", "수도권정비계획법"등이 허용하는 지역에서 공장설치가 가능하다.

• 입지조사

공장설립 입지의 조사는 자유입지와 계획입지에 따라 다르다. 특히 자유입지의 경우 관련 법 및 용도 등에 따라 많은 제약이 있으므로 면밀한 검토가 요구된다. 계획입지의 경우는 공장설립을 위해 국가, 지방자치단체 또는 공공기관 등이 조성하여 공급하는 곳으로 정확한 정보 입수가 중요하다. 자유입지의 경우 공장설립가능 여부에 대한 검토가 필요하다. 관련 주요 법으로는 산업집적활성화 및 공장설립에 관한 법률, 국토계획법, 건축법 등이 있다. 공장설립가능 여부에 대한 검토 흐름도는 [그림 7-3]과 같다.

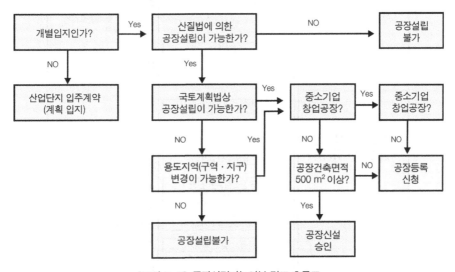

[그림 7-3] 공장설립가능여부 검토 흐름도

• 공장설립의 인·허가

공장설립과 관련한 사업승인 신청 및 허가는 자유입지의 경우 공장설립신고(허가)에 의한 입지, 창업사업 계획승인에 의한 입지, 개별입지 지정에 의한 입지 및 아파트형 공장에 공장 신축 및 등록이 가능하다.

계획입지의 경우는 국가 및 지방공단, 공업단지 관리공단, 농공단지, 협동화사업단지 등에서 승인을 득한다. 공장 건축허가에서 공장등록까지의 흐름은 [그림 7-4]와 같다.

이와는 별도로 대학 등에서의 교수, 연구원 등의 기술집약형 기업(벤처기업) 창업 활성화를 위해 실험실 공장을 허가하고 있다. 실험실 공장은 교수 또는 연구원의 벤처창업을 촉진하기 위하여 대학 및 연구기관이 보유하고 있는 연구시설 안에 도시형 공장에 해당하는 업종의 생산시설을 갖춘 사업장을 말한다.

실험실 공장 설치규모는 생산시설용으로 쓰일 바닥면적의 합계는 3,000㎡를 초과할 수 없으며, 실험실 공장의 총면적(실험실 공장이 둘 이상인 경우에는 그 면적을 합한 것을 말함)은 당해 대학 또는 연구기관 건축물 연면적의 2분의 1을 초과할 수 없다.

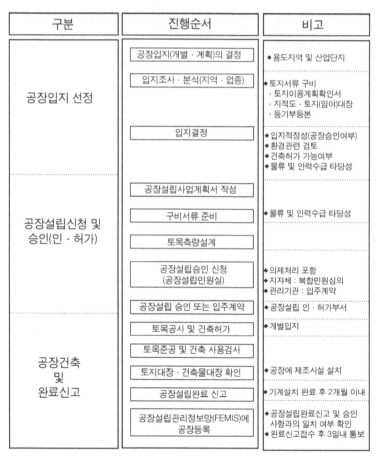

[그림 7-4] 공장 건축 흐름도

입주대상 공장은 수질, 소음, 공해 등이 적은 도시형 공장에 한하고, 실험실 공장 설치 가능 장소는 ① 대학(산업대학 및 전문대학)의 실험실, ② 국·공립연구기관 및 정부출연연구기관의 실험실, ③ 산업기술기반조성에 관한법률 제18조의 규정에 의한 전문생산

기술연구소의 실험실, ④ 대덕연구단지 관리법에 의하여 대덕연구단지에 입주한 연구기관(기업부설연구소 포함)의 실험실 등이다.

실험실 공장 설치 및 공장등록 절차는 제조업의 경우 실험실 공장 설치 승인 및 겸직허가 ⇒ 기업설립 ⇒ 실험실 공장 설치 및 등록의 과정을 거친다. 비제조업 및 S/W업 실험실 공장을 설치하고자 하는 교수 또는 연구원은 ① 소속기관장으로부터 휴직 또는 겸직 허가를 얻어야 하며, ② 실험실 내에 주소를 두는 법인을 설립하거나 개인사업자를 등록한다.

■ **도·소매업 창업절차**

도·소매업 창업의 기본적 고려사항은 첫째, 좋은 입지 선정으로 계획입지와 계획업종 및 업태와의 적합성을 고려한다. 둘째, 유망업종을 선택할 때는 시장성, 창업자의 적성 및 능력과의 적합성, 계획업종의 라이프사이클 등을 고려해야 한다. 마지막으로 사업규모 및 형태를 결정할 때의 고려사항은 투입자본, 도매 또는 소매 또는 대리점 등이다.

도·소매업 창업의 기본절차는 [그림 7-5]와 같이 창업준비절차, 점포입지 선전절차, 개업준비 절차로 크게 구분하여 진행한다.

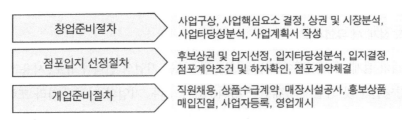

[그림 7-5] 도소매업 창업절차

■ **서비스업 창업의 기본절차**

서비스 창업은 창업자와 가장 밀착된 산업, 인간이 중시되는 산업 및 경제여건, 경영환경에 민감한 업종이다. 창업소요자금이 타 산업보다 상대적으로 적다. 무형의 재화로 사업을 성립하기 위해서는 소비자의 동의가 필수적인 업종이다. 다만 창업초기 영업기반 확보까지 다소 긴 시간 소용되는 문제점을 가지고 있다. 창업절차는 도소매업과 유사하다.

제4절 창업기업의 조직과 경영팀

(1) 벤처기업 조직의 개념

조직이란 조직 설립목적을 효과적이며 효율적으로 달성하기 위해 수직적 · 수평적으로 업무를 구조화하고 담당업무에 대한 권한과 책임관계를 명확히 하는 것을 말한다. 조직을 설계하는 과정을 통해 조직도라는 조직구조가 만들어 진다.

(2) 조직설계(organizational design) 및 구조

조직설계는 조직의 내부구조를 설계하고 과업, 구성원, 권한, 책임 사이에 적절한 분업과 권력관계가 체계적으로 이루어지도록 하는 것이다. 이는 여러 업무와 관리행위가 효과적으로 실행될 수 있도록 하는 일련의 과정(process)으로 조직을 형성 · 유지하기 위한 경영자의 주요한 기능이다.

조직구조(structure)는 조직설계의 결과로서 갖추어진 비교적 안정적인 짜임새로 조직에 대한 정태적 표현이다. 조직화의 결과로 형성된 실체이며 경영자를 포함한 전 구성원의 활동 배경이 된다.

■ 기업조직 설계 시 유의사항

기업조직의 설계 시 고려해야 되는 영향요인으로는 기업의 연혁과 규모, 사용기술, 시장변화, 경영전략 및 기업이 속해있는 사회문화가 있다. 기업의 연혁에 따라 또한 규모에 따라 조직의 관료적 성향 및 계층 수를 포함한 조직의 분화정도가 결정되며, 사용기술의 특성에 따라 조직구조가 달라진다.

시장변화는 외부환경(시장)의 특성에 따라 달라진다. 따라서 환경이 단순하여 불확실성이 적을 경우 기계적 조직이 복잡해진다. 그러나 불확실성이 큰 환경에서는 외부 충격을 흡수하여 융통성 있게 대응해야하기 때문에 효과적인 유기적 조직으로 설계된다.

경영전략은 조직 기술의 특성이나 일상 업무내용에 영향을 미치는 요소이다. 이에 따라 원가우위 전략은 원가를 통한 저가 가격을 추구한다. 따라서 규정과 공식이 조직의 주요 행동기준이다. 또 집권화를 통한 효율과 생산성을 강조하는 기계식 조직이 유용하다.

차별화 전략은 독특한 제품이나 서비스 추구를 추구하므로 자율권과 비공식화를 통해 융통성과 창의성을 유도하는 유기적 조직이 더 효율적이다. 또한 집중화 전략은 한정된 시장을 집중 공략하는 전략으로 초점이 원가우위나 차별화 중 어떤 것이냐에 따라 조직 설계가 달라진다.

사회문화에 있어 문화는 타 조직과 차별화되며 보존가치가 있다고 인정되는 조직의 가치관 및 행동양식으로 조직원의 사고와 행동에 영향을 미친다. 수직문화의 경우 높은 조직계층화가 이루어지며 평등문화는 자율과 권한 위임 조직이 유용하다.

이러한 배경을 바탕으로 조직설계 의사결정 단계에서의 결정해야하는 내용으로 ① 조직목표 달성을 위해 수행되어야 할 전체업무의 명확화, ② 전체업무를 구성원, 집단에 의해 적절히 수행되도록 나눔, ③ 나누어진 업무와 담당자들을 업무성격에 따라 집단화, ④ 맡겨진 일의 수행에 필요한 권한을 구성원, 집단에 배분, ⑤ 구성원들에 의해 수행된 일들이 어우러져 통합되도록 조정, ⑥ 위의 일들이 잘 진행되는가를 평가, 필요한 수정 조치를 취하는 일련의 과정이 요구된다.

(3) 벤처기업 조직의 문제점과 해결방안

벤처기업은 높은 성장산업이기 때문에 많은 기술적 불확실성을 가지고 있다. 또한 새로운 비즈니스 모델을 정립해야 하며, 외부환경과 인적자원관리의 중요성으로 인해 기존 조직의 전통, 습관, 표준공정 등에 있어 혁신을 요구 받는다.

반면에 벤처기업의 조직은 내·외부적으로 높은 환경적 불확실성에 직면하고 있지만 빠르게 성장하는 조직이다. 개방적이며 민주적인 조직문화를 가지고 있으며, 동일한 공유가치와 명확한 전략을 소유하고 있다. 정열적이고, 헌신적이고, 혁신적인 아이디어의 적극적 수용과 빠른 의사결정의 특징을 가지고 있다.

이러한 벤처 조직의 특성으로 인한 문제점은 조직의 성장이 조직내부의 비효율성과 비합리성의 문제를 희석시킨다. 또한 리더십의 딜레마에 빠지거나 기업 사명으로부터 이탈, 의사소통의 불확실화 및 인적자원 관리 능력 부재 등의 문제가 발생한다. 이러한 문제를 전체적으로 조정하고 통제할 수 있는 조직관리 능력의 부재가 벤처기업을 힘들게 한다.

벤처기업 조직의 문제점을 해결할 수 있는 방안으로는 조직적 차원과 개인적 차원에서 접근할 수 있다. 조직적 차원으로는 ① 기대하지 못한 것을 기대하게 하라. ② 빠른 성장이 끝난 시기를 대비하라. ③ 기업의 사명과 성장의 의미를 명확히 하라. ④ 외부시각에서 기업의 리더십을 살펴보라. ⑤ 조직 내의 중복요소를 제거하라. ⑥ 기업의 사명을 반복적으로 명확히 하라. ⑦ 조직관리 시스템을 확립하라. ⑧ 조직의 유연성을 유지하라. ⑨ 활동성과 자율성에 기초한 조직문화를 형성하는 방법이 있다.

개인적 차원의 방법으로는 ① 올바른 인재 채용 시스템의 수립, ② 채용된 인재가 동화될 수 있는 문화정립, ③ Cross-functional communication확립, ④ 개인의 가치관과 조직의 가치관 공유, ⑤ 적절한 보상 시스템의 도입, ⑥ 실험적 학습태도를 존중하는 분위기 창조, ⑦ 성과물에 대한 적극적인 향유와 실패를 통한 학습의 단계를 통해 조직구축을 할 수 있다.

제5절 경영팀의 구성과 보상정책

(1) 창업과정과 경영 팀

벤처기업의 성공 여부에 경영팀이 중요한 역할을 한다는 것이 밝혀졌다. 벤처캐피탈리스트나 투자자들의 의사결정에도 중요한 평가요인으로 간주되고 있다.[10] 조사에 의하면 미국의 루트128의 성공벤처 기업 중 70% 이상이 창업 팀을 보유하고 있는 것으로 확인됐다. 심지어 John Doerr는 "사업 아이디어가 A급이고 사업가와 그 팀이 B급인 경우보다, 사업가와 그 팀이 A급이고 아이디어가 B 급인 경우를 더 선호한다."고 할 정도로 경영 팀의 중요성은 부각되고 있다.

이는 경영 팀이 벤처의 성공과 실패에 영향을 미칠 뿐 아니라, 벤처 조직의 형태에도 지대한 영향을 미치기 때문이다. 창업 초기부터 창업기업가의 부족한 부분을 보완하기 위해 우수한 팀원을 찾게 된다. 특히 엔지니어 출신의 창업기업가인 경우 경영부문의 보완이 절실히 요구된다.

창업과정은 기회와 자원에 대한 창업 팀의 갭(gap) 메우기이다. 기회의 구체화를 위한 자원의 부족을 메우고, 확보된 자원의 효율적이고 효과적인 운영을 위한 기회의 확대 과정이 창업팀에 의해서 이루어진다. 즉, 팀의 역할은 창업과정에 있어 갭을 조화롭게 함으로써 벤처기업을 성공으로 이끈다.

---

10 최종렬,정해주(2011), 전게서, pp.124~137

우수한 경영 팀을 만나는 것은 결코 쉽지 않은 일이다. 창업경영 팀으로 참여하기 위해서는 창업가의 비전과 목표에 공감해야 하며, 창업가를 절대 신뢰하고 주어진 업무에 몰입할 수 있어야 한다. 또한 창업가는 경영 팀 참여자에 대한 조직 내의 위치와 역할, 소유권 문제 등 다양한 의사결정이 필요하다.

우수한 경영 팀의 특성은 적정한 양과 질적 측면에서 모두 고려되어야 한다. 관련 분야 경험과 경력을 보유해야 하며, 성취지향적인 동기와 위험과 모호함에 대한 인내력을 가져야 한다. 장기적인 헌신과 투지를 가지며 창의성을 중시하고, 의사소통이 원활해야 한다. 또 팀워크 및 응집력이 강해야 한다.

또한 환경에의 적응력이 뛰어나야 하며, 기회(가치창조)에 대한 몰입 정도가 강해야 한다. 리더십과 용기를 보유하고 있으며, 회수의 태도(성공시 분배)가 명확해야 한다. 소유권에 있어 동등한 불평등을 인정해야 하며, 공정성과 회수의 공유 의지가 있어야 한다.

(2) 창업자의 경영 팀 구성시 고려사항

경영 팀 구성에 대한 간단하고 손쉬운 해결책은 없다. 창업가 수만큼이나 팀 구성방법도 다양하다. 성공적인 기업가는 파트너를 찾아 나서서 기회가 요구하는 바와 시기에 맞추어 팀을 구축한다. 구성원들이 서로 보완하거나 균형을 맞출 때 벤처는 높은 가치를 창출할 수 있다.

창업 팀을 구성할 때 가장 중요한 것은 누가, 언제 필요한가를 판단하고 결정하는 과정이 단번에 이루어지는 문제가 아니라는 것이다. 어떤 노하우, 기술 그리고 전문성이 요구되는가? 어떤 핵심과제와 행동 단계를 밟아야 하는가? 성공을 위한 필수조건은 무엇인가? 회사가 남과 다르게 가지고 있는 능력은 무엇인가? 어떤 외부계약이 필요한가? 갭이 얼마나 크며 얼마나 결정적인가? 벤처기업이 얼마를 지불할 수 있는가? 이사나 고문을 영입함으로써 회사가 필요로 하는 전문성을 얻을 수 있는가? 이러한 질문들이 언제 그리고 어떻게 이러한 요구를 충족시켜야 할지를 결정한다.

이러한 질문들은 시간이 경과하면서 변화할 것이다. 새로운 벤처 경영 팀을 구성함에 있어 기본적인 지침은 다음과 같다. 창업자가 가져야하는 기본자세가 있다. 이는 첫째, 당신이 대접받기를 원하는 방식으로 남을 대접하라. 둘째, 부의 창출에 기여한 모든 계층의 사람들과 부를 나누라는 것이다.

다음으로 고려해야 할 이슈는 ① 어떤 산업, 시장 및 기술적 노하우와 경험이 필요하며, 자신이 이러한 요소들을 동원할 능력이 있는가? ② 필요한 상대방과 네트워크를 가지고 있는가? 아니면 파트너의 도움이 필요한가? ③ 팀을 뛰어난 파트너로 구성할 수 있는가? 이들을 효과적으로 관리할 수 있는가? ④ 왜 이 사업을 시작하려고 하며, 얻고자 하는 바가 무엇인가? (목표와 얻고자 하는 소득의 정도는?) ⑤ 어떤 희생과 헌신이 필요한지를 알고 있으며, 이를 위한 준비가 되어 있는가? ⑥ 위험은 무엇이며, 이 위험을 다루는데 능숙한가? 이다.

추가적인 고려사항으로 팀의 가치, 목표를 잘 이해하고 있어야 한다. 또한 기업의 목표에 헌신할 준비가 되어 있어야 할 것이다. 아울러 누가 핵심과제를 잘 해결할 수 있으며, 누가 어떤 책임을 갖는가를 면밀하게 검토하여 능력이나 책임의 중복을 최소화하기 위해 역할 규정을 명확히 해야 한다.

마지막으로 가족, 친지, 친구, 동료들의 지지와 성원이 중요하다. 이들 준거집단의 승인은 개인의 직업선택과 전체적인 자기 이미지와 정체성에 대한 정적강화에 중요한 원천이다. 이상적으로는 경영 팀의 구성원은 준거집단의 지지를 받아야 한다.

창업 팀 구성에 있어 창업기업가가 창업초기 허니문 기간을 활용하지 않는 실수를 하는 경우가 많다. 창업 초기 참여 팀 구성원들은 다음의 이슈들에 대하여 무관심하거나 간과함에 따라 차후에 어려움에 봉착하게 된다.

우리는 이를 빠지기 쉬운 함정이라 하고 이러한 예는 다음과 같다. ① 최종 책임의 소재, 최종 의사결정자, 이견의 조정은 누가 어떻게 할 것인가에 대한 답을 가지지 않는다. ② 경영 팀이나 리더에 아무런 결함이 없다는 믿음을 가지고 있다. ③ 한 가지 아이디어에 지나치게 매몰된다. ④ 벤처기업의 창업과 성장은 매우 역동적인 과정임을 인식하지 못한다. ⑤ 신뢰를 당연시한다.

(3) 보상체계의 정립방향

벤처의 보상체계는 재정적 보상인 주식, 봉급, 부가급여 등과 개인의 성장에 대한 보상으로 특정역할을 맡아 기술을 발전시킬 기회를 갖는 것 두 가지를 포함한다.

벤처기업 성과 보상시스템은 기여에 따른 차별화와, 성과에 대한 명확한 보상 그리고 팀 구성의 변화와 시간경과에 따른 조정이 공정성에 도움이 된다. 즉, 시간(시기)에 대한 고려가 필요하고 전 기간의 성과에 대한 적절한 보상방안이 필요하다.

또한 성과의 기여에 대한 역할의 중요성에 대한 가중치 부여도 중요하다. 사업 아이디어(Idea)의 창출, 최초 사업계획서(Business plan preparation)의 작성, 헌신과 위험감수 (Commitment and risk), 능력, 경험, 경력 및 네트워크(Skills, experience, track record, or contacts)의 보유, 신뢰(Responsibility)에 대한 기여정도에 대한 평가가 필요하다.

초기 벤처기업이 제공할 수 있는 보상에 제한이 있다. 따라서 벤처 사업화 과정의 전 기간을 통한 전체적인 보상체계는 아주 주의 깊게 결정해야한다. 벤처의 기여수준이 달 라질 때 또는 새로운 인원이 투입될 때 벤처의 보상능력이 제한되지 않도록 해야 한다.

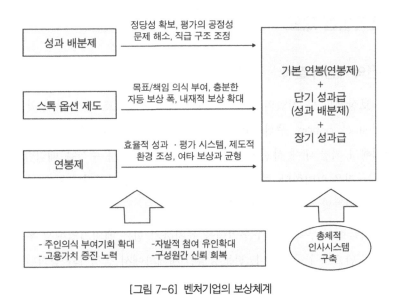

[그림 7-6] 벤처기업의 보상체계

벤처기업의 전체적 보상시스템의 예시는 [그림 7-6]과 같다.

벤처기업에 있어 급여보상정책으로 가장 보편적인 방법이 연봉제이다. 연봉제란 임금 총액의 결정에 영향을 주는 요소의 평가를 통해 이것을 기초로 연간 기초임금을 계약에 반영하여 임금을 지급하는 능력중시 형태의 임금지급방식이다. 연봉제는 종업원들이 자 발적인 노력과 전문능력을 발전시키도록 하는 성과 중심적 인력관리의 효율성과 연공급 여의 문제점 개선 및 경영환경 변화에 따른 대응필요성 때문에 많은 기업이 채용하는 급 여 시스템이다.

연봉제의 시행은 우선 도입목적을 명확히 하고, 임금제도 및 인사제도까지 정비하여 단순히 임금제도 개선이 아닌 능력주의 인사제도가 유지, 발전될 수 있도록 인사평가 제 도의 개선을 포함한 인사제도 전반의 개선이 포함되어야 한다.

연봉제의 단점으로는 정확한 평가기준의 정립과 평가의 어려움, 실적과 연계한 연봉 금액 설정 등의 어려움이 있다. 결국 연봉제는 "열심히 일한 사람이 우대 받는다."라는 기본 원칙과 이를 평가하는 인사고과 제도에 종업원이 동의하고, 회사는 '열린 사고'의 경영으로 종업원의 신뢰를 받을 때 성공적으로 정착할 수 있다.

제6절 스톡옵션 제도

(1) 스톡옵션의 개념과 절차

벤처기업 보상제도 중 기업의 소유지분과 관련되는 것으로 가장 많이 활용되는 제도 가 스톡옵션(stock option, 주식선택 매수권)이다. 스톡옵션은 회사가 특정 임직원에게 일정한 권리행사 기간 내에 사전에 정한 행사 가격으로 자사 주식을 매입할 수 있는 권 리를 부여하는 것을 의미한다. 즉, 스톡옵션이란 회사의 임직원이나 특수 관계인이 기업 주식을 미래에 획득할 권리를 가지는 것을 말한다.

창업초기 자금력의 부족으로 우수인력을 유치하기 힘든 벤처기업에서 우수인력을 유 치하기 위한 수단으로 활용하거나, 전문경영인 체제하에서 경영자와 임직원의 성과향상 을 위한 동기부여 수단으로 많이 활용하고 있다.

부여가능 법인은 상장기업, 벤처기업 및 모든 주식회사가 가능하다. 부여대상자는 법 인의 설립과 경영 기술혁신 등에 기여하였거나 기여할 능력을 갖춘 당해 법인의 임직원 (세법은 옵션행사 후 발행주식총수 10% 초과보유자, 최대주주 및 주요주주와 그 특수관 계인 제외)으로 하고 있다.

총부여 한도는 주권상장법인 및 협회등록법인의 경우 발행주식 총수익 15% 이내(조 세감면규제법에서 세제혜택을 받기 위한 1인당 총 부여한도를 발행주식 총수 10% 범위 로 연간 3천만 원이다. 단, 상장법인 및 협회등록법인은 5천만 원이다.), 벤처기업(상장 (등록)된 법인 제외)은 발행주식 총수의 50%, 기타 주식회사는 발행주식 총수의 10%이 다. 부여방식 및 행사가격은 [표 7-3]과 같다.

[표 7-3] 스톡옵션 부여 방식

종류	부여방식	행사가격 설정
신주교부 방식	옵션을 행사할 경우 행사가격으로 신주를 발행하여 교부하는 방식	스톡옵션 부여일을 기준으로 하여 산정한 시가와 당해 주식의 액면가 중 높은 가액이상으로 설정
자기주식 교부 방식	회사가 자기주식을 취득 보유한 다음 옵션을 행사할 경우 행사가격으로 주식을 양도하는 방식	스톡옵션 부여일을 기준일로 하여 산정한 시가 이상으로 설정(상속세 및 증여세법(63조)에 의한 시가평가방법에 의해 산정) (상장, 협회등록법인 주식은 옵션부여 이전과 이후 각 2개월 간 종가평균)
주가차액 보상방식(SAR)	옵션을 행사할 경우 행사가격과 시가와의 차액을 현금 또는 자기 주식으로 교부하는 방식	신주교부방식과 동일

(※ 기업의 정관에 위의 부여방식을 모두 이용 가능하도록 명시해두는 것이 유리하다)

(2) 스톡옵션의 유형

스톡옵션은 전 종업원을 대상으로 하여 일괄적으로 주식을 취득하게 하는 종업원지주제와는 달리 옵션에 따라 여러 유형이 있을 수 있다. 즉, 부여 대상인 주식의 유형, 옵션 행사시의 과세여부, 옵션제공의 수단 등에 따라 크게 3가지 유형으로 분류할 수 있다.

■ 투자형(Investment형)

가장 일반적으로 사용되는 스톡옵션으로 임·직원에게 일정한 기간 동안 일정한 가격으로 회사의 주식을 살 수 있는 옵션을 제공하는 형태이다. 따라서 이 유형의 옵션을 부여받는 자는 옵션 행사시에 일정한 자기자금을 투자해야 한다. 이러한 투자형 스톡옵션에는 인센티브형과 비적격 스톡옵션이 있다.

① 인센티브형(Incentive Stock Option : ISO)은 유리한 세금처리를 조건부로 하여 일정기간에 걸쳐 회사의 주식을 매입할 수 있는 권리를 부여하는 것으로 후술하는 바와 같이 우리나라에 도입된 것이 인센티브형이라고 할 수 있다.
이와 같이 인센티브형은 옵션의 행사시에는 과세하지 않고 취득한 주식을 양도하는 경우에 한하여 시가와 행사가격에 대한 자본이득세(양도세)가 부가된다.

② 비적격 스톡옵션(Non-Qualified Stock Option)은 가장 일반적인 스톡옵션의 유형으로 일정기간동안 일정한 가격으로 회사의 주식을 살 수 있는 권리를 부여하는 형태로 운영한다.

■ 보상형(Appreciation형)

보상형 스톡옵션은 옵션을 부여 받은 임·직원이 옵션을 행사할 때의 시장가격이 옵션을 부여할 때의 권리행사가격보다 상회할 경우 그 차액만큼을 회사가 주식, 현금 또는 주식과 현금을 혼합해서 지급하는 형태의 스톡옵션이다. 보상형에는 주가상승보상권형과 가상주식형이 있다.

① 주가상승 보상형(Stock Appreciation Right : SAR)은 주식평가익권이라도 하며 옵션의 행사시점에서 권리행사가격과 시장가액과의 차액만큼을 회사로부터 현금, 주식 또는 현금과 주식의 혼합형으로 보상받는 제도이다. 따라서 스톡옵션을 부여받는 종업원은 주식을 실제로 매입하기 위한 자기자금의 조달이 필요 없다는 장점이 있다.

② 가상주식형(Phantom Stock)은 실제로 존재하지 않는 가상의 주식을 임·직원에게 부여하고 일정기간 후에 주가와 가상주식의 기준가격과의 차에 가상주식의 수를 곱한 금액을 현금 또는 주식으로 지급하는 형태이다.

■ 전체가치형(Full-value형)

전체가치형의 경우 회사주식의 전체가치나 특정한 가치를 부여받은 종업원의 실적에 연계하여 조건부로 제공하는 유형의 스톡옵션이다. 이에는 성과형과 양도 제한형으로 구별된다.

① 성과형(Performance Share)은 부여대상자로 하여금 부여시점에서 일정기간동안의 실적을 정하고 그 기간경과 후에 실적의 달성정도에 따라 처음 받은 주식의 일정배수만큼 수익을 올릴 수 있게 하는 유형이다.

② 양도 제한형(Restricted Stock)은 옵션의 수혜자가 일정기간동안 매각이나 양도를 할 수 없는 조건부옵션의 주식을 발행하여 지급하는 것으로 제한된 기간 동안은 회사로부터 배당만 받는 유형이다.

스톡옵션의 유형을 정리하면 [표 7-4]와 같다.

[표 7-4] 스톡옵션의 유형

구분		특징	제공수단
투자형 스톡옵션	장려형 (적격) 스톡옵션	• 법정자격요건을 갖춘 스톡옵션으로 세금면제 혜택 • 우리나라에서는 적격스톱옵션만 인정	주식
	비적격 스톡옵션	• 적격스톱옵션의 요건을 가지지 못해 세제혜택을 받지 못하는 스톡옵션	주식
평가 보상형 스톡옵션	주식평가 보상권	• 스톡옵션의 행사가격과 옵션행사시의 주가간의 차액만큼 주식이나 현금을 제공하는 유형 • 수혜자의 자기자금 조달 불필요 • 우리나라에서는 법정 요건을 갖추면 적격 스톡옵션으로 세제혜택을 받을 수 있음	현금, 주식 혼합형
	가상 주식	• 공기업이나 주식이 상장되지 않은 회사에서 사용 • 주가가 아닌 별도의 대용지표 사용(매출성장률 등)	현금
주식 가치형 스톡옵션	성과연계형 주식	• 기업의 장기목표와 연동하여 사전에 옵션을 정하고 목표 달성시 옵션행사 할 수 있게 함 • 목표달성을 하지 못하는 경우 권리의 소멸 • 현금급여와 같이 인건비로 간주 세금부과 대상	현금, 주식
	양도제한부 주식	• 일정기간 양도 불가 주식을 발행하여 임직원에 제공 • 제한기간 만료 전에 수혜자가 계약을 해지 시 주식가치 소멸	현금, 주식

(3) 기타 유사 인센티브형 제도

■ 우리사주조합제도

종업원으로 하여금 자사 주식을 소유하게 하는 제도이다. 이는 종업원지주제의 실시에 따라 종업원의 주식을 일괄취득하고 관리하는 종업원단체를 우리사주조합이라고 한다. 이러한 종업원지주제로서의 우리사주조합제도는 '74년 자본시장육성방안의 하나로 제도화되어 현재에 이르고 있다.

이 제도는 기업측면으로는 종업원의 재산형성을 지원함으로써 근로의욕을 증진시킴은 물론 자사 내에 안정주주를 확보함으로서 경영권의 안정을 도모할 수 있는 장점이 있고 종업원 입장에서는 자사주식의 취득·보유에 대한 각종 지원혜택을 받을 수 있는 이점이 있다.

우리사주조합제도는 회사 종업원에게 자사주를 취득하게 함으로써 종업원의 복리후생을 증진시키고 기업발전을 위한 인센티브를 도모한다는 측면에서는 스톡옵션제와 유사하다. 하지만 우리사주조합제도는 모든 임·직원을 대상으로 하여 유상증자나 기업공개 시에 일률적으로 부여되는 제도이다.

이에 반해 스톡옵션제는 옵션의 형태에 따라 그 유형이 다양하고 특정종업원에 한정되어 실시되기 때문에 그 인센티브로의 효과가 크다는 장점이 있다.

■ 자사주구매제도(Stock Purchase)

자사주구매제도란 스톡옵션제의 변형적인 방법의 하나로 임·직원이 연봉의 일정비율에 해당하는 주식을 무상으로 지급하는 일종의 주식보너스제도이다. 스톡옵션의 경우 미래의 일정시점에 권리를 행사함으로써 주식을 취득할 수 있지만, 자사주구매제도의 경우 현 시점에서 바로 주식을 취득할 수 있다는 데 차이점이 있다.

이러한 자사주구매제도는 종업원들이 자사 주식을 매입함으로써 주식의 수요를 증가시켜 단기적으로 주가상승의 요인이 되기도 하며 또한 매입수량에 비례하여 무상으로 주식을 지급받게 되어 종업원들에게 인센티브로의 효과가 있을 뿐 아니라 적대적 M&A에 대한 좋은 방어수단이 되기도 한다.

우리나라에서는 '96년 (주)삼보컴퓨터에서 실시한 사례가 있다. 삼보컴퓨터의 경우 임·직원이 전년 연봉의 5~10% 범위 내에서 자사주를 매입하면 2년 후에 취득주식의 50%에 해당하는 주식을 무상으로 지급받게 했다.

(4) 도입효과와 역기능

스톡옵션제도는 기본적으로 회사와 근로자간의 이해관계를 일치시킨다는 점이 특색이다. 즉, 회사의 입장에서는 미래 일정기간이 경과한 후 주식을 매입할 수 있는 권리만을 부여함으로서 현재 현금의 지출이 없이 고급인력을 확보할 수 있다. 또 종업원들은 노력에 대한 보상이 주어짐으로서 근로의욕이 살아난다. 이와 같이 기업의 경쟁력제고라는 목표와 종업원들의 보상이라는 목표를 일치시키는데 본질이 있는 이 제도는 다음과 같은 긍정적 효과가 있다.

■ 고급인력의 확보와 기업경쟁력 증대

기업은 현재의 현금지출이 없이 고급인력을 확보하여 기업경쟁력을 제고시킬 수 있다. 특히 첨단정보통신산업 등 기술 집약형 벤처기업의 경우 고급인력을 통한 첨단기술력을 확보하여 잠재적인 성장성을 극대화 할 수 있고 대기업의 경우 임·직원들의 주인의식을 고취시켜 경쟁력을 제고시킨다.

■ 임 · 직원에 대한 보상과 근로의욕의 동기부여

지금까지는 회사가 급성장하여도 근로자는 정해진 임금 외에 특별히 보상을 받지 못했기 때문에 열심히 노력한 결과 기업주의 부만 늘어나는 부의 불균등 배분에 기인한 갈등이 심했다. 이에 따라 종업원에 대한 적정한 보상을 통해 복지를 증진시키고 또한 재산 증식의 동기를 부여함으로서 근로의욕을 고취시킨다.

■ 경영의 민주화와 투명성 제고

임 · 직원을 점진적으로 주주화 함으로서 주인의식을 갖게 하는 것은 물론 종업원이 주주가 됨으로서 기업의 소유분산이 촉진된다. 또 종업원이 경영에 참여함으로서 책임경영 및 경영의 민주화를 이룰 수 있다.

스톡옵션제는 스톡옵션을 부여받은 자가 객관적 가치에 따라 평가된 가격에 의하여 보상을 받게 되므로 회사의 내재가치를 올려 주가에 반영될 수 있도록 경영활동을 함으로서 회사경영의 투명성이 제고 될 수 있다.

하지만 스톡옵션제도의 시행이 잘못되면 오히려 역기능을 가져올 수 있다. 스톡옵션을 부여받은 종업원과 부여받지 못한 종업원간의 갈등으로 조직이 이원화 될 가능성이 있다. 또 주식을 부여받지 못한 직원의 상대적 열등감으로 직원간의 결속력이 약화될 수 있다.

스톡옵션의 장 · 단점을 요약 정리하면 [표 7-5]와 같다.

[표 7-5] 스톡옵션의 장 · 단점

구분	수혜자 측면	기업측면
장점	• 회사가 성장하면 상응하는 보상을 받을 수 있음 • 스톡옵션을 통해 얻는 수익 에 대해 근로소득세를 면제 혜택	• 기업 주가상승과 임직원의 보상증대 동시에 달성 가능 • 현금이 지출이 미래에 발생하므로 적은 비용으로 임직원 사기진작 가능 • 기업에 우호적인 임직원(주주)를 많이 확보함으로써 협조적 노사관계 구축과 적대적 M&A로부터 경영권 방어
단점	• 주가하락 시 인센티브를 받을 수 있는 기회 상실 • 단기적인 성과에 집착 • 위화감의 조성	• 스톡옵션을 부여하기 위해 복잡한 절차를 밟아야 함 • 소유지배권의 변동을 막기 위해 보완조치 필요 • 단기적인 성과에 집착할 가능성 증대 • 경영진의 과다한 이익 향유로 주주이익의 침해 가능성 • 외부효과와 경영진의 노력을 분리하기 힘든 경우가 발생

그런가하면 주식을 과다하게 부여받은 종업원이 하루아침에 부자가 되는 경우 근로의 욕이 오히려 감소되는 경우가 있을 수 있다. 그렇다고 특정 경영진에게 혜택이 부여된다면 단기간에 경영성과를 올리기 위해 근시안적인 경영으로 기업의 장기적성장가능성을 떨어뜨릴 수 있다.

따라서 스톡옵션제를 시행하려는 기업은 스톡옵션 부여대상자 선정은 물론이고, 부여한도, 기업의 장기적인 보수체계와의 균형 등 여러 가지 요소들을 고려해야 한다.

기업가정신 사례 1   비트컴퓨터 조현정 창업주[11]

비트컴퓨터를 창업한 조현정 CEO는 치밀하고 계획적이며, 비트교육센터의 모든 면접을 직접 볼 정도로 꼼꼼한 성격을 가지고 있다. 몰입을 잘 하고 집중력이 대단하며, 완벽주의자적인 스타일이다.

그는 '자신의 얼굴에 책임져라', '상생, 주변 사람들과 더불어 잘 살자', '국가관을 가져야 한다. 즉 자신만을 위해서가 아닌 나라를 위해 일해야 한다.', '작은 시간의 가치를 안다면 인생의 큰 낭비도 줄일 수 있다.', '시간의 효율성을 잘 살려야 한다.'는 주요 인생철학을 갖고 있다.

조현정 CEO는 어렸을 때부터 동네 전파사에서 기술을 배웠고 후에 인하대학교 전기전자공학부에 입학하여 전문교육을 받았다. 그는 군 복무 후, 복학 전까지 시간적 여유가 생겼을 때, 그동안 쌓은 실력을 토대로 아무도 하지 않은 일에 도전해 보기로 결심한다. 사람들이 잘 알지 못하는 소프트웨어를 보편화 시키고자 국내 최초의 소프트웨어 회사인 비트컴퓨터를 창업한 것이다.

또 자신이 속해있는 생태계에 기여하고, 국가적으로 이로운 새로운 문화코드를 만듦으로써 사회에 공헌하고자 비트교육센터를 운영하게 된다. 경쟁력 없는 코볼을 없애고 C/C++를 대중화시키겠다는 일념과 파워 네트워크를 구축하고자 하는 전문가적인 시야도 교육센터 설립에 기여했다.

그는 기업가는 고용과 생산 활동을 통해 수익만 추구할 것이 아니라 사회가치를 높이는 창의적인 혁신코드가 연쇄적으로 확산될 수 있도록 사회공헌을 해야 한다는 생각을 가지고 있다. 그리고 그 혁신적인 사회공헌 방식으로 우리 사회를 발전시키는 새로운 문

---

11 배종태외 3인(2009), 전게서, pp. 67~68.

화가 정착되도록 리더들은 열정을 바치고 싶은 일이 있어야 한다고 주장한다.

1998년 IMF 때, 외부에서 구조조정이다 급여삭감이다 할 때 오히려 직원들의 사기를 높이기 위해 월급을 올리고, 일하는 환경을 조성하기 위해 밤늦게 까지 불을 환히 밝히게 하였다. 그는 사람이 위축되면 IT분야의 생명이라고 할 수 있는 창의성이 떨어진다고 생각하여 외환위기 등 숱한 위기 속에서도 단 한 번의 구조조정도 하지 않았다. 그리하여 비트컴퓨터를 창업한 이래 단 한 차례의 마이너스 성장도, 적자도 없을 만큼 자생력을 갖춘 회사로 발전시킨다.

2000년에는 사재 20억 원으로 '조현정 재단'을 설립하여, 매년 1억 6,000만 원씩 장학금과 학술비를 지원하고 있다. 또한 벤처기업으로 성공한 대학 동문 4명과 함께 인하대학교에 2,300평 규모의 '인하벤처창업관'을 설립했다.

비트교육센터는 본래 수익이 목적이 아닌 국가 발전에 기여할 수 있는 인재 육성에 목적을 두고 있기 때문에 철저히 정해진 원칙에 따라 고급 교육을 하고 있어 졸업생은 창의적인 결과물을 내서 사회에 기여하게 된다. 그의 교육기관 졸업생은 매 해 기업에 채용되어 우수한 인력으로서 기여하며 국가 IT 발전에 큰 몫을 하고 있다.

기업가정신 사례 2 **옥션 이금룡 창업주**[12]

이금룡 전 옥션 사장은 경매입찰 방식의 인터넷쇼핑몰을 국내에 최초로 도입한 장본인이다. 삼성물산 재직 시 삼성몰이라는 인터넷쇼핑몰을 운영하면서 인터넷 쇼핑몰이란 것이 직접 좋은 물건을 구해서, 일일이 사진을 찍어 오해 없는 적당한 가격에 올려야 하는 매우 노동이 많이 들어가는 작업이라는 것을 인식한다.

그래서 점포 없이도 좋은 물건만 있다면 개인적으로 물건을 직접 올릴 수 있도록 하는 인터넷 쇼핑몰을 만들면 좋겠다고 생각한다. 그때 마침 오혁 공동대표가 인터넷 경매 서비스를 처음 시작하였는데, 옥션의 비즈니스 컨셉이 본인의 생각과 흡사했던 것이다. 그래서 고객 중심의 신속한 의사결정과 초기투자가 필요한 웹커뮤니티에 있어 대기업보다 벤처기업 형태가 더 적합하다는 판단으로 옥션을 창업한다.

옥션 성공은 이금룡 전 사장이 시대의 흐름을 포착하는 통찰력에 힘입은 바가 크다. 옥션 창업 당시에는 아날로그 시대에서 디지털 시대로 패러다임이 변화하는 시기로써

---

12 배종태 외 3인(2009), 전게서, pp. 65~66.

당시 미국에서도 이베이(Ebay)나 프라이스라인(Priceline)과 같은 경매입찰 방식의 쇼핑몰이 새로이 인기를 얻고 있었다. 따라서 옥션도 국내 시장에서 어느 정도의 가능성을 예견하고 창업할 수 있었던 것이다.

또 상대적으로 벤처캐피탈로부터 투자 유치나 창업 후 주식 시장에의 상장 역시 수월하게 진행될 수 있었다. 실제로 공동대표였던 오혁 사장의 인터넷 경매 서비스에 KTB의 당시 사장이 자본투자를 하고 있었고, 옥션으로 시작한 후 3개월 만에 자금난을 겪을 즈음 코스닥에 상장하는 행운을 얻게 되었다.

이금룡 전 사장의 디지털 시대의 벤처기업 생존법은 명확하게 설명될 수 있다. 아날로그 시대에서는 1등 기업을 모방하여 2위 기업, 3위 기업의 위치에 올라 시장에서 살아남을 수 있었다면, 디지털 시대에서는 오로지 1등 기업만 존재할 수 있고, 다양한 1등 기업이 모여 큰 시장을 형성하는 형태로 변화한다는 것. 따라서 자신만의 블루오션을 만들어 그 분야의 선도 기업으로 자리 잡아야 한다는 것이다.

결국 이를 위해서는 이금룡 전 사장의 옥션 창업 사례와 같이 남과 차별화된 생각과 창조적 상상력을 가지고 모방이 아닌 새로운 것을 창조해내야 한다. 그리고 기업의 리더는 이러한 시대의 흐름을 포착하는 통찰력과 예지력을 갖추어야 한다.

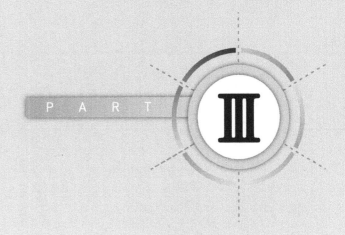

창업기업의 경영

III

응답면 분석

CHAPTER **8**

자금관리 및 운용

- 모험 없이는 이익도 없다.(Nothing ventured, Nothing gained)
  리처드 브랜슨(버진그룹 회장)

- 성공을 원한다면 많은 것들과 친해져야 한다. 인내심은 당신의 소중한 친구로, 경험은 친절한 상담자로, 신중함
  은 당신의 형제로, 희망은 늘 곁에서 지켜주는 부모님처럼 친해져야 한다.
  J 에디슨

제1절 **자금조달의 의의**

벤처창업 및 경영과정에서 자금조달은 기업의 성공과 실패를 결정하는 중요한 요소 중 하나다. 적절한 시기에 적절한 원천으로부터의 자금조달은 기술이나 아이디어 못지 않게 사업성과에 영향을 미친다. 창업과정에서 자금이 얼마나 필요할 것인지, 언제 필요할 것인지, 그리고 이러한 의사결정이 경영활동에 어떠한 영향을 미칠지를 알 수 있다면 창업은 보다 성공적으로 이루어질 수 있을 것이다.[1]

창업자들의 주요 관심 중 하나는 필요한 자금을 어디서, 어떻게 마련하는가의 문제이다. 자금을 어디서, 어떠한 조건으로 조달하였는가는 창업자의 소유지분에도 영향을 미친다. 초기에 지분투자 방식 중심으로 자금을 조달하는 경우, 창업자의 지분비율은 빠르게 줄어든다. 증자과정에서 어떠한 배율로 자금을 조달하는가에 따라 창업자에게 돌아올 수 있는 미래의 수익에 커다란 차이가 있다. 불리한 조건으로 초기 자금조달을 하는 경우 자신의 노력과 기여에 비해 보상이 줄어든다.

반면에 차입에 의한 자금조달의 경우 금융비용의 부담이 커진다. 부채비율이 증가하면 도산 위험이 높아지며, 기업실패의 경우 창업자의 개인적 채무가 되거나 신용불량 상태에 빠지게 된다. 또한 창업초기에는 기업의 신용이 약하기 때문에 차입에 의한 자금조달 자체가 어렵고, 개인적인 담보로 의한 자금조달은 벤처사업과 같이 위험이 높은 경우 적절치 않은 경우가 많다는 점을 신중하게 고려해야 한다.

자금조달은 창업초기뿐만 아니라 성장단계에서도 매우 중요하다. 성장단계에서 급속히 소요자본이 증가하는 경우 IR(벤처투자 유치를 위한 기업홍보활동)을 통해 외부 자금을 대규모로 조달해야 할 필요성이 생긴다. 적절한 시기에 적절한 방법을 통해 유리한 조건으로 자금을 조달할 수 있다면 벤처의 성공가능성이 높아진다. 이를 위해서 벤처기업은 창업자 자신이 자금조달에 대해 전문적인 식견을 가지고 있거나, 아니면 유능한 CFO(자금담당 중역)를 고용해야 한다.

---

1 한정화(2010), 벤처창업과 경영전략, 홍문사, pp227~241

제2절 벤처기업 자금조달의 원천

　자금조달의 원천을 결정하기 위해서는 창업자의 여건이나 상황 그리고 필요성을 먼저 파악하여 그에 적합한 원천으로부터 조달하는 것이 바람직하다. 사업이 진행되면서 다양한 자금의 원천이 존재하나 이러한 원천에 접근하여 자금을 조달하는 것이 쉬운 일이 아니다. 창업자가 사업을 진행시키면서 접근할 수 있는 원천을 제시하면 다음과 같다.

(1) 일반적인 자금조달

■ 창업자 자신의 현금

　창업준비금을 일반적으로 종자돈(seed money)이라고 부FMS다. 종자돈의 출처는 창업자 자신의 현금이 가장 대표적이다. 애플 컴퓨터를 창업한 스티브잡스는 그의 낡은 폴크스바겐을 팔아서 종자돈을 보탰다. 또 그의 동업자 스티브 워즈니악은 자신의 소형계산기를 팔아 보태야했다. 일단 자신의 돈으로 사업을 시작하면 다른 원천으로부터 자금을 끌어 쓰는 경우에 비해 몇 가지 이점을 가진다. 가장 큰 이점은 자신의 돈이기에 지출에 있어 보다 신중을 기하게 된다.

　또 다른 이점은 사업이 진행되면서 만나는 다른 투자자들에게 신뢰를 줄 수 있다. 가령 자신의 현금투자는 한 푼도 없이 다른 투자자들에게 도움을 구한다면 "망하면 내 돈만 날아가는데…"라는 생각을 들게 할 수 있다.

■ 종업원

　창업자 자신이 고용한 종업원도 종자돈의 원천이 될 수 있는데 이 경우 회사의 주식을 주는 것이 일반적이다. 종업원의 투자를 이끌어 낸다면 자금의 조달 효과뿐만 아니라 종업원의 회사에 대한 몰입도 증대시킬 수 있다. 또 기업을 성장시켜 가치를 높이는 것이 종업원 자신의 부를 증대시킨다는 동기도 부여될 수 있다.

■ 친척과 친구

　실제적으로 창업자 자신의 현금이 부족할 때 가장 먼저 둘러보게 되는 원천이 친척이나 친구이다. 하지만 또한 접근할 때 고민스러운 원천이기도 하다. 우리는 주위에서 친척이나 친구에게 돈을 빌린 창업자가 사업이 어려워져 그들의 투자금액을 날려버렸을 때, 금

모험자본 조달 비용, 자금의 조달 규모, 자금조달 시기, 기대수익률, 성장률, 지분유지를 감안하여 초기 일정기간 동안 이익흐름(earning flow)보다는 자본흐름(capital flow)을 창출하여 현금흐름(cash flow)을 원활히 유지되도록 하여야 한다.[6]

■ Private Equity Fund

사모투자펀드는 소수의 투자자들(LP)[7]과 사모투자펀드를 운영하는 펀드매니저(GP)[8]로 이루어져 있다. 이에 따라 정보의 우위를 바탕으로 다양한 자산들에 투자한다. 사모투자펀드는 "소수의 투자자들로부터 장기자금을 조달받아, 특정 기업들의 주식, 채권, 또는 부동산에 투자하고, 절대수익을 추구할 수 있는 투자 구조와 전략을 이용하여 투자대상의 가치를 증대시켜 성과수수료를 받는 기구(vehicle)"이다.

미국과 우리나라의 사모투자펀드는 합자회사(limited partnerships) 형태로 형성되어 있다. 이 합자회사 구성원은 무한책임사원(general partners)과 유한책임사원(limited partners) 둘로 나뉘며 둘이 투자약정을 함으로써 사모투자펀드가 형성되는 것이다.

무한책임사원은 금융기관, 자산운용회사 및 투자자문회사의 업무집행사원으로서, 자금조비, 투자대상의 선정, 투자방식의 설계, 인수기업의 가치제고, 투자회수 전략의 수립 및 이행 등 펀드 투자활동의 각 단계에 있어서 핵심적인 역할을 한다. 또한 파트너십 의무에 대한 무한한 책임을 지니고 있다.

유한책임사원들은 투자자들로서 투자한 자금만큼만 책임을 진다. 사모투자펀드에 투자하는 투자기관들로는 연기금, 금융기관, 보험회사 등이 있으며, 부유층 개인 고객들도 있다. 유한책임사원들은 단지 그들의 파트너십에 비례해 책임을 진다.

사모투자펀드의 투자프로세스는 사업기회를 발견하고 일반적으로 자금모집(capital commitment) → 투자대상 조사(researching) → Deal Structure 및 투자(investing) → 가치창출(growing) → 투자회수(exit)의 다섯 단계를 통해서 이루어지며([표 8-5] 참조), 평균적으로 3년에서 8년간의 투자기간을 갖는다.

---

6 한국벤처창업학회(2012), 창업론, 명경사, pp.206~224
7 LP(Limited Partner 유한책임사원)이란 펀드에 자금을 출자하고 GP의 운용성과 발생 시 지분율에 따라 배당을 받는 투자자의 일종이다.
8 GP(General Partner 무한책임사원)이란 사모투자펀드 · 투자조합 등의 펀드를 운용하는 주체로서, 펀드를 운용함으로써 기본보수를 받고 당초에 정한 수익률 이상의 성과를 나타낼 경우에는 성과보수를 받는다.

[표 8-5] 사모투자펀드 프로세스

0단계	사모펀드 설립	LLP, LLC
1단계	자금모집 (capital commitment)	사모펀드 투자자들로부터 투자약속을 받고 펀드규모 결정
2단계	투자대상 조사(researching)	투자 가능한 기업을 찾아 분석
3단계	Deal Structure 및 투자(investing)	Deal Structure 및 투자대상 기업에 투자(capital call을 통해 투자약속을 받은 투자자들로부터 실제 자금을 받음)
4단계	가치창출(growing)	경영권 행사를 통한 Build up과 구조조정을 통해 회사가치 증대
5단계	투자회수(exit)	투자회수 전략들을 이용하여 회수 후 투자자에게 배분

자금모집(capital commitment) 단계에서는 투자자들을 모집하고, 펀드를 설립한다. 이 단계에서는 펀드의 목적과 향후 구사할 전략을 잘 규정할 필요가 있다. 사모투자펀드에는 다양한 전략들이 존재한다. 해당 사모투자펀드의 목적이 무엇인지에 대한 규명이 투자자들을 모으는 데 중요하며 이 단계에서는 돈을 직접적으로 받지 않는 경우가 대부분이다. 합자회사는 출자 이행 시점이 주식회사와 같이 엄격하지 않아 정관 규정에 따르는 경우가 많으며 초기 출자 이행약정(commitment) 이후, 실제 투자 시 Capital Call을 하는 것이 가능하다. 투자대상 좌 후 기업인수 시에 자금을 사용할 수 있는 권한(capital call)을 가지고 있다.

투자대상 조사(researching) 단계에서는 인적네트워크를 최대한 활용하여 대상기업의 공개경쟁입찰 공고 및 관련 공시를 수집하여 정리한다. 각종 경제변수, 산업지표, 기업 재무제표 등을 분석하고 매각 가능 기업들을 방문한다. 투자은행, 컨설턴트, 법무법인, 회계법인들이 매수 가능한 기업을 소개시켜 주기도 한다. 실제보다 지나치게 과소평가된 기업, 성장성, 현금흐름이 양호한 기업, 잠재력이 높은 기업, 소유구조가 특이한 기업, 구조조정 요소가 있는 기업, 경영진의 능력과 신뢰도, 협상 난이도 등을 고려하여 투자대상 기업을 찾는다.

과소평가된 기업이라 함은 기업의 내재가치가 주가에 제대로 반영되어 있지 못한 기업, 즉 저평가된 기업을 의미한다. 특정 기업이 과소평가되었는지를 알아보는 지표로 토빈의 q비율[9], PER[10], PBR[11], EBITDA[12] 등을 자주 이용한다. 현금흐름이 풍부하면서 주

---

9 토빈의 q(Tobin`s q)는 기업의 부채 및 자기자본의 시장가치를 보유자산의 대체비용으로 나눈 비율을 말한다. [Tobin`s q = 자산의 시장가치 / 추정대체비용] 대체비용은 기업이 보유하고 있는 모든 자산을 장부상의 비용이 아니라 실제로 대체하는데 드는 비용을 추정한 것이다. 토빈의 q가 1보다 크면 자본

가가 저평가된 기업은 특히 LBO의 대상이 되는 경우가 많다. LBO의 경우 기업을 인수한 후에 차입금의 이자와 원금을 주로 대상기업의 현금 흐름이나 자산의 일부 매각에 의해 상환하기 때문이다.

투자구조(Deal Structure) 및 기업인수 단계에서는 목표 투자수익률과 위험에 따른 자본 구조를 만들고 협상과정을 통해 거래를 마무리한다. 가치창출 단계에서는 경영권을 행사하거나 경영 컨설팅을 하며, 구조조정을 단행하기도 한다. 성장업종에 있는 잠재력이 높은 기업의 기술, 인력, 유통망을 일괄적으로 인수하여 다른 기업과 합병 등을 통해 기업의 외적 성장을 추구한다. 또 우량 자회사 지분을 갖고 있는 기업을 인수한 후 구조조정을 단행함으로써 자본차익을 노릴 수도 있다.

투자회수(exit) 방법으로는 투자 거래구조 자체를 매각하는 블록세일[13](Block Sale)이

설비가 그 자산을 대체하는 드는 비용보다 더 큰 가치를 지니고 있다는 것으로 기업이 투자자들로부터 조달된 자본을 잘 운영하여 기업가치가 증가한다는 증거이다.

하지만 토빈의 q가 1보다 작으면 자산의 시장가치가 대체비용보다 낮다는 것을 의미하며, 이 경우는 기업들은 투자 의욕을 갖지 못하고 대체비용에 비하여 저렴하게 평가되어 있으므로 M&A의 대상이 된다.

10 주가수익비율(Price-to-Earnings Ratio)로 주당순이익(EPS)을 주가로 나눈 지표이다. PER은 주가가 주당 순이익의 배율이 얼마인가를 나타내는 지표로 주가를 1주당 순이익(EPS: 당기순이익을 주식수로 나눈 값)으로 나눈 것이다. 국내서는 보통 PER로 표시하지만 서구권에서는 P/E로 주로 표시한다.

[PER(Price Earning Ratio) = 주가/ 주당순이익(EPS)] PER가 낮을 경우 해당 회사가 거둔 이익에 비해 주가가 낮고 그에 따라 기업의 가치에 비해 저평가돼 있다는 의미로 볼 수 있다. 반대로 PER가 높으면 거둔 이익에 비해 주가가 고평가되었음을 의미한다.

11 주가순자산비율(Price to Book-value Ratio)이다. 주가를 주당 순자산가치(BPS : Book value Per Share)로 나눈 비율로, 기업의 순자산에 대해 1주당 몇 배 거래되고 있는지를 측정한다. 일반적으로 우리나라와 일본에서는 PBR, 중국에서는 市淨率, 영어권에서는 P/B로 축약표기한다.

[주가순자산비율(PBR) = 주가/주당순자산가치(BPS) = 시가총액/순자산] 주식시장에서의 주가는 그 회사의 종합적인 평가이므로 주주 소유분을 초과한 부분은 모두 그 회사의 잠재적인 프리미엄이 되기 때문에 경영의 종합력이 뛰어나면 뛰어날수록 배율이 높아진다고 할 수 있다.

12 EBITDA는 '이자, 세금, 감가상각비, 무형자산상각비 차감 전 이익(Earnings Before Interest, Tax, Depreciation, and Amortization)'의 약자다. 영업이익(operating profit)을 또 다른 말로 EBIT라고 하는데, 여기에 감가상각비를 더해준 것으로 생각하면 된다. 감가상각비를 더해주는 이유는 기업이 영업활동을 통해 벌어들이는 현금 창출능력을 강조하기 위해서다. 증권사의 기업 분석 리포트에 빠지지 않고 등장하는 대표적인 지표인 EV/EBITDA는 EV를 EBITDA로 나눈 것이다. 여기서 EV는 기업가치(Enterprise Value)를 뜻한다. 기업가치는 시가총액에서 장부에 기재된 부채를 더하고, 기업이 보유한 현금을 빼면 구할 수 있다. 이는 곧 해당 기업을 인수할 때 얼마가 필요한지를 말해준다.

13 대규모지분을 매각할 경우 가격변동과 물량부담 따른 불확실성을 막기위해 활용되는 매매기법을 일괄 매각, Block Sale, 또는 Block Deal이라고 한다.

있으며, 대상기업을 매각하기도 한다. 다른 방법으로는 IPO를 단행하기도 하고, 투자금을 회수하기보다 자본구조를 재조정하기 위해 다시 투자하기도 한다.

대표적인 사모투자기법은 잠재력은 있으나 경영부실 등 때문에 어려움에 처해 있는 기업의 경영권을 인수한 뒤 경영지원, 전문경영인 파견, 경영체크 등을 거쳐 기업을 정상화시켜 가치를 창출하는 것이다. 이렇게 기업 가치를 향상시킨 뒤 기업 공개(IPO) 등의 회수전략을 통해 투자자금을 회수하고 수익을 각 투자자에게 배분하는 것이다.

앞서 살펴본 사모투자펀드의 특징 중 하나가 사모방식의 자금 모집이었다. 사모투자펀드는 소수의 적격 투자자로부터 공모가 아닌 사모 방식으로 자금을 모집하여 운용자와 투자자 간 사적회사 형태로 설립되어 금융규제의 틀을 피해 자유롭고 창의적인 대안투자를 추구하는 투자기구라 할 수 있다. 사모투자란 상장주식의 경우라도 개별가치를 보는 것이 아니라 회사의 전체가치를 보고 투자할 수 있다.

(2) 기업의 수명주기와 단계별 투자

벤처기업 창업자는 제품이 생산된 후에 일으킬 매출액과 자산가치의 증가에 대한 꿈과 희망으로 가득 차 있다. 도입기에는 제품의 아이디어가 완전히 성숙되었다고 볼 수는 없으나 발전 가능성이 높고 많은 돈이 필요하다. 하지만, 기술이 제품으로 개발되기에 앞서, 많은 기술들이 사장되는데, 이를 기술수용 주기상 캐즘(chasm)이라고 한다.

소비자들에게 어느 정도 제품이 알려지기 시작하는 성장기에는 제품에 대한 신속한 마케팅, 유통채널의 도입을 통해 매출과 이익의 급속한 성장을 이룰 수가 있다. 하지만, 급격한 성장에 따라 추가 투자가 필요하게 된다. 또 적정 재고를 유지하고 새롭게 발생되는 매출채권을 적절히 관리하기 위해 현금흐름 부족현상이 발생한다. 이때 많은 벤처기업들이 사장된다. 이를 Death Valley라고 부른다.

그리고는 성숙기에 접어든다. 제품이 많은 사람들에게 알려져 있어 꾸준한 수익을 올리지만 추가로 자원을 투입하여 점진적인 혁신을 일으킨다 해도 급격한 수익의 증가는 일어나지 않는다. 하지만 성장기에 일어나는 비효율적인 경영을 효율적으로 바꿔 주고 단위당 고정비가 줄면서 영업이익을 증가시킬 수 있다.

예를 들어 Post It, 코카콜라와 같이 꾸준한 매출을 올리는 제품들도 있다. 하지만 일반적으로 대체품 또는 경쟁품들이 출현하여 매출이 점점 하락하고, 결국에는 제품 라인이 매각되거나 중단되는 예도 있다.

따라서 기업들 중에는 산업의 트랜드를 빨리 파악하고 파괴적 혁신 대체품 또는 경쟁 제품의 개발을 통해 다시 새로운 S커브 제품수명주기를 그리며 다시 성장하는 곳도 있으나 그런 비율이 높은 편은 아니다.

S커브 모양을 하고 있는 기업수명주기를 단계별 투자와 함께 개발 및 창조의 단계, 기하급수적인 성장의 단계, 경영 및 관리의 단계, 파괴 및 재창조의 단계로 나누어 보았다.

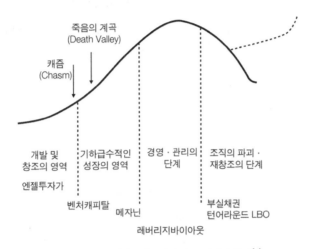

[그림 8-4] 기업수명주기에 따른 단계별 투자[14]

개발 및 창조의 영역에서는 매출이 거의 일어나지 않는다. 또 초기 시제품이 개발되기 전에는 가족, 친구, 지인들이 투자하는 엔젤투자 형식을 가지고 있다. 후에 어느 정도 기업이 자리를 잡으면 벤처캐피탈이 투자한다.

벤처캐피탈의 경우 상업화가 가능한 우수한 기술력을 갖고 있지만 공모시장에서 자금을 얻기 어려운 성장 가능 기업에 투자한다. 우리나라에서는 창업투자회사와 창업투자조합이 이에 해당한다.

메자닌[15]은 채권과 주식의 중간 형태로서 자본의 갭을 메꿔 주기도 하고 [그림 9-1]과

---

14 한국벤처창업학회(2012), 전게서, p.210.

15 메자닌(mezzanine)이란 건물 1층과 2층 사이에 있는 라운지 등의 공간을 의미하는 건축용어이다. 금융용어로는 CB, BW 등과 같이 신주인수권, 주식전환권 등을 가지고 있어 채권을 주식으로 전환할 수 있는 주식연계증권을 말한다. Mezzanine Financing은 주식을 통해 자금조달이 어려울 때 배당우선주, CB나 BW 등 주식연계증권을 발행해 자금을 조달하는 것을 말한다. 채권변제 순위에서는 대출보다 밀리고 지분 투자분보다는 앞선 일종의 후순위부채의 성격이라고 할 수 있다.

같이 벤처기업이 상장(IPO)하기 직전 필요한 자금을 대주기도 한다. 고정이자소득과 주식이자프리미엄이라는 이익과 채무상환 불이익이라는 위험 사이에서 균형 있게 조화를 이루도록 자금을 조달한다.

레버리지 바이아웃은 레버리지를 이용하여 성숙한 기업의 경영권을 사들이고 경영 효율성을 증가시켜 가치를 증가시킨다. 이 외에도 투자한 기업에 문제가 생겼을 경우에 투자하는 부실채권 투자, 턴어라운드 벤처캐피탈, 턴어라운드 레버리지바이아웃 등 다양한 형태의 투자가 있다. 공통되는 바탕은 저평가되어 있는 주식, 투매되고 있는 주식 등 위기에 처한 기업의 주식에 투자하여 이익을 거두는 것이다.

벤처캐피탈 투자는 유동성이 매우 낮은 기업 및 기술에 대한 장기투자이다. 이제 시장에 갓 진입한 미공개 벤처기업의 가치를 제대로 평가하기에는 불확실성이 너무 크기 때문에 상당한 어려움이 따른다.

벤처캐피탈 투자는 비유도적인 주식을 현금화할 수 있을 때까지 기다려야 하는 장기투자이며, 불확실성을 줄이기 위해 다양한 기업들에 분산투자 해야 한다. 이곳에서는 투자한 기업이 충분히 성장할 수 있도록 장기간의 지속적인 투자를 요구한다. 주식시장에서 지속적으로 반복하는 투자는 위험분산과 관련되어 있으나, 벤처캐피탈 투자에서는 성장 단계별로 시장상황에 따라 정보를 획득하고 이에 따라 요구되는 단계적 지원이 중요한 의미를 갖는다.

벤처투자는 미래 수익 현금흐름에 대한 기대에 따라 Capital Flow를 만들어야 하는 투자이기에 투자자의 깊은 지식과 풍부한 경험을 필요로 한다. 또한 투자자와 투자기업과의 관계가 직접적이고 장기적인 동반자적 관계라고 할 수 있다.

(3) 벤처기업 투자단계

벤처기업은 업종별로도 다양하지만 기업의 성장단계라는 측면에서도 다양하다. 산업별·업종별 분류가 쉽지 않은 것과 마찬가지로 기업의 성장단계 역시 분류하기가 쉬운 것만은 아니다.

기업의 성장단계에 따라 필요한 자본과 자본 이외의 요소가 달라진다. 일반적으로 초기단계, 즉 이제 막 실험실에서 제품이나 기술을 실험(알파테스트)해야 하거나 또는 실험실 테스트가 끝났으나 상용화 전에 잠재고객으로부터 테스트(베타테스트)를 받아야 하는 경우는 큰 자본이 필요하지 않다. 따라서 기업회계 등의 측면보다는 기술적 조언이나 자원지원 그리고 지적 재산권에 대한 보호가 매우 중요하다.

그러나 상업화가 가능한 기술이 개발되면, 세계적 유통망을 구축하는 데 많은 자본이 필요할 것이고 기술적 지원보다는 회계·법률적 지원이 더욱 필요할 수 있다. 그리고 초기단계의 기업은 불확실성이 크고 투자자본의 회수까지 기간이 길지만 성공에 대한 반대급부도 매우 크다.

반대로 기업의 초석은 다졌으나 이를 확장시키기 위하여 투자하는 경우는 상대적으로 위험도가 낮고 기업공개 등을 통한 투자자본 회수의 기간이 짧지만 그만큼 기대수익률도 낮아진다. 벤처캐피탈로부터 자금조달을 받는 회사는 경영진이 혁신적인 아이디어를 가지고 이를 실행해야 한다. 또 장애를 만났을 때는 민첩히 대응함으로써 사업을 성공적으로 이끌어야 한다.

상품이 성공하기 위해서는 먼저 잘 고안되어 기존시장의 제품보다 성능면에서 우수해야 하며, 비용을 낮춰 가격 경쟁력도 갖춰야 한다. 기능 및 가격 등에서 이러한 경쟁력을 가추면 새롭게 진출하려는 소규모 회사라도 본격적 경쟁이 가시화되기 전에 시장에서 유리한 위치를 선점할 수 있다. 벤처캐피탈 투자가 성공적인 투자 포트폴리오를 구성하기 위해서는 우선 성공확률이 높은 투자대상을 찾은 다음 그 가능성을 제고하기 위한 노력을 기울여야 한다.

[그림 8-5] 벤처기업의 생애주기[16]

---

16 출처: Mark J.P. Anson(2008), Handbook of Alternative Asset, Wiley, p.216.

창업자가 아이디어를 가지고 있지만, 아직 실행이 이루어지지 못한 경우도 좋은 대상일 수 있다. 이런 회사는 보통 가족이나, 친구, 또는 엔젤 투자자로부터 자금을 얻으며, 5천만 원부터 5억 원에 이르는 투자자금을 모은다. '칵테일 냅킨(cocktail napkin)' 동의라고도 하며 투자양해각서나 투자계약서와 같은 정식 계약서 없이 투자가 이루어진다. 이 자금의 대부분은 사업계획서의 완성도를 높이거나 시제품의 제작, 중요한 경영진의 구성, 제품의 시장성에 대한 조사(시장분석) 등에 사용된다.

벤처캐피탈 투자를 직업적으로 하지 않는 개인 벤처캐피탈 투자자를 흔히 엔젤이라고한다. 엔젤 투자자는 개인의 축적된 부가 결코 정체되거나 수동적으로 묶여 있지 않고다른 시장기회를 향해 과감히 투자함으로써 역동적인 경제상황을 창조하는 사람이다.

흔히 종자 자본금(seed money)이라고도 불리는 이 단계에서는 벤처기업의 벤처캐피탈 회사가 개입하여 초기 자본금을 투자한다. 이 단계에서 벤처기업은 일반적으로 경영진구성과 제품에 대한 시장분석이 완료되어 있다. 제품은 대부분 시제품으로 소위 베타테스팅(beta testing)이라고 하는 제품에 대한 시장성 조사의 과정을 거쳐야 한다. 따라서 벤처캐피탈 회사는 제품개발의 완성과 마케팅 초기단계에 소요되는 자금을 투자한다.

이 단계에서도 매출수익은 거의 발생하지 않는다고 보아야 할 것이다. 따라서 벤처캐피탈 회사는 창업기업의 수익성보다는 경영진의 성실성, 시장분석에 의한 제품의 미래수요, 대체상품의 존재유무, 제품의 경쟁력 등을 고려하여 기업에 투자를 결정한다.

다음 단계는 다양한 제품들의 베타 테스팅이 완료되고 시장성이 있는 제품을 가지고있는 상태로 보통 기업이 설립된 지 3년 미만이다. 이 단계에서는 매출수익이 발생하기시작하며 벤처캐피탈 회사가 벤처기업의 경영진의 일원(이사급)으로 경영에 관여한다.이 단계에서 투자된 벤처자본금은 상업적 생산과 마케팅을 위해 사용된다.

다음은 벤처기업이 본격적인 사업궤도에 오르는 단계로, 벤처기업은 손익분기점이나 그이상의 성과를 올려야 한다. 또한 현금흐름에 대한 관리가 중요해지는 시점이기도 하지만아직 기업 내부의 현금흐름으로 기업의 성장을 계속적으로 유지하기에는 부족한 단계이다.

따라서 이 단계에서 벤처캐피탈의 자금은 기업의 성장이 계속적으로 유지되도록 확대투자되어야 한다. 이 단계에서 충분한 현금이 필요하다. 유통 채널을 새로 또는 추가로만들고, 생산량 증가를 위해 공장을 증설하고, 판매량과 함께 재고와 미수채권도 늘어난다. 이때는 운영팀을 보강하는 등 회사가 확장되면서 급속히 많은 자본이 소요된다.

메자닌이란 말은 벤처기업이 주식시장에서 상장을 통해 기업공개(IPO)를 하거나 전략적으로 다른 기업에 매각되기 직전의 단계를 말한다. 투자자의 입장에서는 짧은 시간에 투자 자본을 회수할 수 있는 투자이며 일반적으로 투자 이후 24개월 이내에 기업공개를 하거나 인수, 합병된다고 한다. 이 단계에서는 벤처기업의 차세대 제품이 베타테스팅을 마치고 생산되는 상태에 있어야 한다. 또한 이 단계에서는 현금흐름이 건실해야 하며 생산기반시설이 완비되어 있어야 한다.

이 단계에서 투자되는 자본을 브릿지(bridge) 또는 메자닌 자금이라 하며, 이 자금들은 벤처기업이 신규상장이나 전략적 투자자들에게 성공적으로 매각되기 직전까지 필요한 현금흐름을 보충하는 역할을 하게 된다. 이 단계에서는 전환사채·신주인수권부사채 등 투자자의 미래경영참여가 가능한 채권을 발행하여 자금을 조달하기도 한다.

(4) 메자닌과 메자닌 증권

메자닌(mezzanine)은 건물 1층과 2층 사이에 있는 라운지 등의 공간, 즉 '중간방'을 의미하는 이탈리아어로 '담보와 신용 사이' 혹은 '부채와 자본 사이'를 의미한다. '채권이라는 층'과 '주식이라는 층'의 중간에 있는 층으로서 채권과 주식의 성격을 같이 가지고 있는 성격의 증권이다.

한편으로는 고정이자소득과 주식 프리미엄이라는 어울리기보다는 상반돼 보이는 이익 사이의 균형, 다른 한편으로는 이런 이익과 채무불이행으로부터 파생되는 위험 사이의 균형을 추구함으로써, 주식과 채권의 장점 모두 갖기를 원하는 투자자들의 소망에 한발 접근한 상품이라고 할 수 있다.

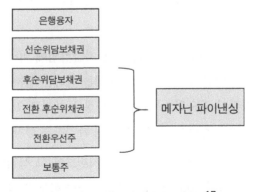

[그림 8-6] 메자닌 파이낸싱 순위구조[17]

---

17 한국벤처창업학회(2012), 전게서, p.219.

메자닌 증권(mezzanine security)이란 중간단계의 증권이다. 자기자본조달(equity financing)과 타인자본조달(debt financing)의 중간 형태로서, 즉 자본과 부채의 혼합된 형태이며, 자본, 부채 각각의 특징을 모두 갖고 있다. 기업의 가치가 증가하였을 경우 자본은 가치가 증가하지만, 부채는 증가하지 않는다. 고정수입을 얻으면서 때로는 주식 프리미엄을 얻을 수 있는 것이 메자닌 증권이다.

메자닌 증권은 선순위담보채권과 보통주 사이에 존재하는 여러 계층의 부채를 말하며, 종류로는 후순위 채권, 후순위 전환사채(CB), 신주인수권부사채(BW), 전환우선주가 있다. 이들은 기업이 파산하였을 경우 원금손실 가능성이 있는 무담보, 후순위라는 공통된 특징이 있다.

메자닌 채권 중 가장 흔한 형태는 주식워런트를 가진 중기(통상 3년~5년)의 회사채다. 이 회사채의 이자지급은 현금이나 회사채로 지급되는데, 후자를 차환지급(payment-in-kind: PIK)이라고 한다.

기업이 메자닌 채권을 발행하는 이유는 더 이상 은행융자나 담보대출이 어렵고 제3자의 자본참여에 따른 소유권 상실 위험을 줄이기 위함이며, IPO, 인수, 합병, 성장가속화 등을 위한 양질의 자금을 조달을 할 수 있기 때문이다.

메자닌 펀드(mezzanine fund)는 위의 메자닌 증권을 인수하는 펀드를 말한다. 메자닌 펀드는 일상 영업을 위한 현금 제공을 위한 투자가 아니라 기업수명주기에 있어 변화와 성장이 필요한 시점에 주로 이루어지는 투자형태이다. 예를 들어 기업이 주식을 추가적으로 발행하여 타인으로부터 자본을 조달할 경우 현재 지배주주의 소유권에 문제가 생길 우려가 있으며 은행과 같은 금융기관이 추가적인 자금의 융통을 꺼려할 때 메자닌 펀드가 그 공백을 채우는 것이다.

순수한 지분투자보다는 투자위험이 낮은 반면, 자금차입에 비해서는 높은 투자수익을 기대할 수 있으므로, 고수익을 노리면서도 안전성을 원하는 투자자에게 적합하다. 투자자 입장에서 메자닌 증권이 후순위·무담보의 특징을 가지고 있으므로, 메자닌 펀드는 발행회사가 탄탄한 영업현금흐름을 가지고 있는지 확인하는 절차가 필요하다.

메자닌 펀드는 벤처캐피탈 펀드, LBO 펀드, 헤지펀드와 그 성격이 유사하지만 그것들과는 구분되는 두 가지 특징이 있다. 첫째 메자닌 펀드는 사모펀드의 여러 형태 중 수익률과 위험의 정도를 비교할 때 비교적 낮은 위치에 있다. 다음으로 메자닌 펀드와 벤처캐피탈 펀드에 고용된 전문가가 다르다. 대부분의 벤처캐피탈 펀드는 기술평가(technology evaluation)와 관련된 전문가들로 구성되는 반면 메자닌 펀드는 재무전문가, 신용분석가, 기업가치평가 전문가와 재무전략 협상전문가로 구성되어 있어 인력 구성면에서 더 다양하다.

메자닌 펀드는 기업의 자본구조에서 부채와 자본의 중간층을 채우는 기능을 한다. 메자닌의 역할은 크게 나누면 다음과 같다. 우선 시간의 갭을 메우는 역할이다. 즉, 벤처기업이 신규상장을 하기 전에 필요한 자금을 메자닌 형태로 조달하는 것이다.

다음, 자본의 갭을 메우는 역할이다. 주식을 직접 발행하면 기존 주주의 소유지분이 희석되는 문제가 있고 채권을 발행하기에는 담보가 부족할 경우 메자닌을 활용하는 것이다. 또한 LBO 거래에서 자본의 갭을 메우기 위해서도 메자닌을 많이 사용한다.

시간의 갭을 메워주는 메자닌은 주로 벤처기업이 IPO를 하는 시기에 사용된다. 비공개기업이 신규상장(IPO)을 통해 공개기업이 되는 과정에서 메자닌 펀드가 흔히 사용된다. 이때 메자닌 펀드는 지분전환권이 부여되며 IPO가 성사되기 직전에 지분으로 전환되는 것이 보통이다. 기업이 신규상장을 통해 자금을 조달하기 전에, 채권 및 주식발행을 통한 자금조달이 애매한 시기에, IPO가 끝날 때까지 메자닌이 적절한 수단으로 자주 사용된다.

선순위 부채와 지분에 존재하는 특정한 제약에서 발생하는 것으로 기업의 매수나 주요 성장전략 달성을 위해 자금이 급하게 필요한 경우, 그리고 기업이 지분 발행을 통한 자본조달을 하려하거나 은행이나 금융기관으로부터 선순위부채를 통해 자금을 급하게 융자받는 경우 등이 여기에 해당될 수 있다.

기업의 주식이 매력적이지 못하다면 유상증자는 실패할 수 있으며, 기업의 부채비율이 높거나 신용등급이 낮다면 금융기관으로부터의 융자도 실패할 수 있는데, 이럴 때 필요한 자본을 조달해 줄 수 있는 곳이 메자닌 펀드이다.[18] 자본의 갭을 메워주는 메자닌은 주로 채권을 발행하기에는 담보력이 부족하고, 주식을 발행하기에는 소유권이 희석될 수 있는 문제를 조금이나마 해결하기 위해 발행된다.

(5) 레버리지 바이아웃(LBO : leveraged buyout)

전문경영인의 등장과 함께 주주와 전문경영인 간의 대리인 문제가 나타나고, 기업의 불확실성이 확대됐다. 또 기업의 규모가 커짐에 따라 경영효율성 문제가 나타나기 시작

18 Mark J.P. Anson(2006), ibid, p.463

했다. 레버리지 바이아웃(leveraged buyout: LBO)은 이러한 대리인 문제와 경영효율성 문제를 해결하고 수익을 낼 수 있는 구조이다.

LBO가 정확히 언제부터 시작되었다고 말하기는 어렵다. 하지만 대체로 학자들은 제2차 세계대전 이후 미국과 영국에서 '부트스트랩(Bootstrap)'이라는 명칭으로 인수거래가 시작되었다. 부트스트랩이란 뮌히하우젠[19] 남작의 무용담 소설 속에 나오는, 늪 속에서 자신의 장화를 당겨서 허공으로 떠올랐다는 데서 기원한다.

본격적인 레버리지 바이아웃의 경우 1980년대에 활발해지면서 미국의 M&A시장을 주도하게 되었으니 LBO로 유명한 사모투자펀드 KKR이 탄생하면서부터이다.

LBO는 기업인수자가 기본적으로 기업가격의 극히 일부만 지불하고 거래에 필요한 자금의 대부분(70~80% 이상)을 금융기관 차입금으로 충당하는 거래를 뜻한다. LBO는 1차 금융기관으로부터 자본금을 조달하고 나서, 2차 금융기관으로부터 인수대금 가운데 약 50~60%를 부채로 조달한다. 2차 금융은 주로 상업은행에 의해 이루어지는데, 2차 금융의 자금제공자는 차입매수 대상 기업의 기계, 공장, 재고자산 또는 매출채권 등의 유형자산과 장래의 현금흐름을 담보로 대출해 준다.

자본금과 선순위 채권을 조달하고 나서 자금이 부족할 때는 브릿지론 또는 메자닌 파이낸싱이라고 불리는 후순위 채권, 전환 후순위채권, 전환우선주로 충당한다. 세무 당국은 기업 인수 주체가 상각자산 가치를 늘리도록 허용함으로써 거래를 지원한다.

이러한 차입매수의 경우 인수자의 신용과 함께 피인수기업의 자산이 차입의 담보로 제공된다. 이에 따라 피인수기업의 영업활동으로 인한 현금흐름이 차입의 이자비용 및 차입금 상환액보다 크고 안정적이어야 성공적인 LBO가 진행될 수 있다.

또 높은 이자 지급과 대규모 감가상각이 결합되어 신설 법인은 상당 기간 세금을 적게 내거나 아예 내지 않을 수도 있다. 일이 순조롭게 진행되면 기업 소유주는 많은 수익을 낼 수 있다. 이때 중요한 점은 안정적인 현금흐름, 담보 가능한 자산, 매각 가능한 자산들, 적은 부채를 가지고 있는 좋은 재무제표, 강력한 경영진, 좋은 시장 환경, 다양한 출구전략들을 사용할 수 있어야 한다.

LBO 펀드의 가장 큰 특징은 이러한 후보회사들 중 엄선하여 투자하고, 회사의 경영효

---

19 뮌히하우젠 남작의 이름을 딴 뮌히하우젠 증후군은 관심을 끌기 위해 거짓말을 하거나 사고를 치는 정신병적 증세를 의미한다.

율성을 증대시켜 회사가치를 증대시키는 것이다. 자회사를 많이 거느리고 있는 모기업 (parent company)의 경우 모기업과 자회사의 산업 군이 다를 때, 자회사의 이익과 반대되는 경우가 있다.

이때, 자회사를 분사시켜 자회사의 사업 목적을 집중할 수 있게 LBO펀드가 도와주기도 한다. 이와 반대되는 개념으로 여러 기업을 합병시켜 시너지 효과를 내기도 한다. 이러한 투자 전략들을 사용할 수 있는 이유는 경영권 장악에 있다.

LBO 펀드는 대상기업의 자본소유 구조 변경을 통해 경영권을 장악한다. 적은 자금과 높은 부채를 이용하여 대상기업을 사들임으로써 기업 가치의 일부분의 자금으로도 경영권 장악이 가능한 것이다.

⑹ LBO 기본구조

LBO에서 수익을 극대화하기 위해서는 현금흐름을 통한 부채상환과 가치창출이 중요하다. LBO 자금은 인수대상 기업의 자산이나 미래현금흐름을 담보로 대부분의 투자금액 중 70~90%가 부채로 조달되므로 원리금 상환의 의미가 크다.

즉, LBO가 성공하기 위해서는 매수대상 기업이 부채를 상환하기에 충분한 안정적인 현금흐름을 차출해야 한다. 이러한 특성 때문에 LBO의 대상기업은 안정적인 현금흐름, 낮은 부채비율, 비용절감의 여지, 비주력사업의 매각 용이성 등을 갖춘 기업이 적당하다. 또 구조조정이나 경영개선을 통한 가치창출을 위한 다양한 전략들이 있으며, 기업 상황에 맞는 전략의 선택이 중요하다.

KKR이 성공할 수 있었던 것은 LBO 펀드의 무한책임파트너로서 투자기회를 찾아내는데서 그치지 않고 투자회수 과정까지 위험을 관리한 것이다. 투자대상 회사와 경영진을 신중하게 선정하고 실사하며 합리적인 가격원칙을 준수하고 대상 회사의 대차대조표를 조심스럽게 구성해야만 LBO에 고유한 위험을 축소시킬 수 있다.

KKR은 거래 성사능력뿐만 아니라 장기적인 기업가치를 형성하는 노력에 대한 평판을 통해 신뢰를 얻은 것이다. KKR은 인수 대상 회사의 최초 재무구조만큼 인수절차가 완결된 이후의 진전사항에 대해서도 경영적 측면과 재무적 사항을 지속적으로 밀접하게 감독한 것이다.

[그림 8-6] LBO 가치창출 과정[20]

제5절 벤처캐피탈

벤처캐피탈은 주로 신기술의 기업화를 지향하는 창업단계나 초기 성장단계의 기업에 투자하는 투자회사이다. 즉 즉 벤처기업의 고위험(high risk) 부담을 각오하고 높은 자본이득(high capital gain)을 얻고자 투자와 컨설팅을 지원하는 것이다.

벤처캐피탈은 미국에서 생성되어 발전한 투자자본이다. 벤처캐피탈의 기원은 1920년대와 1930년대에 부유층 가족 및 개인 투자자가 신규사업에 창업자금을 제공하면서부터이다. 오늘날과 같은 벤처캐피탈의 개념을 가지고 설립된 것은 1946년 보스턴에서 탄생한 American Research & Devlopment Corp.(ARDC)을 최초라고 일컬어지고 있다.

(1) 벤처캐피탈의 역할과 기능

벤처캐피탈은 장래성이 있는 기업의 싹을 발견하여 사회적으로 유용한 기업으로 키우는 데 있다. 벤처캐피탈은 규모는 작지만 급속한 성장이 기대되는 기업의 초기단계에서 소요되는 자금을 공급한다.

오늘날은 보다 넓은 범위에 걸쳐 이루어지게 되었다. 벤처캐피탈은 착안단계와 창업단계를 포함하는 초기의 발전단계에 놓여 있는 기업 외에 성장전망이 밝으나 일반은행

---

20 한국벤처창업학회(2012),전게서, p.224.

의 융자를 받기에 이르지 못한 기업의 성장자금에 이르기까지도 공급하게 되었다. 또 경영이 부진한 다른 기업이나 채산을 맞추지 못하고 있는 대기업 사업부 등을 매수할 자금까지 공급하는 벤처캐피탈도 등장하고 있다.

또한 초기의 벤처캐피탈은 발명기업가에 대하여 투기성이 강한 자금을 공급하는데 그쳤는데 현대의 벤처캐피탈은 투자기업이 제반단계에서 직면하는 여러 가지 문제에 대하여 경영자문을 함으로써 기업의 성장과 발전을 실질적으로 돕는다.

벤처캐피탈이 대상으로 하는 벤처기업은 성공적인 경우에 창업되어 성숙되기까지 일정한 발전단계를 거치게 된다. 이때 이를 기업의 라이프사이클이라는 관점에서 보면 착안단계, 성장단계, 확장단계, 성숙단계로 구분된다. 이러한 라이프사이클의 각 단계에서는 해결해야 할 경영과제가 다르므로 자금의 용도나 조달방법도 달라진다. 벤처기업의 발전단계에 따른 벤처캐피탈의 역할을 살펴보면 다음과 같다.

■ 착안단계

기업은 개인의 마음속에서 개발된 신기술이나 신제품의 기업화가 착안되는 단계로부터 시작된다. 여기에서는 새롭고 검증되지 않은 아이디어나 제품을 모형으로 제작하고 그 시장범위를 정하는 작업이 이루어진다.

이 단계는 순전한 검토기간으로서 누구도 어떠한 진전이 있을 것인지 알지 못한다. 따라서 여기서 소요되는 자금은 개인의 자기자금과 가족이나 친지 등으로부터 차입에 의하여 조달하지 않으면 안 된다. 벤처캐피탈은 이 단계에서부터 투자하지는 않지만 벤처기업의 육성에 경험이 많은 일부의 민간 벤처캐피탈은 이 단계에서도 투자한다.

■ 창업단계

신기술이나 신제품의 기업화로 사업을 시작하는 단계이다. 제품시장의 범위가 정해지면 경영진이 구성되고 생산에 착수하게 된다. 이 단계에서는 사업의 개시 또는 정착을 위한 창업자금이나 기업화자금이 소요되지만 높은 위험이 따르므로 벤처캐피탈도 이 단계에서 투자하기를 꺼리는 것이 보통이다.

따라서 기업가의 자기자금이나 개인적인 담보에 의한 대출 등으로 조달할 수밖에 없는데 이에는 한계가 있다. 그러므로 창업이 순조롭게 이루어지지 않는 경우가 많다. 그러나 경험이 많은 민간 벤처캐피탈은 사업계획이 훌륭할 경우에는 투자를 감행하여 경영에 참가하여 중요한 의사결정에 참여하기도 하며 경영계획의 수립이나 마케팅 등에 자문하는 외에 인재의 확보에도 협조한다.

■ 성장단계

창업된 다음 신기술이나 신제품이 시장에서 받아들여져서 기업이 급속히 성장하는 단계이다. 따라서 기술개발, 설비투자 및 마케팅 등을 위한 성장자금이 필요하게 된다. 경영의 틀이 완전하게 잡히지 않아 제품의 개량, 마케팅과 판로의 변경, 판매가의 수정 등을 하며 자본축적이 충분히 이루어지지 않아 재무구조도 나쁘고 담보력이 미약하여 은행대출에는 크게 기대하기 어렵다.

그러나 기업이 손익분기점에 놓이게 되어 그 미래가 확실해지기 시작하면 벤처캐피탈은 위험을 각오하고 적극적으로 투자하고자 한다. 기업으로서도 이 단계에서 벤처캐피탈의 투자를 받아들이는 것이 효과적이다.

■ 확장단계

기업은 시장, 수익 및 재무면에서 사회적으로 널리 인정받는 존재가 된다. 그리하여 기업은 규모를 확대하거나 신제품을 추가하고자 하며 또는 새로운 시장에 진출하고자 한다. 이 단계에서는 자본도 어느 정도 축적되고 담보력도 있으므로 각종 금융기관으로부터 자금을 비교적 용이하게 조달할 수 있게 된다.

기업의 전망이 밝다면 벤처캐피탈은 더 적극적으로 투자하고자 하는 데 기업으로서는 자금의 양, 자금조달 비용, 경영권의 확보, 세무문제, 주식공개의 준비 등 여러 가지 사정을 고려하여 각종 금융기관을 종합적으로 이용하게 된다. 또한 이 단계에서 벤처캐피탈은 다른 회사를 매수하기 위한 기업매수자금이나 쇠퇴기업 등 순자산가 이하로 매수하는데 소요되는 레버리지드 바이아웃(leveraged buyout) 자금을 공급하기도 한다.

■ 성숙단계

실질적으로나 형식적으로 주식공개를 할 수 있는 단계에 이르고 있다. 이제까지는 벤처기업으로서 성장성에 중점이 놓여져 있었으나 이 단계부터는 기업의 종합적인 경영력에 의하여 기반을 형성해 가는 역할이 부여된다.

자금조달 면에서 보면 주식공개에 의하여 자본을 동원할 수 있게 되므로 벤처캐피탈은 이 단계에서 이윤 기업에 대하여 조속한 주식공개를 권유하게 되며 추가로 투자할 필요가 없다. 벤처캐피탈은 투자기업이 주식공개를 하면 원칙적으로 보유주식을 매각하여 비로소 자본이득을 얻게 된다.

(2) 벤처캐피탈의 투자행태

■ 투자심사 기준

벤처캐피탈은 자신들의 투자심사기준을 가지고 벤처기업을 평가하여 투자의사결정을 한다. 일반적으로 사업기회, 경쟁관계, 경영진, 기술적 타당성, 재무계획 타당성, 투자회수 가능성 및 투자수익률 등이 평가기준이다.

벤처캐피탈이 가장 이상적인 투자대상으로 보는 것은 고수익의 산업주도기업을 설립에 투자하여 4~7년 내에 상장 또는 매각하여 높은 투자 수익률을 실현하는 것이다.

구체적인 조건으로 경영자 측면에서는 ① 산업의 슈퍼스타가 리드, ② 해당사업에서 기업가적, 경영자적 업적이 입증된 경력을 소유, ③ 선도적인 혁신자 또는 기술 마케팅 능력 소유, ④ 상호보완적이며 양립할 수 있는 기술을 소유, ⑤ 특유의 끈기, 상상력, 몰입능력을 가짐, ⑥ 높은 성실성을 인정받고 있는 사람 등이다.

[표 8-7] 벤처 투자 대상의 선발 기준[21]

사업기회	경영자 특성
• 구조적으로 수익성이 높은 산업 • 성장 잠재력이 높은 시장 • 고객에게 필수적인 제품 • 잠재고객에게 접근 가능한 제품 • 기술축적에 의한 경쟁우위를 유지할 수 있는 제품 • 생산, 유통, 비용이 과다하지 않은 제품 • 시설투자가 과다하지 않은 사업	• 명확한 사업 동기 • 현실적인 경영자 • 강한 성취욕구 및 위험 감수 성향 • 고학력, 전문적 기술능력 보유 • 추진사업과 관련하여 성공적인 과거 실적 및 평판 • 물적, 인적 외부자원 활용 가능한 원만한 대인관계 • 추진사업에 집중하는 경영자 • 경영성과를 공유할 수 있는 경영자

제품측면에서는 ① 상당한 경쟁 우위를 가지고, ② 고도의 부가가치적 속성을 지닌 제품이나 서비스이며, ③ 독점적 계약 또는 법적 권한을 가진 경우다.

21 한정화(2010), 벤처창업과 경영전략, p.254.

시장측면에서는 대규모의 고속 성장 마켓으로서 ① 향후 5년 내에 5,000만 달러 규모의 시장으로 활성화되며, ② 매년 25% 성장하며, 현재 1억 달러 이상의 시장규모를 가지고, ③ 현재 지배적인 경쟁자가 없어야 한다. 기대되는 경제적 특성으로는 40~50% 또는 그 이상의 총 마진을 가지고, 세후 이익 10% 이상으로 초기에 플러스의 현금흐름과 손익분기를 달성하는 것이 바람직하다.

미국 뉴욕의 벤처캐피탈리스트를 대상으로 한 연구에 의하면 가장 중시하는 평가기준은 ① 투자대상 업체의 벤처기업인이 집중적 노력을 지속할 수 있는 능력, ② 시장에 대한 친숙성, ③ 5~10년 사이에 투자의 10배 회수 가능성, ④ 과거에 보여준 리더십 능력, ⑤ 위험을 평가하고 대응할 수 있는 능력, ⑥ 목표시장의 성장성, ⑦ 과거의 사업실적, ⑧ 투자자금의 회수용이성, ⑨ 제품특허여부, ⑩ 벤처에 대한 명확한 설명능력 등이다. 이 가운데 6가지가 기업가의 성격 및 경험에 관련 사항임을 볼 때, 벤처캐피탈리스트의 투자의사결정에서 사람을 매우 중시함을 알 수 있다.

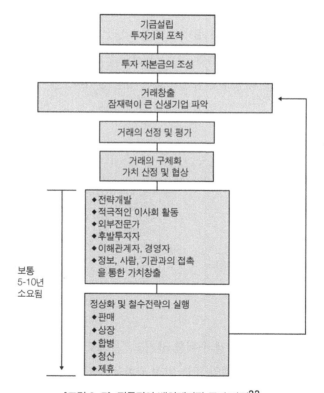

[그림 8-7] 전통적인 벤처캐피탈 투자 과정[22]

---

22 한정화(2010), 전게서, p.255.

■ **투자종류**

• **주식투자**

　주식투자는 의결권 행사와 배당권이 있는 통상적인 보통주식과 이익배당, 이자의 배당, 잔여재산분배에 관하여 그 전부 또는 일부에 대하여 다른 주식보다 우선적 지위가 인정되는 우선주식으로 구분할 수 있다.

　우선주식은 참가적 vs 비참가적 우선주식과 누적적 vs 비누적적 우선주식으로 구분할 수 있다. 또 참가적 vs 비참가적 우선주식은 우선주 중에서 정관에서 정한 소정의 배당을 받고, 잔여 미처분 이익이 있을 경우 잔여이익에 대하여도 보통주와 더불어 일정한 비율에 의한 배당에 참가할 수 있는 참가적 우선주식이다.

　누적적 vs 비누적적 우선주식은 특정년도의 배당액이 정관에서 정한 우선배당률에 미달하는 때에 그 부족액을 후 년도의 이익에서 우선적으로 배당받을 수 있는 우선주식을 의미한다. 상환전환부 우선주식은 투자기간이 경과한 후 회사의 이익잉여금 범위 내에서 투자금을 회사자금으로 상환하거나 보통주로 전환할 수 있는 우선주식이다. 이는 보통주식(일반우선주식 포함)의 경우 당해 회사가 매입할 경우 주주평등 등 법률적인 문제가 발행할 수 있다. 그러므로 이를 보완하고 투자금에 대한 당해 회사의 책임을 강화할 수 있는 투자방법이다.

• **전환사채(CB)**

　전환사채는 일정기간 경과 후 주식으로 전환권이 부여된 사채로서 전환과 더불어 사채로서의 성격은 소멸하는 사채이다. 이는 기존 주주에 대한 발행의 경우 이사회에서 결정하고, 제3자 배정의 경우 급격한 경영상 어려움이 없는 상황이라면 주주총회의 동의를 얻어야 발행할 수 있다.

• **신주인수권부 사채(BW)**

　신주인수권부사채는 일정기간 경과 후 당해 기업이 증자를 실시할 경우 신주를 인수할 수 있는 권리가 부여된 사채로서 신주인수권과 사채권이 분리되어 있을 경우 사채원금을 상환하더라도 신주인수권은 행사시까지 보유하게 된다. 신주인수권부 사채의 경우도 기존주주에 대한 발행의 경우 이사회에서 결정하고 제3자 배정의 경우 급격한 경영상 어려움이 없는 상황이라면 주주총회의 동의를 얻어야 한다.

- 프로젝트 투자(약정투자)

프로젝트 투자는 특정사업의 수행을 위하여 계약을 통해 소요자금을 지원하고 수익을 분배하는 방식의 투자형태이다. 이는 주로 영상 및 음반물, 게임 제작, 특정 기술개발 등 일정기간 동안 진행되는 프로젝트에 투자한다.

- 자금대여

자금대여는 주식, 사채 등의 지원을 받은 기업을 대상으로 하며, 이율은 실세금리 감안하여 결정하며, 기간은 통상적으로 1년 미만 단기로 운영되며, 연장도 가능하다.

- M&A 투자

M&A투자 대상은 투자업체 또는 연관기업이 M&A를 할 경우 인수자금을 투자하는 경우이다. 투자형태로는 CB나 BW형태가 주로 활용되고 있다. 최근 들어 벤처기업의 구조조정의 필요성이 대두되면서 M&A전문 펀드도 결성되는 등 이에 대한 관심이 증가되고 있다.

- 기업인수투자

기업인수투자는 투자업체의 기업을 인수할 목적으로 투자하여, 당해 투자업체의 경영개선 등을 통해 기업 가치를 향상시켜 매각함으로써 투자 수익을 실현하는 투자방법이다.

제6절 엔젤

(1) 엔젤의 의의

엔젤이란 벤처기업의 창업 또는 성장초기 단계에 천사처럼 나타나 자금지원과 함께 경영지도를 해주는 개인투자자를 말한다. 창업초기에 사업가는 담보나 신용이 없기 때문에 자금조달의 어려움이 많다. 이때 엔젤의 존재는 사업가의 입장에서는 대단히 고마운 존재다. 또한 엔젤은 자신의 경험을 활용하여 기업을 성장할 수 있도록 자문역할을 해주는 경우 기업성공에 결정적으로 중요한 기능을 한다. 애플, 마이크로소프트, 야후 등 미국의 성공한 벤처기업의 뒤에는 엔젤의 역할이 있었다.

엔젤은 대개 벤처기업 유경험자나 벤처관련 전문가들로서 융자가 아닌 지분참여에 의한 투자를 선호한다. 따라서 기업성장에 따라 배당을 받거나 M&A 또는 기업공개 시 주식양도 차익을 통해 투자수익을 추구한다. 벤처창업자의 입장에서는 투자를 받기 때문에 기업실패 시 채무자로서의 곤란에 빠질 우려가 없다. 그러나 기업가치가 급성장할 경우 초기투자에 비해 과도한 지분을 주게 되는 불이익이 있다. 따라서 벤처기업가와 투자자간의 상호신뢰 및 이해관계를 잘 조정하는 것이 엔젤투자 성공요인중의 하나다.

엔젤은 보통 리드(lead) 엔젤과 서포트(support) 엔젤로 구분된다. 리드엔젤은 벤처기업 지원에 주도적인 역할을 하는 엔젤로 대부분 창업경험이 있는 50세 전후의 성공한 은퇴경영자가 많다. 이들은 풍부한 자금, 기업경영경험, 기술평가능력 등을 보유하고 비상근 이사로 경영에 참여하는 비율이 높다(미국의 경우 80% 정도). 서포트 엔젤은 전문지식을 가지고 창업자를 지원하는 변호사, 회계사, 컨설턴트 등의 전문직 종사자들이 많다. 간접적인 지원을 하나 직접 자기자금을 투자하기도 한다.

미국의 경우 활발한 투자를 하는 엔젤은 보통 연수입이 20만 달러며 주택제외 재산이 100만 달러 정도다. 자산의 10% 정도를 고위험, 고수익 자산에 투자하며 보통 4~5건을 분산투자하며 1건당 2~5만 달러를 투자한다. 투자업체 선정 시 개인적인 친분관계나 비공식 네트워크를 활용하며 자택에서 100마일 내의 지리적 근접성을 중시한다. 이는 필요 시 기업체를 직접 방문하기 용이하기 때문이다.

성장가능성이 높은 첨단산업에 투자를 선호하며 투자주식의 보유기간은 평균 5년, 투자액은 4~5배의 수익을 기대한다. 비교적 장기간 주식을 보유하고 있기 때문에 '인내심이 강한 자본'(patient capital)이라고 불리기도 한다. 이러한 자본의 존재가 미국벤처기업 발전의 중요한 인프라를 이루고 있다.

미국 중소기업청(SBA)는 1996년 10월부터 개인투자가와 벤처기업을 온라인으로 연결하는 Angel Capital Electronic Network(Ace-Net)라는 인터넷 사이트를 운영하고 있다. SBA에서 이와 같은 시스템을 도입한 것은 인터넷이라는 첨단 네트워크를 통해 엔젤과 벤처기업을 적극 연결하기 위한 것으로 중소기업청은 미국 내 엔젤 투자를 원하는 벤처기업이 30만개에 달하고 있는 것으로 추산하고 있다.

동 시스템을 이용하여 자금을 조달하려는 벤처기업은 중소기업청과 함께 현재 Ace-Net의 운영에 참가하고 있는 4개 엔젤 금융담당 비영리기관 네트워크에 등록하고 중소기업 자금차입신청서(Small Corporate Offering Registration : SCOR)를 작성해야 한다.

한편, Ace-Net를 통해 벤처기업에 투자하려는 투자가는 순자산이 1백만 달러 이상이거나 연수입이 20만 달러 이상이어야 한다. 4개의 비영리기관 네트워크에 등록하여 Ace-Net 사이트에 접속하기 위한 비밀번호를 부여받아야 한다. 투자가들은 업종, 규모,

경영자 연령, 성별, 인종 등과 같은 다양한 투자기준별로 투자대상기업을 검색할 수 있다.

(2) 엔젤과 벤처캐피탈의 차이

엔젤과 벤처캐피탈은 벤처기업에 대해 자금공급과 경영지원을 한다는 공통점을 가지고 있다. 하지만 투자단계, 투자절차, 투자선정과정, 투자규모 등 여러 면에서 차이점이 있다.

첫째, 벤처캐피탈은 광범위한 비공개 기업을 대상으로 주로 창업이후 주식공개에 이르는 후기 성장단계를 중심으로 한 투자다. 하지만 엔젤은 이제 막 사업을 시작한 사업구상에서 초기성장단계의 기업에 대한 투자의 비중이 크다.

둘째, 벤처캐피탈은 회사나 조합 등 조직의 형태를 갖추고 있다. 반면 엔젤은 개인투자자들이나 그들이 결성한 클럽이 주류를 이룬다. 엔젤 중에서도 기업형 엔젤이 있긴하다. 그러나 기업들은 대개 기술탐색을 목적으로 투자하는 것이기 때문에 전체 엔젤 중에서 눈여겨 볼만한 비중을 차지하지는 못하다.

셋째, 벤처캐피탈은 경영에 깊이 관여하는 경향을 보이는 반면, 엔젤은 반드시 그렇지는 않다. 그런데 오늘날의 엔젤은 경영에 참여하려는 것은 아니지만, 적어도 보다 적극적으로 경영을 살펴보려는 경향을 보이고 있다. 엔젤 투자의 규모가 점차 커지면서 벤처캐피탈과 마찬가지로 벤처기업의 흥망에 큰 이해가 걸린 엔젤이 늘어나고 있어서 더욱 그러하다.

넷째, 벤처캐피탈은 유연성이 낮아 형식에 구애받지만, 엔젤은 그렇지 않다. 엔젤은 때로는 사업계획을 보지도 않고 투자를 하기도 하며, 벤처캐피탈이 보통 5년 이내에서 최장 7년 이내에 투자를 회수하려는데 비해, 엔젤은 보다 인내심을 보여주기도 한다. 그렇지만 때로는 엔젤이 더욱 가혹하거나 무리한 요구를 할 수도 있다. 하지만 벤처캐피탈은 조직의 룰을 가지고 있기 때문에 대개 그 범위 내에서 움직인다.

첫 만남에서부터 투자가 이루어질 때까지 걸리는 시간도 엔젤이 훨씬 짧다. 미국의 통계를 보면 벤처캐피탈이 자금을 실제통장에 넣어 줄 때까지 걸리는 시간은 통산 4~5개월에 달한다. 반면, 엔젤은 2.5개월 정도 걸린다. 불과 두세 번 만나고 난 뒤 투자하는 경우도 종종 나타난다.

다섯째, 벤처캐피탈은 찾기가 쉬운 반면, 엔젤은 어디 있는지 알기가 어렵다. 전화번호부를 펼치면 벤처캐피탈회사는 쉽게 찾을 수 있지만 엔젤은 없다. 개인적인 연줄을 동원하던가 혹은 그러한 정보를 갖고 있을만한 곳을 수소문해야 한다. 상당한 시간과 발품을 들이지 않으면 안 된다. 그렇기 때문에 엔젤을 연결하는 네트워크가 필요하다.

여섯째, 투자규모의 차이이다. 미국의 경우 벤처캐피탈의 투자규모는 보통 백만 달러를 넘는다. 이에 비해 엔젤은 한 기업당 5만 달러를 넘지 않는다. 우리나라의 경우에도 창투사들이 한 기업당 최소 1억 원 이상을 투자하는데 비해, 엔젤들은 1000만 원 이하의 투자를 선호한다. 물론 최근에는 건당 투자 규모가 점차 커지는 추세에 있다.

일곱 번째, 벤처부문에서 엔젤의 중요성은 벤처캐피탈보다 훨씬 크다. 미국의 경우 벤처캐피탈이 투자하는 기업의 수는 1년에 2천 개, 투자금액도 100억 달러에 불과한 반면 엔젤에 의한 투자기업 수는 25배에 달하는 5만 건, 금액은 3배에 달하는 300억 달러에 이른다.

한 해 미국에서는 80만 개의 회사가 설립되는 데, 이 중 6%가 엔젤 투자를 유치한 셈이다. 미국은 엔젤의 숫자만 해도 100만 명 이상에 달하는 것으로 추정되고 있다. 이에 비하여 우리의 실정은 어떠한가, 사실상 벤처캐피탈, 그것도 공공에 의한 벤처투자가 대부분을 차지한다. 민간부문의 역할, 특히 엔젤의 활동은 거의 없다. 있다 해도 무시될 수준이다. 아직도 민간에 의한 벤처투자는 시작단계에 있다.

[표 8-8] 엔젤과 벤처캐피탈의 차이[23]

구분	엔젤	벤처캐피탈
투자 단계	초기단계선호	성장단계 선호
투자 동기	고수익성	수익성
투자 제원	자기자금	자기자금, 펀드
투자 조건	유연함	까다로움
투자 규모	비교적 소액	제한 없음
투자 관리	불관여, 자문	경영참여, 감시
투자 행태	형식에 구애받지 않음	형식에 구애받음
찾는 방법	개인적 채널	찾기 쉬움
경영 참여	경영에 관여 안 함	경영에 깊이 관여
벤처기업지원	자금지원, 전문노하우 제공	자금지원
형태	클 럽	회사 또는 조합

23 한정화(2010), 전계서, p.267.

읽을거리　**블랙엔젤의 유형과 실태**[24]

자금 사정이 어려운 벤처기업을 도와주는 투자자를 '엔젤(천사)' 이라고 하는데 이를 가장해 벤처기업의 경영권. 기술정보. 물품 등을 빼앗아 가는 사람 혹은 기업을 업계에서는 '블랙 엔젤'(Black Angel) 이라고 한다. 투자가를 가장해 벤처기업가들이 공들여 쌓은 사업기반을 순식간에 가로채는 '블랙엔젤'은 그 수법 또한 다양하다. 동업하자고 했다가 투자금을 내세워 회사의 경영권을 가로 채거나 대신 수출을 해주겠다며 제품을 탈취(?).해 달아나기도 한다. 심지어 기존 기업들이 자금과 기술지원을 미끼로 접근, 물정에 어두운 벤처창업자들을 울리기도 한다.

• 경영권 탈취–핸드폰 동영상 발송기술을 보유하고 있던 C사의 尹모(33)

사장은 직원 3명과 함께 1년여 동안 고생 끝에 지난해 10월 어렵사리 핵심기술의 90%정도를 개발한 상태에서 투자자 모집 광고를 인터넷에 띄웠다. 이 때 중견기업 K사가 "투자하겠다" 며 경비 절감을 위해 자기 사무실에 입주할 것을 제안해왔다. 이에 尹사장은 K사가 주식의 55%를 인수하는 조건으로 계약서를 체결한 뒤 K사 사무실에 입주하고 2백50만원까지 지원받아 사업등록도 마쳤다. 하지만 K사는 한 달여 만에 느닷없이 "사업성이 없어 더 이상 기술개발이 필요없다" 며 "앞으로 자금지원을 하지 않겠다" 고 선언했다. 이에 尹씨는 K사측이 주식의 55%를 차지한데다 마땅한 대응방법이 없자 어쩔 수없이 몸만 빠져나올 수밖에 없었다. 尹사장은 얼마 후 K사가 정부로부터 3억원의 지원금을 받았다는 소식을 들었다.

• 제품 가로채기–전기가 통하는 섬유를 이용, 도난방지용 노트북 가방을 개발한 H무역 鄭모(37)

사장이 블랙엔젤의 마수에 걸려든 것은 지난해 3월. 제품개발까지 마쳤지만 자금이 달리던 鄭사장이 정부와 은행은 물론 창업투자회사를 찾아 투자요청을 했다가 매출실적이 없다는 이유로 번번이 퇴짜를 맞은 뒤였다. 鄭사장은 하는 수없이 인터넷에 엔젤투자를 요청하는 광고를 냈고, 이를 본 姜모씨가 찾아와 자신 소유의 안산시내 대지를 담보로 2억원의 대출을 받게 해주겠다고 제안했다. 鄭사장은 은행에 상담한 결과 姜씨의 땅으로 15억원 이상의 대출이 가능하다는 답변을 듣고 대출을 추진하던 중 이번에는 姜씨로부터 "해외 거래처를 확보하고 있다" 며 "제품 수출을 알선해 주겠다" 는 제안을 받았다. 이에 鄭사장은 믿고 4천만원 상당의 제품을 넘겨줬다. 하지만 제품을 넘겨준 뒤 姜씨와의 연락이 끊겼다. 확인결과 姜씨가 담보로 제공한 땅문서도 도난당한 인감으로 위조한 것이었다.

• 사업계획서 빼돌리기–인터넷 중고차 매매사업을 추진하던 鄭모(31)씨가 친구의 형을 통해 Z사의 C사장을 소개받은 것은 지난해 7월. C사장은 鄭씨에게 사무실 운영비. 장비구입비.6개월치 직원월급 등 자금 모두를 지원할테니 동업하자고 제안했다.

鄭씨는 별도 법인을 만들어 지분 50%를 받고 공동대표를 맡는 조건으로 제의를 수락, 4개월간 준비해온 사업계획서와 자료를 공개했다. 하지만 C사장은 자신의 회사 명의로 사업을 개시하자 별도법인을 만드는 것은 곤란하다고 말을 바꿨다. 너무 믿은 나머지 계약서도 쓰지 않은 터라 대응도 할 수 없다는 것을 안 鄭씨는 몸만 빠져나왔고 Z사는 지금도 인터넷에 중고차 매매 사이트를 운영하고 있다. S엔젤클럽 관계자는 "변호사.회계사들이 기업경영에 관여하다 싼 값으로 주식을 양도하라고 압력을 가하기도 한다" 며 "법을 잘 모르는 일부 벤처기업가들이 울며 겨자먹기식으로 주식을 넘겨준 사례를 종종 듣는다" 고 말했다.

24　중앙일보, 2000.02.01.

제7절 크라우드펀딩(Crowd Funding)

(1) 크라우드펀딩의 의의

크라우드펀딩(crowd funding)은 군중을 뜻하는 영어 단어 '크라우드'와 재원 마련을 뜻하는 '펀딩'이 합쳐진 단어다. 즉, 여러 사람에게 자금을 마련한다는 뜻이다. 때론 소셜펀딩으로 불리기도 한다. 영어로는 '크라우드 펀드', '크라우드 파이낸싱'(군중 자금 조달) 등과 같은 비슷한 단어가 있다. 이 단어들은 공통으로 개인이나 기업, 단체가 자금을 여러 사람에게서 마련한다는 뜻을 담고 있다.

이러한 의미를 가진 크라우드펀딩은 창의적 아이템을 가진 초기 기업가를 비롯한 자금수요자가 중개업자(온라인소액투자중개업자)의 온라인플랫폼에서 집단지성(The Wisdom of Crowds)을 활용하여 다수의 소액투자자로부터 자금을 조달하는 행위를 말한다.

(2) 크라우드펀딩 운용구조

'크라우드펀딩'은 먼저 신생기업이 크라우드펀딩 중개업체에 펀딩을 신청하면 크라우드펀딩 중개업체는 신생기업의 성향과 프로그램 그리고 아이템 등을 활용해 투자홍보를 하며 투자자를 모으게 된다. 이렇게 모인 지분투자와 대출, 후원이나 기부금이 신생기업에 전해지면 기업은 이를 통해 이윤을 내거나 제품 등을 생산해 투자자에게 보상이나 상환, 수익배분 등을 하는 구조로 운용된다.([그림 8-8] 참조)

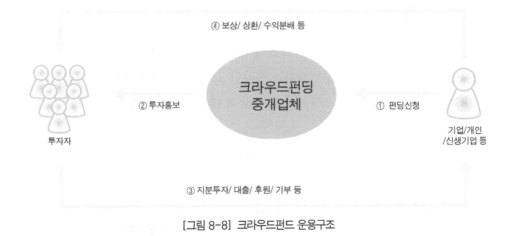

[그림 8-8] 크라우드펀드 운용구조

(3) 크라우드펀딩의 종류

크라우드 펀딩의 종류는 분류 기준에 따라 여러 방식으로 나눌 수 있으나, 대체적으로 ①후원/기부형, ②대출형, ③증권형으로 분류하고 있다.

후원/ 기부형은 소액 투자자들이 사업자에게 무상으로 후원금과 기부금을 납입하는 방식으로 금전적 보상이 없다. 선도업체는 미국의 킥스타터이며 국내에도 와디즈, 굿펀딩 등의 업체가 사업을 하고 있다.

대출형은 사업자에게 다수의 소액투자자가 자금을 대부·대출 방식으로 투자하고 이자수익을 얻는 방식이다. 미국의 렌딩클럽이 대표적이며, 국내도 8퍼센트, 팝 펀딩 등의 업체가 대출형 크라우드 펀딩을 운영하고 있다. 다만, 국내는 아직 대출형 크라우드 펀딩에 대한 법적인 규정이 없어 8퍼센트 등 대출형 크라우드펀딩으로 구분되는 P2P 대출업체는 대부업으로 사업을 등록하고 대부업법 적용을 받아야 한다.

증권형은 사업자가 증권을 발행하고 소액투자자가 이를 매수하여 자금을 조달하는 방식을 말한다. 여기서 증권은 채무증권, 지분증권, 수익증권, 투자계약증권, 파생결합증권, 증권예탁증권 등을 포함한다. 영국의 크라우드큐브가 대표적이며 2015년 3월 JUSTPARK라는 주차공간 검색업체가 370만 파운드(약 67.5억원)를 2,896명의 투자자로부터 모집한 사례가 있다. 국내에는 2016년 2월초 기준으로 와디즈, 오픈트레이드 등 5개 업체가 금융위원회의 허가를 받아 사업을 영위하고 있다.

(4) 국내 증권형 크라우드펀딩 전망

국내에서는 자본시장법 개정을 통해 증권형 크라우드펀딩 제도를 시행하고 있다. 2015년 7월 자본시장 법 개정안이 국회를 통과함에 따라 온라인 플랫폼을 통해 다수의 투자자를 대상으로 공모 증권을 발행하는 온라인 소액투자중개업자[25]가 신설되었고, 미국의 JOBS법[26]과 같이 증권신고서 제출 면제 등의 내용이 함께 포함되었다.

---

25 소규모 기업의 창업자금 조달을 촉진하기 위한 JOBS(Jumpstart Our Business Startups) 법이 2012년 4월 제정되었으며 그 주요내용에 크라우드 펀딩에 대한 증권신고서 제출 면제, 투자자 보호장치 마련 등 증권형 크라우드펀딩에 대한 규정을 마련하였다.

26 미국은 2012년 4월에 신생벤처육성지원법(Jumpstart Our Business Startups Act, JOBS Act, 일명 잡스법)에 서명했다. 잡스법은 연매출 10억달러 미만 기업에 대해 은행대출이나 벤처투자사, 개인투자자를 찾는 데 어려움을 겪는 기업이 개인에게 크라우드펀딩을 통해 연간 100만달러의 자금을 모을 수 있도록 했으며 비상장기업의 주주 수를 500명에서 최대 2,000명으로 확대하고 IPO 절차와 규정을 대폭 간소화했다.

또한 투자자 보호를 위해 발행기업과 투자자에 대한 규제사항을 마련하였다. 발행기업은 연간 7억 원까지 증권발행 규모가 제한되며, 증권형 크라우드펀딩을 통해 자금을 조달했을 경우 대주주 지분매각이 1년간 금지된다. 조달 목표금액의 80%이상이 모집 되었을 경우에만 최종적으로 계약이 이루어진다. 투자자의 경우 동일 기업당 200만원 이상 투자할 수 없고, 연간 총 투자한도도 500만원으로 제한된다. 금융소득종합과세자의 경우 기업당 투자한도가 1,000만원, 연간 총 투자한도가 2,000만원으로 제 한되며, 전문투자자는 투자 제한이 없다. 제도 시행 초기 단계인 만큼 국내 크라우드펀딩 시장의 활성화가 필요하지만, 개인 투자자에 대한 투자금액 상한액이 낮아서 향후 규제완화를 두고 업계의 요구가 있을 것으로 보인다.

금융위원회는 투자 및 발행한도를 관리하는 중앙기록관리기관을 두고, 증권형 크라우드펀딩 전용 전산시스템을 구축하는 등 인프라 구축을 추진하고 있다. 또한 금융위원회는 비상장기업 주식의 원활한 거래를 지원하는 K-OTCBB[27]에 온라인 소액증권 전용 게시판을 신설하여 주식을 매도하려는 투자자의 호가를 집중하고, 참여 증권사를 통해 거래할 수 있도록 하고 있다. 또한 성장사다리 펀드를 중심으로 총 200억원 규모로 매칭펀드를 조성하여 크라우드펀딩을 통해 자금모집에 성공한 기업중 사업화 단계에서 추가로 자금이 필요한 유망기업을 대상으로 후속투자를 진행하고, 일반투자자의 구주를 인수하여 투자자금이 회수될 수 있도록 지원하고 있다.

정부의 벤처창업기업 지원정책의 일환으로 활성화시키려고 추진하고 있는 선순환 벤처창업생태계 조성 정책에 힘입어 증권형 크라우드펀딩이 주목을 끌 것으로 보인다. 최근 수년간 국내 벤처·창업 환경은 벤처확인기업 수가 3만개를 돌파하고 벤처투자도 사상 최고치를 기록하는 등 빠르게 성장하고 있다.

다만 우리나라의 창업 초기기업이 5년 경과후 생존하는 비율이 30.9%로 미국 47.2%, 영국 41.3%로 매우 낮은 편이기 때문에, 정부에서는 TIPS 등 다양한 창업기업 지원 프로그램을 통해 자금조달 및 경영컨설팅 활동을 지원하고 있다. 하지만 정부지원만으로는 한계가 있으며, 특히 창업 초기 유망기업을 발굴하여 소액 투자하는 민간 마이크로 VC[28]가 부족한 환경에서 증권형 크라우드펀딩이 벤처·창업기업의 자금조달에 새로운 대안으로 부각될 수 있을지 지켜봐야 할 것이다.

---

27 장외 주식거래 시장인 K-OTC의 2부 성격을 갖고 있어 제2의 장외시장이라할 수 있다. K-OTCBB는 중소·벤처기업 등 모든 비상장법인 주식을 거래 대상으로 하고 있다.

28 엔젤투자와 VC의 중간 단계로 창업 초기에 소액으로 투자하는 소규모 VC

제8절 모태펀드

(1) 모태펀드의 의의

모태펀드는 창투사 등 벤처캐피탈사들의 VC펀드에 출자하는 공공성격의 펀드로서 특히 창업 및 벤처기업투자를 전문적으로 수행하는 벤처캐피탈사들에게 자금을 지원함으로써 국내 중소·벤처기업 활성화에 기여하고 있다. 모태펀드는 정부 및 관계당국이 개별 중소·벤처기업에 직접 투자하는 대신 이들을 지원하는 VC펀드에 출자하는 중기 및 창업지원 정책펀드이다.

우리나라의 모태펀드는 2005년 제정된 '벤처기업육성에 관한 특별조치법'에 의거, 같은 해 7월에 결성되었고, 운용기간은 30년으로 오는 2025년 해산한다. 펀드운용의 효율성을 높이기 위해 재원출자는 정부가 하고, 투자의사 결정은 한국벤처투자(KVIC)가 담당한다. 투자대상은 창업펀드, 벤처펀드, 사모펀드, 기업구조개선 사모펀드, 신기술사업펀드 등 5개이다. 투자비중은 창업·벤처펀드가 대부분이다. 펀드재원은 6개의 정부부처(중소기업진흥공단, 문화관광부, 특허청, 영화진흥위원회, 방송통신위원회, 고용노동부)가 각 계정에 자금을 출연한다.([표 8-9] 참조)

[표 8-9] 모태펀드 재원조성현황(기금별) (단위 : 억원)

구분	'05	'06	'07	'08	'09	'10	'11	'12	'13	'14	'15	계
중진기금		1,100	900	800	2,850	1,000	320	700	800	1,000	500	11,671
문산기금	-	500	1,000	-	1,200	-	120	-	-	200	500	3,520
특허회계	-	550	550	-	330	-	-	-	-	-	-	1,430
영화기금	-	-	-	-	-	110	460	450	400	100	-	1,520
방통기금	-	-	-	-	-	100	-	-	-	500	-	600
고용노동	-	-	-	-	-	-	25	25	25	25	-	100
보건회계	-	-	-	-	-	-	-	-	200	300	-	500
계	1,701	2,150	2,450	800	4,380	1,210	925	1,175	1,425	2,125	1,000	19,341

(2) 모태펀드의 설립목적

모태펀드는 VC펀드 투자의 효율성과 지속성을 높이기 위해 결성되었는데, 과거 벤처투자 시장의 형성을 위해 정부의 공적자금이 직접 투자에 참여하다보니, 전문성 부족 등으로 리스크관리 및 수익측면에서 운용의 비효율성 초래하였다. 또, 시장수요와 무관하게 매년 예산배정에 따라 투자금액이 결정되는 등 공급자 위주의 투자정책에 따른 부작용도 발생되어서, 정부가 직접 투자하는 것은 한계가 있으므로, 투자 재원은 공급하되 투자는 투자관리 전문기관인 한국벤처투자(KVIC)가 수행토록 하였다.

또한, 단년도 예산배정 지원방식에서 탈피하여 회수재원의 재순환방식(Revolving System)으로 안정적 투자재원 공급체계 마련하는 개선을 하게 되었다. 모태펀드 설립 후에도 각 계정별로 운용을 별도 관리했으나, 현재는 농림수산식품부가 운용하는 농림모태펀드를 제외하곤 KVIC에 운용을 맡기고있다.

(3) 모태펀드의 운용방법

우선 벤처캐피탈사들이 VC펀드를 조성하고 중소기업청에 모태펀드 지원을 요청하면 이를 중소기업청 산하의 모태펀드 운용협의회(총 8인 : 출연부처 각 1명씩 6인, 중기청 1인, KVIC 1인)에서 심의한다. 심사기준은 VC펀드의 투자성격, 성과 등이다.

심사가 완료되면 KVIC를 통해 VC펀드에 자금을 출연하는데 투자 비율은 VC펀드 자본금 최대 60%까지다. 투자비율은 VC펀드의 리스크에 따라 정해진다. 투자 기업의 업종 특성상 리스크가 높으면 투자비율이 커지고, 리스크가 낮으면 투자비율이 적다. 모태펀드의 출자분 외 나머지 부분은 연기금, 기업 등 민간투자재원이 책임진다.

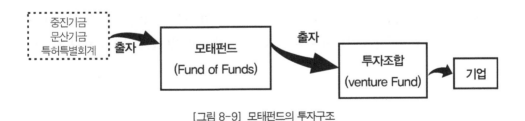

[그림 8-9] 모태펀드의 투자구조

(4) 모태펀드 운용효과

모태펀드가 설립된 후 벤처캐피탈에 많은 긍정적 변화가 일어났다. 모태펀드로 인해 벤처버블 붕괴 이후 침체기를 겪고 있던 벤처시장을 확대되었으며, 투자기반 확충에 기여했다. 이는 벤처기업 수, 신규 VC펀드 결성 및 신규 벤처투자, 해외 투자금 유치규모 등의 변화에서 나타난다.

모태펀드가 설립되기 전인 2004년 벤처기업 수는 7967개였고, 신규 VC펀드 결성 및 벤처투자는 각각 6962억원, 6044억원이었다. 해외 투자금 유치규모도 1761억원에 불과했다. 그러나, 모태펀드 설립 약 7년 후인 2011년 벤처기업 수는 2만6148개로 집계되었으며, 신규 VC펀드 결성규모는 2조2591억원이다. 신규 벤처투자, 해외투자금 유치규모도 각각 1조2608억원, 5278억원을 기록했다.

모태펀드 설립 전·후를 비교할 때 벤처시장은 2.90배 성장했다. 모태펀드는 벤처버블이 붕괴된 2001년부터 2005년까지 침체기를 걷고 있던 벤처캐피탈업계에 안정적 재원공급 체계를 정착시켰다는 평가를 받고있다. 현재 국내 벤처투자시장은 GDP대비 0.1% 수준으로 커져서, 미국(0.2%), 이스라엘(0.4%) 등 글로벌 벤처선진국과 비교할 때 결코 뒤지지 않는 수준이다.

일자리 창출 및 경영개선 효과도 불러왔다. 한국채권연구원은 모태펀드가 출자한 VC펀드로부터 투자받은 기업의 고용창출 및 경영성과개선 효과는 그렇지 않은 기업보다 두드러진다고 분석했다.

한국채권연구원에 따르면 2012년 7월 기준, 모태펀드가 출자한 VC펀드 투자기업의 고용증가율은 26.21%였고, 매출액·총자산 증가율 역시 각각 23.70%, 73.59%를 나타냈다. 투자받지 않은 기업보다 고용증가율(0.9%), 매출액(7.31%)·총자산 증가율(6.35%)에서 최대 12배 이상 높은 성과를 보여서, 모태펀드 출자 VC펀드의 투자를 받은 기업은 그렇지 않은 기업과 비교할 때 엄청난 경영성과 및 고용창출 효과를 나타냈다.

또 전체 창업초기투자 중 모태펀드 출자 VC펀드의 비중은 67%를 차지하고 있어서, 모태펀드가 창업초기기업 투자에 주도적인 역할을 수행하고 있다는것을 나타낸다고 볼 수 있다.

제9절 자금조달 실패사례와 성공사례[29]

(1) 창업자금 조달의 실패 사례

창업자금 조달의 여러 실패 사례를 살펴본다. 소개하는 사례들은 월간 B&F에 소개된 자료를 인용하였다. 대부분의 창업자들이 자금 조달과 회계에 대한 지식이 부족하여 흔히 겪게 되는 내용이다.

이와 같은 사례를 거울삼아 비슷한 실패를 되풀이하지 않도록 유의해야 한다. 계속 사업을 영위하려고 한다면 창업자도 돈과 관련한 자금 및 회계에 대해 공부하는 자세가 필요하다.

■ 보증인의 보증기피로 인한 실패 사례

최근 디자인 관련 학과를 졸업한 A군은 지방에서 서울의 대학으로 진학 후 주민등록을 서울로 이전하여 단독 세대주로 되어 있다. 그는 캐릭터 개발 사업을 준비하는 과정에서 창업자금을 신청했다. 그러나 시골에서 농사를 짓고 계신 부모님에게 보증을 부탁하기도 어려운 형편이고 주변에서도 보증을 해줄 사람이 없어 창업자금 조달을 포기하였다.

의상학과를 졸업한 미혼의 B양은 지난해 의류정보제공업을 창업, 회원 수가 늘어나자 사업 확대를 위해 서울시 창업자금을 신청하여 융자 승인이 났으나, 보증기금에서 아버지가 보증을 회피하는 바람에 창업자금 조달이 무산되었다.

주부인 C씨는 제과점 창업을 사업장을 계약하고 부족한 자금을 마련키로 했다. 하지만 평소 아내의 부업에 적극적이던 남편이 보증기금의 연대보증을 기피하여 창업을 포기할 수밖에 없었다.

위 사례에서와 같이 담보가 아닌 신용보증서를 통해 자금을 조달하기 위해서는 반드시 보증인이 확보되어야 한다. 보증기금에서는 개인기업의 경우 동업자, 경영실권자, 배우자 명의로 부동산을 보유하고 있는 경우 대표자의 배우자, 대표자의 직계존비속으로 기업경영에 직접 참여하고 있는 자 등을 대상자로 하고 있다.

---

29 창업진흥원(2012), 기술창업보육론, pp.885~891.

따라서 미혼인 경우에는 부모가, 기혼 여성의 경우 남편의 보증이 반드시 필요하며, 보증인이 없는 경우 창업자금을 조달하기는 거의 불가능하다. 따라서 창업자금을 신청하기 전에 보증인에게 충분한 동의를 구해 두는 것이 유리하며, 법인 형태로 창업을 하는 것도 한 방편일 수 있다.

■ 부동산의 가압류로 인한 실패 사례

건설교통부가 인정한 신기술을 보유한 회사로 자본금 2억원, 전년 매출액 15억 원인 D주식회사는 3억 원의 서울시 자금 승인이 이루어져 매출 및 재무 상태로 신용보증서를 받는 데 아무런 문제가 없는 것으로 생각했다. 그러나 과거 소액의 개인적인 민사소송에 따른 주택의 가압류로 인하여 자금조달이 이루어지지 않았다.

보증기금에서는 사업장 또는 대표자 거주주택에 금융기관의 대출금 연체, 거래 관계상의 채무 불이행으로 인한 가압류, 국세 · 지방세 · 산재보험료 · 의료보험료 · 전기료 등 조세공과금의 체납으로 인한 압류, 가처분, 경매 신청 사실이 있는 기업은 보증을 제한하고 있다. 따라서 자금조달을 위해서는 어떠한 방법으로든 이러한 사항들은 무조건 해소해야만 한다.

■ 법인이사의 신용불량에 따른 실패 사례

업력(業歷) 2년의 식품유통회사로 자본금 1억 원, 매출액 10억 원 이상의 E주식회사는 물류시스템 개발 및 도입을 위한 정책자금 융자를 승인 받아 보증기금에 보증 신청을 했다. 그러나 법인이사 겸 주주인 1명이 과거에 금융기관의 연대보증에 의한 채무변제를 다하지 않아 신용불량 거래자로 등록되어 있어 보증 승인이 이루어지지 않았다. 이를 해결하기 위해 신용불량자로 등록된 법인이사

를 변경하고 이사 명의의 주식을 타인으로 양도하는 등의 후속 조치를 강구하였으나 결국 자금조달에 실패하고 말았다.

금융기관 등의 대출금, 신용카드대금 연체 또는 국세, 지방세 등을 체납하여 전국은행연합회의 신용정보 관리규약에 의한 신용불량정보를 보유한 기업 및 대표자는 마찬가지

로 보증을 제한하고 있다. 일반적으로 법인의 보증 시에는 대표이사뿐만 아니라 과점주주 또는 법인이사가 연대보증을 해야 하므로 보증 여부의 확인도 필요하지만 신용상의 결격 사유가 있어서는 안 된다. 따라서 법인 설립 또는 이사 등재 시 신용상의 결격 사유가 있는지 반드시 확인해야 한다.

■ **신청 서류의 허위 제출에 따른 실패 사례**

H주식회사는 조명등기구 도·소매업을 하는 자본금 1억 원, 총자산 6억 원, 매출액 10억 원 규모의 회사다. 그러나 정책자금의 신청 금액을 늘이기 위해 H사의 임가공 생산을 하고 있는 J회사의 공장을 자사 공장으로 서류를 꾸며 설비 구입 및 원재료 구입자금을 신청하고, 회사 간판을 바꾸고 작업복을 바꿔 입혀 보증기금의 공장 실사를 받았다. 그러나 보증기금의 심사 과정에서 J회사의 기록이 보증기금에 남아 있어 신청 내용이 허위임이 밝혀져 결국 자금조달에 실패하였음은 물론, 이를 무마하기 위해 상당한 노력이 허비되었다.

자금을 조달하는 데 있어서 계획사업에 대한 약간의 과장은 어쩔 수 없다고 하더라도, 허위의 내용을 서류로 작성하여 자금 조달을 도모하는 것은 곤란하다. 이는 경영자로서의 기본자세를 의심받게 됨과 아울러 그 허위 내용이 밝혀질 경우 향후 사업 전체에 심각한 타격을 입게 된다는 점에 유의해야 한다.

(2) 자금조달 성공 사례

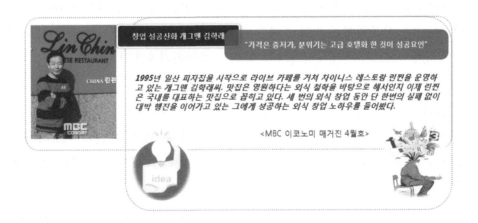

창업 성공신화 개그맨 김학래

"가격은 중저가, 분위기는 고급 호텔화 한 것이 성공요인"

1995년 일산 피자집을 시작으로 라이브 카페를 거쳐 차이니스 레스토랑 린친을 운영하고 있는 개그맨 김학래씨. 맛집은 명원하다는 외식 철학을 바탕으로 해서인지 이제 린친은 국내를 대표하는 맛집으로 꼽히고 있다. 세 번의 외식 창업 동안 단 한번의 실패 없이 대박 행진을 이어가고 있는 그에게 성공하는 외식 창업 노하우를 들어봤다.

<MBC 이코노미 매거진 4월호>

80~90년대 유머 1번지 등 코미디 프로그램을 주름잡으며 인기를 끌었던 개그맨 김학래씨. 그는 같은 코미디 프로그램에 출연하면서 자연스레 정이 쌓여 동료 개그맨 임미숙씨와 9살이라는 나이차를 극복하고 결혼에 골인하며 세간에 화제를 모으기도 했었다. 현재 그는 MBC 주말 인기프로그램 〈세바퀴〉에 패널로 고정 출연하며 여전한 입담을 과시하고 있다. 또 케이블 TV는 물론 대기업에 유머와 창업 등과 관련한 인기 강사로 활약하고 있다.

경영학 석사 출신으로 유머와 지성을 가진 개그맨의 이미지를 가진 김학래씨. 그는 전공 때문인지 유난히 사업에 대한 관심이 많았다. 90년대부터 꾸준히 외식 창업이란 한 우물을 파면서 이제는 연예계에서 가장 성공한 사업가로 꼽힌다. 그에게 외식창업 성공 대표주자 타이틀의 영예를 안긴 업종은 차이니스 레스토랑이다.

개업 초하루 매출 500만~600만 원으로 시작해 창업 10년째인 현재 하루 평균 1,400만~1,500만원의 꾸준한 매출을 올리고 있다. 이를 연 매출로 환산하면 50억 원의 규모로 웬만한 중소기업 부럽지 않은 수준이다. 게다가 최근에는 현대 홈쇼핑의 제의로 레스토랑의 가장 인기 품목인 인절미탕수육을 판매해 베스트 히트 상품으로 선정된 바 있다. 앞으로 홈쇼핑 판매상품은 더욱 확대될 예정이다.

몇 년 전부터 불황의 골이 깊어지면서 하루가 멀다 하고 외식업체의 폐업 소식이 들려오고 있다. 창업 1년 생존율이 절반이 되지 않고 10년 생존율은 한 자리 숫자에 불과한 시대에 중국음식으로 10년간 대박 행진을 이어가고 있다는 점에서 그에게는 더욱 특별한 노하우가 있어 보인다.

김학래씨가 차이니스 레스토랑 린찐을 개업한 것은 지난 2003년12월. 귀에 쏙 들어오는 린찐이라는 상호는 부부의 성인 '임'과 '김'의 중국식 발음으로 아내 임미숙(41)씨의 아이디어이다. 사실 부부의 창업 경력은 올해로 18년째. 95년 일산 피자집을 시작으로 라이브 카페 루브르를 거쳐 차이니스 레스토랑에 도전하기까지 단 한 번의 실패 없이 대박 행진을 이어왔다.

세 번째 창업 도전에서 업종을 중국집으로 선회한 이유에 대해 그는 "5천 원짜리 짜장면부터 수십만 원을 호가하는 상어요리까지 가격대가 천차만별"이면서 "어린아이부터 어른까지 누구나 좋아해 유행을 타지 않고 맛만 좋다면 쉽사리 무너지지 않는 시장이다"라고 설명했다.

업종을 선택한 후 그는 상권 분석에 들어갔다. 두 번이나 창업을 해본 베테랑답게 서울을 동서남북으로 구분해 입지를 물색하기 시작했다. '목이 절반'이라는 말이 있을 만큼 되는 업종을 선택하는 것 못지않게 중요한 것이 입지였다. 그는 직접 발로 뛰며 상권을 분석한 결과, 강남지역은 점포비를 제외한 시설 투자비만 10억 원이 넘는데다 업종 사이클이 1년도 채 되지 않았다. 신촌, 명동, 대학로 등 강북 명문 상권은 외식업체가 포화상태라 제살 깎아먹기 경쟁이 치열했다.

결국 낙점 된 곳은 강동 지역에 해당하는 둔촌동 올림픽 공원 부근. 인구가 10만 명이 넘는데 비해 상권 조성이 미흡했다. 마침 후문 바로 맞은편에 위치한 주상복합건물이 상가 분양 중에 있었다. 1층 상가를 12억 원에 분양받아 린찐을 오픈했다.

선택한 입지는 이 지역에서는 특A급. 올림픽 아파트를 비롯해40~60평형의 대형 아파트가 1만 세대가 넘게 포진해 있고 분양 받은 상가 뒤편으로는 1백평 대가 넘는 고급 빌라도 즐비해 구매력이 큰 고정 인구층이 많다.

또 저녁 무렵이나 주말이면 올림픽 공원으로 놀러오는 유동 인구층도 두텁게 형성되어 있다. 여기에 5호선 둔촌역에서 걸어서 10분 거리에 있는 역세권이고 잠실역이나 성내역도 비교적 근거리에 있다. 역 주변으로 중소기업들이 포진한 오피스 거리가 조성되어 있다. 개업 초부터 손님이 몰려들었던 차이니스 레스토랑 린찐은 해가 갈수록 매출이 상승하면서 이제 강동구는 물론 미국 뉴욕과 중국, 일본 등지에서도 인절미 탕수육과 짜장면을 맛보러 손님이 찾아올 만큼 국내를 대표하는 맛집으로 자리 잡았다.

■ 분위기는 '고급', 가격은 '중저가'

린찐의 실내는 실 평수 75평에 홀 60평, 주방 15평으로 좌석수가 110개에 룸을 6개 만들어 가족 또는 단체 손님을 맞을 수 있도록 했다. 고객층은 20~60대까지 다양하지만 주요 구매층은 30~40대로 60%를 차지한다. 점심은 샐러리맨들이나 30~40대 주부들, 저녁이나 주말은 부부 및 가족이나 단체 손님들이 차지한다. 이는 아파트와 오피스가가 적절히 혼합된 입지를 선택함으로써 고객 회전율을 높였기 때문이다.

상가 분양비는 루브르를 매매한 자금 10억 원과 능곡에 있던 건물을 팔아 전세금을 반환하고 남은 돈 2억 원을 합쳐 마련됐다. 점포비를 제외한 시설 투자비용은 6억 원. 시설 투자비용은 점포를 담보로 대출받아 마련됐다.

여기서 한 가지 짚고 넘어가야 할 점은 점포 마련 비용의 노하우이다. 부부는 세 번의 창업 모두 부동산을 매입한 후 이를 담보로 시설 투자비용을 마련했다. 첫 창업인 피자집을 오픈했을 때도 살고 있던 아파트를 담보로 잡히고 부동산을 매입해 점포비용을 마련했다. 김씨는 "임대료는 공중으로 날아가는 돈이다" 라면서 "매달 갚아나가는 부동산 대출 원리금과 임대료 비용을 비교해 봐도 지금과 같은 저금리에는 약간 무리가 되더라도 대출을 적절히 활용해 점포를 매입하는 것이 낫다"라고 말한다.

총 투자비용 16억 원으로 부부가 올리는 월 매출은 4억2000만원. 재료비, 인건비(25인), 공과금 등 유지비용을 제외한 순수 마진율은 20%. 재료비가 오른 가격 인상분을 반영하지 않아 순 마진율은 초창기 30%에서 오히려 10% 줄었다.

하지만 김학래씨는 이를 가격대를 세분화해 마진이 적더라도 많이 팔아 전체 수익을 높이는 박리다매 전략으로 돌파하고 있다. 120개의 메뉴를 가격대별로 나눠 가장 인기 있는 짜장면, 백짬뽕, 등 7,000~9,000원, 인절미탕수육, 칠리새우, 누룽지탕, 전가복 등 인기 단품요리 20,000~90,000원, 런치 코스 20,000원대, 코스요리 60,000~100,000원 등으로 다양화해 고객의 주머니 사정에 맞게 선택하도록 했다.

개그맨 김학래씨는 "주머니 사정이 넉넉하다고 해도 매일 요리를 먹지는 않는다"라면서 "질리지 않고 먹을 수 있는 메뉴는 아무래도 짜장면, 짬뽕 등 면류나 큰돈을 낸다는 부담 없이 먹을 수 있는 실속요리코스"라고 중저가를 공략한 박리다매 전략의 배경을 설명했다.

■ "맛있는 집은 영원하다"

성공 요인으로 음식 맛을 빼놓을 수 없다. 린쩐의 음식 맛은 전체적으로 고소하면서 담백하다. 즉 맛과 건강 모두를 잡을 수 있는 웰빙 시대의 트랜드에 적합한 맛이라고 할 수 있다. 한 예로 린쩐에서만 맛볼 수 있는 대표 인기 메뉴인 인절미 탕수육의 경우 인절미 속에 든 등심 돼지고기가 쫀득하면서 씹히는 맛이 일품이고 소스 또한 담백해 웰빙식단으로 손님들에게 인기를 끌고 있다.

이는 김학래, 임미숙 부부가 주방장과 함께 머리를 맞댄 합작품이다. 또 백짬뽕의 경우에도 홍합 대신 갑오징어, 복어살, 조개살 등 고급 해산물로 우려낸 담백하고 깊은 육수에 탄탄한 면이 어우러져 남자들은 물론 여자 손님들에게 인기를 끌고 있다. 또 다른 웰빙 인기 메뉴 누룽지탕의 경우에도 각종 고급해산물과 죽순, 브로컬리 등 야채류가 조화를 이루고 있어 영양과 맛이 균형을 이루고 있다.

여기에는 두 번의 창업 경험을 통해 '연예인 인기발은 잠깐이지만 맛있는 집은 영원하다'란 그의 음식 철학이 담겨있다. 좋은 재료에서 제대로 된 맛이 나온다는 철칙에 따라 재료는 최상급을 고집하고 냉장 및 냉동 보관기간도 최대 2일 이하로 제한해 신선도 유지에도 각별히 신경 쓴다. 또 최상의 질을 유지하려면 공급처의 확보도 중요하다. 육류는 관광청에 납부하는 제품을 쓰고 있으며 농수산물은 가락동이나 노량진을 이용한다. 창업 초보자의 경우는 주방장을 통해 추천받는 것도 하나의 방법이라고 김씨는 조언하고 있다.

주방장의 경우, 보통 10여년 이상의 경력을 바탕으로 좋은 재료의 공급처를 알고 있는 경우가 많기 때문이다. 수십 년 경력의 린찐 주방장은 화교협회 회장의 추천으로 인연이 돼 지금까지 함께하고 있다. 맛과 더불어 호텔급 분위기와 서비스도 성공 창업에 한 몫하고 있다. "요즘의 트랜드는 짜장면 한 그릇을 먹더라도 분위기 있게"라고 말하는 김씨는 실내를 원목과 대리석을 적절히 혼합해 이태리풍으로 처리했다. 직원들 역시 호텔처럼 제복을 입고 서비스 하도록 했다. 한마디로 가격은 다운사이징, 분위기와 서비스는 업그레이드한 것이다.

이직률이 높은 외식업의 경우에는 인력 관리도 중요하다. 사실 유명한 맛집은 주방장의 손에 달려 있다고 할 수 있다. 주방장이 바뀌면 아무리 유명했던 맛집이라도 고객이 떨어져 나가는 경우가 흔하다. 그 때문에 오너가 직접 요리 레시피를 익히려는 경우도 많다. 하지만 규모가 클 경우 이는 불가능하다. 대신 주방 관리를 잘해야 한다. 그는 "주방 관리의 노하우는 따로 있는 것이 아니라 얼마나 대우를 잘 해주느냐에 있다"면서 "보너스는 물론 평소에도 고급 베이커리의 빵과 과자, 음료 등을 챙겨주면서 내 집 식구 대하듯 하는 게 중요하다"라고 말했다.

그는 직원들에게 연 100%의 상여금은 물론 월 매출이 갱신될 때마다 단 10만원이라도 특별 보너스를 지급하는 등 사기 진작을 게을리 하지 않는다. 탄탄한 인력관리가 바탕이 될 때 최상의 서비스가 나오고 이는 곧 고객만족을 통한 매출 상승과 직결된다는 사실을 알기 때문이다.

세 번의 창업을 거쳐 가업으로 물려줄 만한 업종을 찾았다고 말하는 김학래씨. 10 여년 만에 린찐을 국내를 대표하는 고급 음식점 반열에 올려놓은 그는 린찐의 음식 맛을 보고 싶어 하는 고객들을 위해 단품요리를 홈쇼핑과 제휴해 판매하는 사업을 확대할 계획이다. 또 그는 "평생 사람들에게 웃음을 주는 개그맨과 더불어 사람들에게 건강과 맛의 기쁨을 느끼게 하는 음식 사업을 계속하고 싶다"는 바람을 밝혔다.

기업가정신 사례 1 **미래에셋 박현주 창업주**[30]

박현주 회장은 자수성가한 농부아버지 밑에서 구김 없이 자랐지만 고등학생 시절 정신적 지주인 아버지의 갑작스런 죽음으로 깊은 방황에 빠져 힘든 사춘기를 보낸다. 이후 재수를 통해 고려대에 입학하며, 경영학과 출신이지만 대학생 시절부터 증권에 대한 관심을 보인다.

대학원을 다니던 1984년에는 내외증권연구소를 설립하여 주식투자자문업을 시작하였으며, 사회제도적 여건이 미비하고 젊은 사업가로서의 한계가 있다는 판단 하에 내외증권연구소를 그만두고 증권사에 입문하게 된다. 증권가의 미다스 손으로 절정의 명성을 구가하던 시기 사표를 제출하고 미래에셋 캐피탈을 창업한다.

박현주 회장은 '돈에 자신의 꿈을 팔지 말라'고 강조하며 꿈은 소중하게 가꾸고 키워야 할 아름다운 꽃이라 여겼다. 이를 통해 성장 과정에서 원칙과 어긋나는 제의나 달콤한 유혹을 많이 받았으나 대학시절부터 키워온 꿈과 미래를 생각하며 유혹에 맞서 싸우게 된다.

평상시에는 매우 냉정한 것처럼 느껴지는 그이지만 후배들에게 어려운 일이 닥쳤을 때는 꼼꼼하게 잘 챙겨줄 정도로 배려심이 강하다. 승부의 갈림길에서는 즉흥적으로 결단을 내리지 않고 신중히 선택한 뒤 과감히 배팅하는 승부근성이 강하다. 직관력이 뛰어나고, 두둑한 배포와 과단성도 겸비하고 있다. 뿐만 아니라 정치와 멀리 떨어져 있어야 사업에 성공할 수 있다는 것을 강조하며 원칙을 지키며 자신을 절제한다.

1996년 한국 경제를 바라보며 불안감을 느낀 그는 우리나라 증시가 폭락할 것으로 예상하고, 본인의 신념과 고객을 위해 미래에셋 창업투자를 설립하게 된다. 이 과정에서 증권사의 본부장으로 있을 당시 중용하던 인재들과 함께 사표를 제출하고 한배를 타게 된다.

기존의 고정관념을 깨고 새로운 것을 과감하게 시도하는 도전정신으로 미래에셋은 국내최초라는 수식어를 달고 다닌다. 뿐만 아니라 사사로운 감정을 배재한 채 어제의 적도 능력이 있으면 꼭 스카우트한다는 인재관을 보여준다. 사회적 책임을 기업의 핵심 가치로 설정하고 직원들의 주주화 정책을 펼치며, 비자금을 조성하지 않아 기업의 투명성과 정직을 통해 고객과 사회에 대한 의무이자 약속을 다하고자 한다.

미래가 어떻게 변화할 것인지 그 흐름을 정확히 포착해내고 미리 대응하는데 천부적

---

30 배종태외 3인(2009), 전게서, pp. 69~70.

인 자질을 보인 박현주 회장은 도전을 통한 성장이라는 성장철학을 가지고 한국 자본 시장 발전을 위해 매진하여 큰 성과를 이룩해 냈다. 뿐만 아니라 인재육성 차원에서 재단을 설립하고, 교육, 사회복지, 자원봉사 등 사회공헌 활동에도 힘쓰는 등 그가 바라던 사회적 책임을 다하고자 지금도 애쓰고 있다.

기업가정신 사례 2   NHN 이해진 창업주[31]

NHN의 창업자인 이해진 전 CEO는 세심하고 꼼꼼하며 침착한 성격의 소유자로, 내성적인 탓에 조용히 성실하게 자신이 맡은 일을 충실히 하는 스타일이었다. 그는 회사에서도 자타가 공인하는 독서광으로 어려서부터 책 읽기를 좋아하였고, 늘 아이디어가 생기면 조언을 구하거나 의견을 적극 제시하는 편이었다.

그의 인생철학은 환경이 자신에게 맞춰져서 자신이 환경의 중심이 되어야 한다는 것이다. 즉, 문제가 있는 것은 환경이 아니고 자기 자신이라는 생각으로, 자신 스스로가 주도적으로 환경을 바꿔나가고자 노력했다. 따라서 진정 결정적 장면은 결국 지금 자기가 할 수 있는 최선을 찾아내는 것이라는 신념을 가지고 일을 해나갔다. 그는 서울대학교 컴퓨터공학 학사, KAIST 대학원 전산학 석사를 마친 후, 삼성 SDS에서 근무한다.

그는 직장에서 보내는 시간의 25%는 순수하게 자신의 개발을 위해서만 쓰라는 '25%룰'을 벤치마킹하여, 하루 8시간 중 2시간을 자기개발에 쏟았다. 그의 자기개발의 주제는 '내가 설계하고 개발할 만한 기술이 무엇일까'였고, 3년 이상을 이 주제에 몰두해서 얻은 결론이 바로 '검색엔진'이었다.

창업 아이템을 검색엔진으로 선정하고, 사내벤처 1호인 '웹글라이더팀'을 만들어 3년간의 각고 끝에 검색엔진을 개발한다. 1997년부터 2년간 사내벤처 네이버 소사장으로 일한 후 99년 분사하여, 네이버컴 사장으로 독립한다. 그 후 한게임과 합병을 하여 NHN(주)(Next Human Network)로 회사명을 변경하면서 오늘날의 NHN이 되었다.

그는 환경에 잘 적응하면서, 방향과 타이밍에 대해 늘 검증하는 습관을 가지고 있었다. 인터넷은 브랜드 싸움이 아니라 퀄리티 싸움이라는 경영원칙을 갖고, 직접 직원들을 불러서 "야, 여기 오타 났다."고 직접 찍어줘 가면서 퀄리티에 있어서만큼은 베스트가 되자고 직원들에게 늘 강조했다. 그래서 신입사원들에게도 돈 못 벌어오고, 큰 기획을 못 하는 건

---

31 배종태외 3인(2009), 전게서, pp.59~60.

용서해도, 사용자가 보는 페이지에 실수를 하는 건 용서하지 못한다고 강조했다.

2002년 코스닥 등록 후 2년도 되지 않아 코스닥 시가총액 1위 기업으로 오르면서 이해 진 전 CEO는 코스닥 주식갑부 1위로 젊은 IT 부자 반열에 오르게 된다. 그는 핵심역량에 더욱 집중하면서 오픈캐스트 정책을 통해 사용자 위주 플랫폼을 제공하고, 한게임커뮤니케이션 이후로도, 원큐, 서치솔루션, 퓨처밸리, 첫눈, 데이터코러스, 미투데이, 윙버스 등 많은 기업들을 인수하면서 지속적인 성장을 거듭한다.

그리고 온라인 기부 포털 운영, 다양한 봉사활동 등 사회 공헌활동을 지속해 나갔다. 그는 2004년 1월에 CEO 자리에서 은퇴하였으며, 현재는 NHN CSO 및 이사회 의장직을 맡고 있다.

CHAPTER **9**

마케팅 전략

- 판매와 마케팅은 정반대이다. 같은 의미가 아닌 것은 물론, 서로 보완적인 부분조차 없다. 어떤 형태의 판매는 필요하다. 그러나 마케팅의 목표는 판매를 불필요하게 만드는 것이다. 마케팅이 지향하는 것은 고객을 이해하고, 제품과 서비스를 고객에 맞추어 저절로 팔리도록 하는 것이다.

  피터 드러커

제1절 **마케팅의 의의와 중요성**

(1) 마케팅의 개념

마케팅이란 개인과 집단이 제품과 가치있는 것을 창조하여 이를 개인이나 집단과 교환함으로써 그들이 필요로 하고 원하는 것을 획득하는 사회적과정이나 관리적 과정을 말한다[1] 즉, 마케팅은 생산자로부터 제품을 생산해서 최종 소비자에게 이전시키는 데 필요한 모든 활동을 포함하고 있다. 따라서 기업이 제품을 만들고(product), 가격을 책정한 후(pricing) 그 제품을 알리고(promotion), 그 제품을 유통시키는(place) 모든 일련의 활동과 관련된 과정(process)이다.

마케팅의 정의는 미국마케팅협회 AMA(American marketing association)에서 1985년과 2004년에 규정한 두 가지의 정의가 대표적이다. 1985년도에 발표된 내용은 다음과 같다. "마케팅이란 교환창출을 위하여 아이디어(idea), 상품(item), 서비스(service)를 정립하는 활동과 가격을 설정하는 활동 및 촉진활동과 유통경로를 계획하고 집행하는 과정"으로 정의한다. 다시 말해서 기업과 소비자는 시장에서 각자의 욕구를 충족시킬 목적으로 행하는 교환이며, 기업 측면에서는 기업의 생존과 성장을 위해서 고객을 만족시킬 수 있는 제품과 서비스, 가격, 유통, 촉진활동을 계획하고 실행하는 관리과정이라고 할 수 있다.

또한 2004년도에는 마케팅이란 고객가치를 창출, 커뮤니케이션, 전달하는 조직적 기능이며 고객 관계를 관리하여 조직과 주주에게 혜택을 주는 과저이라고 정의하였다. 또한 미국의 경영학자 피터 드러커(Peter Drucker)는 마케팅(marketing)의 목표를 "사람들을 열망 속으로 몰아넣는 판매방법을 발견하는 것"이라고 하였다.

(2) 마케팅관리 개념의 변화

마케팅관리란 마케팅 개념을 기업의 관리적 차원에서 구체화시키는 과정이다.[2] 마케팅 개념과 마케팅관리 개념을 통합하여 마케팅관리를 정의해 보면 마케팅관리는 "조직의 목적을 달성하고 표적시장의 욕구를 충족시키기 위한 바람직한 교환을 초래하기 위해 조직이 처한 시장상황을 분석하고, 효과적인 프로그램을 계획하며 집행하고, 통제하

---

1   Philip Kotler, Gary Armstrong(2012), Principles of marketing, 14th ed. ,Prentice Hall,
2   한국벤처창업학회(2012), 창업론, 명경사, pp.237~263

는 경영활동"이라고 할 수 있다.

과거의 마케팅관리 개념은 현재 적용할 수 없는 사고인 제품 또는 기술 중심적 사고방식으로 제한했다. 이는 소비자들이 우수한 품질이나 효용을 가진 제품을 선호한다는 사고방식이다. 이 사고방식에 충실한 기업은 무엇보다도 우수한 품질의 제품을 생산하고 개발하는 데 초점을 두고 있었다.

그러나 마케팅관리 개념이 변화되면서 고객 위주의 사고방식과 사회생태학적(societal marketing concept)사고방식으로 변화되었다. 고객 위주의 사고방식은 판매개념이 판매자의 욕구에 초점을 두는 판매자 위주의 시장(seller's market)과 달리 구매자의 욕구에 초점을 두는 구매자 위주 시장(buyer's market)을 전제로 하였다. 이는 기업들이 단지 제품이나 서비스를 생산하고 판매하는 것에 의미를 두지 않고 고객의 욕구를 파악하여 충족시켜 주어야 한다는 것이다.

그러나 고객 위주의 사고방식은 제품을 생산하기 전에 먼저 고객의 욕구를 파악하고 이에 적합한 제품을 생산하여 고객의 욕구를 충족시키는 데 초점을 두고 있다. 지금은 마케팅관리 개념에 충실한 기업의 핵심 성공요인으로 기업이 장기적으로 성장하기 위해서는 기업 전반에 걸쳐서 고객 위주의 사고방식을 가져야 한다는 점을 강조하고 있다.

1980년대 이후 기업의 급격한 대·내외적인 환경변화로 인해 기업의 사회·문화적 환경, 정치·경제적 환경변화뿐만 아니라 지구의 이상기후변화, 환경오염, 자원부족, 오존층 파괴, 해양오염 등의 환경문제가 주요 관심사로 부각되었다. 특히 21세기 환경문제는 기업의 생산, 유통, 판매 등에 많은 영향을 주고 있으며, 지구상의 환경문제가 제기됨에 따라 환경보존의 필요성이 더욱 중요해지고 있다. 따라서 마케팅을 전개함에 있어 이러한 환경보호에 대한 관심을 고려해야 한다.

기업은 사회적 마케팅 개념에 입각해서 '인간과 환경'을 동일선상에 놓는 새로운 가치기준인 '그린마케팅(green marketing)'을 수행해야 할 의무가 점차 증대되고 있다. 기업은 이윤을 극대화하고 고객의 욕구를 충족시키기 위해 최선을 다해야 하지만 이제는 사회 전체의 복지를 함께 고려하기 위해서 마케팅 기능이 추가되어 모든 기능들이 통합 조정해야 한다는 것이다. 결국 마케팅에 있어 사회생태학적 사고방식은 기업의 이윤과 소비자의 만족뿐만 아니라 기업과 소비자가 속한 사회전체의 복지를 함께 해야 한다는 것이 강조되고 있다.

(3) 마케팅관리 이념의 진화

마케팅관리 이념은 생산지향성, 판매지향성, 고객지향성, 사회책임지향성으로 진화하였다. 생산지향성은 산업혁명시대에서 1930년 대공황까지였다.

이 시기는 제조기반 또는 제품기반의 품질에 역점을 두는 것이다. 생산중심의 기업은 주로 기술자, 발명가, 제품 개발자에 의해서 설립되며, 새로운 제품은 시장에서 성공할 것으로 확신하고 있다.

판매지향성은 1950년대로 판매 중심의 기업은 오직 판매만을 최고로 생각하는 시기이다. 이 시기에는 고객과의 장기적인 관계나 고객만족을 위한 기능부서와의 통합과 같은 것에는 관심이 없는 시기였다.

고객지향성은 1970년대로 세분화(STP)전략을 실행하는 시기였다. 고객만족에 중점을 갖고 마케팅활동을 전개하는 시기로 고객세분화, 자사의 포지셔닝에 기초하여 마케팅을 실행하는 것이다. 예를 들어 출시해서 성공한 상품 중에 다이어트 전용식품, 아침식사 대용의 식품, 신선 과일 쥬스, 빅 사이즈 의류 등 많은 사례들이 존재하고 있다. 1980년 대 이후에는 공익마케팅, 그린 마케팅, 환경마케팅을 실행하는 사회책임지향성으로 진화하였다. 특히 2000년 대 이후에는 사회가치를 중심으로 하는 사회적 기업이 성공하는 경우가 많아지고 있다. 국내에서는 아름다운 가게, 레포트월드, 쇼핑몰 그린주의 등이 대표적인 사례이다.

제2절 마케팅의 등장요인과 주요 관점변화

과거 기업에서는 공장에서 우수한 기술력을 기본으로 새로운 제품을 생산하여 다양한 판매기법과 판매촉진활동을 통해 판매량을 증가시켜 매출을 증대시키고 이익을 극대화시키는 것이다. 이러한 기업경영에서는 고객의 욕구 충족을 위해 차별화된 제품이나 서비스 개발은 무시되었고, 표준화를 통한 대량생산과 유통, 다양한 판매활동이 중점이었다. 그러나 마케팅 개념이 등장하면서 주요 관점이 공장에서 시장의 고객욕구와 필요에 초점을 갖게 되었다. 이에 따라 이를 충족시킬 수 있는 적절한 마케팅믹스를 개발하는 것으로 변화되었다.

결국 효과적인 시장세분화, 표적시장 선정, 포지셔닝 전략을 통해 고객만족을 충족시 킴으로써 단기보다는 장기적인 관점에서 이익의 극대화를 목적으로 하게 되었다. 사회 적인 마케팅은 기업활동을 통해서 필연적으로 파생되는 환경문제로 인해서 기존의 마케 팅 개념에서 고려하지 않았던 환경문제와 사회복지 부분까지도 고려하게 된다. 과거에 서 현재까지 마케팅 관점에서 많은 변화가 일어나고 있으며, 시대에 맞추어 통합하고 조 정하는 방안이 요구되고 있다.

(1) 마케팅의 역할

사람은 누구나 의식주 같은 생리적 욕구와 안전, 소속감, 사회적 욕구, 자아 실현욕구 등을 가지고 있다. 하지만 기본적인 욕구가 부족함을 느끼기 때문에 항상 니즈(needs)가 발생한다. 또한 마케팅에서의 원츠(wants)는 인간의 욕구를 만족시켜주기 위한 구체적 인 수단을 말한다.

바로 마케팅의 주요 역할은 니즈(needs)와 원츠(wants)를 통해 소비자를 만족시키기 위한 것이다. 또한 사람들은 그들의 욕구가 결핍되었다고 느낄 때 제품이나 서비스를 구 매해서 소비함으로써 충족감을 느낄 수 있는 것이다.

여기에서 제품[3]이라는 것은 소비자의 욕구를 충족시켜 주기 위해서 제공될 수 있는 것 을 말하며, 그 종류는 매우 다양하고 제공되는 형태도 여러 가지 방법이 있다. 마케팅의 역할을 다시 한 번 정리해 보면 다음과 같다.

- 소비자를 충족시키기 위한 제품과 서비스를 창출하여 제공
- 제품과 서비스 정보를 기존고객에게 전달
- 제품과 서비스를 적정한 장소와 시간에 공급
- 제품과 서비스의 종류 및 형태를 결정
- 제품과 서비스의 적정한 가격을 설정
- 제품과 서비스를 구매한 고객에 대한 사후관리

---

3 마케팅 관리자들은 유형의 제품은 상품이라고 하며, 무형의 제품은 서비스라고 하는데 실제로는 이 두 가지 결합체의 제품을 의미한다.

(2) 마케팅 프로세스

마케팅은 소비자가 스마트폰을 선택하고 구매하는 과정을 생각해 보면 알 수 있듯이 거래를 만들어내고 소비자를 자극하며, 판매촉진을 통해 가치를 결정하는 과정이라고 말할 수 있다.

이 과정에서 목표 시장에서 고객이 가진 니즈(Needs)와 욕구(Wants)를 충족시키기 위해 어떠한 제품과 서비스를 만들 것인지, 어떠한 가격으로 판매할 것인지, 어떻게 제품과 서비스를 고객에게 전달할 것인지, 어떻게 판촉 활동을 할 것인지 등에 대한 구체적인 마케팅 영업 활동 계획을 수립하는 필요하다. 마케팅 전략은 목표를 달성 하기 위한 계획이기 때문에 마케팅 계획과도 같은 의미로 해석될 수 있으며, 마케팅 계획은 특정 프로세스를 가지게 된다.

이러한 마케팅 계획을 수립할 때 마케팅 의사결정에 필요한 정보를 파악하기 위하여 관련이 있는 사실들을 찾아내고, 분석하며, 가능한 조치를 제시함으로써 마케팅 의사결정을 돕는 역할을 하는 것이 마케팅조사이다. 마케팅 조사과정은 [그림 9-1]와 같이 진행된다.

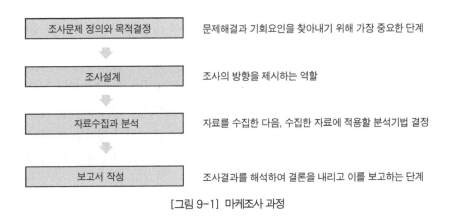

[그림 9-1] 마케조사 과정

마케팅의 태두라 할 수 있는 필립 코틀러는 마케팅계획 과정을 다음의 5단계 과정으로 보고 있다.[4]

---

4   Philip Kotler, Gary Armstrong(2012), ibid

$$R \rightarrow STP \rightarrow MM \rightarrow I \rightarrow C$$

R = 시장조사 (research), STP = 시장세분화 (Segmentation). 표적시장 설정 (Targeting), 포지셔닝 (Positioning)
MM = 마케팅 믹스 (4P 즉, Product, Price, Place, Promotion), I = 실행 (Implementation)
C = 통제(Control) – 피드백을 얻고, 결과를 평가하며, STP 전략이나 마케팅믹스 전술을 수정 또는 개선

효과적인 마케팅은 조사로부터 출발한다. 시장을 조사하면 각기 다른 욕구를 가진 소비자들로 구성된, 서로 다른 세분시장들(S)이 드러난다. 조사결과를 바탕으로 기업은 자신들이 경쟁자 보다 탁월하게 충족시킬 수 있는 세분시장을 설정(T)하는 것이 현명하다. 기업은 각 표적시장별로 상품을 포지셔닝(P)하여, 자사 상품이 경쟁상품과 어떻게 다른가를 알려야 한다.

이제 기업은 STP를 바탕으로 하여 제품, 가격, 유통, 촉진결정들의 믹스로 구성된 전술적 마케팅 믹스인 MM을 개발하게되고, 마케팅 믹스를 실행(I)한다. 마지막으로 통제 측정치(C)를 사용하여, 결과를 모니터 및 평가하고, STP전략과 MM 전술을 개선하는 일련의 과정을 거치게 된다.

그러나 빠르게 변화되는 사회현상에 따라 대부분의 조직에서는 두 개 이상의 조직구조를 믹스하여 변형된 형태로 사용하는 경우가 많다. 결국 마케팅은 계획을 수립하고 실행과정을 거쳐 결과만을 얘기하는 것이 아니라 결과에 대한 철저한 분석으로 원인을 분석하여 개선하는 과정을 거쳐야 한다.

그러나 마케팅 계획은 반드시 계획한 대로 실행에 옮겨지는 것은 아니며, 그 결과 역시 처음에 목표한 수준과 일치하지 않는 경우가 많다. 그러므로, 마케팅 계획을 실행한 결과를 정기적으로 측정하고 이를 목표와 비교한 다음, 중요한 차이가 있다면 그 원인을 분석여 시정조치를 취해야 한다. 이와 같은 과정을 마케팅 통제라고 한다.([그림 9-2] 참조)

[그림 9-2] 마케팅계획 과정

제3절 마케팅의 전략

(1) S.W.O.T(Strength Weakness Opportunities Threat)

급속하게 변화하는 시대적 환경은 기업과 소비자 모두에게 변화를 요구한다. 기업은 변화하는 환경에서 생존하기 위해서는 변화에 적응하여 보다 빨리 대응할 수 있는 능력이 필요하다. 이와 같은 능력을 갖추기 위해서는 환경에 대한 주의 깊은 관찰과 분석이 요구된다. 또 동종업계 내에서 경쟁기업이 누구인지를 알고 경쟁기업에 비해서 보다 우수한 가치를 소비자에게 제공할 수 있어야 한다.

경쟁력을 갖기 위해서는 무엇보다 환경분석이 필요하고 정확한 환경을 분석하기 위해서는 많은 정보의 수집과 기본적인 분석능력을 필요로 한다. 예를 들어 우리 회사의 강점은 무엇인지? 표적시장이 누구인지? 고객의 특성은 무엇인지? 경쟁상황은 어떠한지? 주변에 영향관계는 어떻게 되어 있는지? 등은 최근의 급변하는 환경에서 기업의 생존 여부를 가늠할 만큼 중요한 부분이 되고 있다.

결국 기업은 지속적인 경영을 통해 끊임없이 성장을 거듭해야 하는데 이것은 [표 9-1]과 같이 기업 내·외부 환경 분석을 실시하여 시장기회를 찾아내고 기업의 역량과 자원의 조화를 위한 노력으로 이루어진다는 것을 알 수 있다. 마케팅 환경 분석과정에서 파악되어야 할 주요 내용은 다음과 같다.

- 관련 제품시장의 전반적인 동향
- 마케팅 목표 달성 여부(매출액, 시장점유율, 영업이익 등)
- 고객 동향
- 경쟁업체 동향
- 거시적 환경(경제적 환경, 사회·문화적 환경, 기술적 환경, 정치·법률적 환경 등)

[표 9-1] SWOT 분석

외적요인 내적요인	강점(S)	약점(W)
기 회(O)	SO전략 강점을 이용하여 기회포착 및 이익화	WO전략 약점의 극복을 통한 기회활용
위 협(T)	ST전략 강점을 이용하여 위협회피	WT전략 약점의 최소화와 위협회피

위와 같은 항목들을 분석할 수 있게 해주는 기법이 SWOT분석이다. 많은 기업들이 환경분석을 SWOT분석으로 실시하고 평가하게 된다. 이러한 과정에서 [표 9-2]의 예와 같이 기업 내적요인으로 강점(strength), 약점(weakness), 외적요인으로 기회(opportunities), 위협(threats) 요소를 파악하고 평가하게 된다. 기업은 자사가 수렴한 목표를 달성하기 위한 사명을 수행하기 위해 핵심 강점들을 활용하고, 주요 약점들을 극복하거나 보완해야 하고, 위험요소들은 피하고, 확실한 기회요소들을 철저하게 이용할 필요가 있다.

SWOT 분석을 할 때는 일반적으로 세 가지 단계적 절차를 거치게 된다.

첫째, 시장 환경의 변화에 따른 위험과 기회요인을 파악한다.

둘째, 경쟁사 대비 상대적인 우리 회사의 핵심역량의 강·약점을 파악한다.

셋째, SWOT 도표를 작성하고 자사의 현재 위치를 파악한다.

[표 9-2] SWOT 분석 구성 사례

강점요인	• 높은 시장점유율 • 뛰어난 자금조달능력 • 높은 인지도
약점요인	• 과거의 실패경험 • 낮은 수익구조 • 인재부족
기회요인	• 시장트랜드 • 소수의 경쟁자 • 첨단기술보유
위험요인	• 경쟁치열 • 새로운 법규 제정 • 원자재 가격 상승

(2) STP

STP는 세분화(Segmentation), 타겟선정(Targeting), 위치(Positioning)를 의미한다. 제품 범주와 소비자 욕구에 근거하여 동질적인 여러 고객집단을 나누고, 경쟁상황과 자신의 능력을 고려하여 가장 자신 있는 시장을 선정한 후에 그 시장의 고객들에게 자사의 제품이 가장 적합하다는 것을 알려주는 과정이다.

시장이라는 것은 소비자 욕구, 소득수준, 라이프스타일, 소비 습성 등 다양한 특성을 지니고 있기 때문에 모든 고객을 만족시키는 데는 어려움이 있다. 이에 기업들은 전체시장을 대상으로 마케팅을 실행하기보다는 전체시장을 특정한 기준으로 분류하여 가장 적합한 시장과 대상을 선정하고 집중적인 마케팅을 전개하고 있다. 이와 같이 시장세분화, 고객세분화, 위치 설정을 함에 있어 STP분석을 실시하는 것은 꼭 필요한 선행 과정이다.([그림 9-3] 참조)

■ S : 세분화(Segmentation)

시장은 다양한 종류의 고객, 제품, 욕구들로 구성되어 있기 때문에 관리자는 어떠한 시장이 기업목표달성의 최적시장이 될 것인지를 평가해야 한다. 이때 고객들은 일정한 세분화변수(지리적 요소, 인구 통계적 요소, 심리적 요소, 행동적 요소 등)에 따라 그룹화될 수 있다. 이러한 그룹화는 각기 다른 욕구, 특징, 공통적인 행동을 지닌 소비자집단으로 분류하는 과정으로 이것을 시장세분화(market segmentation)라고 한다.

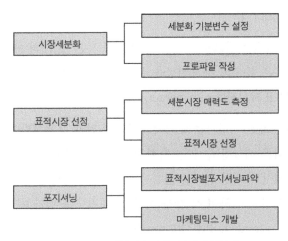

[그림 9-3] 세분시장 마케팅전략 수립단계

시장을 동질성 있는 그룹으로 분류하는 시장세분화가 성공하려면 다음 요소를 고려해야 한다.

첫째, 측정 가능성(measurability)을 고려해야 한다. 시장세분화를 위해 사용되는 기준변수는 측정 가능해야 한다. 측정하기 어려운 세분화 변수로는 세분시장의 차이점을 찾아내지 못한다. 시장세분화 변수의 측정 가능성을 높이기 위해서는 고객에 대한 상세한 정보를 찾기 위한 구체적인 데이터베이스가 구축되어야 한다. 또한 고객의 심리적 특성과 관련된 변수는 측정이 쉽지 않은 변수이므로 충분히 고려해야 한다.

둘째, 접근 가능성(accessibility)을 고려해야 한다. 기업은 세분시장으로 적은 비용과 노력으로 적시에 접근이 가능해야 한다. 기업은 선택된 시장 부분에 대하여 마케팅활동을 효과적으로 집중할 수 있어야 하는데 지리적인 요건, 자연재해의 문제, 유통경로의 문제 등으로 인하여 현실적인 어려움도 존재한다.

셋째, 세부시장에서 동질성(homogeneous-within)과 이질성(heterogeneous-between)을 고려해야 한다. 세분화된 시장의 특성은 동일한 세부시장에 속한 고객들 간에는 최대한 동질적이어야 하고, 서로 다른 세부시장에 속한 고객들 간에는 최대한 이질적이어야 한다.

넷째, 별도의 시장을 고려해야 한다. 시장 규모(market size)가 크고 수익성이 커서 별도의 시장으로 개척할 가치가 있는지 시장성을 충분하게 고려해야 한다.

■ T : 타겟선정(Targeting)

시장을 여러 개의 세분시장으로 나눈 다음에 하나 혹은 몇 개의 세분시장에 진입할 수 있다. 대개 한 개 혹은 복수의 세분시장을 선택하여 이들을 표적으로 마케팅을 하는데 이때 선택된 시장이 표적시장(target market)이다.

Tageting이란 세분화된 시장가운데 자사의 경쟁우위와 경쟁상황을 고려했을 때, 자사에게 가장 좋은 기회를 제공할 수 있는 특화된 시장을 말한다. 시장을 세분화 하면 기업은 세분된 시장 내에서 마케팅 전략을 펼칠 시장, 즉 표적시장을 선정해야 한다. 이때 기업들은 표적 시장 선정을 위하여 각 세분 시장 별 매력도를 평가하는데, 평가 시 고려해야 할 사항이 고객(Customer), 경쟁사(Competitor), 자사(Company)의 '3C'이다.

3C분석은 표적시장 선정을 위하여 세분 시장의 규모와 성장성, 상대적 경쟁력, 자사와의 적합성 등 세분 시장별 매력도를 평가하는 것으로서 기업들은 시장 규모와 시장 성장률, 현재의 경쟁사와 잠재적 경쟁사, 자사와의 적합성 분석 등을 통해 세분 시장별 매력도를 평가하고 자사와 가장 적합한 시장, 즉 표적시장을 선정하게 된다.

이 때 기업은 각각의 표적 시장이 측정이 가능한가, 최소한의 이윤이 보장될 만큼의 크기가 되는가, 접근이 가능한가 등을 분석하여 여기에 자사의 능력을 대입하여 수행할 전략을 세우게 되는데 표적 시장 선정은 세분화 정도에 따라 비차별화 전략, 차별화 전략, 집중화 전략 세가지로 접근할 수 있다.([표 9-3] 참조)

[표 9-3] 마케팅종류별 기본전략

구분	비차별화 마케팅	집중 마케팅	차별화 마케팅
시장정의	광범위한 고객	잘 정의된 단일 고객집단	둘 혹은 그 이상의 제한된 고객집단
제품전략	다양한 고객을 겨냥하여 단일상표로 한정된 수의제품 및 서비스 판매	단일 소비자 집단을 대상으로 단일 상표의 제품이나 서비스 제공	각 고객 집단별로 별개의 제품이나 서비스 제공
가격전략	전체적인 단일가격	단일가격	차별적 가격
유통전략	가능한 모든 판매경로 동원	단일의 판매경로 선정	세분시장별 차별적 유통경로 선정
촉진전략	대중매체	전문잡지와 같은 특화된 매체	세분시장별 차별적 매체 선정
전략의 강조점	동일한 마케팅 프로그램을 통해 다양한 유형의 소비자들에게 접근	고도로 전문화된 동일 마케팅 프로그램을 통해 구체적인 고객집단에 접근	각 세분시장별 차별 마케팅 프로그램 둘 또는 그 이상의 시장에 접근

비차별화 마케팅(non-differentiated marketing)은 구매자 욕구의 차이보다는 공통적인 것에 초점을 맞춰 동일한 마케팅믹스(Product, Price, Place, Promotion)를 적용시키는 마케팅 전략이다. 표준화와 대량 생산을 통해 원가 경쟁력을 가질 수 있는 비차별화 마케팅은 광고와 유통에 있어서도 비용을 절감시킬 수 있다. 따라서 비 차별화 마케팅 전략을 선택하는 기업들은 규모의 경제를 통한 저가격으로 가격을 중요시 여기는 세분시장을 확보하려고 한다.

차별화 마케팅 (differentiated marketing)은 상이한 구매자의 욕구에 초점을 맞춰, 세분화된 각각의 시장에 상이한 마케팅믹스를 사용하는 전략이다. 소비자들에게 제품의 이미지를 강화할 수 있는 장점이 있지만 각각 세분된 제품, 유통, 촉진을 이용함으로써 비용이 많이 들 수 있다. 집중화 마케팅(centralized marketing)은 표적 마케팅 전략이라고도 불리는데, 세분된 시장 중 특정 시장에 초점을 맞춰, 마케팅 믹스를 집중시키는 전략이다.

회사가 내부역량을 고려하여 가장 공략하기 용이한 표적시장을 결정할 때에는 다음과 같은 요소들이 고려되어야 한다.

첫째, 기업의 자원을 고려해야 한다. 기업의 자원에는 한계가 있기 때문에 기업의 자원이 제한되어 있다면 단일 세부시장에 집중하는 집중화 마케팅전략이 좋다.

둘째, 상품의 동질성을 고려해야 한다. 제품 중에서 생필품의 경우에는 소비자들이 느낄 수 있을 만큼 차별화를 가져 갈 수 없기 때문에 비차별화 마케팅전략을 많이 적용한다. 그러나 내구재(가전제품, 자동차 등)와 같은 제품은 차별화의 여지가 많아 차별화 또는 집중화 마케팅 전략이 더 적합하다.

셋째, 제품수명주기(product life cycle)를 고려해야 한다. 모든 제품에는 수명주기가 있다. 예를 들어 기업이 신제품을 출시하는 경우에는 최초 한 가지 모델만을 내놓는 것이 바람직하므로 집중화 마케팅전략이 적합하다. 그러나 제품이 성숙기에 들어서게 되면 여러 가지 차별화전략을 활용하는 것이 더 효과적이다.

넷째, 시장의 동질성을 고려해야 한다. 고객의 욕구가 비슷하고 구매 시기, 구매량에는 큰 차이가 없을 경우에는 시장동질성이 높기 때문에 비차별화 전략을 활용하는 것이 적합하다.

[그림 9-4] 집중마케팅

다섯째, 경쟁사의 전략을 파악하여 차별화 전략을 활용해야 한다. 기업의 경쟁력 요소 중에서 우위요소를 확보하는 것은 매우 중요하다. 특히 마케팅력에서의 경쟁적 우위는 기업발전에 큰 영향을 미치는 것이 사실이다. 만약, 경쟁사가 비차별화 전략에 집착할 경우에 자사는 차별화 또는 집중화 마케팅 전략을 써서 경쟁적 우위를 확보해야 한다.

■ P : 포지셔닝(Positioning)

마케팅계획을 수립하고 전개함에 있어 표적시장이 결정되면 소비자의 마음속에 새겨진 자사 제품의 모습을 마케팅활동으로 변화시키려는 시도인 포지셔닝(positioning)을 해야 한다. 이와같이 포지셔닝이란 특정 제품 혹은 서비스가 경쟁사의 것과 대비하여 소비자의 마음속에 차별적으로 자리 잡게 하는 것을 말한다. 마케팅(marketing)의 전략상 포지셔닝(positioning)은 표적화를 위한 방침이 되고, 경쟁제품과 경쟁적 위상을 파악하고, 고객과 회사의 인식차이를 발견하는 데 중요한 역할을 한다.

주요한 포지셔닝의 유형을 살펴보면 아래와 같다.

■ **제품속성에 의한 포지셔닝**

자사제품의 속성이 경쟁제품에 비해 차별적 속성을 지니고 있어서 그에 대한 편익을 제공한다는 것을 인식시켜 주는 전략이다. 최근 다이어트 식품에 대한 관심이 매우 높다. 과거에는 약을 통해 빠르게 효과를 보려는 속성이 강했으나 지금은 운동과 한방 등 근본적인 건강에 대해 고민하고 제품을 찾는 경향이 높아지고 있다. 제품을 구성하고 있는 원료가 국내산인지? 수입산인지?도 그 제품을 포지셔닝함에 있어 중요한 포인트로 활용될 수 있다.

■ **제품사용자에 의한 포지셔닝**

제품사용자들을 특정 시장에 맞게 설정하여 제시함으로써 특정 소비자들을 타사제품에 비해 차별적으로 인식시켜 자연스럽게 구매를 유도하기 위한 전략이다. 자동차의 경우에는 여성이 좋아하는 차, 남성들에게 어울리는 차, 도시생활에 적합한 차 등으로 사용자에 맞추어 포지셔닝을 하고 술의 경우에는 도수를 낮추어 순한 소주로 어필하면서 사용자를 나누어가는 전략으로 활용하기도 한다.

■ **제품사용현황에 의한 포지셔닝**

자사제품의 적절한 사용상황을 소구함으로써 타제품과 사용상황에 따라 차별적으로 인식시키려는 전략이다. 이것은 제품 용도에 따라 소비자를 달리하는 전략이라고 할 수 있다. 드럼세탁기는 오피스텔에서 일반세탁기는 일반 가정에서 주로 구매할 것을 간접적으로 권유하는 현상, 세제도 주방용, 욕실용, 거실용으로 구분하기도 하고 각 분야의 쓰임별로 세분화하여 각 제품별 포지셔닝을 가져가고 있다.

■ **경쟁제품에 의한 포지셔닝**

소비자의 지각 속에 경쟁제품과의 비교를 암시적으로 지각하게 만들어 그에 대한 차별적 편익을 강조하는 방법이다. 최근 간접적인 비교방식의 광고가 자주 등장하고 있는데 모든 내용을 보면 경쟁사제품도 좋지만 이번에 출시된 신제품은 더 나은 조건을 갖추었다고 설명하는 사례이다.

(3) 4P

현대 마케팅의 중심 이론에서 경영자가 통제 가능한 요소를 4P라고 하는데, 4P는 제품(product), 유통경로(place), 판매가격(price), 판매촉진(promotion)을 뜻한다. 이는 기업이 기대하는 마케팅 목표를 달성하기 위해 전략적으로 실시하는 마케팅 활동으로 마케팅 믹스(Marketing Mix)라고도 한다. 시장세분화를 통해서 목표 고객이 설정된 다음에는 구체적인 마케팅활동을 시작해야 한다. 마케팅활동은 제품(product)선정, 가격(pricing)전략, 유통(place)전략, 그리고 촉진(promotion)전략으로 구분할 수 있다.

■ 제품선정(product)

제품에는 소비재, 내구재, 서비스 제품, 엔터테인먼트, 정보제품, 고급 아이템, 그리고 사회적 만족 제품으로 나누어질 수 있다. 소비재는 단기간에 소모되는 물리적이고 유형적인 제품으로서 고객에게 강력한 효익을 제공할 수 있다는 점을 잘 알리는 것이 중요하다. 내구재는 상대적으로 긴 사용기간을 갖는 제품으로서 지속성을 갖고 고객을 만족시키는 제품이다.

일반적으로 내구재는 자본적 지출의 제품을 말하고 서비스는 소비자의 긴장감을 다루는 것이 핵심으로서 신뢰성, 외향성, 유형물의 제공을 통한 전략으로 서비스 상품의 판매를 늘릴 수 있다. 엔터테인먼트는 고객에게 즐거움을 주는 요소로 주로 인간의 언어를 통해서 이루어진다. 정보 제품의 판매는 매체의 역할을 잘 파악하는 것이 중요하다. 사회적 만족은 사람들과의 사교적 모임을 제공함으로써 고객에게 효익을 주는 것으로서 기업과 고객과의 관계보다 실제로 고객들 간의 상호관계를 잘 관리해야 한다.

■ 가격전략(pricing)

가격의 결정은 마케팅활동 중에서 가장 중요한 요소라고 해도 과언이 아니다. 아무리 좋은 제품이라도 가격결정을 잘못하게 되면 팔리지 않기 때문에 실패하는 경우가 있다. 또한 잘못된 가격결정은 판매예측과 예상수익에 차이가 발생하므로 경쟁자와의 관계에서 경쟁력을 약화시킬 수 있다. 가격전략은 고가전략(skimming the market), 저가전략(low pricing), 시장가격전략, 시장침투가격전략, 선점가격전략으로 구분할 수 있다.

고가전략은 높은 수익을 바탕으로 제품의 가격을 높게 책정하여 비탄력적 수요를 겨냥하는 전략이다. 주로 경쟁제품이 없고 제품수명주기가 짧은 경우, 독점적인 제품, 경쟁자의 진입 가능성이 낮은 경우에 사용할 수 있다.

저가전략은 낮은 가격을 바탕으로 시장점유율을 확대하기 위한 목적으로 사용된다. 이미 형성되어 있는 기존제품과 기존시장에 진입하기 위해서는 차별적인 요소가 필요한데 저가 가격을 바탕으로 진입하는 수단으로 활용하기도 하고 제품수명주기가 쇠퇴기에 접어든 제품에 대해 낮은 가격으로 소구하여 시장에서 벗어나는 시기에 사용하기도 한다.

시장가격전략은 현재 경쟁자의 가격에 맞추어 선정하는 것으로써 출혈경쟁을 회피하는 방법이다. 비용예측이 가능한 경우, 시장이 지속적으로 성장하는 경우에 활용할 수 있고 시장에서의 기본적인 경쟁력을 갖추는 기본적인 수단으로 사용된다.

시장침투 가격전략은 벤처기업이 신제품을 낮은 가격으로 시장에 침투하여 빠른 시간 안에 시장 점유율을 최대한 늘리는 전략이다. 제품수명이 길고, 시장진입이 용이하고, 가격민감도가 높은 경우와 경험효과가 가능한 경우에 활용하는 가격전략이다.

선점가격전략은 다른 경쟁업체의 경쟁제품에 대해 저가 가격전략 책정으로 잠재적 경쟁자의 진입을 방지하고 기존 경쟁자를 퇴출시키는 것을 목적으로 사용하는 방법이다. 일반적으로 다른 가격전략과 함께 사용되는 경우가 많고 강력한 제품의 차별점을 바탕으로 하는 것이 좋다.

■ 유통전략(place)

유통전략은 크게 두 가지의 문제점을 해결해야 한다. 하나는 "어떻게 제품을 공급할 것인가?" 다른 하나는 "어느 업태를 주로 거래할 것인가?" 사업아이디어가 아무리 좋고, 품질이 우수하고, 가격도 매우 적절한 제품을 보유한 기업이라 할지라도 유통전략을 갖추지 못하게 되면 많은 어려움을 겪게 된다.

최근에는 많은 기업들이 우수한 기술력을 바탕으로 좋은 제품을 개발하고 생산하기 때문에 시장에서의 경쟁이 극심하다. 극심한 경쟁요소 중의 하나가 바로 유통업태를 거래하기 위한 것으로 어느 업체와 어떤 방법으로 거래하는가? 는 기업의 안정적인 운영과 발전에 큰 영향을 미치고 있다. 그래서 많은 기업들은 기업 내 마케팅 역량을 강화하기 위해 노력하고 있다. 유통전략은 소비재와 산업재에 따라 다소 상이한 유통채널을 갖고 있다.

소비재의 경우에는 생산자-도매상-소비자를 거치는 단계로 유통이 이루어지지만 산업재의 경우에는 생산자-도매상(소매상)-소비자를 거치는 단계로 이루어지는 것이 대부분이다. 또한 유통채널에서 우리가 주목해야 할 것은 유통업태의 세분화와 변화이다.

유통 업태는 온라인유통과 오프라인유통, 신 유통으로 구분되고 있으며 온라인유통은 인터넷쇼핑, TV홈쇼핑, 카탈로그홈쇼핑, 모바일커머스, 소셜네트워크 판매 등 더욱 세분화되는 경향을 보이고 있다. 오프라인 유통은 백화점, 대형마트, 편의점, 슈퍼마켓, 전문점, 드럭스토어, 복합쇼핑센터, 아울렛 등 역시 다양하게 나누어지고 있다. 신 유통은 네트워크 판매를 말한다. 방문판매와 다단계판매, 데이터베이스(DB) 비즈니스가 가장 대표적인 업태라고 볼 수 있다.

최근 유통채널에 있어 쟁점이 되고 있는 것은 인터넷쇼핑의 시장 규모 확대라고 할 수 있다. 다른 업태에 비해 성장률이 높고 생산자와 소비자를 직접 연결하는 직거래를 확대시키는 역할을 수행하고 있다. 대형마트의 경우에도 e-슈퍼의 매출증가로 인하여 인적자원을 충원하고 시스템을 보완하여 더욱 확대시키는 방안을 모색하고 있다.

■ **촉진전략**(promotion)

촉진활동은 한 마디로 어떻게 하면 더 많은 제품을 소비자에게 판매할 것인가?에 목표를 두고 자신의 제품을 홍보하는 일련의 활동을 말한다. 촉진활동에는 광고, 홍보, 인적판매, 사회적 이미지 확보(publicity), 판매촉진 등이 있다.

광고는 신문, 잡지, TV 등의 대중 매체를 이용하는 방법이 있고, 홍보는 인터넷매체를 활용하거나 보도자료, 인터뷰를 활용하는 방법이 있고, 인적판매는 행사를 통해 직접 인력이 투입되어 판매하는 것이다. 사회적 이미지 확보는 한 마디로 PR을 통한 방법이라고 할 수 있고, 판매촉진은 사은품 증정과 경품 제공 등의 방법이라고 할 수 있다. 최근 촉진전략의 가장 큰 특징은 인터넷의 발전에 따라 인터넷상에서 이메일을 이용하여 낮은 비용으로 적절하게 광고를 할 수 있다는 것이다.

대형마트를 운영하고 있는 유통기업들이 인터넷쇼핑몰을 적절하게 활용하여 고객들에게 정보를 제공하고 재구매를 유통하는 것도 이메일을 통해 관리되고 있다. 제품쿠폰 발행, 가격할인 행사, 시식과 시음 등을 통해서 고객의 구매를 자극할 수 있고 다양한 종류의 이벤트를 중심으로 판매촉진 활동을 할 수 있다. 다만 판매촉진 활동은 지속적으로 하지 않는 것이 좋다. 고객들은 가격할인 행사를 기다리면서 구매를 뒤로 미루거나, 제품이나 기업에 나쁜 이미지를 줄 수 있기 때문이다.

제4절 마케팅의 유형

세상은 매일같이 변화되고 있다. 유통기업들은 소비 트랜드에 따라 가기 위해 최선을 다하고 있으며, 경쟁사와의 차별화를 위해 다양한 마케팅을 시도하고 있다. 이에 우리가 꼭 알아야 할 마케팅의 종류와 특징을 알아본다.

(1) 일반적인 마케팅

- **바이럴 마케팅(viral marketing): 네티즌이 자발적으로 홍보**
  네티즌이 이메일이나 다른 매체를 통해 자발적으로 어떤 기업이나 기업의 제품을 홍보하기 위해 널리 퍼뜨리는 마케팅 기법이다. 흔히 바이러스처럼 확산된다고 해서 바이럴 마케팅으로 불려진다.
  바이럴 마케팅은 2000년 말부터 확산되었고 새로운 인터넷 광고 기법으로 주목받으면서 기업이 직접 홍보를 하지 않고 소비자의 이메일을 통해 입에서 입으로 전해지는 광고라고 점에서 기존 광고와 차이가 있다.

- **블라인드 마케팅(blind marketing): 소비자의 궁금증 유발**
  블라인드 마케팅이란 호기심과 재미를 더하는 마케팅 기법이다. 궁금증, 신비감을 통해 주위를 집중하게 하고 생각을 많이 하게 만들기에 그만큼 소비자의 머릿속에 브랜드가 오랫동안 기억될 수 있다.

- **PPL 마케팅(product placement marketing): 고객에게 자연스럽게 접근**
  PPL은 본래 영화 제작 시 소품 담당자가 영화에 사용할 소품을 배치하는 업무를 뜻하던 용어였다. 그러나 영화에 등장하는 제품의 광고효과가 있다는 사실에 의도적인 광고를 노리고 영화에 제품을 등장시키는 것이다.

- **노이즈 마케팅(noise marketing): 시장에서 소음을 조성**
  시장에서 상품에 대한 이슈를 요란스럽게 이슈화시킴으로써 소비자들의 이목을 끌고 판매를 늘리려는 마케팅 기법의 한 종류이다. 상품에 대한 '소음'(noise)을 일부러 시장에 조상하여 이를 판매에 이용한다는 뜻에서 전문가들은 이 전략을 '노이즈 마케팅'이라고 부르고 있다.

- **버즈 마케팅(buzz marketing): 꼬리에 꼬리를 물다**
  인적인 네트워크를 통하여 소비자에게 상품정보를 전달하는 전략이다. 소비자들이 스스로 의견을 만들어내고 전달하게 하여 상품에 대한 긍정적인 입소문을 퍼트리는 마케팅 기법이다.

꿀벌이 소리내는 '윙윙'(buzz)처럼 소비자들이 상품에 대해 말하는 것을 마케팅으로 표현하여 입소문 마케팅 또는 구전마케팅(word of mouth)이라고도 한다.

- 프리 마케팅(free marketing) : 상품을 무료로 제공

서비스와 제품을 무료로 제공하는 새로운 마케팅 기법이다. 대부분 신설기업들이 신상품에 대해 초기에 고객을 끌기 위하여 내놓는 마케팅 전략으로 사용된다. 덤마케팅 또는 1+1마케팅에 비하여 보다 적극적인 마케팅 기법으로써, 인간의 공짜 심리를 역이용하는 발상에서 시작하였다.

- 임페리얼 마케팅(imperial marketing) : 고품질 고가격

고품질의 상품을 높은 가격으로 소비자에게 판매하는 마케팅 기법으로 주류업계에서 등장해 다른 업종으로 확산되고 있다.

임페리얼 마케팅이 시너지 효과를 낼 수 있는 분야는 같은 고품질, 고가격의 상품이나 브랜드와 연계하여 프로모션이나 상품구성을 할 경우이다. 또한 런칭하는 프리미엄 브랜드나 제품이라면 기존의 명품으로 인식되어 있는 제품이나 브랜드의 후광을 이용하는 것이 좋다.

- 플래그십 마케팅(flagship marketing): 대표상품 브랜드 가치를 다른 상품에 적용

강력한 기업 인지도를 바탕으로 통합된 이미지를 앞세우는 마케팅 기법이다. '토털브랜드' 기법과 반대되는 개념이지만 다국적기업이나 대기업 등 초일류 이미지를 가지고 있는 회사와 정면대결을 피하기 위해 후발 중소업체들이 주로 사용하는 마케팅전략으로, 시장에서 성공을 거둔 특정 브랜드를 대표로 내세워 이 브랜드를 중심으로 마케팅 활동에 집중하는 것을 말한다.

- 니치마케팅(niche marketing) : 틈새시장

새로운 상품을 바탕으로 시장의 빈틈을 공략하는 마케팅이다. 다른 특별한 제품 없이도 마켓쉐어(share)를 유지시켜 가는 판매전략으로 '남이 모르는 좋은 명소'라고 할 수 있다.

- 소셜 마케팅(social marketing): 네트워크로 전개하는 간접홍보

소셜 마케팅은 소셜네트워크에 바탕을 두고 있다. 기업의 홍보 및 신제품을 직접 알리기보다는 각종 네트워크를 이용하여 쉽고 정감이 넘치는 이야기로 풀어가기 때문에 단

기적인 효과는 미비하더라도, 장기적으로 기업의 이미지를 높일 수 있는 마케팅 기법이다.

- MGM 마케팅(members get members marketing) : 고객이 고객을 소개

  MGM(members get members)은 고객이 고객을 끌어온다는 뜻이다. MGM 마케팅이란 기존 고객이 다른 고객에게 자신이 이용하는 상품을 권유하여 판매로 이루어지면 기존 고객 또는 기존 · 신규 고객 양자에게 다양한 형태의 인센티브를 제공함으로써 새로운 고객을 유치하는 방식이다.

- 귀족 마케팅(noblesse marketing) : VIP 마케팅

  일면 VIP 마케팅으로서 VIP고객을 대상으로 차별화된 서비스를 제공하는 것을 말한다. 귀족 마케팅은 의류업체들이 같은 상표라도 블랙라벨(black label)이라고 하여 디자인과 소재를 고급화하여 고개에 판매했던 것에서 비롯되었다.

- 컬러 마케팅(color marketing): 색상으로 소비자의 욕구 자극

  컬러 마케팅은 색상을 이용하여 판매를 극대화시키고 소비자의 욕구를 자극하는 판매전략이다. 기업의 제조기술이 평준화되면서 디자인 중에서도 색상이 제품선택을 결정하게 되었고, 사람은 색채에 대해서 감성적인 반응을 보이므로, 이것이 곧 구매충동과 직결된다는 것이 이 마케팅의 기본논리이다.

- 풀 마케팅(pull marketing) : 고객 참여 유도

  풀 마케팅은 광고 · 홍보 활동에 고객들을 직접 주인공으로 참여시켜 벌이는 판매기법을 의미한다.

  TV나 신문, 잡지 광고, 쇼윈도 등에 물건을 전시하여 쇼핑을 강요하던 종전의 『푸쉬(push)마케팅』에 대치되는 개념이다. 예를 들면 새로운 제품을 출시하면서 전국을 누비며 모델선발대회를 개최한다든가 어린이 그림 잔치 등을 열어 고객이 제품의 홍보에 적극 참여토록 유도하는 것이다.

- 프로슈머 마케팅(prosumer marketing) : 소비자가 직접 상품개발의 참여

  기업의 생산자(producer)와 소비자(consumer)를 합성한 말로, 상품개발의 주체에 관한 개념을 나타낸다. 기업들이 과거에 신제품을 개발할 때 소비자들의 욕구를 파악한 후 신제품을 개발하던 방법에서 발전한 형태이다.

- 스토리텔링 마케팅(storytelling marketing) : 상품이야기를 적극 활용

  스토리텔링 마케팅은 상품에 얽힌 이야기를 가공, 포장하여 광고, 판촉 등에 활용하는

브랜드 커뮤니케이션 활동이다. 상품개발 과정에서부터 상품과 관련된 실제 이야기를 여과 없이 보여줄 수도 있고 경우에 따라 가공하거나 패러디하여 보여주기도 한다.

• 날씨 마케팅(weather marketing) : 날씨를 고려할 마케팅

최근 들어 '날씨는 돈이다'라는 인식이 국내 기업들에 빠르게 확산되고 있다. 날씨를 제대로 활용해 실제로 수익을 창출하는 기업들이 크게 늘고 있기 때문이다.   사실 얼마 전까지만 하더라도 '날씨가 기업 수익을 높이는 데 얼마나 효과가 있겠느냐'는 회의론이 많았지만 온라인과 오프라인의 유통이 나눠지면서 상호간에 희비가 명확하게 나타나고 있다. 이에 기업에서는 일주일간의 날씨를 고려하여 발주 및 재고관리를 하기도 하다.

(2) 소셜미디어 마케팅(Social Media Marketing)

소셜미디어는 사람들이 의견, 인사이트, 경험, 견해를 공유하기 위해 사용하는 온라인 테크놀로지와 프랙티스를 의미한다. 소셜미디어는 위키페디아, 싸이월드, 페이스북, 미투데이, 트위터, 판도라 TV, 유투브, 세컨드 라이프, 다음뷰, 디그, 플리커, 미니클립 등을 사용하고 있으며, 웹 2.0시대의 대표적 서비스로 나타난 소셜미디어의 특징은 다음과 같다.

■ 소셜미디어의 특징

• 공유(sharing): 소셜미디어는 누구나 콘텐츠를 쉽게 제작할 수 있고 서비스를 제공할 수 있다. 자신이 만들어낸 콘텐츠를 자신이 속한 소셜그룹 내에서 공유할 수 있다.

• 상호작용(interactive): 특유의 양방향성을 활용하여 정보나 의견을 교환하고 이를 활용하여 콘텐츠를 수정하거나 발전적으로 보완할 수 있다.

• 실시간성(real time): 상호 간에 실시간으로 연결이 가능하기 때문에 전통적인 매스미디어보다 빠르게 확산될 수 있다.

• 집단지성(collective intelligence): 정보를 공유하기 위해 소셜미디어 그룹이 조직되고 이는 집단지성으로 발전된다. 서로 간에 협력 또는 경쟁을 통해 지식을 축적하고 발전시킴으로써 거대한 지성을 이룰 수 있다.

■ **소셜미디어의 종류**

- **마이크로 블로그 트위터(텍스트+인용링크)** : 기본적으로 140자 텍스트의 한계를 링크로 공유한다. 형식의 제약이 오히려 단순하고 빠른 실시간 소통에 유리하여 정보공유 및 공유, 캠페인 및 이벤트의 수단으로 사용되고 있다. 결과적으로 이것은 블로그+메신저의 형태라고 볼 수 있으며, 컴퓨터뿐 아니라 스마트폰을 사용하는 경우가 대부분이다.

- **미투데이(텍스트+인용링크)**: 트위터와 유사한 형태이며 10, 20대 사용자가 가장 많은 채널이다. 주로 젊은 층을 위한 콘텐츠 제공 및 공유의 수단으로 사용되고 있다. 사진이나 동영상, 웹사이트 URL 등을 올릴 수 있는 것이 특징이다.

- **페이스북(텍스트+사진+인용링크)**: 현재 전 세계 사용자가 약 5억 명에 이르고 있다. 국내 사용자만도 약 100만 명 이상의 세계 최대의 소셜네트워크 수단이다. 사진을 첨부할 수 있고 글로벌 콘텐츠 제공 및 공유, 캠페인 및 이벤트의 수단으로 사용되고 있다. 현재 페이스북을 활용하는 사례는 더욱 증가되고 있다.
 스웨덴의 다국적 기업인 이케아(IKEA)는 가구, 액세서리, 주방용품 등을 판매하는 회사로 좋은 디자인과 싼 가격, 손수 조립할 수 있는 가구로 유명하다. 이케아는 스웨덴 말뫼 지역에 새로운 매장을 개점하면서 페이스북 계정을 개설하였는데, 매니저가 2주 동안 12장의 매장 사진을 페이스북에 올려 이벤트를 시작하면서 순식간에 퍼져나가게 되고 소비자들의 방문이 증가하는 효과가 나타났다. 이것은 특별한 기술이나 막대한 비용을 지불하지 않더라도 SNS를 이용하여 양방향 커뮤니케이션에 의해 효과적인 마케팅이 가능할 수 있다는 것을 말해 주고 있다.

- **싸이월드(사진+동영상+텍스트)**: 10, 20대 사용자가 많은 채널로서 가장 많은 국내 이용자 수를 보유하고 있다. 사진 및 콘텐츠를 공유하는 수단으로 사용되고 있다.

- **블로그(사진+동영상+텍스트+ 인용링크)** : 블로그 열풍 속에서 인터넷 마케팅 수단으로 블로그를 적극 활용하는 사례는 계속해서 증가하고 있다. 장기적인 멀티미디어 콘텐츠 저장 및 공유에 유리한 것이 특징으로 자신의 전문성을 발휘해 정성스럽게 꾸민 블로그에 불특정 다수의 시선을 끌어들여 자신의 업무와 직 · 간접으로 관련된 마케팅활용에 적극 활용되고 있다.

- **유튜브(동영상)**: 누구나 알고 있는 세계 최대 동영상 공유사이트이다. 동영상 콘텐츠 서비스 제공에 적합한 수단으로 활용되고 있다.

• 유스트림/온에어(동영상+트위터 채팅): 실시간으로 저장된 동영상 공유 및 트위터를 통한 전달이 가능하다. 세미나 등에 대한 실시간 생중계 및 트위터를 통한 실시간 의견 수렴의 수단으로 활용되고 있다.

제5절 **21세기 마케팅 방향**

21세기 마케팅은 자사 제품의 기능과 타사 제품의 차이점을 설명하여 고객의 감성에 호소해야 성공할 수 있다. 수시로 소비심리 및 트랜드를 연구 분석하여 소비자 감성에 호소하며, 소비자와 윤리적 가치를 공유함으로써 최상의 감성적 유대를 형성하는 방향으로 전개해야 한다.

마케팅은 개인 간의 거래 관점이 아니라 고객과의 거래에 가치를 부여하고 관계 형성을 통해 가치전달 네트워크를 형성함에 집중해야 한다. 이것은 흔히 관계마케팅이라 말하며 고객 및 기타 이해관계자들과의 강력한 관계를 형성, 유지시켜 나감으로써 장기적으로 고객을 관리할 수 있고 가치를 제공할 수 있는 기회를 잡을 수 있다. 기업이 해당 고객을 만족시키기 위해서는 마케팅 부서만 잘하는 것이 아니라 전 부서의 전 임직원의 관심과 노력이 필요하다. 다시 말해 기업의 임직원이라면 누구나 그 기업을 대표하는 마케터의 역할을 수행할 수 있어야 한다.

1950년대는 주로 소비자 시장이었다. 1960년대에 들어와 산업재 시장으로 변화되었고, 1970년대에는 비영리조직 및 사회적 마케팅 분야, 1980년대에는 전 산업 분야에 마케팅 서비스 영역을 마케팅에 적용하기 시작했다.

1990년대에 접어들면서 관계마케팅이 관심의 초점이 되었으며, 2000년대 이후부터 데이터베이스(DB) 구축과 마케팅을 연결하는 고객관계관리가 핵심으로 대두되었다. 이러한 변화 속에서 마케팅은 공급업자, 유통업자, 종업원, 소비자, 정부기관, 금융기관 등을 포함하는 모든 범위까지 영향을 미쳐왔다. 그리고 마케팅의 기본개념이 '거래중심'에서 '관계중심'으로 변화되어 지금까지 오고 있다.

거래중심의 마케팅은 제품 특성을 중심으로 단순 판매가 이루어졌으며, 고객 서비스에 대한 내용은 별로 관심이 없었다. 다시 말해 거래를 성사시키기 위해서는 무엇보다 중요한 요소가 품질과 가격이었다. 그러나 관계중심의 마케팅은 제품의 효용가치를 강조하면서 고객유지에 주안점을 두고 있다. 이것은 장기적이며 철저한 고객서비스를 통해서 충성도가 높은 고객군을 확보하는 데 최우선 과제를 두고 있는 것이다.

모든 기업은 자사의 제품이나 서비스를 생산해서 소비자에게 판매하는 과정을 거치게 된다. 이러한 과정을 수행함에 있어 도매상, 소매상, 소비자와 다양한 커뮤니케이션을 하게 된다. 이런 커뮤니케이션 활동에 있어 일방적인 소통이 아닌 쌍방향의 소통이 중요해지고 있으며, 마케팅의 방법도 다양해지고 있다. 마케팅의 성공은 아무도 보장할 수 없으나 분명한 사실은 한 가지의 마케팅 방안으로는 절대 성공적인 마케팅을 수행할 수 없다. 또 시대 흐름에 적절한 마케팅 방법을 믹스하여 활용하는 것이 가장 효과적이다. 이에 우리가 성공적인 마케팅을 하기 위해서는 시대적인 변화를 읽어가고 앞서가는 전략요소를 복합적으로 사용할 수 있는 능력을 함양하는 것이 매우 중요하다.

통합마케팅 커뮤니케이션인 IMC(integrated marketing communication)는 고객의 특성과 행동양식에 근거하여 고객을 세분화하고 각 고객집단에 대하여 지속적이고 일관성 있게 다양한 마케팅커뮤니케이션수단을 통합적으로 운용하므로써 브랜드 자산을 구축하고 이를 매출로 연결시키는 마케팅 과정이다.

즉, 이용 가능한 모든 커뮤니케이션 수단들은 분명하고 일관성 있는 메시지를 의도된 청중들에게 커뮤니케이션하도록 해야 한다. 여기서 청중이라고 하는 대상은 소비자를 구매하는 일반 소비자를 비롯해서 도매상, 소매상, 공급업자 등과 같이 중간 거래를 하는 사람들도 포함된다.

제6절 마케팅 성공사례 및 실패사례

(1) 차별화 마케팅 사례 : 현대카드

현대카드는 지난 2003년까지 6,273억 원의 적자를 기록한 부실기업 중 하나였다. 그러나 현대카드는 그해 5월 21일 신용카드 업계를 놀라게 한 하나의 카드를 만들어냈다. 바로 현대카드M이다. 이후 현대카드M은 출시 1년 만에 회원 수 100만 명을 확보하였고, 2005년도 단일 카드 최초로 회원 수 300만 명을 넘어서는 신기록을 달성했다. 또한 적자를 면치 못하던 현대카드는 2005년을 기점으로 흑자로 돌아서며 2007년 2,810억 원이라는 이익을 남겼다.

2003년까지만 해도 심각한 적자에 허덕이던 현대카드가 성공하게 된 비결에는 고도의 마케팅 전략이 있다. 매일같이 비슷한 신제품들이 쏟아져 나오고 비슷한 광고 메시지가 범람하는 현실에서 살아남기 위해서는 무엇인가 색다른 전략이 필요했다. 바로 '차별화를 뛰어넘은 차별화'를 만들어냈다. 시장에서 변화와 혁신을 창조하며 차별화를 이뤄내기 위해서는 고객이 진심으로 원하는 것이 무엇인지를 찾아내야 하는데 현대카드는 1등보다 앞서는 데 혈안이 된 것이 아니라, 1등조차 가지지 못한 새로움을 만들기 위한 마케팅을 전개했다.

그들은 제휴카드를 포함해 약 5,000여 종이 넘는 신용카드 시장에서 고객의 라이프스타일에 맞춘 편의를 마케팅으로 승화시킴으로써 누구도 생각해내지 못한 최고의 브랜드를 만들었다. 고객이 받을 수 있는 혜택을 알파벳으로 뽑아낸 '알파벳 마케팅'과 국내 최초 VVIP카드인 '더 블랙', '더 퍼플', '더 레드' 등의 컬러 마케팅으로 고객이 원하는 것은 신용카드가 아닌, 카드를 사용하면서 얻을 수 있는 혜택임을 제시했다.

이에 고객들은 기존의 신용카드에서는 얻지 못했던 '즐거움'과 '유익함'을 맛볼 수 있었고, 그 결과 현대카드를 선택하는 고객들이 점점 늘어나기 시작했다. 또한 현대카드는 '처음 미니 카드를 도입', '금융사 최초의 브랜드마케팅 도입', '카드업계 최초 슈퍼매치와 슈퍼콘서트 개최', '업계 최초 서비스 브랜드인 프라비아 출시', '국내 최초 커리어마켓 도입' 등과 같이 무조건 한 박자 빠른 마케팅전략을 구사한다.

이처럼 혁신적, 과학적 분석 노력을 바탕으로 한 차별화 브랜드 전략을 후발주자로 시장에 진입하여 빠르게 성장할 수 있는 원동력이 되면서 성공하게 되었다.

(2) 허위·과장광고로 실패한 마케팅 사례: 신라면 블랙

농심은 지난 2001년 4월 야심차게 '신라면 블랙'을 내놓았다. 신라면 블랙은 처음 출시될 때만 해도 상당한 기대를 모았다. 라면시장 부동의 히트상품이었던 '신라면' 브랜드를 달았고 몸에 좋다는 우골스프까지 추가해 관심을 끌었다. 역시 각종 언론에서는 관심을 갖기 시작했고, 지난 4월 중순 출시 이후 한 달 만에 약 90억 원어치가 팔려나갔다.

그러나 6월 공정거래위원회가 '설렁탕 한 그릇의 영양을 그대로 담았다'는 광고를 허위·과장광고로 판정하고 1억 5500만 원 과징금을 부과하게 된다. 이러한 영향으로 8월 매출은 20억 원 수준으로 떨어졌다. 이 제품을 개발하기 위해 3년 동안의 연구 개발비, 시설 투자비 등을 감안할 때 월 50억 원 이상 매출이 2년간 지속되어야 손익분기점에 도달할 수 있는데 어려운 현실에 접하게 된 것이다. 결국 '신라면 블랙'은 판매중단을 선언한다.

농심의 야심작 신라면 블랙이 실패한 가장 큰 이유로 '똑똑한 소비자를 무시'한 점이라 할 수 있다. '건강에 좋은 라면'이라는 제품 성격 자체에 문제가 있었다는 것이다. 라면은 간편하게 먹을 수 있지만 건강에 좋지 않은 음식이라는 것을 소비자들은 이미 알고 있음에도 불구하고, 설렁탕에 들어가는 영양성분을 넣고 '건강에 좋다'며 가격을 기존 라면보다 2배가량 비싼 1600원으로 정한 것 자체가 무리였다. 뿐만 아니라 건강에 좋다던 신라면 블랙의 한 봉지(130g)당 나트륨이 무려 1930mg이었다. 이는 세계보건기구(WHO)가 권고하는 하루 나트륨 섭취량 2000mg과 비슷한 수준이다. 똑똑한 소비자들이 이 점을 간과하지 않은 것이다.

프리미엄 제품을 개발하고 만들어내는 것은 좋지만 소비를 무시하는 허위·과장광고는 기업이미지에 엄청난 손해를 끼칠 수 있다. 더욱 식품이라면 사람이 먹는 것이고 다른 제품보다 정직성이 강조되어야 한다는 것을 보여주고 있는 사례이다.

기업가정신 사례 1 **월마트 샘 월튼 창업주[5]**

샘 월튼은 소년시절 미국 전역이 대공황으로 어려움을 겪고 있던 시기에 가난을 극복하기 위해 아침에 우유를 짜서 마을에 배달하기 시작했다. 또 토끼와 비둘기를 길러서 내다 팔고 신문 배달도 했을 정도로 일찍부터 상인의 길을 걸었으며, 식품의 잡화상점을 시작으로 월마트를 창립한다.

샘 월튼은 억만장자로 성공한 후에도 여행 시 비행기 1등 칸을 거절했으며, 월마트에서 구입한 저렴한 옷을 입고 낡은 픽업트럭을 몰고 다녔을 정도로 근면함과 절약정신이 몸에 배었다. 처음 만나는 사람들에게는 언제나 회장님이라는 호칭 대신 '샘이라 불러주시오'라고 요구하는, 솔직 담백하고 겸손한 모습을 보여주었다. 현장을 좋아했으며 직원과 고객을 사랑한 그는 항상 소년의 열정과 호기심을 갖고 끊임없이 배우려 했다.

또 끊임없이 새로운 것을 시도하여 잘 되는 것은 보존하고 안 되는 것은 과감하게 포기하는 진화론적 발전 과정을 거쳤다. 그는 바쁜 삶 속에서도 시간을 쪼개 일을 했고, 작은 일에도 관심을 가지고 효율적으로 일했으며 원하는 것은 항상 협상과 교환으로 성취했다.

5 배종태외 3인(2009), 전게서, pp. 90~91.

샘 월튼은 어린 시절 장사경험을 통해 기존 유통경로를 완전히 깨부순 획기적인 아이디어를 고안하여 이를 실행에 옮김으로써 일반 상거래에서보다 물건을 더 싸게 팔아도 마진이 남도록 하였다. 이것이 월마트의 탄생 배경이다.

뿐만 아니라 미국 전체의 서비스 시스템과 유통 구조를 개선시키며 시장의 힘을 생산자에서 소비자로 옮겨가게 만들었다. '경쟁회사가 우리가 앞으로 무엇을 할 것인가를 예견함으로써 그들이 편안해지는 상황은 있을 수 없다'고 주자하며 끊임없이 변화를 추구했다. 회사가 가장 번성했던 시기 회사에 변화를 취해야 한다고 판단하고 즉각 서로 성격이 대조적인 사장과 재정 담당 부사장을 맞바꾸어 사업이 더욱 번창했다는 일화는 이 사실을 단적으로 보여주는 예이다.

샘 월튼은 기본에 충실하며 치우침 없이 헌신하였고, 직원들에 대한 우대와 현장 중심의 업무지도 및 철저한 보상 체계를 통해 직원들이 참신한 아이디어를 제공할 수 있는 환경을 조성했다. 뿐만 아니라 모든 임원들에게 "당신도 이 회사의 주인이요"라는 말을 회의시간에 자주 함으로써 주인의식을 함양시켰다.

샘 월튼은 전 세계 경제 흐름을 미리 보았고 그 선두주자가 되어 비판과 어려움을 먼저 감수했을 뿐이다. 오늘날 월마트는 지역 경제의 버팀목이 되고 지역 주민에게 많은 일자리를 제공하고 있다. 이러한 성과를 바탕으로 미국 시민 최고 영예의 상인 '자유의 메달'을 수상한 경력이 있다.

CHAPTER **10**

지적재산권 관리

- 지적재산권의 유통기한은 바나나만큼이나 짧다.(Intellectual property has the shelf life of a banana)
  빌 게이츠, 마이크로소프트회장

- 디자인은 제품이나 서비스의 연속적인 외층에 표현되는 인간 창조물의 영혼입니다.
  스티브잡스

제1 절 지적재산권의 의의와 분류

(1) 지식재산권의 정의

'지식재산(intellectual property)'이란 무형적인 것으로서 재산적 가치가 실현될 수 있는 것을 말한다. 즉, 인간의 창조적 활동 또는 경험 등에 의하여 창출되거나 발견된 지식·정보·기술, 사상이나 감정의 표현, 영업이나 물건의 표시, 생물의 품종이나 유전자원 등이 이에 해당한다.

'지식재산권(intellectual property right)'이란, 법령 또는 조약 등에 따라 인정되거나 보호되는 지식재산에 관한 권리를 의미한다. 저작권·디자인권·특허권·실용신안권·상표권 등이 대표적인 지식재산권에 해당한다.

이와 관련하여 유체재산권과 무체재산권의 차이를 검토하여 보면, 유체재산을 대상으로 하는 권리를 유체재산권이라 한다. 유체재산의 대상은 동산·부동산이 대표적이나 이에 국한되지 않는다. 채권을 비롯하여 전기·열·바람 등 관리할 수 있는 자연력도 여기에 포함된다.

반면에, 무체재산은 발명·고안·디자인·상표·저작물 등 무체물(無體物)을 대상으로 하는 권리이다. 무체재산 또는 지식재산은 이를 명시적으로 소유할 수 없고 이용이 무한하다는 특성을 가진다.

(2) 지식재산권의 분류

■ 산업재산권과 저작권

지식재산권은 이를 보호하는 법의 목적, 창작을 보호하는지 여부, 창작을 보호한다면 보호되는 창작의 내용, 권리발생요건·규제형식 등의 기준으로 [표 10-1]과 같이 다양하게 분류해 볼 수 있다.

관련 법률과 보호의 대상이 되는 지식재산 및 지식재산권을 서로 연결하여 분류하여 보면, 디자인보호법은 제품의 외관을 디자인권으로, 특허법은 발명(기술적 창작 중 고도(高度)한 것)을 특허권으로, 실용신안법은 고안(기술적 창작)을 실용신안권으로, 상표법은 상표(상품의 표지)를 상표권으로 보호한다.

저작권법은 저작물(인간의 사상·감정을 표현한 창작물)을 저작권으로, 실연(연기·무용·연주·가창·구연·낭독 그 밖의 예능적 방법의 표현)을 저작인접권으로 보호한다.

[표 10-1] 지식재산, 지식재산권, 관련 법률의 구별

관련 법률	지식재산권	지식재산
특허법	특허권 (강한 진보 발명)	발명(기술적 사상의 창작으로서 고도한 것) ex. 물질발명, 화학발명, 의약발명, BM발명 등
실용신안법	실용신안권 (약한 진보 고안)	실용적인 고안(기술적 사상의 창작) ex. 물품의 형상·구조·조합 등
디자인보호법	디자인권 (비용이창작 디자인)	디자인(시각적으로 미감을 주는 물품의 형태) ex. 제품디자인, 패션디자인, 인테리어 소품 등
상표법	상표권 (식별력 있는 상표)	상표(자타상품을 식별하기 위하여 사용하는 표장) ex. 문자상표 등, 서비스표, 업무표장, 단체표장
저작권법	저작권 (저작재산·인격권)	저작물(인간의 사상·감정의 표현 창작물) ex. 어문, 연극, 음악, 미술, 컴퓨터프로그램 등
	저작인접권	실연·음반·방송
신지식재산권		신지식재산(새로운 지식재산의 유형) ex. 생명공학·도메인이름·인공지능 등

법 목적상으로의 차이가 지식재산권으로서의 인정에 관한 이유를 설명해 준다. 특허법·실용신안법·디자인보호법·상표법은 공히 '산업발전'을 근본적인 법 목적으로 한다. 따라서 이들 4개의 법을 산업재산권법이라 칭하고, 특허권·실용신안권·디자인권·상표권을 [표 10-2]와 같이 구별하며 산업재산권이라 한다.

반면에 산업재산권법과 법 목적상 구별되는 저작권법은 문화 및 관련 산업의 향상발전을 근본적인 법 목적으로 한다. 즉, 인간의 사상과 감정을 표현한 창작물을 보호함으로써 유구히 이어온 문화와 문화관련산업을 향상·발전시켜 보다 나은 인류 사회를 구현하고자 하는 것을 법 목적으로 한다.

[표 10-2] 산업재산권의 구별

구분	디자인권	실용신안권	특허권	상표권
보호대상	제품의 외관	고 안 (일반적인 기술)	발 명 (고도한 기술)	상품표지
보호기간	등록일로부터 15년	출원일로부터 10년 (등록일부터 보호)	출원일로부터 20년 (등록일부터 보호)	등록일로부터 10년 (갱신가능)

* 특허권, 실용신안권, 디자인권은 권리의 존속기간에 대한 갱신이 불가능하나, 상표권만 10년단위로 반영구적으로 권리의 존속기간에 대한 갱신이 가능하다는 것이 특색이다.

이러한 산업재산권의 특징을 별도로 정리하면, 산업재산권은 무체재산권으로서 ▲재산적 이익이 목적인 사권이며 ▲권리의 객체는 무체물인 발명·고안·디자인·상표이고 ▲객체를 전면적으로 사용·수익·처분할 수 있는 전면적·지배적 권리이며 ▲타인의 지배를 배제하는 배타적 권리이다. 또한 ▲그 효력이 사회의 모든 사람에게 미치는 절대권이며 ▲존속기간이 유한하고 ▲국가의 행정행위에 의하여 발생하며 ▲등록료 납부의 의무를 수반하게 된다. 다만 ▲산업적·공익적 견지에서 일정한 제한이 따르는 준물권적 권리라는 특성을 가지고 있다.

■ 창작 및 비창작 지식재산권

이러한 산업재산권의 특징을 별다른 관점에서 지식재산권을 지식재산이 '창작(創作)'과 관련되어 있는가라는 관점에서 나누어 볼 수 있다. '창작'과 관련된, 즉 '무엇인가를 처음으로 만들어 내는 것'과 관련된 지식재산권은 문화적인 측면에서 인간의 정신문화의 발전에 이바지하는 창작 활동의 성과에 관한 지식재산권과 산업적인 측면에서 물질문화의 발전에 기여하는 창작 활동의 성과에 관한 지식재산권이 있다.

전자가 저작권법이 보호하는 문예·학술저작물, 미술품, 음악 등에 관한 저작권 등이고, 후자가 특허법·실용신안법·디자인보호법 등이 보호하는 발명, 고안, 제품디자인 등에 관한 특허권, 실용신안권, 디자인권 등이다. 반면에 상표, 상호, 서비스표, 지리적 표시 등 경제활동에 사용되는 식별표지에 관한 지식재산권으로 상표법에 의한 상표권 등이 있다.

이와 같은 식별표지는 영업 내지 영업주체, 또는 상품·서비스 등을 개별화하고, 식별하기 위한 것이며, 저작물·발명·고안·디자인과 달리 그 자체로써는 인간의 정신적인 창작 활동의 결과물이라고는 말하기 어렵다.

그러나 상표(브랜드) 등이 실제 거래에서 사용됨으로써 출처표시기능의 발휘를 통하여 고객의 신용을 획득하고 고객 흡인력을 갖게 되면, 엄청난 무형적 재화로서 가치를 가지게 된다는 점에서 지식재산의 한 유형으로 취급되고 있는 것이다.

■ 신지식재산의 등장

최근 생명공학 등 과학기술의 발전과 정보산업 환경의 변화에 따라 그 재산적 가치의 중요성이 인식되어 법적보호가 요구되는 새로운 대상들이 다수 등장하였다. 그런데 이와 같이 경제·사회 또는 문화의 변화나 과학기술의 발전에 따라 새로운 분야에서 출현하는 지식재산을 '신지식재산'이라 한다(지식재산기본법 제3조 제2호).

예컨대, 반도체집적회로배치설계, 컴퓨터프로그램, 식물신품종 등이 새로운 보호대상으로 등장하여 이미 일정한 보호를 받고 있다. 기업경쟁이 격화되면서 산업스파이 등에 의한 기술정보의 불법유출을 방지하기 위해 영업비밀(trade secret)에 대하여 강한 법적인 보호 필요성이 더욱 강조되고 있다. 그리고 온라인디지털콘텐츠의 불법적 이용을 방지하기 위한 법규도 존재한다.

한편, 데이터베이스도 창작성이 있는 경우 편집저작물로서 저작권법에 의한 보호를 받고, 창작성이 없는 경우에도 막대한 투자를 한 데이터베이스 제작자에는 저작인접권에 준하는 권리가 부여되고 있다. 또 인터넷 환경에서는 도메인 이름(Domain name)이라는 새로운 영업표지를 등장시키면서 전통적인 상표권과의 분쟁도 잦아지고 있는 것이 현실이다.

이러한 새로운 지식재산의 유형을 통칭하여 신지식재산이라고 부른다.

제2절 지식재산권 확보의 이점

■ 경쟁자에 대한 시장진입장벽 구축

지식재산권을 확보함으로써 경쟁자가 지식재산권이 이미 확보된 지식재산을 이용해서 시장에 진입하는 것을 저지할 수 있다. 따라서 이러한 권리의 확보를 통해 시장에서의 독점적이거나 우월적인 지위를 차지할 수 있다.

애플사의 전자통신기기인 '아이패드(iPad)'의 디자인에 관한 권리를 삼성전자가 '갤럭시탭(GALAXY Tab) 10.1'을 판매·마케팅 함으로써 침해하였다는 애플사의 선공으로 삼성전자의 통신 관련 기술에 관한 권리의 침해여부로 확대된 특허침해전쟁은 양사 모두 상대방 제품의 유통을 중단하라는 것이다. 이러한 국제적인 지식재산권 침해관련 소송 진행은 양 사의 시장에서의 우월적인 지위를 선점하기 위한 일환이라고 볼 수 있다.

■ 지식재산권에 의한 공격으로부터의 보호

지식재산권의 침해를 주장하며, 사업 중지, 손해배상 또는 높은 로열티 등을 요구하는 경쟁자의 공격을 사전에 예방하는 조치로서 지식재산권의 확보가 중요하다. 이와 관련하여'특허괴물(patent troll)'의 등장에 주목할 필요가 있다. 이것은 제품을 제조하거나 판

매하지 않고 특허권만을 집중적으로 보유함으로써 로열티(특허권 사용료) 수입으로 이 익을 창출하는 특허관리 전문회사를 가리키는 것이다.

1998년 미국의 반도체 회사 인텔(Intel Corporation)은 인터내셔널 메타 시스템스 (IMS)라는 마이크로프로세서 생산업체의 특허권을 사들인 테크서치라는 회사에게 자신 들의 특허기술을 도용했다는 이유로 소송을 당했다.

그런데 당시 테크서치가 요구한 배상액은 특허권 매입가의 1만 배에 이르렀으며, 당시 인텔 측 사내변호사로 활동했던 피터 뎃킨(Peter Detkin)이 테크서치를 가리켜 '특허괴 물(Patent Troll)'이라고 비난한 데에서 이 말이 유래되었다. 다른 말로 '특허파파라치', '특허해적', '특허사냥꾼'이라고도 불린다.

■ 마케팅상의 이점

우수한 특허권 또는 우수한 디자인권 확보 등을 통해 제품의 품질이 자연스럽게 보증 및 광고되는 효과가 있다. 또 상표권이 확보된 우수한 상표(브랜드)의 사용을 통해 마케 팅비용을 줄이면서도 제품에 대한 광고선전 및 판매량 확보에 도움이 될 수 있다. 예를 들면, 조선맥주주식회사는 자신의 맥주상표인 '하이트'의 마케팅상의 이점을 활용하기 위해서 '하이트맥주주식회사'로 상호까지 변경한 예도 있다.

[그림 10-1] 과거의 상호와 현재 상호로 사용되고 있는 상표의 예

■ 재산으로서의 가치

글로벌 브랜드 컨설팅 그룹인 인터브랜드사의 2010년 자료에 의하면 대한민국의 '삼 성 SAMSUNG'의 브랜드 가치는 190억 달러에 달하며 세계 19위의 브랜드에 해당한다고 평가하였다.

또한 미국의 '애플사'의 브랜드 가치는 211억 달러에 달하며 세계 17위의 브랜드에 해 당하기도 하였다. 즉, 2009년에 삼성전자보다 한 계단 낮은 20위의 브랜드 가치를 보인

애플사는 2010년에는 삼성의 브랜드 가치를 추월하였던 것이다. 참고로 세계 최고의 브랜드는 미국의 '코카콜라' 브랜드로 704억 달러의 브랜드 가치가 있다고 2010년 당시 판단되었다.

그리고, 삼성전자 등 국내 전자통신기기 제조업체가 퀄컴에 통신관련 기술 로열티로 지급한 금액이 2010년 한 해에만 4억 1,200만 달러에 이르는 등 특허기술에 대한 로열티 지급액수도 매우 많은 액수임을 확인할 수 있다.

브랜드 경영과 관련하여서는 한국존슨은 삼성제약의 'F킬러'의 브랜드(상표)와 공장을 인수하면서 387억원을 지불한 바 있고, 질레트는 로케트밧데리(세방전지)의 브랜드 임대에 660억원을 지불하였다. IBM은 미국 특허등록 1위 기업으로 로열티 수입이 연간 1조원에 이르기도 하였다. 이와 같이 특허기술이나, 브랜드에 대한 권리들은 그 재산적 가치를 가지고, 상당한 액수로 거래되거나, 로열티 수입을 벌어들이게 해주는 등의 역할을 하고 있는 것이다.

■ **타인의 무단도용 방지**

지식재산권을 사전에 확보하지 않았을 때에는 타인의 무단 도용이 이루어질 수 있으므로, 이를 방지하기 위해 지식재산권의 확보는 중요하다. 구체적인 사례들을 통해 살펴보면, 개그맨 이경규 씨가 KBS 프로그램 '남자의 자격'에서 선보인 요리법에서 힌트를 얻었던 '꼬꼬면( )'은 한국야쿠르트가 이를 제품화해 시판하면서 선풍적인 인기를 끌고 있었던 상황 속에서, 해당 방송을 본 시청자 중의 한명이 '꼬꼬면'에 대한 상표권을 확보하기 위해 특허청에 상표등록출원한 것이 발견되었다.

그러나, 해당 상표등록출원인에 대한 일반 국민들의 비난이 이어지자 이에 부담을 느끼고 상표등록출원을 취하하면서 문제가 해결된 사례가 있다.

그리고, 인기가수그룹인 소녀시대의 명칭을 소속사인 SM엔터테인먼트와 관련 없는 일개 개인이 의류, 식품, 미용 등 9개 분야에 대해서 상표권을 확보했다. 해당 개인은 자신의 상표권의 행사를 위해 온라인 쇼핑몰 등에서 다른 사람들이 '소녀시대'라는 명칭을 사용하는 것에 대하여 상표권 침해 금지 경고장을 보낸 사건이 발생하기도 하였다. 게다가 SM엔터테인먼트는 자신이 직접 '소녀시대'를 상표로 출원하여 상표권을 확보하려고 하였으나, 선 출원 및 선 등록되어 있는 해당 개인의 상표에 의해서 상표등록의 거절이

결정되기도 하였다.

이상과 같이 상표의 무단도용으로 인한 문제가 발생하고 있는 것이므로, 상표권의 확보가 매우 중요함을 알 수 있다. 또 역시 특허권의 확보를 통해 타인의 모방 침해 등에 따른 특허분쟁을 사전에 예방하거나 관련 기술 특허권자와 Cross-License등을 통해 분쟁을 쉽게 해결할 수 있는 것이다.

■ **지식재산권 획득에 따른 혜택 가능**

투자회수와 기술개발에 있어서 지식재산권의 획득을 통해 각종 인센티브를 받는 것이 가능하며, 벤처자금, 기술담보 등 정부의 각종 정책자금 및 세제지원에 있어서도 지식재산권의 보유에 따른 각종 혜택의 수혜가 가능하다고 할 수 있겠다.

제3절 지식재산권의 종류

(1) 특허권

'특허권(patent right)'이란, 산업재산권 중에서 가장 대표적 권리로 새로운 기술적 사상의 창작(발명)에 대하여 그 발명자가 일정한 기간 그 발명의 독점적 실시를 행할 수 있는 배타적 권리이다. 이는 원칙적으로 설정등록이 있는 날부터 특허출원일 후 20년이 되는 날까지로 한다.

특허제도는 발명자에게는 특허권이라는 독점배타적인 재산권을 부여하여 보호하는 한편 그 발명을 공개하게 함으로써 그 발명의 이용을 통하여 산업발전에 기여하고자 하는 것이다. 이런 점에서 특허제도를 신기술보호제도, 발명장려제도 또는 사적독점보장제도라고 부르기도 한다.

특허권자는 업으로서 그 특허발명을 실시할 권리를 독점하며, 특허발명의 보호범위는 특허출원서의 명세서에 기재된 특허청구범위에 의하여 정해진다. 특허권은 무형의 기술적 사상에 대한 지배권이어서 그 객체를 점유할 수 없는 바, 침해가 용이하게 이루어지며 침해된 경우 침해사실의 발견도 쉽지 않을 뿐만 아니라 그 입증 또한 곤란하기 때문에, 특허법은 특허권자의 보호를 위한 특별규정들을 두고 있다.

우선 간접침해의 인정, 과실 및 생산방법의 추정, 그리고 손해액의 추정 등과 같은 규정을 두어 침해입증 및 침해로 인한 손해액의 입증을 용이하게 해주고 있다. 그리고 특허권이 침해된 경우 특허권자는 민사적 구제수단으로서 침해금지청구권, 손해배상청구권, 신용회복청구권 및 부당이득반환청구권을 행사할 수 있다. 또 특허권을 '고의'로 침해한 경우 형사적 구제수단으로서 특허권자는 특허권 침해자를 고소하여 침해죄를 추궁할 수 있다.

(2) 실용신안권

실용신안권(utility model rights)은 새로운 기술적 고안에 대하여 그 고안자가 일정한 기간 동안 그 고안의 독점적 실시를 할 수 있는 배타적 권리이다. 실용신안권의 대상이 되는 실용신안은 새로운 기술적 발명이라는 점에서 특허와 같으나, 발명의 고도성을 요구하지 않는다는 점에서 차이가 있다.

본래 실용신안제도는 특허제도를 보완할 목적으로 성립되었는바, 특허제도 운용 과정에 있어서 경우에 따라서는 소위 '소발명'이 경시되어 독점권이 부여되지 않는 일이 생기게 되었다. 따라서 산업정책상 중소기업이나 개인발명가의 소발명을 보호·장려하는 일이 필요함을 인식하게 되었다. 그 결과 기술수준이 그렇게 높지 않은 소상공인이나 중소기업의 권리보호를 위해 도입한 것이 바로 실용신안등록제도이다.

(3) 상표권

상표(商標, trademark)란, 자기의 상품과 타인의 상품을 식별하기위하여 사용하는 표장(標章)을 말하며(상표법 제2조 제1항 제1호), 표장이란 "기호, 문자, 도형, 소리, 냄새, 입체적 형상, 홀로그램 동작 또는 색채 등으로서 그 구성이나 표현방식에 상관없이 상품의 출처를 나타내기위해 사용하는 모든 표시"를 말한다.(상표법 제2조 제1항 제2호)([표 10-3] 표장의 형태 분류 참조) 이와 유사한 개념으로 '브랜드(brand)'라는 용어가 있다. 현실에서는 '상표'라는 용어를 브랜드의 하위 개념으로 보기도 하나, 브랜드와 상표는 양자 모두 특정회사의 제품임을 알리는 수단이라는 의미로써 동일하다.

일반적으로 '상표'는 상표법(商標法), 상표권(商標權) 등과 같이 법률적으로 사용되는 것이 일반적이며, 브랜드는 '브랜드마케팅', '브랜드관리', '브랜드경영', '브랜드전략' 등에서 보듯이 경영학적인 용어로 많이 사용되고 있다. 즉, 현재 상표는 법적 용어로서, 그리

고, 브랜드는 마케팅적 용어로서 사용될 뿐이지 특별히 그 개념상으로는 구별하지 않고 사용하는 것이 일반적이다.

특히 현행 상표법에 영향을 준 한·미 FTA는 냄새 또는 소리로만 구성된 상표도 상표로서 등록 가능토록 규정하고 있다. 따라서 'Intel'의 효과음, MGM의 사자 울음소리, 레이저 프린터 토너의 레몬향과 같이 실제 기업이 사용하고 식별력이 있는 경우 비시각적인 상표도 권리로서 보호가 가능하게 되었다. 또 소리·냄새 상표를 실제로 사용하는 기업들이 증가하면서, 국제적으로도 이를 인정하는 추세라고 할 수 있다.

[표 10-3] 표장의 형태별 분류

표장의 종류	예시	비고
기호, 문자, 도형	DIOS , LG	전통적 의미의 표장
입체상표	,	입체적 형상 자체를 인정
색채상표	,	단일의 색채 또는 색채의 조합을 표장으로 인정
홀로그램	LG , MOBIS	표장에 포함된 모든 이미지를 보호
동작상표	20th CENTURY FOX	표장에 포함된 모든 동작을 보호
소리상표	Intel의 효과음, MGM사의 사자울음소리	시각적인 방법으로 사실적으로 표현하여야 등록가능
냄새상표	레이저 프린터의 토너에서 나는 아몬드향	시각적인 방법으로 사실적으로 표현하여야 등록가능

상표권은 상표를 등록받아 독점적으로 사용하는 상표법상의 권리이다. 따라서 상표권은 일정한 상징을 특정한 상품에 사용할 것을 등록함으로써 그 상징의 배타적 사용권을 취득한다. 상표권은 상표권자의 상품을 타 상품과 구별시켜서 상표권자의 상품의 품질·성능 등 우수성을 보장하는 작용을 하는 반면에, 일반 소비자들이 상품구별을 쉽게 할 수 있도록 도와줌으로써 이들을 보호하는 작용도 한다.

한편, 상표권자는 상표를 '사용'할 권리를 독점하게 되는데, 상표법상 상표의 사용에 대해 규정하고 있는 내용은 이하와 같다.

- 상품 또는 상품의 포장에 상표를 표시하는 행위(표시행위)
- 상표 또는 상품의 포장에 상표를 표시한 것을 양도 또는 인도하거나 그 목적으로 전시·수출 또는 수입하는 행위(유통행위)
- 상품에 관한 광고·정가표·거래서류·간판 또는 표찰에 상표를 표시하고 전시 또는 반포하는 행위(광고행위)
- 상품 자체, 상품의 포장이나 간판 등을 표장의 형상으로 하는 경우

(4) 디자인권

■ 디자인제도의 필요성

우리가 제품을 구매할 때 고려하는 요소는 가격, 품질, 기능 등 사람마다 각기 다르겠지만 디자인도 중요한 역할을 한다. 디자인의 영역은 이제 패션에서 벗어나 그 영역을 무한히 넓히고 있으며, 앞으로는 제품의 값이 아무리 싸고, 품질이 아무리 좋아도 디자인이 좋지 않으면 시장이 외면당하는 세상이 될 것이다.

이와 같이, 소비자들의 '상품구매 결정요인'의 가장 큰 부분이 '디자인'이라고 할 수 있는데, 창작성 있는 디자인과 디자이너는 제품의 수요를 증대시킴으로서 궁극적으로 기업과 국가의 산업발전에 이바지하게 된다.

따라서, 국가는 좋은 디자인을 개발한 디자이너 또는 기업에게 관련 제품을 국내에서 독점하여 생산하고 판매할 수 있도록 하여 디자인의 창작을 장려함으로써 수용증대를 가져오고, 이를 통하여 궁극적으로는 산업발전에 이바지 하고자 산업재산권 시스템에 디자인을 포함시키는 것이다.

'디자인권(industrial design rights)'은 상품의 형상이나 모양, 색채 또는 이들의 결합으

로써 시각적으로 미감을 일으키는 디자인을 대상으로, 그 디자인을 특허청에 등록받은 자가 독점적으로 사용할 수 있는 배타적 권리이다. 발명을 보호하는 특허권 등과 더불어 디자인권은 대표적인 산업재산권 중 하나라고 할 수 있겠다.

■ 디자인보호법상 특유제도

디자인등록출원이 디자인등록출원에 필요한 방식을 갖추고 적법한 절차에 의하는지 또는 공서양속에 반하는지 등, 등록요건 중 방식이나 디자인으로서 기본적으로 갖추어야 할 요건들 중 일부만을 심사하여 디자인을 등록하는 것을 디자인 무심사 등록이라 한다.

여기서 무심사등록 대상 물품은 A1(제조식품 및 기호품), B1(의복), C1(침구, 마루깔 개, 커튼 등), F3(사무용지제품, 인쇄물 등), F4(포장지, 포장용기 등), M1(직물지, 판, 끈 등), 화상디자인에 관한 물품에서 B2(잡화류), B5(신발류), F1(교재류), F2(사무용품류) 등의 물품을 대상으로 하고 있다.

즉, 디자인무심사 등록제도란 유행성이 강하고 수명주기가 짧은 직물지, 벽지, 합성수지지, 의복류, 침구류 및 등록율이 높은 일부 물품에 대하여 방식요건과 일부 실체적 등록요건만을 심사하여 등록하는 제도를 말한다. 무심사 대상물품에 대한 디자인출원은 출원 후 등록까지 별다른 거절이유가 없는 한 약 3-4개월 만에 등록여부를 알 수 있다.

무심사로 등록된 디자인권 중에는 실체적 등록요건이 결여된 디자인이 다수 존재할 가능성이 있다. 이러한 부실권리를 많은 비용과 장기간의 처리기간이 소요되는 심판이나 소송절차에 의하지 아니하고 간편한 행정절차에 의하여 등록을 취소시킬 필요성이 있다.

따라서, 무심사로 등록된 디자인권에 대하여는 누구든지 설정등록이 있는 날부터 디자인 무심사 등록 공고일후 3월이 되는 날까지 이의신청을 할 수 있다. 또 이의신청이 이유 있다고 인정되는 경우에는 디자인등록이 취소된다.

부분디자인이란, 물품 부분의 형태로서 시각을 통하여 미감을 일으키게 하는 것을 말한다. 디자이너는 물품의 전체를 디자인하는 경우도 있겠지만 물품의 부분만을 디자인하는 경우도 있다. 즉, 자동차의 범퍼만을 디자인한다던가, 맥주잔의 손잡이 부분을 디자인하는 경우 또는 신발의 측면에 표시된 독특한 디자인만을 창작하는 경우 등을 말하며, 이와 같은 부분디자인을 디자인권으로 보호하는 것이다.

■ 비밀디자인제도

디자인은 모방이 용이하고, 유행성이 강하므로 디자인권자가 사업실시의 준비를 완료하지 못한 상황에서 디자인이 공개되는 경우에는 타인의 모방에 의한 사업상 이익을 모두 상실할 우려가 있다.

그러나, 등록되는 디자인은 모두 등록공고로서 공개된다. 이와 같은 문제점을 해결하고자 디자인보호법이 인정하는 특유의 제도가 '비밀디자인제도'이며, 비밀디자인제도란, 출원인의 청구에 의하여 디자인권의 설정등록 이후라도 일정한 기간 그 디자인의 내용을 일반 공중에 공개하지 않는 것을 말한다.

■ 유사디자인제도

디자인은 기본디자인이 창작된 이후에 이를 기초로 한 여러 가지 변형디자인이 계속 창작되는 특성이 있다. 또한 디자인권은 타인의 모방·도용이 용이하나, 그 유사범위는 추상적이고 불명확함에 따라 미리 유사범위내의 유사디자인을 등록받아 침해·모방을 미연에 방지할 필요성이 있다.

즉, 기본디자인에 유사한 디자인들을 별도로 출원, 등록받아 놓음으로써 추후에 추상적인 디자인의 유사범위를 확인할 수 있게 해주는 것이다.

따라서, 이러한 취지로 따라, 디자인보호법상 자기가 등록 또는 출원한 기본디자인의 변형된 디자인을 유사디자인이라는 이름으로 등록받을 수 있도록 하는 유사디자인제도를 두고 있는 것이다.

(5) 저작권과 저작인접권

저작물은 창작과 더불어 저작권이 발생하며, 어떠한 절차나 형식의 이행을 필요로 하지 아니한다. 즉 저작의 사실로부터 저작권이 발생하며, 특별한 절차를 밟거나 형식을 요하지 아니한다. 이러한 입법주의를 무방식주의라고 하며, 저작권 등록은 권리 발생과는 무관하나 등록된 저작자를 저작자로 추정해주는 것과 같은 일정한 법률적 효과가 있다. 이에 반하여 산업재산권은 권리가 특허청장의 설정등록에 의하여 발생한다. 즉, 산업재산권들의 공통된 특징은 특허청장의 설정등록이라는 특별한 절차에 의하여 권리가 발생한다는 것이다.

저작자의 경제적 이익을 보호하는 저작재산권은 저작자 사후(死後) 50년(2013.7.1.이후는 70년)까지 존속한다. 저작자의 인격적 이익을 보호하는 저작인격권은 원칙적으로 저작자 생존 중에만 존속한다. 반면에, 산업재산권은 특허권의 경우 출원일로부터 20년, 실용신안권의 경우 출원일로부터 10년, 디자인권의 경우 등록일로부터 15년, 상표권의 경우 등록일로부터 10년(무한히 갱신가능)간의 존속기간을 가진다.

'저작인접권(neighboring right, 著作隣接權)'이란, 말 그대로 저작권에 인접한, 저작권과 유사한 권리라는 말이다. 즉, 저작물을 일반 공중이 향유할 수 있도록 매개하는 자에게 부여한 권리를 말한다. 이 권리는 실연, 음반, 방송위에 존재하며, 배우나 가수, 연주자와 같은 실연자 및 음반제작자, 방송사업자에게 귀속된다. 실연자, 방송사업자, 음반제작자 등은 저작물의 해석과 재현에 기여할 뿐만 아니라, 이런 행위가 없다면 비록 완벽한 저작물이라도 충분히 일반 이용자에게 전달될 수 없기 때문에 저작권법상 보호하고 있는 것이다.

여기서 유의할 점은, 저작인접권의 보호가 저작권에 영향을 미치지 않는다는 점이다. 이에 따라 실연, 음반제작, 방송을 기획하는 사람은 각 실연, 음반제작, 방송에 앞서 반드시 저작재산권자의 허락을 받아야 한다.

이런 저작인접권의 보호기간은 실연의 경우에는 그 실연을 한 때로부터 50년간이고, 음반의 경우에는 음을 최초로 음반을 발행한 때로부터 50년간이며, 방송의 경우에는 방송을 한 때로부터 50년간이다(2013.8.1.부터 70년으로 연장됨. 단, 방송만 50년 유지됨).

(6) 영업비밀[1]

지식기반사회에서 세계 각국의 기업간 글로벌경쟁이 심화되고 있는 가운데 각 기업들이 기술혁신을 하면서 취득하여 기술정보 및 경영활동을 통해 축적한 경영정보가 기업의 핵심경쟁요소가 되고 있다. 이 같은 기술정보 및 경영정보를 영업비밀이라고 하는데 전통적인 산업재산권법으로는 보호하기 어려워서, 이를 보호하기위해 "부정경쟁방지 및 영업비밀보호에 관한법률"로 보호하고 있다.

영업비밀보호제도는 간접적으로는 특허권이나 저작권으로 보호하기 어려운 기술정보, 예를 들어 자연법칙과 기초과학상의 발견, 연산법과 수학공식, 화학제품의 미묘한 조합, 설계도면, 온도·성분에 관한 기술적 노하우등이나 경영정보, 영업상의 아이디어 등도

1 　김대익외 6인(2013), 창업을 대비하는 지식재산, 전남대학교출판부, pp.306~313

법적으로 보호 받을 수 있게 함으로써 특허제도, 저작권제도를 보완하는 기능을 한다.

우리나라 영업비밀 보호제도는 1986년부터 시작된 WTO/TRIPs 협상에서 영업비밀이 포함 될 것이 확실하고, 과학기술 발전을 위한 외국의 선진기술 도입을 유도 및 국제통상 마찰을 줄이고 영업비밀 보호제도를 도입하기위해 1991년 12월31일 부정경쟁방지법을 개정하여 "부정경쟁 방지 및 영업비밀 보호에 관한 법률"로 변경하여 손해 배상 청구시 침해자가 얻은 이익 액을 청구인의 손해액으로 추정할 수 있도록 하였다.

특히 영업 비밀을 해외로 유출한자를 가중처벌하고, 전직 임직원이 제3자에게 누설한 경우도 처벌하는 등 영업비밀 침해행위에 대한 형벌규정을 대폭 강화하는 법률개정을 단행하였다. 한편 국내 기업 간 또는 우리나라 첨단 분야 영업비밀이 외국으로 유출되는 사례가 증가하자, 정부는 영업비밀 보호를 위하여 형사처벌 및 보호대상 영업비밀의 범위 확대, 친고죄 폐지 등 형사벌칙을 대폭강화하고, 징역형의 법정형을 최고7년 이하에서 10년 이하의 징역으로 상향조정하는 개정을 단행한 바 있다.('07.12.21)

영업비밀이란 기업이 경쟁상의 우위를 확보하기 위하여 스스로 개발하고 비밀로 보유한 기술정보 및 경영정보로서, 공연히 알려져 아니하고 독립적인 경제적 가치를 지닌 것으로 상당한 노력에 의하여 비밀로 유지된 정보를 말한다. 따라서 기업에서 지정한 영업비밀이라고해서 모두 보호대상이 되는 것이 아니고, 비공지성, 경제성, 비밀 관리성 및 정보성이라는 일정한 요건을 갖추어야한다.

영업비밀은 비밀로 유지되어 외부에 알려지지 않는 한 영구적으로 유효하고, 특허출원이나 권리화가 필요하지 않다는 장점이 있는 반면, 영업 비밀은 독점성이 없고 기업의 관리능력에 따라 효력이 좌우된다는 단점이 있다.

최근 기업이 보유한 첨단기술이 유출되는 사건이나, 경쟁기업이 보유한 기술정보를 부정한 방법으로 취득하는 사례가 빈번하게 일어나고 있다. 따라서 이제 산업스파이 문제는 더 이상 고급기술을 보유한 일부기업만이 아니라 대부분의 기업에게 현실적인 문제로 대두되고 있다. 최근에는 우리기업의 핵심정보가 해외로 유출되는 사례가 빈발하고 막대한 국부 손실이 발생함에 따라 국익수호차원에서의 대책마련이 절실해지고 있는 실정이다.

부정경쟁방지 및 영업비밀보호에 관한 법률은 기술상의 영업비밀 뿐 아니라 경영상의 영업비밀 침해행위에 대한 보호제도를 포함하고 있다. 민사적 보호수단으로 침해금지 청구권, 손해배상 청구권, 신용회복청구권 등이 있다. 형사적 보호수단은 징역과 벌금 등이 있다.

산업기술이란 제품 또는 용역의 개발, 생산, 보급 및 사용에 필요한 제반 방법내지 기술상의 정보 중에서 관계중앙행정기관의 장이 소관분야의 산업경쟁력 제고 등을 위하여 법령이 규정한 바에 따라 지정, 고시, 공고하는 기술이다.

산업기술을 개발하고 기술계약을 하는 과정에서 불법적인 산업기술의 유출이나 침해 행위가 발생할 수 있지만 이에 적절하게 대응하지 못할 경우 힘들게 개발한 산업기술을 빼앗길 수 있기 때문에 산업기술의 부정한 유출을 방지하고 산업기술을 보호함으로써 국내산업의 경쟁력을 강화하고 국가안전보장과 국민경제발전을 위해 2007년에 "산업기술의 유출방지 및 보호에 관한 법률"이 제정되었다.

산업기술의 불법해외유출이 심각한 수준이지만 부정경쟁방지 및 영업비밀보호에 관한 법률 등 각종법률에 산재하여있는 관련규정으로는 산업기술유출방지 및 근절에 큰 효과를 보지 못하여 이법이 제정된 것이다.

(7) 신지식재산권

21세기 지식기반사회로 진입하면서 디지털기술과 유전공학 등의 발전으로 컴퓨터프로그램, 반도체집적회로 배치설계, 데이터베이스, 식물신품종 등 새로운 지식재산권이 나타나고 있다. 이와 같이 신지식재산권이란 경제적 가치를 지니는 지적창작물로서 법적보호가 필요하지만 기존의 산업재산권이나 저작권중 어느 하나로 쉽게 판별될 수 없는 특징을 가진 새로운 지식재산을 총칭하는 개념이다.

신지식재산은 일반적인 지식재산과 마찬가지로 창작이나 개발에 많은 시간, 노력, 비용이 드는 반면에, 그 복제가 매우 용이하여 시장에서 실패가 나타날 가능성이 높다. 그에 따라 신지식 재산에 대하여는 현재까지 특허법, 저작권법, 상표법등 기존의 지식재산권법을 개정 또는 확대 해석하거나, 새로운 특별법을 제정하는 형태의 지식재산권으로 보호받고 있다.

신지식재산권은 과학기술의 급속한 발전과 사회여건의 변화에 따라 종래의 지식재산법규의 보호범주(산업재산권, 저작권 등)에 포함되지 않으나 경제적 가치를 지닌 지적창작물을 의미한다. 지식재산기본법에 의하면 신지식재산권이란 "경제, 사회 또는 문화의 변화나 과학기술의 발전에 따라 새로운 분야에서 출현하는 지식재산"을 말한다. 최근 신산업의 등장으로 범위와 대상이 빠르게 확대되고 있다.

IT, BT, NT, ET, ST, CT 등 첨단산업분야 등장과 함께 인터넷 관련특허, BM특허, 유전자관련 특허 등 신산업 특허의 출원이 급증하고 있다. 기존 저작권에 포함되지 않았던 게임시나리오, 소프트웨어 등 지적 창작물들이 특허대상으로 확대되고 있는 실정이다.

신지식재산권은고부가가치를 창출하는 영역으로 부상하고 있으며, 구체적으로는 반도체배치설계, 컴퓨터프로그램, 데이터베이스, 인공지능, 생명공학, 식물기술등과 트레이드드레스(Trade Dress)[2], 슬로건, 캐릭터, 인터넷 도메인 등을 들 수 있다.

신지식재산권은 산업저작권(컴퓨터프로그램, 데이터베이스, 디지털컨텐츠), 첨단산업재산권(반도체배치설계, 생명공학, 인공지능, 인터넷사용방법), 정보산업재산권(영업비밀, 멀티미디어) 및 기타(캐릭터, 트레이드드레스(trade-dress), 프랜차이징, 퍼블리시티권(publicity). 지리적 표시, 인터넷도메인네임)으로 분류할 수 있다.

(8) 라이선싱(Licensing)

기술이 진보함에 따라 기업들은 지식재산권을 소유하거나 사용하고 있으며, 기업의 핵심사업이 되는 경우가 많다. 기업이 지식재산권을 보유 혹은 활용 할 수 있는 방법에는 R&D를 통하여 지식재산권을 확보하는 방법과 타인의 지식재산권을 M&A나 Licensing을 통하여 소유하거나 이용할 수 있는 권리를 획득하는 방법이 있다.

라이선스계약은 지식재산 권리자(라이센서, Licensor)가 자신의 배타적인 권리를 행사하지 않고. 제3자에게 허가 그 권리를 실시내지 사용을 허락하고, 사용자(라이센시, Licensee)는 일정한 대가의 지급을 약속하는 것을 말한다.

즉, 라이센싱은 재산권(상표, 로고, 캐릭터, 구문 또는 디자인, 저작권)을 제품화, 서비스 또는 홍보의 매개체로써 사용할 수 있도록 제3자에게 허가 또는 권리를 위임하는 행위를 말하며, 통상적으로 재산권을 필요로 하는 자(제조업자, 소매업자, 사업자 또는 개인)와 계약을 통하여 그 재산권의 사용목적, 사용지역, 사용기간 및 특정조항을 정함으

---

2 모양, 색채, 크기 등 상품이나 서비스의 고유한 이미지를 나타내는 외관이나 장식을 뜻하며, 대표적인 것으로는 다른 음료수 병과 구별되는 잘록한 허리 모양과 웨이브 문양을 가진 코카콜라 병이 있다. 삼성-애플 소송에서 애플은 자사의 아이폰이 가지고 있는 고유한 이미지에 대하여 권리를 주장하였는데, 구체적으로 ▽ 모서리가 둥근 직사각형 형태 ▽ 직사각형 모양을 둘러싼 테두리(bezel) ▽ 앞면에 직사각형 모양의 화면 ▽ 화면 윗부분에 좌우로 긴 스피커 구멍 등에 대하여 권리를 주장하였다. 애플은 아이폰의 이러한 특징을 삼성의 갤럭시폰이 모방하였고, 그로 인하여 소비자들이 아이폰과 갤럭시폰을 혼동할 수 있다고 주장하였는데, 이러한 주장이 바로 트레이드 드레스의 주장인 것이다.

로써 재산권에 대한 사용권한을 부여하게 된다.

사용권을 부여받은 사용권자는 라이센서(재산권소유주)에게 라이센스에 따른 사용료를 지급하는데, 그 형태는 최저 보증수수료, 매출 또는 생산가에 기준하여 로열티 비율을 정한다.

라이센싱(Licensing)은 라이센서(Licensor)와 라이센시(Licensee)간 재산권의 사용에 대한 권리부여 및 권리행사를 통하여 다음과 같은 효과를 얻을 수 있다. 라이센시(Licensee)는 재산권에 관한 권리를 부여받아서, 제품이나 서비스에 재산권을 적용함으로써 제품가치를 향상시키고 경쟁제품과의 차별성을 최종소비자에게 제공함으로써 판매향상을 꾀할 수 있다.

반면에 라이센서(Licensor)는 라이센시(Licensee)에게 권리를 부여함으로써 금전적인 수익과 더불어 라이센서(Licensor)의 재산권가치를 향상시킬 수 있는 기회를 얻을 수 있다. 추가적인 인지도를 창출하여 또 다른 홍보효과 및 재산권의 가치를 증대시킴으로써 수익의 재창출효과를 얻을 수 있다. 라이센서의 홍보력이 떨어지는 제품을 시장에 진입을 할 수 있도록 활용할 수 있으며 이로 인해 시장에 대한 점유율과 유통시장의 확대를 꾀할 수 있다.

읽을거리　**기술자료 임치제도 Deposit of Technical Documents**

1. 기술자료임치제도 의의: 중소기업들의 기술유출이 발생할 경우 해당 기술을 보유하고 있음을 입증할 수 있도록 중소기업의 핵심 기술정보를 제3의 신뢰성 있는 기관인 대·중소기업협력재단 내 기술자료임치센터에 보관하는 제도다. 대기업도 거래 중소기업이 파산·폐업해 기술 이용이 어려워질 경우 계약에 따라 해당 임치물을 이용할 수 있다. 기술자료 임치제도는 개발자와 구매자가 겪을 수 있는 어려움을 미연에 방지하는 일종의 '기술보험'이라 할 수 있다. 거래 관계에 있는 대기업과 중소기업이 상호합의에 따라 '핵심기술'을 신뢰성 있는 제3기관에 임치해 두면 앞서 언급한 문제점을 해결할 수 있다. 유럽 등 선진국에서는 민간 영리사업으로 운영할 만큼 활성화됐지만 국내 도입은 2000년에 이뤄져 소프트웨어 부문을 중심으로 일부 임치제도가 시행되고 있지만 인지도가 낮은 실정이다.

   현재 대중소기업협력재단은 "기술자료임치지원센터"를 구축하고 금고실을 마련, 대상물을 보관한 뒤 24시간 감시시스템을 가동하고 있다. 이로써 핵심기술의 외부 유출을 막고 개발기관이 폐업·도산했을 경우에도 발주기관에 지속적인 서비스를 제공할 수 있다.

2. 도입배경: 이 제도가 도입된 가장 큰 배경은 대·중소기업 간 거래 시 대기업이 우월적 지위를 이용해 중소기업의 핵심기술을 요구하는 행위가 빈번하게 발생하고 있다는 점이다. 대기업의 중소기업 기술유용은 겉으로 드러나진 않지만 상당히 만연해 있다는 게 중소기업계의 얘기다. 중소기업청이 2010년 설문조사한 내용을 보면, 대기업

협력사의 22.1%(204개 응답업체 중 45개)가 거래과정에서 겪는 주요 애로사항으로 보유 기술에 대한 대기업의 요구를 지적했고, 80%는 보유 기술에 관한 정보제공을 요구받을 경우 거래 대기업에 기술자료를 제공했다.

3. 기술자료 임치대상: 기술자료 임치의 대상물은 '기술상의 정보'와 '경영상의 정보'로 구분된다. 기술상의 정보는 시설 및 제품의 설계도, 물품의 생산·제조방법, 물질의 배합방법, 연구개발 보고서 및 데이터, 소프트웨어 소스코드 및 디지털 콘텐츠 등을 말하며 경영상의 정보는 전략 및 중요계획, 관리정보(원가·재무·인사 등), 고객 데이터, 매뉴얼 등이 포함된다. 임치물에 대한 확인·검증을 거쳐 계약이 체결되며, 수수료는 최초 계약 시 30만원, 이후 1년마다 갱신 시 15만원을 내면 된다.

이 제도의 계약 유형은 크게 2가지로 구분된다. 개발기관–임치기관–발주기관 3자가 계약을 맺는 '삼자간 임치 계약'과 발주기관이 다수인 경우 맺게 되는 '다자간 계약'이 그것이다. 당사자들이 계약을 맺게 되면 개발기관은 대중소기업협력재단에 기술자료를 임치하고 임치기관이 발주기관에 기술자료를 교부하는 식으로 서비스가 진행된다.

4. 기술자료 임치제도 운영 효과: 이 제도를 이용하면 중소기업은 대기업에 납품하는 제품의 설계도나 생산 방법과 같은 영업 비밀을 공개하지 않을 수 있어 기술 유출을 방지할 수 있다. 기술이 유출됐을 때 법적으로 보호받을 수도 있다. 기술을 임치해 두면 나중에 기술 유출을 두고 법적 다툼이 벌어졌을 때 원천 기술을 보유한 기업이라는 점이 증빙되기 때문이다. 대기업 입장에서는 기술을 공급하는 중소기업이 예상치 못한 일로 도산하거나 사업을 정리하더라도 애초에 합의한 기간에 계속 기술을 사용할 수 있다는 이점이 있다.

기술임치제의 또 다른 효과는 출원을 하면 열람·복제가 가능해 기술이 공개되는 특허제도와 달리, 기술이 전혀 공개되지 않는다는 점이다. 특허제의 이런 맹점 때문에 일부 기업은 특허를 출원하지 않거나, 출원하더라도 핵심 기술을 누락해서 출원하는 경우도 있다. 코카콜라 같은 외국 기업의 경우 제조법 같은 영업비밀이 공개되는 것을 꺼려 특허 출원을 하지 않고 이를 민간기업이 운영하는 '기술 에스크로'(일종의 기술임치제)에 맡겨놓기도 하는데 법률(상생법)[3]을 통해 법적 추정효과를 부여한 것은 우리나라가 처음이자 유일하다.

5. 이용실적과 사례: 기술 임치제가 도입된 첫해인 2008년에는 계약이 26건에 불과했다. 이후 이 제도가 조금씩 알려지면서 2011년 1000건을 넘어섰고, 2013년 말 4000건을 넘어섰다. 특히 삼성전자는 80건이 넘는 기술 임치계약을 맺고 있다. 미국이나 유럽에서는 기술 임치제가 30~40년 전부터 활성화되어 있다. 다만 특허를 받거나 고유한 영업 기술로 공신력 있는 기관에서 인정받은 기술이 아닌 경우는 보호받기 어렵다는 단점도 있다.

1 소프트웨어 개발업체 비엔에프(BNF)테크놀로지는 제품의 소스코드를 넘겨달라고 요청하는 기업들과 맞닥뜨릴 때마다 고심이 많았다. 소스코드 자체는 특허 등록이 되지 않아 자칫하면 오랫동안 공들여 만든 기술이 유출되기 십상이기 때문이었다. 이 회사는 지난해 소스코드도 보호를 받을 수 있다는 것을 알고 '기술자료 임치센터'에 이 기술을 보관했다.

2 강원도에 있는 화학업체 베스트룸은 5년 전 제품 출시를 앞두고 핵심 매출 아이템이 퇴사한 직원에 의해 유출되는 바람에 큰 손실을 봤다. 제품 출시가 3년이나 늦어진 것은 물론, 이 아이템을 업그레이드 시키기 위한 비용도 추가로 발생했다. 기술 보안에 대한 관심이 높아진 이 회사는 2010년부터 새로 개발한 기술은 모두 기술자료 임치센터에 보관하고 있다.

---

3 대 · 중소기업 상생협력 촉진에 관한 법률 제24조의 2(기술자료 임치제도)에 법적근거가 있다.

제4절 지식재산 활용 창업전략

최근 기술발전의 특징은 기술의 고도화, 다양화 복합화를 들 수 있다. 기술의 고도화는 무한한 가능성을 가지고 발전을 거듭하고 있고, 기술간 융합화내지 복합화 현상도 나타나고 있다. 따라서 기업이 자사제품 분야에서 끊임없는 기술변화에 대응하여 R&D를 진행해나가기는 불가능하나, 발전적으로 사업을 전개해 나가기 위해서는 그 사업에 대한 지식재산을 확보하고 활용하는 경영전략이 필요하다.

특히, 중소기업이 지식재산을 활용하여 창업 및 사업화 자금을 확보하기에는 지식재산 금융 생태계가 미성숙한 상태여서 쉽지 않다는 것이 지배적인 의견이다. 그러나 근본적인 문제는 지식재산 경영전략이 부족하여 창업기업의 성장을 제한한다는 점이다.

우리나라 한 벤처기업이 mp3 플레이어 원천기술을 개발하고도 특허에 대한 인식부족과 금융 등 시장인프라부족으로 결국 부도 처리된 반면에, 비슷한 시기에 CDM기술을 확보한 미국의 퀄컴은 1,200여건에 이르는 특허망을 구축하여 시장을 선점하고 독점함으로써 크게 성공하였다.

창의적 아이디어와 원천기술이 기업경쟁력으로 제대로 역할을 하려면 지식재산은 매우 중요한 요소이다. IP 포트폴리오 구축 등 지식재산과 연계된 사업화전략 부재로 원천특허를 확보하고도 후발기업 시장진입을 허용한 사례는 지식재산경영전략의 중요성을 일깨워준다.

기업 활동의 궁극적인 목표는 "좋은 상품을 개발하여 많이 팔고, 수익을 극대화 하는 것"이라고 할 수 있다. 일반적으로 좋은 상품을 결정하는 데는 기술, 디자인, 브랜드의 세 가지 요소가 있다. 그런데 이세가지 요소는 권리적인 측면에서 지식재산권의 특허, 디자인, 상표권과 그대로 일치하고 있다.[4]

■ 기술과 특허

좋은 상품의 개념을 품질이 좋으면서도 가격경쟁력을 가지는 제품이라고 한다면, 기업 활동에 있어 고품질 및 원가절감의 기술개발이 불가피할 것이고, 그러한 기술들은 특허로 보호된다는 점에서 상품의 경쟁력과 특허는 불가분의 관계에 있다.

---

4   특허청(2008), 사례중심의 지식재산 경영매뉴얼.

따라서 기업이 개발한 좋은 품질과 원가절감 기술이 특허로서 보호 받을 때 그 상품의 경쟁력은 강력하게 될 것이다. 그러나 이러한 기술개발에 뒤질 경우에는 상품의 경쟁력을 잃거나, 선발기업으로부터 특허료를 지불하면서 관련기술을 도입하게 되어 제품의 원가가 상승하게 된다.

또한 선발기업이 특허기술의 실시를 허락하지 않는 경우에는 관련기술의 사용을 포기하여야 하기 때문에, 제품개발을 할 수 없게 되거나 다른 방식으로 제품개발을 할 수 밖에 없어 경쟁력을 잃게 된다.

■ 디자인과 권리

상품경쟁력은 디자인에 의해서도 크게 좌우 된다는 것은 이미 잘 알려진 사실이다. 때문에 더 이상 강조할 필요는 없다. 그런데 문제는 유사한 디자인들이 출현되어 자사 디자인 경쟁력을 잠식하고 있어서, 이를 규제함으로써 자사 디자인을 보호하고 상품 디자인 경쟁력확보를 위해서는 디자인의 등록 및 관리가 필요하다.

■ 브랜드와 상표권

상품선택은 소비자의입장에서는 브랜드로 각인된다는 점에서 브랜드는 중요하다. 상품과 브랜드가 매칭되면 그 광고 선전효과는 배가될 것이며, 여기서 이에 편승하려는 유사 상표들이 출현될 수 있다. 또 한편으로는 새로운 브랜드의 상품을 출시하였는데 타인 등록 상표를 침해하는 경우가 발생된다면 기업에게는 큰 타격이 될 수 있다. 그러므로 자사 브랜드를 지속적으로 관리하는 것은 상품경쟁력 확보의 중요한 요소가 된다.

이렇듯이 특허, 디자인, 상표권 등의 지식재산권은 기업 활동의 목표인 "좋은 상품의 개발"과 직접적인 연관 관계를 가지게 되어 상품의 경쟁력을 좌우한다. 이러한 지식재산권을 바탕으로 형성된 상품의 신뢰와 고객흡인력은 기업의 무형재산으로 축적되어 기업 활동의 활성화를 촉진하게 될 것이다.

제5절 지식재산권 창업성공사례[5]

(1) ㈜한경희생활과학 한경희 대표

중소기업, 벤처기업들이 전부 허리띠를 졸라매고 있는 요즈음, 청소기 하나로 수천억 원의 매출을 올려 주목을 받고 있는 '(주)한경희 생활과학' — 이 회사는 지난해 매출 1천억 원, 올해는 1천 5백억 원을 목표로 뛰고 있는데 스팀청소기에 이어 스팀다림으로 매출을 급속도로 높이고 있다. 주부들이 갖고 싶어 하는 생활용품으로 손꼽히는 스팀청소기와 스팀다림을 개발한 한경희 대표의 이야기를 들어보자.

한경희 대표이사의 첫 직장은 국제올림픽위원회(IOC). 그러다가 미국 캘리포니아 주립대에서 경영학 석사를 마친 뒤 미국에서 호텔, 부동산 컨설팅회사, 무역회사 등에서 하루에 15시간씩 일하며 현지인 직원들보다 2~3배 실적을 올릴 정도로 열심히 일을 했다. 평범한 사람처럼 '돈을 많이 벌겠다'는 것 보다는 '돈을 많이 벌어서 테레사수녀 같이 어려운 사람들을 돕고 싶다'고 할 만큼 남다른 마인드를 지녔던 그녀였다.

그런데 주부생활 3년차가 되던 해, 우연히 집안청소를 하던 중 문득 '걸레질 좀 안하고 살 수 없을까'하고 시작한 고민이 그녀를 기업가로 만든다. "한국에 들어와 결혼하고 공무원 시험을 봤죠. 공무원 생활을 하면서 가사 일을 병행하자니 너무 힘들더군요. 특히 무릎을 구부리고 앉아 물걸레질을 하는 게 그렇게 힘들 수 없더라고요. 무릎, 팔, 허리… 온몸이 아프고 남편한테 도와달라고 해도 무릎 구부리고 걸레질하는 것만큼은 싫어하더라고요. 그래서 스팀청소기를 생각하게 됐어요. 예전에 미국에서 이런 제품을 본 적이 있었는데 우리나라 온돌생활에 맞게 바꾸면 되겠다 싶었어요."

그녀는 주부들이 편하게 서서 대걸레질 하듯 청소를 할 수 있는 기구를 생각해냈고, 거기다 뜨거운 스팀으로 걸레질을 하면 더욱 바닥이 깨끗할 것이라는 생각이 더해져서 스팀이 나오는 걸레청소기를 만들자는 아이디어로 발전했다. 그러나 아이디어가 좋다고 해서 제품을 쉽게 생산할 수는 없는 법. 1999년부터 제품이 생산된 3년 동안 그녀는 꼬박 개발에만 매달렸다. 국내 대학의 전기공학과, KAIST 등에 실험을 의뢰하고 제품개발을 하는 힘든 시간을 보내야만 했다.

---

5 특허청(2013), 창업, 지식재산권으로 통하다.

2001년, 대망의 첫 작품이 나왔는데 예상만큼 반응이 좋진 않았다. 디자인도 그렇지만 기능 면에서도 만족스럽지 못하다고 판단한 그녀는 다시 연구와 실험을 시도한 끝에 드디어 지금 사용하고 있는 '한경희 스팀청소'라는 제품을 개발하게 된 것이다.

2002년 20억 원, 그 다음해엔 2배인 40억 원의 매출을 올렸지만 만족할 수 없었던 그녀는 좀 더 적극적이고 전략적인 마케팅에 나서 2004년 9월, 홈쇼핑을 통해 수백억 원의 매출을 올리게 되었고, 2005년에 이어 지금까지 홈쇼핑에서 대박행진을 이어가는 중이다.

매출에 자신감이 생긴 그녀는 해외수출로 눈을 돌렸고, 유럽, 일본, 중국, 대만 등으로 자신이 개발한 제품을 수출하여 연 3백만 불 이상의 실적을 거두고 있다. 외국에서도 이젠 천식이나 알레르기의 주요원인인 카펫을 걷고 대리석이나 원목을 까는 추세로 바뀌고 있기 때문에 한경희 스팀청소기는 날개를 단 듯 러브콜이 이어지고 있다.

한경의 대표이사는 이례적인 매출실적을 보여준 스팀청소기에서 착안, 스팀걸레질과 진공청소를 한 번에 할 수 있는 '한경희 스팀진공청소기'와 선 채로 다림질 할 수 있는 '한경희 스팀다림'을 개발해 냈다. '한경의 스팀진공청소기'는 청소기 흡입구 바닥 앞부분의 지농흡입구로 먼지를 제거한 뒤, 뒤쪽에서 나오는 스팀을 극세사 걸레를 통해 닦아주는 구졸, 스팀청소기의 장점인 미세먼지 및 고온살균 청소기능과 진공청소기의 장점인 이물질, 먼지청소 기능을 동시에 사용해 보다 빠르고 쉬운 청소가 가능한 것이 특징이다.

특히 이 제품은 700W의 강력한 습식모터를 이용하여 물, 스팀 흡입 시 화재 위험이 없으며, 고인 물도 청소할 수 있는 물거름 더스트 케이스가 장착돼 물만 따로 걸러주기 때문에 건식 청소와 습식청소가 한 번에 가능한 것도 이 제품의 특징이다.

그리고 '한경희 스팀다림'은 앉아서 하던 다림질의 불편함을 해소 시켜줄 뿐만 아니라 특히 니트나 양복, 실크 등 전문가가 아니면 손질이 힘든 옷들을 간편하게 다릴 수 있어 더욱 편리하다. 이외에도 100℃의 고온 스팀력으로 집안의 커튼, 침구, 아이들 장난감 등을 살균해 다용도로 사용할 수 있어 주부들의 사랑을 많이 받고 있다.

(2) ㈜그린스테이션-박병찬 대표

그린스테이션 대표 박병찬. ─ 그는 현재 24살로 서울대학교 자유전공학부에 재학 중이며, 2011년 주식회사 그린스테이션을 창업하여 현재까지 기업 활동을 하고 있다.

창업 당시 대학교 3학년이었던 그가 아무런 기반 없이 창업을 하기란 결코 쉽지 않았다. 이때 창업 기반이 되어주고, 지속적으로 기업 활동에 탄력을 준 것이 바로 '벽면녹화'

에 관련 지식재산권들이었다. 그는 2006년에 고등학교에 입학하였고, 1년 뒤인 2007년부터 본격적으로 대학 입시를 준비하였다. 다른 학생들과 마찬가지로 수능준비를 하면서 방과 후 수업의 일환으로 제공하던 논술대비 프로그램을 수강할 기회가 있었다.

그때 나온 주제가 '환경문제'였다. 여러 가지 환경문제 중 녹지 확보와 관련된 내용을 조사해 보기로 마음을 먹은 그는 글감을 찾기 위해 인터넷으로 정보를 찾던 중 좁은 공간에 효율적으로 녹지를 확보할 수 있는 '벽면녹화'가 향후 도시 내부 녹지 확보에 효과적이라는 내용을 보고 호기심이 일었다. 또한 실제로 개발된 여러 벽면녹화 시스템들을 하나하나 찾아가는 과정에서 더욱 큰 관심을 가지게 되었다고 한다.

그런데 그가 찾아본 벽면녹화 시스템들을 실제로 가서 조사해보니, 녹화 지속 기간이 짧다는 문제를 발견하게 된 것이다. 일부는 식물이 마르거나 없어져 틀만 방치된 경우도 있었고, 또 일부는 계속 비용을 들여 식물을 자주 교체해 주는 방식으로 된 것을 확인했다.

그는 왜 이런 현상이 발생하는지 곰곰이 생각하고 연구한 결과 기존의 시스템들의 문제점을 발견할 수 있었다. 그것은 벽면녹화 기능 자체에만 초점이 맞추어져 미관에 방해가 되는 부분들을 최소화하였고, 이로 인해 식물의 생명을 유지할 수 있는 여러 가지 장치들을 배제하게 되었다는 결론을 얻어냈다.

원래대로라면 여기까지 조사한 후 논술 보고서를 쓰면 되었지만, 그는 여기서 조금 더 나아가 보기로 결심했다. 그리고 직접 벽면녹화 시스템을 개발해 보기로 마음을 먹은 것이다. 그리하여 그는 기존의 특허 문헌들을 분석하고 보완한 끝에, 벽면녹화 시설 뿐 아니라 옥상녹화, 도로변 옹벽 조경물, 실내녹화용 소형 모듈 등 다양한 특수 환경에서 적용 가능한 녹화시설들을 개발하는 데 성공하게 된 것이다. 또한 이러한 연구 결과를 서울특별시 학생과학발명대회 및 전국학생과학발명대회에 출품하여 교육감상과 교육과학기술부장관상을 수상하는 등 연구 결과의 우수성까지 인정받게 되었다.

이 과정에서 중요한 것은, 그가 개발한 많은 아이디어들을 모두 지식재산권으로 등록해 놓았다는 것. 처음에는 '발명대회에 단순히 아이디어로만 출품하는 것이 아닌, 지식재산권 형태로 출품하게 되면 더욱 높은 가치를 받지 않을까?' 라는 생각을 가지고 지식재산권에 대해 관심을 가지게 되었다는 그는 발명대회를 진행하면 할수록 아이디어에 대한 권리를 미리 선점해 놓는 것이 얼마나 중요한지에 대해 알게 되었다.

다른 학생들의 작품을 보면서 '저건 나도 생각할 수 있었던 건데…'라는 생각이 무척 많이 들었기 때문이다. 그렇다면 자신의 아이디어 역시 예외는 아니라는 생각이 들어 아이디어들을 모두 특허로 등록시켜 놓았던 것이 그에게 도움이 되었던 것이다. 그는 2013년 현재 등록특허 10건, 공개특허 6건, 디자인등록 1건, 상표권등록 1건을 보유하고 있다. 이렇게 고교 시절부터 지식재산권을 적극적으로 관리한 결과 두 가지 이상의 큰 결실이 있었다.

첫 번째는 지식재산권 활동을 인정받아 서울대학교 자유전공학부에 합격한 일이고, 두 번째는 중소기업청 주관 2009 청년창업경진대회에 우수상으로 입상하여 실제 창업을 하게 된 것이다. 특히 실제 창업과정이나 창업을 한 이후, 각종 지원금이나 투자 유치를 받는 데 있어, 많은 지식재산권을 보유 및 관리하고 있다는 사실이 크게 작용 하였다.

중소기업진흥공단 청년창업사관학교에 입소하여 인큐베이팅을 받는데 그동안의 지식 재산권 활동이 결정적이었으며, 이 외에도 신용보증기금이나 한화, LG등 대기업들의 CSR자금 유치에 있어서도 지식재산권 보유 역량은 기업의 강점으로 평가받고 있다. TIP. CSR(Corporate Social Responsibility) 기업의 사회적 책임이란 뜻이다. 기업 활동에 의해 영향을 받거나 영향을 주는 직·간접적 이해관계자들에 대하여 발생 가능한 제반 이슈들에 대한 법적, 경제적, 윤리적 책임을 감당할 뿐 아니라, 기업의 리스크를 줄이고 기회를 포착하여 중장기적 기업 가치를 제고할 수 있도록 추진하는 일련의 "이해관계자 기반 경영 활동"으로 해석 할 수 있다.

현재 그린스테이션은 서울특별시 지정 예비사회적기업이다. 최근 새로 개발한 벽면녹 화겸용 수경재배장치를 이용하여 도시농업을 추진하고 이 과정에서 취약계층 일자리를 창출하기도 한다. 벽면녹화겸용 수경재배장치는 식물을 밀도 있게 재배할 수 있는 벽면 녹화시설의 장점과, 다양한 식물을 건강하게 키워내야 하는 수경재배장치의 장점을 모 두 갖추고 있어 시장에서의 경쟁력이 좋은 편이다. 이 역시 지금까지 꾸준히 지식재산권 활동을 해 온 결과물이라고 할 수 있으며 특허등록 몇 건을 받았다고 안주하지 않고 끊 임없이 시장의 요구에 마는 제품을 만들어낸 결과라고 그는 말한다. 앞으로도 문제점이 발견되거나 새로운 아이디어가 생기면 이를 보완·개발하여 지식재산권으로 등록하는 과정을 반복할 것이라고 한다.

아이디어나 경험과 같은 무형의 개념 역시 자산이므로 이를 이용하면 누구나 부를 축 적할 수 있다. 특히 유형의 자본은 이전부터 가지고 있는 사람들이 앞으로도 가지게 될 확률이 높은 반면, 무형의 아이디어나 창조는 밑천 없이도 훨씬 큰 부를 축적할 수 있는 자본이 될 수 있다는 점을 기억해야 한다. 지식재산권 활동은 이러한 강력한 자본을 적 은 비용을 들여 자신의 자본으로 만드는 활동이며, 기존의 중견 기업에 비해 자본금이 부족한 창업 기업의 경우에 지식재산권은 큰 힘이 되어 줄 것이다.

CHAPTER **11**

프랜차이징

- 제조, 회계, 배송 같은 일들은 밖에 하청주고 이익을 올리는 일에 집중하라.
  제프리 무어

- 모든 사람들이 똑같은 방법으로 일하고 있다면 정반대 방향으로 가야 틈새를 찾아낼 기회가 생긴다. 수많은 사람들이 당신에게 길을 잘못 들었다며 말릴 것에 대비하라. 살아오면서 내가 가장 많이들은 것은 '인구 5만 명이 되지 않는 지역에선 할인점이 오래 버티지 못한다.' 라고 말리는 말이었다.
  샘 월튼, 월마트 창립회장

제1절 프랜차이즈의 등장배경

(1) 프랜차이즈의 역사

프랜차이즈는 권리 또는 자유를 뜻하는 프랑스어를 어원으로 한다. 중세에 프랜차이즈라는 단어는 특권 또는 단순히 권리를 뜻하는 단어에 지나지 않았다. 그 당시에는 지역의 영주가 시장(市場)이 서도록 허락하거나 지역의 나루터의 운영과 자신의 땅에서 사냥할 수 있도록 허락해 주는 것이 프랜차이즈로 설명될 수 있는 일들이었다.

프랜차이즈의 개념이 조금 넓어지면서 길을 새로 닦는 일이나 술을 만들 수 있는 일과 같은 사업이 국왕에 의해 권리가 주어졌으며, 이것 역시 프랜차이즈의 시작이라 할 수 있다.[1] 즉 국왕이 누군가에게 어떠한 사업을 독점할 수 있는 권리를 수여하는 것이 프랜차이즈였다. 이러한 프랜차이즈를 관리하는 법 조항들은 모두 유럽통합법(European Common Law)에 채택되었다. 몇 세기가 지나면서 각국의 경제발전과 함께 프랜차이즈의 개념도 바뀌었다. 1840년 독일에서 유명한 양조장들은 몇몇 술집만이 자신들의 술을 팔 수 있는 권리를 주었다. 이것이 바로 현재의 프랜차이즈의 시작이라고 할 수 있다.

한편 프랜차이즈의 역사는 아라비아 상인들의 활동에서 시작되었다고 보기도 하고, 중국에서 시작되었다고도 한다. 또 중세 유럽에서 비롯되었다고 보는 입장도 있다. 그러나 프랜차이즈가 사업화되기 시작한 것은 미국인만큼 프랜차이즈의 역사는 미국 프랜차이즈의 역사라고 해야 할 것이다.[2]

(2) 프랜차이즈 산업과 기법

프랜차이즈를 통한 최초의 상업적 소매 프랜차이즈는 1850년대 미국의 Singer Sewing Machine 사가 자사 제품의 판매에 프랜차이즈 기법을 도입한 것을 시초로 보고 있다. 따라서 프랜차이즈산업은 150년이 넘는 역사를 가지고 있다고 할 수 있다. 초기 프랜차이즈 산업은 제조업체가 자사의 제품을 팔기 위해 도입하였으며, 당시에는 제조업체의 상품과 등록상표에 국한하여 프랜차이즈 권리를 부여하는 제품-등록상표 프랜차이징이 성행하였다. 제품-등록상표 프랜차이징은 석유산업, 자동차산업, 청량음료산업

---

1 이덕훈(2009), 창업학의 이해, 비엔엠북스, pp.273-293
2 홍금표(2005), 프랜차이즈경영론, 글로벌, p.20.

에서 활발히 도입되었으며, GM이나 포드자동차, 텍사코, 코카콜라는 제품-등록상표 프랜차이징을 도입한 대표적인 기업이다.

1950년대 이후 프랜차이즈산업은 가맹본부가 제품/서비스, 등록상표, 운영방식, 지속적인 경영지도 등 사업에 필요한 모든 요소를 가맹점에서 제공하는 '사업형 프랜차이징'이 도입되면서 크게 발전하였다. 현대적 의미의 프랜차이징산업은 바로 사업형 프랜차이징을 활용하는 기업들에 의해 지속적으로 발전하고 있으며, 사업형 프랜차이징은 외식, 서비스, 소매 등 다양한 분야에서 활용되고 있다.

일본은 1860년대에 도입하여 1970년대에 크게 성장하였고, 지금은 미국 외의 나라 중제일 발전한 국가이다. 우리나라는 1970년대에 태동하여 1980년대 초기에 진입하여 1990년대에 크게 꽃피워 지금에 이르고 있다.(그림 11-1 참조)

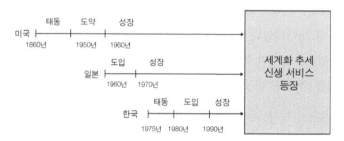

[그림 11-1] 각국의 프랜차이징 흐름

프랜차이즈산업은 거의 모든 사업에 걸쳐 빠르게 확산되었다. 최근 들어서는 가장 중요한 유통 업태로 부각되고 있다. 이렇게 급성장하고 있는 프랜차이즈산업은 미국이나 유럽 등 유통 선진국에만 한정된 현상이 아니라 한국을 포함한 아시아, 남미, 호주 등 세계 각 지역의 개발도상국들에서도 일어나고 있다.

특히 우리나라를 비롯한 동아시아 국가에서 프랜차이즈산업은 급성장하고 있다. 일본은 가맹본부와 가맹점 수에서 북미 시장에 이어 두 번째 위치를 차지하고 있고, 홍콩, 한국, 타이완, 호주, 필리핀 등 각국에서 프랜차이즈 산업은 급속한 성장을 하고 있다. 러시아, 폴란드, 중국 등 구(舊)공산권 국가에서도 각종 프랜차이즈 시스템(franchise system)이 사업 영역을 넓히고 있다.[3]

---

3   오세조 외(2006) 「프랜차이즈 경영원론」, 두남, p.351.

(3) 프랜차이즈 정의

프랜차이즈(franchise)란 넓게는 '자유'라는 의미로 사용되고, 통상적으로 권리, 권한, 면책, 특권 등의 의미로서 사용되고 있다. 그러나 이러한 것들을 모두 포함하는 복합적 의미로 사용되기도 한다. 그러나 마케팅에서의 프랜차이즈는 모든 형태의 상품과 서비스를 분배하는 가장 일반화된 방법 중의 하나로 알려져 왔다.[4] 프랜차이즈 시스템에 대해 국내외 학자 및 관련 단체에서 정의하는 개념은 다음과 같다.

프랜차이즈(franchise)란 법률적으로 독립적인 두 당사자인 프랜차이저(franchiser :가맹본부)와 프랜차이지(franchisee : 가맹점업자) 간의 관계를 기초로 한 마케팅 및 유통 시스템으로 정의한다. 여기에서 가맹본부는 자신의 사업 방법이나 상표, 특허를 자신의 관리 아래 다른 사람들이 사용하도록 허용하는 법률적 존재를 말한다. 한편 가맹점사업자는 가맹본부나 프랜차이즈 기업과의 합의에 의해 사업을 운영하는 개인으로 상표나 상호를 사용하고, 상품이나 서비스를 거래하거나 판매하며, 경영지원이나 훈련을 지원받고 마케팅 및 광고 지원을 받으며 가맹본부의 브랜드 및 인지도의 혜택을 받는다.

한국 프랜차이즈협회에서는 "프랜차이즈란 가맹본부(프랜차이저)가 프랜차이즈를 구매한 사람에게 프랜차이즈 회사의 이름, 상호, 영업방법 등을 제공하여 상품과 서비스를 시장에 판매하거나 기타 영업을 할 수 있는 권리를 부여하며, 영업에 관하여 일정한 통제, 지원을 하고 이러한 포괄적 관계에 따라 일정한 대가를 수수하는 계속적 채권관계를 의미한다"고 정의한다.[5]

공정거래위원회는 「가맹사업거래의 공정화에 관한 법률」에서 프랜차이즈사업에 대해 "가맹사업이라 함은 가맹본부가 가맹점사업자로 하여금 자기의 상표·서비스·상호·간판 그 밖의 영업표지를 사용하여 일정한 품질 기준에 따라 상품 또는 용역을 판매하도록 함과 아울러 이에 따른 경영 및 영업활동 등에 대한 지원·교육과 통제를 하며 가맹점사업자는 영업표지의 사용과 경영 및 영업활동 등에 대한 지원·교육의 대가로 가맹비를 지급하는 계속적인 거래관계를 말한다"고 정의한다.[6]

결국 국내외 학자 및 기관의 견해를 종합해서 정의를 내린다면, 프랜차이즈 시스템이

4 Philip Kotler and Paul N. Bloom(1984), *Marketing Professional Services*, Englewood Cliffs, New Jersey: Prentice-Hall, Inc., p.195.

5 홍금표(2005), 전게서, p.30.

6 「가맹사업거래의 공정화에 관한 법률」 제2조.

란 가맹본부가 가맹점과의 계약에 의해 독점적 영업권을 부여하는 동시에 경영 전반(상품이나 광고, 인테리어, 서비스, 교육, 경영지도, 판촉지원 등)에 관한 노하우를 제공하고, 가맹점은 대신 일정한 비용(가맹비, 로열티 등의 형태)을 지불하는 일종의 비즈니스 시스템이라 할 수 있다. 이때 상호, 상표, 노하우 등을 제공하는 자를 프랜차이저(franchiser : 가맹본부)라 하고, 프랜차이저로부터 권리를 부여받은 자를 프랜차이지프랜차이지(franchisee : 가맹사업자)라 한다.

(4) 프랜차이즈산업의 성장배경

프랜차이즈산업이 성장한 배경을 살펴보면 다음과 같다.[7]

첫째, 프랜차이즈 사업방식은 여타 방식에 비해 몇 가지 중요한 장점을 지니고 있다. 프랜차이즈는 가맹점 모집을 통해 급속한 성장이 가능하며, 자금조달이 유리하고, 가맹점에 의한 위험분산, 규모의 경제 실현 등의 장점을 지니고 있다.

둘째, 소비자가 편의성과 품질의 일관성을 선호하고 있다. 소비자는 글로벌적으로 보다 잘 알려지고, 믿을 만하며, 편의적인 브랜드를 구매하고자 한다. 프랜차이즈는 시스템 전반에 거쳐 동일한 품질의 제품/서비스를 동일한 브랜드로 편리한 장소에서 구매할 수 있게 한다.

셋째, 경제적 환경과 인구 통계적 환경이 개인의 소자본창업을 촉진하고 있다. 프랜차이지는 개인의 소자본창업을 가능하게 하는 매우 유용한 수단이다.

넷째, 제조업 중심 경제가 서비스 중심 경제로 옮겨가는 추세에 있다. 미국의 경우 서비스 부문의 종사자가 전체 종사자에서 차지하는 비중이 1900년 30%에서 1950년 50%, 2000년 70%로 계속 증가하고 있는 것으로 추정된다. 프랜차이즈 시스템은 오랫동안 서비스 부문에서 선두를 달리고 있다. 서비스업 프랜차이즈는 소자본으로도 창업이 가능하기 때문에 개인 창업의 중요한 수단이 되고 있다.

다섯째, 일부 국가에서는 프랜차이즈가 지역개발과 고용창출의 지렛대 역할을 할 것으로 기대되기 때문에 정책 당국의 지원을 받고 있다. 미국의 상무성과 중소기업청, 우리나라의 산업자원부와 중소기업청은 직접 혹은 간접적으로 프랜차이즈산업을 정책적으로 지원하고 있다.

---

7 오세조외(2006), 전게서, pp.352~353.

제2절 프랜차이즈산업의 역할

프랜차이즈산업이 국가 경제에 미치는 역할은 다음과 같다.[8]

첫째, 유통시스템의 선진화와 합리화에 기여한다. 프랜차이즈가 유통의 발달에 따라 확대되어 가는 것은 이제 세계적인 추세라고 할 수 있다. 일본의 경우, 약 30년 전에 미국으로부터 도입된 프랜차이즈 시스템이 유통 및 서비스업계에 지각변동을 일으킬 정도로 변화를 추구하고 있다. 해마다 1조 엔 정도의 매출액이 증가하여 소규모 개인 상점은 쇠퇴하고 가맹점이 등장하는 상쇄효과가 일반화되고 있다.

이와 같은 변화는 국제화시대에 있어 공동 물류 시스템과 공동 마케팅 등으로 유통시스템을 개선시켜 유통비용을 감소시킴으로서 국제경쟁력을 강화시키는 역할을 한다. 또한, 다수에 의한 공동사업 경영으로 아이디어 및 신경영기법의 지속적 발전을 가져올 수 있다. 동업종의 다양한 경쟁에 의한 선의의 경쟁효과도 배가시킬 수 있다.

둘째, 창업기회를 확대시키고 실업을 감소시키는 데 기여한다. 프랜차이즈 방식은 소자본으로 큰 경험 없이 작은 위험으로 창업할 수 있는 장점이 있는 반면, 점포에 필요한 고용 인력을 늘려서 실업을 줄이는 데 기여한다. 프랜차이즈 가맹점당 약 4명의 고용창출 효과가 이루어지므로 10만 가맹점 창업은 약 40만 명의 고용창출 효과를 낼 수 있다.

셋째, 국민후생을 증대시키고 지역 간 격차를 해소하는 데 기여한다. 프랜차이즈 방식은 지역에 관계없이 소비자들에게 동질적인 가격과 서비스를 받을 수 있어 소비자의 만족도가 높아지며, 이는 국민후생 증대에 기여하게 된다. 또한, 유통비용의 감소로 제품가격이 하락하여 소비자의 후생을 증대시키는 역할을 한다. 지역 간 소비의 품질이나 가격 격차가 없어짐에 따라 지역 간 후생의 차이가 감소하여 지방경제를 활성화시킬 수도 있다.

넷째, 중소기업의 비중을 확대시키는 데 기여한다. 대부분의 프랜차이즈가 소규모 가맹점의 형태를 띠므로 국민경제에서 중소기업의 비중을 높여서 경제적 집중을 감소시킨다. 또한 프랜차이즈는 온전히 통합된 수직적 체인에 대한 대안을 제공함으로써 경영적 집중을 감소시킨다.

다섯째, 제조업과의 연계를 연관 산업의 발전에 기여한다. 프랜차이즈산업은 제조업,

---

8 산업자원부/한국프랜차이즈협회(2002), 「프랜차이즈활성화를 웡나 정책방향 연구」, 한국프랜차이즈총람 제5권, pp.13~25.

유통업, 서비스업 등 모든 업종과 업태에 적용이 가능하다. 예를 들면, 조리기계 등을 제공하는 회사가 자사의 제품을 가맹점에 판매하기 위하여 외식업 프랜차이즈를 전개하는 것이 좋은 예이다.

여섯째, 수출 증대에 기여한다. 프랜차이즈산업은 21세기 유명한 수출산업의 역할을 충분히 수행할 수 있다. 맥도날드, 스타벅스 등 세계 유수의 프랜차이즈가 우리나라에 들어와 성업 중에 있다는 사실만 보아도 우리나라의 프랜차이즈 시스템을 해외를 수출할 수 있는 가능성은 얼마든지 존재하고, 실제로 우리나라의 토종 브랜드를 해외로 수출하는 업체도 생겨나고 있는 현실이다. 또한, 프랜차이즈 비즈니스는 단순한 수출산업으로서의 역할뿐만 아니라 자국 내에서의 경영노하우와 시스템을 그대로 외국에 이전하여 타국에서도 그 나라의 실정에 맞게 변형하여 글로벌 비즈니스를 전개할 수 있다.

제3절 프랜차이즈산업의 특성

프랜차이즈는 외식업과 서비스업 그리고 소매업 등 거의 대부분의 업종에서 크게 발전하고 있는 사업의 형태로 경제가 선진화되면서 비중이 높아지고 있다. 특히 많은 업종의 개인 기업에서 프랜차이즈 형태를 선호하면서 부가가치를 높임으로써 국민경제에 기여하고, 또한 소규모 창업의 성공 가능성이 높고 이를 통한 실업률을 감소시킨다는 점에서도 중요한 산업으로 인식되고 있다. 이러한 프랜차이즈산업이 갖는 특성 및 그 내용은 다음과 같다.[9]

첫째, 자본을 달리하는 독립된 사업자인 가맹본부와 가맹점들이 상호 협력하면서, 독립된 이윤을 보장받는 '가맹점의 독립성'의 특징을 갖는다. 즉, 가맹본부와 가맹점 간의 자율성이 인정되고, 각자는 독립된 이윤의 흐름을 보장받는다는 점에서 일반적인 제품이나 용역의 거래와는 다른 특징을 보인다.

둘째, 독립적인 경영자와 사업 주체들로 구성되어 있지만, 고객들은 시스템 전체를 동질적인 것으로 인식하는 '제품의 동질성'의 특징이 있다. 즉, 고객들이 전체 시스템을 동질적으로 인식하기에 마케팅활동에서 얻는 효과 역시 일반적인 기업의 경우보다 훨씬

---

9   산업자원부/한국프랜차이즈협회(2002), 전게서, pp.12~13.

높다고 할 수 있으며, 본사의 능력이 중요하게 평가받는 것도 이러한 특징에서 기인한
다. 이러한 시스템의 동질성은 고객의 구매행동에도 영향을 미치는데, 여러 지역에서 영
업활동을 하지만 가맹본부는 모든 지역에서 품질의 동질성을 유지하려는 노력을 계속적
으로 기울이기 때문에, 고객들은 어느 지역에서 구매를 하든지 품질에 대한 확신을 가지
고 구매행위를 할 수 있다.

셋째, 프랜차이즈 시스템은 거래 쌍방이 상호조정과 환경적응을 필요로 하기 때문에
가맹본부는 항상 변화하는 환경에 적합한 상품개발 및 교육, 마케팅프로그램들을 개발
해야 하며, 가맹점은 시스템의 통일성 등을 유지하는 데 주력해야 하는 '협동성과 공동
성'의 특징이 있다.

넷째, 지역적으로 영업을 확장하고자 할 경우에는 해당 지역이나 국가에서 가맹점들
을 모집하여 영업활동을 하게 함으로써 정보의 부족에서 발생할 수 있는 '불확실성을 감
소'시킬 수 있다.

다섯째, 자본의 투자 및 영업활동에 있어서 가맹점들이 자신들의 이익을 위한 동기를
가지기 때문에 가맹본부 및 가맹점 입장에서 사업 확장에 필요한 막대한 자본이 필요하
지 않는 '소자본 창업'이 가능하다.

여섯째, 가맹본부와 가맹점 간에 이익의 분배 문제나 또는 정보를 공유하지 못함으로
발생하는 의견의 차이로 분쟁이 발생할 소지가 많다. 때문에 이를 방지하기 위해서는
가맹본부와 가맹점 간에 신뢰가 형성되어야 하며, 가맹점과 소비자 간에도 신뢰 형성이
중요하다.

이상의 특성을 종합해서 프랜차이즈산업의 특성을 한마디로 표현하면 계약에 의한 사
업이며 시스템 사업이라고 요약할 수 있다.[10] 여기에서 계약관계란 가맹본부와 가맹점
간의 가맹계약을 의미하며, 시스템사업이란 지식산업에 의한 시스템화를 뜻한다. 따라
서 프랜차이즈 시스템은 단순화, 표준화, 전문화가 전제되어야 한다. 그리고 다점포화된
가맹점을 통일된 이미지로 관리하기 위해서는 현장에서 도입 가능한 각종 매뉴얼이 구
축되고 관리되어야 한다.

또한 프랜차이즈 사업은 계약거래인 만큼 계약 당사자 간의 올바른 관계 설정과 서로

---

10 김성수(2004), 「프랜차이즈 본부 및 가맹점 평가척도 연구」(프랜차이즈 가이드총서 10), 산업자원부·
한국프랜차이즈협회, p.10.

간의 노력 여하에 따라 사업의 성패가 좌우된다. 따라서 가맹본부는 어떤 자질과 능력을 갖춘 가맹점주를 양성하고 가맹점주의 성공을 위해 어떻게 지원할 것인가를 고민해야 하며, 가맹점주는 어떤 가맹본부를 선택하여 성과를 향상시킬 것인가에 따라 향후 프랜차이즈 사업의 성공을 결정할 수 있다.

하지만 무엇보다 중요한 것은 가맹본부는 가맹점에 대한 지속적인 지원과 관리를 수반하여야 하며, 가맹점의 경우에는 독립된 사업주체로서 해당 가맹점의 경영성과를 극대화하기 위해 끊임없는 노력을 경주해야 사업의 목표를 달성할 수 있다.

결국 프랜차이즈 사업이 성공하기 위해서는, 상호 원원하는 기업문화의 확립과 정착이 매우 중요하다. 가맹본부와 가맹점이 동반 성장하기 위해서는 상호 역할을 명확히 하고 규정을 성실히 준수하는 진실한 태도가 필요하다. 가맹본부는 우수한 상품과 시스템을 개발하는 등 가맹점에 대한 지속적인 지원과 지도가 필요하고, 가맹점은 시스템의 통일성을 유지하여 성과를 극대화하기 위해서 가맹본부의 시스템과 매뉴얼을 준수하고 철저한 고객 중심의 서비스에 최선을 다해야 한다.

제4절 프랜차이징의 종류

프랜차이즈 계약의 종류는 다양하지만, 일반적으로 사업체제 프랜차이징(business format franchising, 이하 사업체제 프랜차이징)과 제품 및 상표 프랜차이징(product and trademark franchising, 이하 제품 및 상표 프랜차이징)으로 나눌 수 있다.[11]

(1) 제품 및 상표 프랜차이징

제품 및 상표 프랜차이징은 복잡한 내구재를 생산하는 제조업체들이, 기존의 도매업자들이 제품을 적극적으로 마케팅하지 않거나 마케팅 능력이 부족하다는 문제점 때문에 제조업체 스스로의 유통시스템을 구축하기 위하여 가맹점을 모집하는 프랜차이징이다.

이러한 제품 및 상표 프랜차이징의 대표적인 예는 GM, 포드자동차 등의 자동차 딜러

---

11 지용희 · 이윤보 · 한정화(2004), 「중소기업론」, 경문사, pp.144~149.

나 텍사코, 엑슨모빌 등의 주유소, 코카콜라, 펩시 등의 청량음료 제조업자, 가전제품 대리점 등을 들 수 있다. 이들 자동차 딜러나 가전제품 대리점 등의 가맹점은 가맹점 본부가 생산한 제품을 가공하지 않고 판매하며, 가맹점 본부의 상호를 사용한다. 청량음료 산업에서는 제조업자가 도매업자(independent bottler)들에게 일정 지역의 소매업자를 대상으로 하여 배타적으로 제품을 판매할 수 있는 권리를 부여하기도 한다.

이때 가맹점들은 가격 등의 판매조건을 자율적으로 책정할 수 있다. 가맹점 본부는 주로 제품의 품질 수준 유지 등에 관련된 통제만을 행한다.([그림 11-2] 참조)

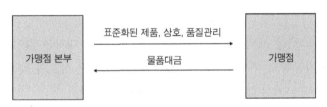

[그림 11-2] 제품 및 상표 프랜차이징

(2) 사업체제 프랜차이징

사업체제 프랜차이징은 [그림 11-3]에서 볼 수 있듯이 가맹점은 가맹점 본부의 표준화된 제품 및 서비스, 상표(상표명과 로고 포함)를 제공받고, 건물, 장비의 설계 및 배치, 마케팅 전략과 계획, 영업지침서, 영업표준, 시스템운영에 대한 연수프로그램, 품질관리기준, 회계 및 재무통제시스템 등 광범위한 분야에서 가맹점 본부의 지침에 따라 사업을 운영한다.

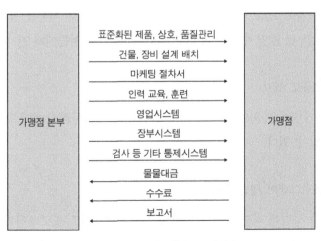

[그림 11-3] 사업체제 프랜차이징

미국의 경우 프랜차이징은 1972년 이후 급격한 증가 추세를 보이고 있다. 이러한 유형의 프랜차이즈로서 오늘날 급격하게 성장하고 있는 사업으로는 맥도날드, 버거킹 등의 패스트푸드 및 식당, 홀리데이인, 쉐라톤 등의 호텔과 아이스크림사업, 허츠(Hertz)와 에비스(Avis)등 자동차대여업 등이 있다.

제5절 프랜차이징 시스템의 장단점

프랜차이즈 시스템을 채택함으로써 본부(가맹점본부)는 대자본 없이도 빠른 시간 내에 사업 확대가 가능하고, 가맹점들은 브랜드 인지도가 높은 상호와 높은 효율의 경영기법을 이용함으로써 단기간 내에 최대의 매출을 올릴 수 있다.

(1) 가맹점 본부의 장점

• 자원조달과 사업 확대의 용이성

가맹점 본부 사업의 가장 좋은 점 중의 하나는 자원조달의 용이성이다. 가맹점 본부는 사업 확장이나 시장의 개척에 많은 자금과 인력을 투자하지 않아도 된다. 가맹점에 의한 수익으로 사업 확장이 가능하다.

• 규모의 경제와 비용 절감

가맹점 본부는 물류, 광고 등에 있어 규모의 경제를 달성하여 비용을 절감할 수 있다. 또한 과도한 관리업무를 줄일 수 있으며 일부 영업비용을 가맹점들에게 전가시킬 수 있다.

• 지역사회의 수용도 제고

현지 주민이 가맹점을 운영하면 외부 상품에 대한 지역사회의 수용도가 높아지고 노사문제도 완화될 수 있다.

• 프랜차이즈 프로그램의 개발 용이

가맹점 본부는 사업에 직접 참여하지 않으므로 프랜차이즈 프로그램의 새로운 개발에 몰두할 수 있으며 사업 확장을 통한 적절한 관리구조의 개발에도 열중할 수 있다.

• 노사문제 해결

가맹점들이 직접 사업을 하므로 노사문제에 조정이 가능하고 노사 전문가들을 고용하지 않아도 된다.

• 해외 진출의 용이성

가맹점사업은 해외직접투자보다 위험이 적고 신속하게 해외시장에 진출할 수 있는 방법이다. 해외에서 가맹점을 모집함으로써 수출이 불가능하게 되지도 않으며, 국내 산업의 공동화로 인한 고용 감소의 위험도 적다

(2) 가맹점 본부의 단점

가맹점 본부의 성공률은 생각보다 높지 않다. 미국의 경우 최근 12년 내에 75%가 실패하였다는 것을 보더라도 신중하게 접근하여야 한다.

• 초기 투자비용의 증가

가맹점 본부는 브랜드 인지도가 높은 상호와 상표 등에 대한 광고와 새로운 사업노하우 개발 등으로 초기에 투자비용이 증가할 수 있어 초기투자 실패 시에 많은 부담이 된다.

• 신속한 대처 미비

프랜차이즈 시스템의 경우 급격한 시장 환경의 변화에 신속한 대응이 어려울 뿐만 아니라 계약 기간 중에는 실적이 부진한 가맹점을 일방적으로 퇴출하기 어렵다.

• 사업 확장과 통계

점포 확장을 하다 보면 가맹점들이 본부와 떨어져 있어 통제하기 어렵고, 통제하려면 많은 비용이 들기 때문에 적절한 관리시스템이 필요하다.

• 점포 확장과 노하우

점포 확장에 따라 원래의 맛과 서비스에 떨어지는 경우가 많으므로 이에 신경을 써야 한다.

(3) 프랜차이즈(가맹점) 가입의 장·단점

■ **장점**

• **쉬운 창업**: 가맹점 본부로부터 제품, 서비스, 매장 디스플레이 종업원 교육까지도 지원을 받을 수 있어 누구든지 쉽게 창업할 수 있다.

• **창업 실패율과 도난률저지**: 개인이 독립적으로 창업을 할 경우에는 창업 실패율과 도산률이 높지만 인지도와 경쟁력이 높은 가맹점에 가입하면 수익성과 도난률을 낮출 수 있다.

■ **단점**

• **독립적 경영의 제한**: 가맹점들의 경우 본부의 제품 서비스 등의 제약을 받아야 하므로 독립적인 경영이 제한을 받는다.

• **계약의 불안정성**: 성공적인 프랜차이즈일수록 많은 개인들이 가입하려 하므로 수수료의 인상 등 더 많은 반대급부를 요구할 가능성이 커진다. 그리고 계약권을 본부에서 갖고 있으므로 계약 갱신의 어려움도 있다.

읽을거리 **협동조합 프랜차이즈와 이익공유 프랜차이즈의 전망[12]**

1917년 10월 25일 러시아에서는 노동자 농민 독재를 표방하는 볼셰비키당이 수도를 점령했다. 인류 최초의 사회주의 혁명이 성공하는 순간이었다. 그로부터 딱 100년이 흘렀다. 전 세계적으로 사회주의의 실험은 성공했다고 할 수 없지만, 사회주의적 가치를 공유하는 사회적 경제에 대한 관심은 갈수록 커지고 있다.

우리나라 자영업 시장에서도 사회적 경제 모델은 실험 중이다. 대표적인 것이 협동조합이다. 최근에는 정부 기관과 지방자치단체 주도로 협동조합 프랜차이즈와 이익공유형 프랜차이즈에 대한 실험이 진행되고 있다. 협동조합 프랜차이즈는 프랜차이즈 방식과 협동조합모델을 결합한 것이다. 이익공유 프랜차이즈란 기업의 이익 중 일부를 가맹점주와 나누는 것이다. 기존 프랜차이즈업계의 협동조합 및 이익공유형 프랜차이즈 사업 모델에 대한 의견은 엇갈린다. 이미 규모가 큰 중견기업들은 협동조합이나 이익공유형 모델의 성공 가능성에 대해 부정적이다. 우선 강력한 리더십을 발휘하기 어렵다고 말한다.

기업가의 헌신과 열정을 끌어내기 어렵다고도 한다. 다수의 경영 참여는 자칫 주인 없는 회사를 만들 수 있어 사업 초기 어려움을 헤쳐나가는 데 필요한 연료가 부족하다고 지적하는 사람도 있다.

협동조합이나 이익공유형이 미래 대응보다는 현재의 분배에 집중하므로 급격한 산업 환경 변화에 불리할 것이라고 말하는 사람들도 있다. 결국 경쟁력 없이 산업 전체가 하향 평준화될 뿐이고 협동조합이나 이익공유형 프랜차이즈들도 성장하면서 기존 업체들이 겪었던 문제들에서 자유로울 수 없을 것이므로 기업으로서 갖춰야 할 경쟁력을 제대로 확보하지 못한다면 생존하기 어려우리라는 것이다.

반면 규모가 작은 영세 프랜차이즈 기업들은 이익공유형 프랜차이즈에 대해 환영하는 입장이다. 프랜차이즈는 규모의 이점을 누려야 하므로 가맹점 모집이 중요한데, 갑질 없는 이미지가 가맹점 모집에 도움이 될 것으로 생각하는 게 환영의 가장 큰 이유다. 특히 프랜차이즈 산업에 대한 사회의 부정적인 인식은 브랜드에 상당한 부담이므로 가급적 한통속으로 매도되는 갑질 프랜차이즈 이미지에서 벗어나고 싶어 한다. 선한 이미지가 고객들의 지지를 받아 브랜드 이미지를 구축하는 데도 유리할 것으로 기대하는 분위기다. 또 생각보다 프랜차이즈 기업의 성공확률이 낮다는 점도 이익공유형이나 협동조합 프랜차이즈에 긍정적인 이유다. 조합원 가맹점들의 협조와 우호적 관계가 훨씬 더 순탄한 길로 사업을 이끌 것으로 기대하는 것이다.

정부의 지원도 솔깃한 제안이다. 프랜차이즈 시스템을 구축하는 데는 적지 않은 비용이 드는데 정부 지원으로 시스템을 구축하면 자신감을 가지고 사업을 전개해 나갈 수 있다. 갈수록 까다로워지는 가맹사업 거래에 관한 법률과 가맹본부-가맹점 간 심각한 갈등을 극복하는 데도 사회적 경제 시스템을 도입하는 게 유리하다고 생각하는 사업자들이 많다. 어느 쪽이든 간에 사회적 모델을 도입한 프랜차이즈를 활성화시키려면 성공모델이 많이 나와야 한다. 현재 협동조합형 프랜차이즈로서 가장 성공한 사례는 '국수나무'를 운영하는 해피브릿지와 '명랑핫도그'다. 그런데 해피브릿지는 이미 잘 운영되고 있는 기업을 협동조합으로 전환한, 세계적으로도 희귀한 사례다.

또 두 기업 모두 가맹점주와의 이익공유나 협동조합 모델이 아니고 가맹본부 직원들이 조합원인 노동자협동조합 모델이라 현재 정부 당국이 추진하는 가맹본부 가맹점 상생을 위한 협동조합 프랜차이즈와는 조금 다른 면이 있다. 이익공유나 협동조합 어느 쪽이든 자영업자 문제를 해결하는 방안으로 사회적 경제 모델의 도입이 거론되는 가장 큰 이유는 기존 기업들의 잘못된 경영행태가 사회적 지탄을 받기 때문이다.

프랜차이즈의 핵심자산은 가맹점이다. 가맹점주들은 살림살이 경제를 하려는 생계형 사업자들인데 가맹본부가 돈벌이 경제에 혈안이 되면 갈등이 깊어질 수밖에 없다. 우리나라 프랜차이즈 산업의 나이는 40세이다. 40은 불혹의 나이다. 세상일에 마음을 뺏겨 판단을 흐리게 하는 일이 없어야 할 때다. 프랜차이즈 경영자들도 돈벌이 경제 즉 양적 성장에만 마음을 뺏겨 가맹점주 관계와 상생을 소홀히 하면 안 된다. 갈수록 가맹점주들이 현명해지고 있고 가맹본부가 독점하던 노하우의 장벽이 낮아지고 개방되는 추세다.

현명한 창업자들은 상생 철학이 없는 가맹 브랜드를 선택하지 않을 것이다. 최종 소비자가 지지하고 창업자가 지지한다면 지금은 미약해도 어느 순간 역전이 일어날지 모른다. 관건은 협동조합이나 이익공유를 지향하는 기업들이 선한 의지만이 아니라 얼마나 유능한 기업이 돼 그들을 믿고 찾아오는 창업자들에게 성공을 안겨줄 수 있느냐는 것이다. 적어도 지금까지는 뜻이 좋고 무능한 것과 뜻이 나쁘고 유능한 것에 우열을 두기 어렵다.

제6절 프랜차이즈 협동조합으로 전환 유형과 사례[13]

(1) 프랜차이즈 협동조합의 등장배경

사회적 이슈로 된 프랜차이즈 본사의 갑질이 가장 큰 요인이 된 것 같다. 프랜차이즈 본사는 가맹점들에게 상권 분석, 인테리어, 제품 개발, 교육 및 훈련, 마케팅, 물류, 조리 매뉴얼 등을 자세히 제공한다. 프랜차이즈 가맹점은 일정액의 투자만 한다면 고숙련의 기술이나 경영적 지식이 없어도 누구나 쉽게 사업을 시작할 수 있다. 심지어 투자금액에 따라 예상 월매출까지 구체적으로 제시하기도 한다. 믿을 수 있는 브랜드에 돈만 투자하면 알아서 해준다니, 은퇴자나 기존의 자영업자들의 눈길을 끄는 대목이다. 편의점, 치킨집, 카페 등의 업종이 대표적이다.

그러나, 프랜차이즈 업계의 평균영업이익률은 9.9%로 평균영업이익은 2700여만원에 불과하다. 직장인 평균 연봉 3198만에 미치지 못한다. 여기에 평균 12시간 이상, 주 6일 근무. 프랜차이즈 시장의 업무 환경이 얼마나 열악한지 짐작할 수 있다. 낮은 영업이익율의 원인으로 높은 임대료, 인건비도 있겠지만 프랜차이즈 본사의 부당한 갑질영업도 크다. 모델링 당시 책정되는 높은 설계 감리비, 가맹점 수수료 외 각종 마케팅 비용은 가맹점주 부담이다. 원재료 구매시 해당 프랜차이즈와 관련 업체만을 이용하도록 하는 방법도 대표적인 갑질행위다. 여기에 먹튀논란도 있다. 본점을 운영한지 한 달도 안된 프랜차이즈 브랜드를 판매하거나, 심지어 매장의 운영도 하지 않은채 가맹비를 받고 판매하기도 한다. 이러한 프랜차이즈 업계의 고질적인 갑질 문제를 해결하고자 협동조합 방식의 프랜차이즈가 등장했다. 빵집, 커피전문점, 치킨, 고깃집, 피자집 등 분야도 다양하다.

(2) 프랜차이즈 협동조합의 유형과 사례

프랜차이즈 협동조합은 크게 두 종류로 구분할 수 있다. 먼저 프랜차이즈 본사 내부는 협동조합 방식으로 운영하고, 가맹점과는 기존의 계약관계를 유지하는 협동조합이 있다. 다른 하나는 가맹점주들이 모여 본사를 만드는 형태로 본사와 가맹점 간의 이해관계가 일치하는 협동조합이다.

---

13 더나은미래 : 협동조합으로 한달살기(http://futurechosun.com/archives/category/series/coop-30)

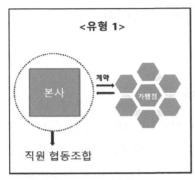
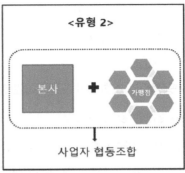

[그림 11-4] 프랜차이즈 협동조합의 유형

■ 유형1 : 프랜차이즈 본사 내부가 협동조합인 프랜차이즈 협동조합

　프랜차이즈 협동조합의 경우, 본사 내부가 협동조합일뿐 가맹점주와의 관계는 일반 프랜차이즈와 다르지 않다.([그림 11-4] 참조) 그렇지만 프랜차이즈 본사가 협동조합인 구조에서는 언제든지 회사의 대표 및 경영진(이사장, 이사, 감사)을 직원조합원이 교체 할 수 있다. 이사장의 임기도 제한된다. 임기는 4년까지 2차에 한해 연임가능하며 최대 12년까지다. 거버넌스 구조상 오너의 비도덕적 행위와 권력 독점 문제를 사전에 방지 할 수 있다. 문제가 발생했을 경우에도 적극적인 방식으로 징계위원회를 열고 문제를 개선 할 수도 있다.

　기존 주식회사가 대주주의 높은 이윤추구를 경영목표로 한다면, 직원협동조합은 소속 직원의 지속가능한 일자리 창출을 목표로 한다. 단기간의 수익창출 보다 장기적인 경영을 중요시하는 이유다. 이는 단기간의 수익창출을 위해 가맹점주를 착취하는 경영 방식보다 가맹점주의 경영 안정과 성장을 바탕으로 한 안정적 경영에 초점을 둘 수 밖에 없다.

　대표적인 사례가 '해피브릿지협동조합'이다. 이곳은 프랜차이즈 본사의 직원이 조합 원인 직원협동조합 방식으로 운영된다. 직원 조합원은 회사의 경영에 참여하며 1인1표 를 행사한다. 직원조합원은 이사장, 이사, 감사 등의 경영진을 선출한다. 총회를 통해 전 년도 사업을 평가하며, 올해 예산을 심의하고 사업계획을 승인한다. 그러나 가맹점과 협 동조합 본사는 계약관계다. 일반 프랜차이즈와 마찬가지로 가맹점주가 되기위해선 가맹 비를 납부하고 계약관계에 따라 프랜차이즈를 운영한다.

　다만, 경쟁보다는 상생의 관계를 유지하고자 노력한다. 적정한 가맹비 및 수수료를 책 정하고 정기적으로 가맹점주들과의 간담회를 진행한다. 실제 90%에 가까운 가맹점주가 간담회에 참여할 정도로 많은 소통이 오간다. 청년 협동조합 창업도 지원하고 있다. 프랜차이즈 운영 경험을 살려 더파이브(The five)라는 청년협동조합 프랜차이즈를 개발해 인큐베이팅도 진행하고 있다.

■ 유형2 : 가맹점주가 조합원인 프랜차이즈 협동조합

프랜차이즈 협동조합은 가맹점주가 곧 프랜차이즈 본사의 주인인 구조다. 가맹점주가 본사의 조합원으로 참여한다.([그림 11-4] 참조) 사업 자체만 본다면 일반 프랜차이즈와 다르지 않다. 그러나 의사결정과 이윤분배에서 큰 차이를 보인다. 협동조합의 이사장과 이사는 조합원인 가맹점주가 모여 선출하며, 본사의 운영방침 역시 가맹점주들이 함께 결정한다. 본사는 사업에 필요한 최소한의 운영비를 제외하고 별도의 수익을 추구하지 않는다. 해당되는 수익은 가맹점주 이윤으로 분배된다. 그 결과 본사와 가맹점주간의 갑질문제 및 독점경영 문제가 해소될 수 있다.

여기에 협동조합 방식의 프랜차이즈는 본사의 이윤 일부를 소비자의 편익으로 환원한다(협동조합 경영 원칙에 따라). 즉, 프랜차이즈 협동조합은 기존의 프랜차이즈 사업보다도 가맹점주와 소비자 모두에게 편익이 돌아가는 구조다.

대표적인 사례로 '동네빵네협동조합'을 들 수 있다. 지난 2013년 서대문구와 은평구 지역의 10개 빵집 주인은 협동조합을 만들었다. 대기업 베이커리 프랜차이즈의 진출로 폐업을 하거나 경영의 어려움을 겪는 현실을 극복하기 위해서였다. 동네빵네협동조합은 원재료 공동구매를 통해 단가를 낮추고 마케팅 홍보비용을 줄인다. 예를 들어 동네빵네 협동조합의 BI, CI 만들고 빵집의 간판이나 포장지 등을 공동제작하며 마케팅 비용을 줄일 수 있다. 원재료를 저렴한 가격에 공동구매하면서 가격경쟁력도 확보했다.

동네빵네협동조합 내부에서는 공동 협업도 일어난다. 동네빵집에 소속된 베이커리에서 인기있는 메뉴는 일부 레시피를 공유한다. 또한 새로운 레시피도 함께 개발해 판매하기도 한다. 이 과정에서 동네빵네협동조합에 속한 동네빵집의 경쟁력이 상승한다.

이와 동시에 각자 빵집의 고유 브랜드를 그대로 유지한다. 동네빵네협동조합이라는 정체성은 공유하지만, 각자 베이커리의 이름을 사용한다. 또한 각각 자신의 레시피대로 제조되는 빵을 판매한다. 단순히 수익만을 생각한다면 모든 메뉴와 운영을 통일시키겠지만, 프랜차이즈 협동조합은 다르다. 조합원의 필요에 따라 협업할 부분과 그렇지 않을 부분을 정한다. 협동조합이기에 가능한 의사결정이다.

이와는 달리 브랜드부터 상품 및 서비스까지 일반 프랜차이즈와 마찬가지로 동일하게 공급하는 협동조합도 있다. 피자 프랜차이즈 협동조합인 '피자연합'이 대표적이다. 흰색 바탕의 깔끔한 인테리어. 매장 안 분위기도 통일돼있다. 내부 벽면에는 피자연합의 대표 메뉴 소개와 방송 출연 사진들도 붙어있었다.

피자연합은 대형프랜차이즈 본사의 갑질을 피하고자, 기존 프랜차이즈 가맹점주들이 모여 설립한 협동조합이다. 강제 인테리어 교체 및 높은 감리비 청구, 과도한 광고비 부담, 가맹점이 부담하는 할인이벤트 비용, 특정업체의 부재료 구매 강요까지… 프랜차이즈의 본사의 갑질은 끝이 없었다.

이런 갑질을 참지 못한 이사장은 가맹점주들과 함께 시위를 하며 문제해결과 대화를 요구했지만, 해당 프랜차이즈는 의견을 무시한 채 갑질을 지속했다. 결국 이사장은 프랜차이즈를 탈퇴하고 새롭게 피자 가게를 열었다. 그리고 갑과 을의 관계를 청산하고 함께 연합하자는 의미에서 피자연합이라 이름을 지었다.

2016년 협동조합 설립신고를 마친 피자연합은 2017년 5월 기준 9개의 매장을 운영하고 있다. 이제 막 출범한 프랜차이즈인만큼 매장 수가 많지 않지만 서울, 인천, 이천, 세종, 대구, 광주, 부산 등 전국 각지에서 매장을 운영 하고 있다. 협동조합 조합원으로는 가맹점주 외에도 원부재료를 납부하는 업체의 직원 및 대표가 참여하고 있다.

피자연합은 공동브랜드에서부터 모든 사업을 일반 프랜차이즈와 같은 방식을 취한다. 재료 구매부터 홈페이지 운영 및 브랜드 운영까지 공동으로 한다. 또한 서로의 매장 운영 경험을 함께 나누고 서로 돕는다.

다만 매장을 운영하는 점장들이 프랜차이즈 본사의 주인인만큼 별도의 본사 직원이 없다. 이에 조합원들이 모여 함께 역할을 결정하고 협의한다. 이 과정에서 영업 및 경영 방침이 결정되고, 신규메뉴 및 개발 사업도 진행된다.

이외에도 카페전문점 프랜차이즈와 경쟁하기 위해 마을카페들의 모여 함께 만든 소셜카페협동조합, 대형 치킨집 프랜차이즈의 틈새 속에서 치킨집 가맹점주를 위해 만든 을살리기협동조합 등 다양한 방식의 프랜차이즈 협동조합이 등장하고 있다.

프랜차이즈 협동조합은 갑을 관계에서 비롯되는 프랜차이즈 시장의 문제를 극복하고, 가맹점주의 이권을 보호하고자 한다. 동시에 소비자에게 더 큰 편익을 제공하는 것을 목표로 한다는 점에서, 프랜차이즈 협동조합의 성장이 기대된다.

제7절 한국 프랜차이즈산업의 현황

(1) 프랜차이즈산업의 성장배경

한국의 프랜차이즈산업은 1979년 롯데리아가 개점한 이후 발전하기 시작했다. 그 후 1980년대 해외 유명 브랜드의 한국 진출이 가속화되어 외식업을 중심으로 프랜차이즈산업이 성장 발전하였다. 특히, 1986년 서울 아시안게임 및 1988년 서울올림픽게임을 계기로 한국의 외식 및 프랜차이즈산업은 성장의 기반이 마련되었다.

한국의 프랜차이즈산업은 프랜차이즈 시스템이 도입된 지 약 30년이라는 짧은 시간에도 불구하고 급속한 성장을 보이고 있다. 이렇게 짧은 시간 안에 급성장한 배경을 사회 · 경제 · 문화 · 기술적 측면에서 살펴보면 다음과 같다.[14]

첫째, 사회적 요인으로서 대량생산, 대량판매에 이어 대중소비사회가 정착되고 있으며, 소비자의 라이프스타일 변호, 가치관의 변화, 소비의식구조의 변화가 일고 있다.

특히 여성의 사회 진출 확대는 외식행위의 결정 요인인 수요증대를 가져와 외식 프랜차이즈산업의 발전에 기여하였다. 핵가족화 역시 외식 수요를 증가시키는 요인으로 볼 수 있다. 또한 명퇴, 정년, 취업난으로 창업시장의 확대도 외식 프랜차이즈산업의 발전에 큰 영향을 미치고 있다.

둘째, 경제적 요인으로서 국민소득의 증가에 따른 가처분 소득과 생활수준의 향상, 주5일 근무제에 따른 여가 시간의 확대 그리고 대기업들의 외식시장 진출, 소비문화의 질적 향상과 소비패턴의 다양화, WTO 등 시장개방 등이 있다.

셋째, 문화적 요인으로서 간편식 위주에 대한 수요 증가, 식생활 패턴의 서구화, 여가문화 향유와 해외 기업에 대한 가치관의 변화 등이 외식 형태의 변화뿐만 아니라 외식시장 전반에 큰 영향을 미치고 있다.

넷째, 기술적 요인으로서 컴퓨터와 주방기기의 현대화 등 기술적 환경변화 요인은 외식산업을 공업화/산업화하는 계기가 되고 있고, 정보화산업의 발달에 따른 다양한 형태로 외식산업에 대한 정보를 얻을 수 있게 되었다. 또한 맥도날드 같은 해외의 유명 브랜드 도입이 있다.

---

14 농림부(2004), 「국산농산물 활용증진을 위한 전통외식산업의 발전 및 세계화 전략」, pp.95~96.

한국 프랜차이즈산업의 성장 배경을 요약하면 [표 11-1]과 같다.

[표 11-1] 한국 외식 프랜차이즈산업의 성장 배경

사회적 요인	경제적 요인
• 여성의 사회 진출 확대 • 대량생산, 대량판매, 대중소비사회 • 생활관, 가치관의 변화 • 핵가족화 • 건강식 욕구 증대	• 국민소득의 증가와 여가 시간 확대 • 국제화, 세계화 경제 조류 • 대기업의 외식시장 참여 • 시장환경의 변화(세분화, 다양화)
문화적 요인	기술적 요인
• 고객의 욕구 변화 • 식생활 패턴의 변화 • 사회구성원의 가치관 변화 • 관련 산업 종사자의 직업의식 개선	• 주방기기의 현대화, 과학화 • 정보화산업의 발달 • 해외 유명 브랜드의 도입 • 첨단산업의 기술 도입 • 포장기술의 도입

(2) 한국 프랜차이즈산업의 현황

국내 프랜차이즈 산업의 전체 매출액이 50조원을 돌파했다. 최근 3년간 프랜차이즈 가맹점은 20% 이상 급증하며 외형을 키웠지만, 가맹점들의 평균 수익은 연간 2740만원에 불과했다. 통계청이 발표한 '2015년 기준 경제총조사 확정결과'에 따르면, 프랜차이즈 가맹점은 18만1000개(교육서비스업 제외)로 2012년보다 22.9% 증가했다.([그림 11-5] 참조) 경기 불황의 여파로 예비 창업자들의 관심이 비교적 창업이 쉽다고 알려진 프랜차이즈에 몰린 결과로 보인다. 산업별로 보면 치킨전문점, 커피전문점 등 숙박·음식점업은 2012년 9만1000개에서 2015년 11만개로 증가했다. 편의점, 안경점 등 도·소매업은 4만5000개에서 5만3000개로 늘었다.

전체 종사자 수도 2012년 48만6000명에서 35.9% 증가해 66만명에 달했다. 가맹점당 종사자 수도 3.3명에서 3.7명으로 증가했다. 숙박·음식점업이 3.7명으로 가장 많았고, 도·소매업과 기타서비스업은 3.6명으로 나타났다. 주요 업종별로는 편의점이 2만9628개로 전체 가맹점의 16.4%를 차지했고, 치킨점이 2만4719개(13.7%), 커피전문점이 1만4017개(7.8%)로 그 뒤를 이었다.

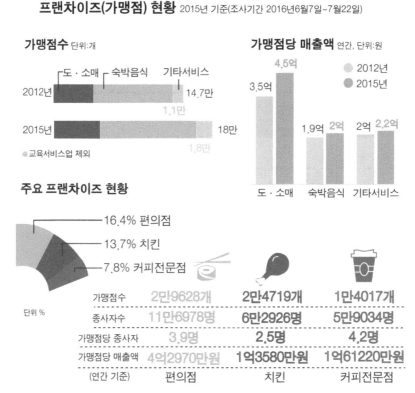

프랜차이즈(가맹점) 현황 2015년 기준(조사기간 2016년6월7일~7월22일)

가맹점수 단위:개

도·소매 ─ 숙박음식 ─ 기타서비스

2012년 ─ 14.7만
1.1만

2015년 ─ 18만
1.8만

※교육서비스업 제외

가맹점당 매출액 연간, 단위:원

● 2012년
● 2015년

도·소매 3.5억 / 4.5억
숙박음식 1.9억 / 2억
기타서비스 2억 / 2.2억

주요 프랜차이즈 현황

16.4% 편의점
13.7% 치킨
7.8% 커피전문점

단위 %

	편의점	치킨	커피전문점
가맹점수	2만9628개	2만4719개	1만4017개
종사자수	11만6978명	6만2926명	5만9034명
가맹점당 종사자	3.9명	2.5명	4.2명
가맹점당 매출액	4억2970만원	1억3580만원	1억61220만원

(연간 기준)

[그림 11-5] 프랜차이즈(가맹점)현황

자료: 통계청, '2015년 기준 경제총조사 확정결과'

종사자 수도 편의점이 11만6978명(17.7%)으로 가장 많았고, 치킨점이 6만2926명 (9.5%), 커피전문점이 5만9034명(8.9%)의 순이었다. 가맹점당 매출액을 보면 편의점이 4억2970만원으로 가장 많았고 커피전문점이 1억6120만원, 치킨점이 1억3580만원으로 나타났다. 다만 편의점과 커피전문점은 전년과 비교해 매출액이 각각 0.3%, 4.2%씩 감소했지만, 치킨점 매출은 19.0% 늘었다. 프랜차이즈 가맹점 전체 매출액은 50조3000억원, 영업이익은 5조원으로 집계됐다. 영업이익률은 9.9%다. 3년 전과 비교하면 매출액이 14조9000억원, 영업이익은 1조6000억원 각각 늘었다. 영업이익률도 0.3%포인트 상승했다.

가맹점당 평균 매출액은 2억7840만원, 영업이익은 2740만원으로 나타났다. 산업별 매출액은 도·소매업(4억5000만원), 기타서비스업(2억2000만원), 숙박·음식점업(2억1000만원) 순이었다. 영업이익은 기타서비스업(3110만원), 도·소매업(2890만원), 숙박·음식점업(2610만원) 순으로 나타났다.

국내 외식 프랜차이즈산업은 1970년대 경제개발5개년계획에 따른 경제성장과 소득증대에 힘입어, 동물성 식품소비량의 증가와 함께 식생활 패턴에 있어서도 구조적 변화가 일어난 시점에서 시작됐다. 특히 가공식품 및 식품산업의 발전은 소비행태에 있어서 고급화와 다양화에 서서히 눈을 뜨게 됐고, 1979년 7월 국내 최초 프랜차이즈업체이자 고급 커피전문점인 '난다랑'이 주요 도시의 1급 상권에 출점하면서 기존의 다방업을 획기적으로 변화시킨 계기가 됐다. 또한 1979년 10월 롯데그룹의 롯데리아는 일본 롯데리아의 기술지원을 받으면서 국내 외식산업사에 큰 획을 긋는 전환점이 됐다.

국내 프랜차이즈산업은 외식업, 도소매업, 서비스업을 중심축으로 현재 국가의 신성장동력이자 일자리 창출 및 지역경제활성화의 핵심으로 자리 잡고 있다.

지금까지 국내 프랜차이즈업계는 춘추전국시대의 영세성 난립상태에서 부침과 흥망성쇠, 그리고 글로벌 경쟁전략 속에서도 시장규모는 매년 커지고 있는 것이 현실이다. 공정거래위원회(2014년 말 기준) 자료에 따르면2014년 국내 프랜차이즈 산업의 전체 시장규모는 102조 원으로 124만 명이 종사하는 가운데 경제활동인구 대비시 5.2%(명목 GDP 금융보험업 6.3%, 외식업 5.7%, 건설업 5.3%)를 차지하고 있다.

또한 가맹본부 수 3482개, 브랜드 수 4288개, 가맹점 수 20만7068개, 직영점 수 1만2869개로 나타났으며 이 가운데 가맹점 수에 있어서는 외식업(44%)이 가장 높게 나타났다. 이어 서비스업(30%), 도소매업(26%) 순으로 나타났다. 특히 가맹본부 1개 창업시 431명의 고용창출효과와 최근 5년간 창업대비 폐업률의 경우 자영업자 87%, 프랜차이즈 사업자 46.4%로 나타났으며 월 매출액은 자영업자 870만 원, 프랜차이즈 사업자 2억400만 원으로 나타났다.

한편 프랜차이즈기업의 해외진출 경우 가맹본부 수 약 60개, 브랜드 수 185개이며 그 가운데 중국(33%), 동남아(32%), 미국(24%)순으로 아시아 지역이 2/3를 차지하고 있으며 외식업(51%), 도소매업(27%), 기타(22%)순으로 나타났다.

특히 미국은 가맹점 수 77만개, 전체 시장규모 8390억 달러로 서비스업(48%), 외식업(30%), 소매업(20%) 순이며 총 GDP의 4.8%, 총 고용의 5.9%를 보이고 있다. 일본은 가맹점 수 24.5만개, 전체 시장규모 22조2천억 엔으로 소매업(70.6%), 외식업(17.6%), 서비스업(11.8%)순이고 중국은 가맹점 수 40만개, 전체 시장규모 4천억 달러로 소매업(42%), 서비스업(36%), 외식업(22%)순으로 나타났다.

이와 같은 현황 속에서 창업시장에도 변화가 일어나고 있다. 특히 자영업자 600만 시대가 도래되었으며 2010~2015년 베이비붐 세대의 은퇴자 수가 53만 명, 2015~2020년에 98만 명으로 거의 두 배 증가가 예측되고 있다. 국내 창업시장도 매년 10% 이상의 성장세를 보이고 있으며 그 중심에 외식 프랜차이즈가 있다.

이 같은 와중에도 불구하고 국내 외식 프랜차이즈는 인건비와 임대료 등 고정비의 상승, 노동력 중심의 업종기피, 건강장수 등 100세 시대의 도래 등 음식점 창업 후 평균수명 3.2년, 음식점 수의 경우 미국대비 6배, 일본대비 2배로 외식산업 내에서 자체적인 경쟁력이 극심함을 알 수 있다.

이러한 환경변화 가운데 외식창업시장에 새롭게 급부상하고 있는 차별적인 외식 프랜차이즈의 틈새 아이템이 곳곳에서 출현하고 있다. 그 대표적인 아이템이 융합과 복합 등을 의미하는 컬래버레이션이다. 떡볶이와 치즈의 만남, 짬뽕, 라면, 스파게티, 파스타 등과 피자와의 만남 등 상호간의 불규칙적이고 어울리지 않는 차별적 융복합이 소비자들을 매료시키고 있다.

또한 국가 간, 소수민족 간, 지역 간 등의 음식, 인테리어, 접객서비스에서도 차별적인 요소가 가미돼 고객의 입맛을 사로잡으면서 틈새시장에서 외식 프랜차이즈산업의 창업 유망아이템으로 급부상하고 있다.

기업가정신 사례 1 **BBQ의 윤홍근 창업주**[15]

BBQ의 창업자 윤홍근 회장은 1955년 전라남도 순천에서 출생했으며 조선대학교 무역학과를 졸업하였다. 윤회장은 1995년에 (주)제너시스를 창업하여 우리나라 프랜차이즈 산업의 도약의 계기를 만들었다.

1995년 5월에 1호점을 연 치킨 전문점 BBQ는 99년 10월 업계 최초로 1,000호를 돌파하였다. 제너시스는 2003년말 현재 BBQ 1,550개, 참숯닭불구이 전문점 닭익는마을 120개, 우동돈가스 전문점 "U9"(유나인) 15개점을 운영하느 국내 최재 프랜차이즈 기업으로 성장하였다. BBQ는 4년동안 휴일을 제외하고 하루에 한 개꼴로 가맹점이 개설된 것이다.

윤 회장이 닭과 처음 인연을 맺은 건 1994년이다. 당시 미원그룹(현 대상그룹) 직원이던 그는 미원그룹이 닭고기 생산업체인 '천호마니커'를 인수하면서 영업부장직을 맡게

---

15 매경 2007.12.01

됐다. 미원이 중국에 세운 사료공장의 사장으로 취임하기로 한 상태에서 갑작스레 난 발령이었다. 내심 중국행을 기대했기에 실망이 컸지만, 그는 주저앉지 않았다. 부도기업 '마니커'를 업계 매출순위 1위로 끌어올리며 타고난 영업맨의 자질을 증명해 보였다.

1995년엔 '마니커'를 키운 경험을 바탕으로 프랜차이즈 업체인 (주)제너시스를 창업했다. 치킨 전문점 이름을 BBQ라 짓고, 프랜차이즈 매뉴얼을 만들며 가맹점 교육도 철저히 했다. 주변에서는 "발에 차이는 게 치킨집인데 장사가 되겠냐"고 말렸지만 윤 회장의 생각은 달랐다. 그동안 치킨을 술안주로만 취급하는 호프집이 대부분이었기 때문에, 어린이와 주부를 위한 치킨 전문점으로 특화하면 충분히 승산이 있다고 내다본 것이다.

그의 선택은 옳았다. BBQ의 성장과 함께 제너시스는 닭을 숯불에 구워 먹는 '닭 익는 마을', 우동·돈가스 전문점 'U9' 등 7개의 외식업체 브랜드에 2700여 개의 가맹점을 거느린 굴지의 프랜차이즈 기업으로 성장시킨 것이다.

지난 10년 동안 제너시스엔 위기도 수차례 닥쳤다. 그러나 긍정적인 성격의 윤 회장은 위기를 기회로 삼아 역전의 발판을 만들었다. 그는 늘 "위기는 '위기와 기회'의 준말"이라고 되뇌곤 했다. BBQ 100호점이 탄생하기까지 순탄하지만은 않았다. 본사는 계속 적자를 냈고, 일부 가맹점 사장들은 프랜차이즈 시스템을 이해하지 못해 맛과 신선도가 좀 떨어져도 좋으니 원가를 낮춰 달라고 요구하기도 했다. 본사 앞에서 가맹점주들이 다른 음식도 팔게 해달라고 요구하는 시위를 벌일 정도였다고 한다.

윤 회장이 BBQ를 경영하며 늘 염두에 둔 것은 맥도날드다. 그의 목표는 전 세계에 미국의 음식문화를 전파한 맥도날드를 제치고 BBQ를 세계 1위의 프랜차이즈 브랜드로 만드는 것이다. 두 브랜드의 10년사를 비교할 때 BBQ의 성장속도는 맥도날드보다 2~3배나 빠르다.

그가 BBQ의 성장에 자신을 보이는 근거 가운데 하나는 '슬로푸드' 전략에 있다. 기존의 유명 프랜차이즈가 치킨이나 고기를 미리 만들어놓았다가 데우기만 해서 소비자에게 내놓는 '패스트푸드'를 판매했다면, BBQ는 소비자의 주문을 받고 나서 조리하는 '슬로푸드'를 선사한다는 것이다. 몸에 좋은 올리브유로 조리한 웰빙 건강식으로 전 세계인의 입맛을 사로잡겠다는 각오였다.

윤 회장은 경기도 이천에 설립한 치킨대학에 남다른 애정을 갖고 있다. 석·박사급 연구원 10여 명이 오직 닭만 연구하는 이곳에서 예비 가맹점주들은 점포 운영에 필요한 기술과 고객 서비스에 대한 교육을 받는다. 내년에 증축공사가 끝나면, 치킨대학 건물은 2

배로 커질 전망이다. 궁극적으로 이곳을 외식산업 전문인력을 배출하는 전문대학, 4년제 대학으로 키우는 것이 윤 회장의 소망이다.

기업가정신 사례 2 · 버진그룹 리처드 브랜슨 창업주[16]

영국 버진그룹의 창업자인 리처드 브랜슨 CEO는 어려서부터 선천성 난독증이 있었고, 고등학교 중퇴 후 '스튜던트' 잡지 사업을 시작한다. 그는 대담하고 창조적이며, 긍정적인 사고를 가지고 있으며, 자기 믿음이 강하고 고집이 센 편이었다. 그만큼 포기하지 않는 인내와 끈기를 가지고 미래지향적 사고로 도전정신을 발휘하였다. 목숨 건 기구여행을 즐기거나, 브랜드 광고를 위한 각종 퍼포먼스를 하는 등 괴짜적인 면도 가지고 있다.

그는 끊임없이 배우려는 자세와 함께, 열심히 일할 뿐 아니라 열심히 논다는 인생철학을 갖고 있다. 목표에 대한 명확한 신념을 가지고, 꿈을 갖되 항상 그 꿈을 현실에 비추어 생각하려고 하였다. 그리고 무슨 일이든 절대 포기하지 않고, '용기를 내서 일단 해보자'라는 마음가짐으로 도전하였다.

인생을 즐기되, 시간을 낭비하지는 않아야 하며, 약속을 중요시 하여 반드시 지키도록 하였다. 또한 우리가 생을 살아가는 이유는 스스로 그 빛을 발산하기 위해 그리고 그렇지 못한 사람을 도와주기 위해서라는 생각으로, 남을 돕고 선행을 하는 것이 사람의 의무라고 생각하였다.

그는 기회를 포착하고 항상 새로운 방법을 찾으려고 애쓰면서, 창의적이고 앞선 생각을 갖고자 하였다. 무엇을 팔든 시장부터 파악하고, 시장조사를 할 때에는 아는 사람에게 적극적으로 물어보았다. 그리고 돈을 벌기 위해 사업하지 않으며, 단지 사업을 하면서 즐겁게 일하면 돈은 자연스레 굴러들어온다는 신념을 바탕으로 경영을 해왔다. 본인이 직접 밖으로 나가 자신의 사업을 광고를 하였고, 재미있고 창의적인 서비스를 개발하는 등 솔선수범하는 권위적이지 않은 CEO가 되기 위해 노력하였다.

그 다음에는 가장 일을 잘 하는 사람을 뽑아 그에게 맡김으로써 자신은 자유 시간을 버는 방식으로 사업 범위를 점점 확장해 갔다. 그렇게 다양한 분야로 사업을 다각화한 결과 전 세계 30여개 국 약 200개 회사를 두고 항공, 모바일, 음악, 인터넷, 음료, 호텔, 레저 등의 사업을 운영하고 있다.

---

16 배종태 외 3인(2009), 전게서, pp. 92~93.

그는 사회 공헌과 부의 사회 환원에도 관심이 많아, 남아프리카공화국의 CIDA 대학교에 '브랜슨 기업가정신 학교' 설립하여 '원로들' 모임을 결성해 고통 겪는 사람들을 돕고, 학생상담센터를 차리고 학생의 다양한 고민을 상담해 주고 있다.

제1차 걸프 전쟁 당시에서 원조를 위해 직접 이라크로 날아간 적도 있으며, 스리랑카에서 쓰나미가 발생했을 때에 옥스팸과 공조해 원조 전용 비행기를 마련하기도 하였다. 버진 유나이티드를 설립하여 어려운 사회문제를 해결하고자 하고 노력을 기울이고 있다.

CHAPTER **12**

투자회수와 기업공개

- 사업 초기 단계에서는 선견지명과 계획보다는 시행착오에 대한 신속한 반응이 더 중요하다.
  아마 하이드

- 18년 동안 아마존을 성공으로 이끈 3가지 큰 전략이 있다. 그것은 고객을 우선 생각하고, 발명하고, 인내하는 것이다.
  제프 베조스

제1절 투자회수의 의의와 방법

(1) 투자회수의 의의

투자를 받은 벤처기업에게 피할 수 없는 숙명 중의 하나는 투자회수이다. 어떤 면에서 투자자에게는 기업성장보다는 투자회수가 더 중요하다. 따라서 벤처캐피탈(VC)이 투자할 때는 회수전략에 초점을 둔다. 특정기간 내(대략 5년 정도)에 투자회수계획이 없거나 가능성이 없어 보이는 경우 벤처캐피탈로부터의 투자유치는 불가능하다고 보아야 한다.[1]

투자회수란 창업 이후 발생한 투자액을 보상받는 것을 말한다. 투자 회수 시, 기업 가치에 따라 기존 투자액에 대한 위험수당인 프리미엄(premium)이 추가적으로 존재하는 것이 일반적이다. 이 프리미엄은 벤처기업가에게는 창업과 관련된 기술, 아이디어, 정열, 집념, 노력의 대가이며, 벤처캐피탈에게는 투자선택과 그 투자의 위험감수에 대한 자본이익(capital gain)이 된다. 이 회수는 벤처자금의 순환과정의 마지막 단계(exit)에 해당한다. 즉, 벤처자금이 궁극적으로 추구하는 마지막 결실이 나타나는 단계라는 의미다.

(2) 투자회수의 방법

벤처캐피탈의 투자회수 통로는 기업공개(IPO)시장과 인수합병(M&A)시장이다. 이 두 방법은 기업공개 시장인 주식시장(즉, 코스닥시장)과 인수합병시장이라는 투자회수의 주체가 통제할 수 없는 외적 조건과도 연동되어 있다. 코스닥시장의 조건에 따라 그리고 인수합병시장의 활성화 여부에 의해 투자회수통로로서 어느 것이 활발하게 작동할 것인지가 결정된다.

미국에서 인터넷 벤처의 영향으로 벤처캐피탈의 투자회수가 가장 활발했던 1999년, IPO 157건, M&A 214건으로서, 투자회수의 입장에서는 인수합병이 중요 통로 역할을 한 것으로 나타난다. 그러나 인수합병보다는 역시 IPO가 정석이다. 즉, 가능하다면 IPO로 투자회수를 하는 것이 바람직하다. 그 이유는 IPO가 성공할 경우, 인수합병에 의한 주당 가격보다 현저하게(미국의 경우 약 4~8배) 높아지기 때문이다.

미국의 벤처캐피탈은 투자조합 펀드들이 일반적으로 4~5년 정도의 기간 동안 IPO로 갈 수 있는 기업을 선호한다. 그러나 모든 벤처기업이 IPO에 성공할 수 없다는 평범한

---

1 손동원,김현태(2010), 벤처기업 창업경영론, 경문사, p.249

사실에서 인수합병시장이 투자회수 통로로서 중요한 역할을 맡을 수밖에 없다.

인수합병시장에서 기업매도를 선택하는 것은 단기적 투자회수방안이다. 이에 따라 기업공개시장에서 투자회수를 선택하는 것은 장기적인 방안이다. 그런데 M&A와 IPO 중 어느 것을 선택할 것인가는 투자기업의 상황, 능력, M&A 혹은 IPO 시장상황에 따라 달라질 수밖에 없다.

투자기업이 시장에서 성장세를 보이면, 단기 회수방안인 기업매각을 선택할 가능성은 낮아진다. 그러나 투자기업이 저조한 실적을 보이면, 기업매각을 통한 투자회수에 적극성을 보일 필요도 있다. 물론 인수합병시장과 기업공개시장의 상황에 따라 전략이 달라질 수 있다.

(3) 기업공개(IPO)

기업공개는 벤처캐피탈과 벤처기업에게 하나의 이정표가 되는 큰 사건이다. 따라서 기업공개 자체의 중요성은 벤처캐피탈과 벤처기업에 의미가 있다. 다만 기업공개 시기와 조건에 대해서는 이견이 있을 수 있다.

벤처캐피탈에게 기업공개는 투자수익을 실현한다는 큰 의미를 가진다. 벤처기업가 혹은 경영진에게는 회사가치에 대한 공개적 인정이라는 사회심리적 보상이 제공되고 또한 지분가치의 상승을 실현할 수 있는 틀이 마련되는 것이다.

■ 기업공개의 장점

공개된 시장의 진입이 제공하는 다양한 편익을 누릴 수 있다. 첫째, 기업은 추가자금 조달을 위해 주식시장을 포함한 다양한 자금원을 활용할 수 있게 된다. 둘째, 시장에서 기업에 대한 인지도가 높아진다. 셋째, 기업의 성과에 따라 주식가격이 상승할 수 있고 이로 인해 금전적 이익을 얻을 수 있다.

■ 기업공개의 단점

첫째, 미공개 기업일 때와 달리 일반투자자들과 접촉하게 되므로 정부 및 투자기관들이 투자자보호를 위한 제약을 기업에 가할 수 있다. 또한 투자자들로부터 정보공개 요구를 받을 수 있다. 둘째, 기업공개 후 주식시장의 시장변동에 위한 위험을 맞는다. 셋째, 기업공개 자체는 상당한 비용이 발생한다. 넷째, 즉각적으로 현금화할 수 없다. 기존 주주들과 벤처캐피탈은 대규모 지분매각에 대한 규제가 있다. 또 일반적으로 기업공개시점에서 일정기간 지분을 매각할 수 없는 기간(lock-up)을 자발적으로 공표해야 한다. 이러한 매각 제한기간 이후에야 현금화가 가능하다.

(4) 기업매각

벤처캐피탈과 벤처기업의 궁극적 목표는 일반적으로 기업공개이다. 하지만 기업공개가 여의치 않을 경우 투자회수의 다른 중요한 방법은 기업매각이다. 벤처캐피탈의 입장에서는 벤처기업의 사업유지 혹은 지분 보유보다는 투자에 대한 수익을 얻는 것이 목적이므로 기업공개를 목표로 하다가 상황에 따라 기업매각에 의한 투자회수로 전환하는 것이 당연하다.

벤처 창업자 혹은 기타 주주 입장에서는 기업공개(IPO)와 M&A간 저울질이 가능하다. 벤처기업 측에서 매각을 선호하게 되는 것은 기업 공개가 가지는 단점 때문이다. 특히, 기업공개를 통해 얻는 수익이 충분하지 않을 것으로 예상되면 매각을 선호할 것이다.

■ 기업매각의 장점

기업공개의 단점을 기업매각에 의해 보완할 수 있다. 기업매각의 경우에는 기업공개시 수반되는 여러 제약조건 없이 즉각 현금화할 수 있다. 주식시장이 부과하는 다양한 변동위험으로부터 벗어나 수익을 확보할 수 있다. 만약 기업매각의 방법이 주식 맞교환(swap)이면 주식시장과 여전히 연관된다. 하지만 일반적으로 인수자 쪽이 안정성이 높으므로 벤처기업 입장에서는 기업공개보다 시장변동에서 나오는 위험에 덜 노출된다.

■ 기업매각의 단점

기업매각은 기업공개에 내포된 위험을 회피하려는 목적으로 선택되기도 한다. 이 위험회피에 따르는 비용이 바로 기업매각의 단점이 된다. 말하자면, 기업공개에 비해 기업매각에서는 주식가격이 시장가치에 비해 낮게 형성될 가능성이 높고, 주식시장에서 가격상승의 수익도 포기할 가능성이 커진다.

(5) 다양한 투자회수방법

회수방식은 미국, 유럽, 우리나라 등 국가별로 다양한 유형을 보인다. 미국은 기업공개(IPO)와 인수합병(M&A) 방식이 널리 활용되고 있다. 이는 상대적으로 다른 어느 나라에서보다 주식시장과 기업매수시장이 발달되었기 때문으로 풀이된다.

이 중 기업공개방식보다 인수합병방식이 더욱 보편화되는 경향을 보인다. 이는 기업공개 주식시장보다 인수합병시장이 가지는 몇 가지 특성에 기인한 것으로 풀이된다. 그 특성은 첫째, 인수합병시장에서의 회수는 투자기업이 독자생존이 어렵거나 퇴출경로가 불확실할 때 기업 가치를 덜 손상시키면서 자금을 회수할 수 있다는 점이다. 둘째, 주식시장이나 경기변동에 덜 민감하여 회수가격의 변동 폭이 심하게 변동하지 않는다는 점이다.

유럽지역은 상대적으로 기업공개나 M&A방식 이외에 MBO, MBI, 지분매각, 환매 등의 방식이 활용되는 편이다. 기업공개시장과 M&A시장이 미국에 비해 상대적으로 덜 발달한 연유 때문이다. 이들 각 방법에 대해 살펴보자.

MBO(Management Buy-Out)는 기존 경영진 인수의 의미로서 기존 경영진에게 지분을 매각하여 사업부문을 내보내는 방식이다. 이 지분매각에서 투자회수가 발생하게 된다. 지분을 인수하는 기존 경영진은 이때 담당 직원들을 대동하는 경우도 있다.

MBI(Management Buy-In)는 현재 경영진만으로는 기업인수가 어려워서 외부로부터 경영진을 새롭게 영입하여 경영권을 이양하는 방식이다. 이 경우 투자자금은 새롭게 영입되는 경영진에게 매각하게 된다.

지분매각(Trade Sales)은 어느 정도 성장하고 있는 벤처기업의 지분을 대자본(예 : 대기업)에게 매각하는 방식이다. 인수합병의 기업매각과 상당히 유사한 방식이다. 유럽에서는 이 지분매각 방식이 가장 보편적인 투자회수방식으로 자리 잡고 있다고 한다.

환매(Buy-Back)는 벤처캐피탈이 투자한 지분을 사전에 정한 가격과 조건으로 벤처기업에 매각하는 것이다. 이는 벤처기업에게 도덕적인 문제가 발생했거나 경영성과가 호전되지 않을 경우 벤처기업에 책임으로 전가하기 위해 벤처캐피탈의 지분이 벤처기업에게 매도되는 방식이다.

투자회수방식은 각 국가별로 대표적인 회수통로인 기업공개시장 및 인수합병시장의 발달 정도에 따라 차별화된 형태를 가진다고 볼 수 있다. 우리나라의 경우, 우리가 가진 고유한 금융환경에 의해 벤처투자 회수방식이 선택되고 활성화 될 것이 분명하다.

현재 우리나라에서는 기업공개시장(코스닥 시장)에서 회수하는 방식에 의존도가 높고 인수합병에 의존도가 낮다. 한국벤처캐피탈협회에 따르면 2016년 1~3분기의 국내 벤처캐피탈의 회수유형별 비중(금액 기준)은 장외매각 및 상환은 45.1%, 기업공개 31.6%,

M&A 2.3%, 프로젝트 18.2%, 기타 2.8%로 나타났다. 미국의 경우 M&A시장의 비중이 기업공개시장보다 크다는 것과 비교된다. 이는 기업공개시장인 코스닥시장의 효율성이 높기 때문으로 이해하기보다는 인수합병시장이 워낙 미발달되었기 때문으로 풀이된다.

우리 벤처산업에서 M&A는 최종적으로 투자자금의 회수 목적보다는 코스닥시장에의 등록 시기를 앞당기려는 목적이 강한 것으로 풀이된다. 우리나라 중소벤처기업은 코스닥 등록까지 평균 10년이 소요되고 미국의 경우 평균 4~5년이 소요된다고 한다.

벤처기업의 코스닥 등록조건이 까다롭게 되고 투자회수기간이 늘어남에 따라 투자기업 간 인수합병을 통해 외형을 키워 코스닥 등록을 조기에 성공시키려는 의도가 강한 것이다. M&A의 대상은 1년 정도 이후 코스닥 등록이 예상되는 기업과 벤처캐피탈이 투자하고 기술력이나 성장성이 우수한 기업들에서 발견된다. 벤처투자 회수 측면에서, 우리나라는 장기적으로는 미국식 모델을 따르는 것이 바람직하다. 하지만 과도기적으로는 유럽국가에서 볼 수 있는 다양한 방식을 활용해 보는 것도 의미가 있다고 생각된다.

이러한 과정을 겪으면서 우리 환경에 마는 회수방식의 개발도 생각해 볼 필요가 있다. 그런데 한편으로는 주요 회수통로인 코스닥시장과 인수합병시장의 장기침체 혹은 미발달 등이 지속되면 회수를 위한 주요 통로가 장기적으로 막히는 것이므로 이를 우회하여 자생적인 회수통로가 탄생·발전하게 될 가능성도 있다.

제2절 인수합병(M&A)

(1) 인수합병의 개념

인수합병(M&A)은 기업경영의 지배권에 영향을 가져오는 일체의 경영행위를 말한다. M&A는 merge와 acquisition은 타 기업을 인수(매수, 구입)하는 것을 뜻한다.[2] 기업합병(merge)은 대상기업이 하나로 합하여 단일회사로 되는 것을 의미한다. 여기에는 흡수합병과 신설합병이 있다. 흡수합병은 어느 한 회사가 다른 회사를 흡수하여 합병하는 것. 신설합병은 두 기업이 합병하여 제3의 신설기업이 되는 유형을 말한다.

---

2 손동원, 김현태(2010), 전게서, pp.280~298

일반적으로 M&A가 성립하기 위해 매도·매수되는 대상물에는 주식, 영업내용, 자산 등이 있다. 이를 각각 주식 양·수도(讓·受渡), 영업 양·수도, 자산 양·수도라고 표현한다. 이 중에서 통상적인 M&A로 인식되는 것은 주식양도·양수에 의한 방법이다. 특히, 벤처기업의 인수합병은 주식의 양수도 혹은 교환에 의해 발생하는 것이 보편적이다.

(2) 인수합병의 의의

벤처사업에서 인수합병의 첫 번째 의의는 투자회수의 통로라는 점이다. 벤처기업의 수가 2만 개를 넘어선 상황에서 이 모든 벤처가 기업공개(IPO)를 통해 투자회수가 이루어질 수는 없다고 보아야 한다. 오히려 벤처기업의 매도-매각의 행위에 의해 벤처투자자금의 회수가 이루어지는 경우가 보다 빈번하게 발생할 가능성이 높다. 미국의 예가 이를 잘 보여준다.

미국 벤처캐피탈의 경우 M&A를 통한 투자회수가 75% 수준에 이른다. 우리나라의 경우 전통적으로 인수 합병시장이 매우 취약한 것으로 평가된다. 그러나 향후 기업구조조정과 벤처기업의 투자회수통로로서의 필요성에 의해 시장확대가 예견된다. 이렇듯 M&A는 벤처캐피탈의 투자자금 회수와 구조조정을 원활히 하고 실패기업이 보유한 신기술 및 아이디어의 사장화를 방지하는 역할도 한다.

두 번째 의의는 벤처기업이 성장전략이 된다는 점이다. 사업단위를 인수함으로써 기업을 확장해 나가는 것을 의미한다. 대표적으로 미국의 시스코 시스템즈(Cisco Systems)는 활발한 기업매수를 성장전략의 핵심으로 보고 있으며, 실제로 상당한 합병이 이미 이루어진 바 있다.

(3) 인수합병의 동기

한 기업이 다른 기업을 인수·합병하는 동기는 매우 다양하다. 여기서는 경제적 동기와 전략적 동기로 분류하여 살펴보기로 한다. 한 기업의 인수합병 결정이 정책적 및 제도적인 제약 없이 자율적 전략결정이 되면, 인수합병에 수반되는 제반 비용과 위험을 넘어서는 효과에 대한 기대가 있다. 이러한 측면을 강조하여, 기존 문헌의 주된 인수합병의 기대효과는 주로 경제적 효과이다. 이른바 경제적 문제에 대한 경제적 해결책으로서 인수합병에 대해 접근한다.

■ 경제적 동기

인수합병의 경제적 동기란 기업 간 결합을 통해 공유되는 요소에서 얻게 되는 규모의 경제와 비용의 감소를 통해 효율성을 달성하고자 하는 동기를 말한다. 구체적으로 표현하면, 경제적 동기는 주로 합병에 의해 규모의 경제를 통한 비용의 감소와 수익향상이라는 효율성 향상 동인에 초점을 두고 있다.

인수합병의 경제적 동기에 관한 실증적 및 이론적 연구는 매우 풍성한 편이어서 경제적 동기를 배경으로 하는 연구가 주류에 해당된다고 볼 수 있다. 기존 연구들이 가정하는 인수합병의 경제적 동기와 그 동기와 관련된 기대효과를 다음의 몇 가지로 요약할 수 있다.

첫째, 수평적 결합과 수직적 결합을 통해서 규모의 경제가 실현되고 이를 통해 경제적 (영업) 시너지효과를 달성할 수 있다는 점이다

둘째, 필요자원을 시장에서 구입하는 것보다는 내부화함으로써 거래 비용을 줄일 수 있는 효과가 있다.

셋째, 재무적 차원에서 세금절감이나 위험감소를 통한 금융비용의 절감 등으로 기업가치의 극대화 등이 잇다.

이들을 순차적으로 살펴보면 다음과 같다. 인수합병에 있어서 경제적 동기의 첫 번째는 기업이 보유하고 있는 자원과 능력의 결합으로 발생하는 경제적 시너지효과이다.

이 경제적 시너지의 핵심은 영업상의 비용절감효과이다. 이 비용절감효과를 영업시너지로 부르기도 한다. 영업시너지는 생산 이전(재료와 부품구입), 생산 활동, 생산 이후(유통)사업 활동에서 발생하는 비용인 원재료 혹은 부품 구입비용, 생산비용, 유통비용이 축소되는 효과이다.

이 비용들이 감소하는 이유는 인수합병에 의해 감소하는 것은 규모의 경제효과에 의한 것이기 때문이다. 말하자면 영업규모가 커짐에 따라서 원재료나 부품 구입의 수량이 증가하고, 이로 인해 단위당 비용의 감소효과가 발생할 수 있다. 또 생산과정에서도 규모의 경제가 실현되어 제품당 관리비용과 기술개발비용이 축소하는 것에 의한 경제적 성과의 향상을 누릴 수 있게 된다.

직접적인 영업 시너지효과는 아니지만 중요한 시너지효과가 발생하는 영역이 시설투자 부분이다. 인수합병은 인수기업에게 피인수기업이 이미 투자하였거나 운영하고 있는 설비와 장비를 활용하는 기회를 제공한다. 이는 향후 신규 투자비용을 절감하는 효과를 가진

다. 이 효과는 특히 막대한 장비와 설치비용이 소요되는 산업의 경우 더욱 커진다. 이러한 투자비용절감과 동시에 독자적인 투자 시 발생할 수 있는 재무적 위험도 줄일 수 있다.

한편, 인수합병의 경제적 효과 중 거래비용(transaction cost)의 감소효과가 있다. 기업은 인수합병에 의해서 자신의 활동에 필요한 자원을 시장에서 구입하는 것보다 내부화(in-house)하는 것이 거래비용을 낮출 수 있는 방법이다. 여기서 거래비용이란 경제행위자가 수행하는 거래활동에 수반되는 모든 비용을 의미한다.

모든 거래는 공식적 혹은 비공식적 계약을 통해 이루어지며, 계약에 수반되는 거래비용은 계약 체결 이전에 요구되는 정보의 수집비용(예 : 어느 업체의 부품을 구입하는 것이 가장 효율적인가를 알기 위한 정보수집비용), 계약당사자와 흥정하는 데 드는 비용, 계약 작성에 드는 비용(예 : 변호사비용, 등기비용), 계약을 잘 준수하는지 감독하는 데 드는 비용, 계약 자체에 대한 분쟁이 발생했을 때 계약을 수정하거나 계약위반이 발생했을 때 이에 대한 제재비용을 포함한다.

또한 한 기업이 시장(market)거래를 하게 되면 정보 탐색비용이 증가하고 계약 이후 활동에 대한 도덕적 해이(moral hazard)를 감시하기 위한 노력(비용)이 발생한다. 기업들은 시장거래가 주는 거래비용 발생을 줄이려고 하면, 특정한 사업부분을 기업 내부로 끌어들여 수직 또는 수평적으로 통합하여 거래비용을 줄일 수 있다. 인수합병이 이러한 타 기업을 직접 인수하는 기업 통합이라는 점에서 거래비용의 축소효과를 가지게 된다.

또한 재무적 차원에서 세금절감이나 위험감소를 통한 금융비용의 절감, 정보효과 등으로 기업 가치를 극대화할 수 있다는 점이 강조된다. 예를 들면, 많은 이익이 발생하여 법인세를 지속적으로 납부해야 하는 기업이 막대한 손실을 기록하여 법인세를 전혀 내지 않은 기업을 인수함으로써 부채가 증가할 때 이자지급의 법인세를 절감할 수 있다.

또한 자사제품과 대체성이 있는 사업 혹은 수익성 면에서 유사하나 위험도가 상대적으로 적은 기업과 결합하여 사업위험도를 완화하고 재원조달을 용이하게 하거나 금융비용을 절감할 수 있다. 인수합병 협상과정에서 생성되는 정보로 기업가치의 재평가를 통한 주식가격 상승효과도 보고된다.

위와 같은 경제적 측면은 인수합병의 동기와 기대효과 사이의 인과관계를 비교적 간단명료하게 설명하는 장점이 있다. 반면, 인수합병에 대해 규모의 경제와 이에 의해 파생하는 비용절감과 수익증대, 그리고 재무적 효과를 중심으로 매우 제한된 범위만을 설명하게 된다는 한계가 있다. 말하자면, 단기적인 경제적 성과는 정확히 계산되지 않지만

한 기업에게 중요한 합병이슈가 될 수 있는 새로운 사업기회에의 도전 등의 전략적인 측면이 간과되는 경향을 지적할 수 있다.

예컨대, 최근에 발생하고 있는 온라인 인터넷 전문기업을 지향하고 있는 기업들이 다양한 콘텐츠 서비스 능력을 가지고 있는 기업을 인수함으로써 경쟁력과 수익력 향상, 그리고 실패의 위험축소를 추구하는 것을 경제적 동기만으로 설명하기에는 무리가 존재한다. 전략적 동기가 마찬가지로 중요한 이유가 바로 여기에 있다.

■ 전략적 동기

전략적 동기는 비용의 감소 혹은 단기적 수익확보 측면보다는 기업의 장·단기적인 성장이나 확대전략의 수단으로서 M&A에 임하는 동기를 말한다. 기업 간 인수합병은 결합의 시너지효과를 통한 효율성의 달성뿐만 아니라 기업핵심역량 강화를 위한 핵심자원 확보를 위해 인수합병이 발생할 수 있다.

이러한 의미에서 기업이 전략적 의도에서 인수합병을 한다는 것은 비록 단기적으로 비용이 발생하더라도 장기적인 관점에서 전략상 우위를 점할 수 있다. 따라서 기업은 인수합병을 선택한다. 여기서 전략적 의도는 기업의 성장, 확대전략과 밀접한 관련을 가지고 있다. 인수합병의 전략적 동기는 다음의 세 가지 세부적인 동기로 구분할 수 있다. 첫째, 시장지배력의 확대, 둘째, 기업역량(competence)의 확대 그리고 마지막으로 다각화의 수단이다.

첫째, 시장지배력 강화 동기다. 기업 간 인수합병은 자본의 집중과 집중 그리고 제반 자원의 결합을 통하여 시장지배력(혹은 시장점유율)을 증가시킴으로써 경쟁기업을 견제하는 능력이 커짐과 동시에 이윤 확보능력을 강화하기 위한 수단이 될 수 있다.

일반적으로 합병기업이 더 큰 시장지배력을 갖는다면 보다 높은 수익성을 달성할 수 있게 되고, 또한 자사에 유리한 경영전략의 선택범위가 넓어지게 된다. 이러한 의미에서 시장지배력의 증가는 기업에게 필요한 '환경에 대한 통제력'에서 매우 중요한 부분이다.

세계적으로 인수합병이 많이 발생하는 정보통신산업에서 시장지배력 강화가 주요 동기로 간주된다. 시장지배력이 인수합병의 동기가 되는 이유는 지배적 이윤의 보장뿐만 아니라 높은 시장점유율을 바탕으로 한 네트워크 효과를 추구할 수 있기 때문이다.

예를 들면, 이동통신시장에서 동일한 사업자를 가진 고객끼리 통화료 할인, 부가서비스를 제공하는 것 등은 가입자를 묶어두는 효과(lock-in effect)를 얻을 수 있다. 또 이러한 효과는 가입자가 많을수록 더 이익이 됨으로써 높은 시장점유율을 유지하는 경우 다양한 전략을 구사할 수 있는 유리한 위치를 점하게 된다.

둘째, 기업역량의 확대 동기이다. 기업이 독자적인 힘만으로 더 이상의 성장을 이루기 어려운 경우 기업들은 필요한 역량과 자원을 외부로부터 확보해야 한다. 이러한 외부로부터의 구입과 확보를 통한 역량강화 노력의 한 가지 방안으로 인수합병이 가능하다.

기업이 필요한 자원을 외부에서 구입하는 것은 자생적인 존재가 아닌 조직의 본질적인 선택으로 볼 수 있다. 특히, 새로운 사업 분야(예: 인터넷 사업)에 도전하려는 기업이 자본 및 기술적 한계에 부딪혀 스스로의 힘만으로 이를 극복할 여유가 없을 때, 이미 그 시장에 진입한 업체를 인수합병 함으로써 그러한 한계를 극복하여 조속한 성장을 달성할 수 있을 것이다.

또한 급속히 성장하는 새로운 시장이나 새로운 기술 분야에 진입하고자 하는 경우, 새로운 산업의 시장 진입장벽이 높은 경우, 기업의 인수합병은 새로운 진입에 필요한 시장과 기술 확보에 가장 빠른 수단을 제공해 준다. 이를 통해 기업은 성장에 필요한 자원을 획득하게 되고 이것은 기업의 내부역량으로 축적된다.

한 기업이 인수합병에 의해 역량을 강화하는 통로는 자신의 역량과 새로 외부로부터 확보된 기술과 자원의 관리시너지를 통해서이다. 여기서 관리시너지는 인수합병 기업 간 자원의 결합, 기술의 결합, 인적자원의 결합, 혹은 경영 노하우를 결합하여 기업이 얻을 수 있는 잠재적인 효용의 증가가 각각의 총합보다 많아지는 현상을 지칭한다. 보통 이러한 관리시너지는 간접적인 방법으로 경제적 이익과 연결된다고 할 수 있으며 자원과 기술의 보완성이 높을수록 시너지 효과는 크게 될 것이다. 이러한 생존과 성장에 필요한 자원 기술을 확보하는 수단으로서 인수합병의 의의가 점점 증가할 것으로 전망된다. 시장경쟁이 확대·심화되고 있으며, 소비자의 욕구가 다양화되어 기업에게 필요한 자원의 확보가 그만큼 경쟁적이 되며, 핵심역량의 강화 없이는 도태할 가능성이 많기 때문이다.

셋째, 다각화의 수단으로서 인수합병이 사용된다. 다각화는 한 기업이 위험분산 등의 목적으로 기업 내 현존하지 않은 다른 사업 분야에 진출하는 것을 말한다. 이때 인수합병은 이 다각화전략의 유용한 수단으로서 역할을 한다. 예를 들어, 미국 최대 장거리통신사업자인 AT&T가 TCG(Teleport Communications Group)를 인수하여 지역전화시장에 진입한 것이나, 방송분야에서 전 세계적인 명성을 누리고 있는 타임워너(타임워너는 뉴스채널인 CNN을 비롯해서 시사주간잡지인 타임과 영화회사 워너브라더스를 근간으로 하고 있는 기업이다)와 정보통신기간망을 운영하면서 동시에 인터넷기업으로의 변모과정을 보였던 AOL간의 합병이 인수합병을 통한 다각화 사례에 해당한다.

한편, 인수합병은 기업이 한계사업을 철수, 양도, 매각하는 구조조정 수단으로 활용되기도 한다. 대기업집단의 비수익 계열사의 매매와 고수익 벤처기업이 저 수익 벤처를 인수하는 것 등이 이러한 사업구조조정의 수단으로서 인수합병이 활용된 예에 해당한다.

(4) 인수합병(M&A)의 종류

인수합병(M&A)의 종류를 살펴보면 [표 12-1]과 같이 분류할 수 있다.

[표 12-1] M&A의 유형

구분	내용			
거래의사	우호적 M&A		적대적 M&A	
결합형태	수평적 M&A	수직적 M&A	복합적 M&A	
교섭방법	개별 교섭		공개매수	
결합주체	국내 M&A(In In)		국외 M&A(In Out)	
법적형식	자산취득	주식취득	합병	위임장 쟁탈
결제수단	현금	주식교환	LBO	복합

자료 : 윤종훈 외, M&A를 알아야 경영을 할 수 있다(2000).

■ 우호적 M&A와 적대적 M&A

적대적 M&A는 준비과정에서 많은 시간과 공격 및 방어에 비용이 소요된다. 이는 일부 사회적 문제가 되기도 한다. 그러나 최근 M&A 활성화를 위하여 적대적 M&A를 허용, 이를 위한 사모(私募)펀드까지 허용하고 있다. M&A를 목적으로 취득한 주식은 6개월 정도 양도가 제한된다.

■ 수평적 M&A와 수직적 M&A

수평적 M&A는 동일한 제품이나 유사한 제품을 생산하는 기업 간 합병을, 수직적 M&A는 계열관계에 있는 제품을 생산하는 기업 간의 합병을 말한다.

■ **개별교섭, 공개매수(TOB)[3]**

공개매수는 증권거래법상 장외시장에서 일정기간, 일정가격으로 매수·매도할 것을 공고한 후 시장 밖에서 주식을 대량 매수하는 것을 말한다.

(5) 인수합병이 주는 장점

■ **기업성장시간의 절약**

기업의 성장에는 내부성장과 외부성장이 있다. 내부성장이란 자본을 투자해서 원재료를 구입하고 생산설비를 도입하여 제품을 생산하며, 인재를 투입하여 판매망을 확보하고 광고 등의 판촉을 통해 투하자본을 회수하기까지의 전 과정을 말한다. 이 내부성장에는 엄청난 시간이 소요되게 마련이다. 이런 측면에서 인수합병과 같은 터전을 잡은 외부기업을 흡수하는 외부성장은 시간절약효과가 있다.

■ **사업리스크의 축소**

인수합병의 경우는 이미 시장에서 확고한 지위를 누리고 있고, 건전하게 경영되는 기업을 찾아 매수하기만 하면 된다. 즉, 이들 기업은 최소한의 필요한 경영자원이 이미 갖추어져 있는 만큼 그것을 그대로 이어받으면 된다. 따라서 사업리스크가 적다. 이미 시장에서 사업리스크가 검증되었기 때문이다.

■ **경영에 대한 임팩트가 크며, 주식가격 상승 기대**

M&A를 실시한 그 시점부터 매수기업의 자산과 이익 등 회계 숫자는 변화하게 된다. 사들인 기업의 가치와 시너지 등이 시장에서 결정되는 것이지만, 인수한 기업의 구조조정 노력 등에 점수를 받게 되는 경우가 있다. 물론 실질적인 효과가 뒷받침되어야만 시장의 판정이 호의적으로 될 것이다.

---

3   공개매수 : TOB (Take Over Bid)

■ 시너지가 비교적 단기간에 발생

확립된 사업체를 매수함으로써 영업시너지와 재무시너지가 비교적 단기간 내에 발생할 수 있다. 물론 인수합병이 주는 이러한 시너지효과가 단기적으로 달성되기 위해서는 사전에 인수하고자 하는 기업에 대한 조사와 검증이 철저하게 이루어져야 할 것이다.

(6) 벤처기업과 M&A

중소벤처기업의 경우 M&A는 기업의 생존전략이자 성장전략이라는 인식이 자리 잡으면서 M&A에 대한 인식이 전환되고 있다. 이는 또한 벤처 업계의 자금난, 코스닥시장의 침체 등이 겹치면서 투자회수(exit)전략으로 IPO보다 M&A에 대한 관심이 고조되고 있다.

그러나 한국의 M&A 시장규모는 아직 부진한 편이다. 경제규모 측면에서 보아 다른 선진국에 비해 저조하다. 2005년 기준으로 우리나라 인수합병 실적은 GDP 대비 2.08% 수준인데, 이는 일본 2.52%, 프랑스 6.98%, 미국 7.64%에 비하여 낮은 수치이다. 또한 신규 벤처(startup)에 투자했던 벤처캐피탈의 회수통로로서도 아직 부족한 편이다. 예를 들어, 2001년에서 2004년까지의 평균으로 볼 때, 미국 벤처캐피탈의 투자회수방법 중 M&A가 차지하는 비중은 70%에 이르고 있으나, 한국의 경우 10% 수준에 그치는 실정이다.

이러한 실적저조에도 불구하고 인수합병의 목적과 방법은 예전에 비해 훨씬 다양해지고 있다. 자본과 기술의 시너지 추구라는 단순공식에서 고객공유, 영업과 마케팅 공조, 신규 사업 진출, 해외시장 진출, 조인트벤처 설립 등으로 확대되고 있다. 또 국내 벤처기업 간 공조에서 중소기업, 대기업, 해외기업, 마케팅 전문기업 등으로 그 폭도 점차 확대되고 있는 데 그 이유는 다음과 같다.

첫째, 재무적 측면에서 유력 벤처기업 간 M&A는 기업 가치를 높이는 중요한 수단이되고 있다. 이는 유력 벤처들이 전략적 제휴를 발표하면 주가가 오르는 데서 알 수 있다.

둘째, 기술적인 이유 때문이다. 신기술과 새로운 비즈니스 모델이 속속 개발되면서 벤처기업의 노하우는 점차 생애주기가 짧아지고 있다. 특히, 인터넷 기업의 사업방식은 모방하기 쉽고 별다른 보호 장치가 없기 때문에 M&A를 통하여 기술과 아이디어를 공유할 공간이 넓은 편이다.

셋째, 인터넷 관련 벤처사업의 고유한 특성에서 비롯된다. 인터넷 사업은 얼마나 고객을 많이 확보하느냐에 따라 성공 여부가 결정된다. 많은 포털업체들이 다양한 콘텐츠 확보를 위해 여러 사업이 인수했던 것이 그 예이다.

벤처산업에서 인수합병의 유형은 [표 12-2]와 같이 굴뚝산업 변신형, 후발벤처 흡수형, 생존형, 지주회사형 등 4가지가 있으며, 거래형태별 유형은 [표 12-3]과 같이 자산인수, 영업양도, 주식인수, 주식스왑, 백도어리스팅, A&D, P&A 등 7가지가 있다.

[표 12-2] 벤처산업에서 M&A의 유형

구분	내용	사례
굴뚝산업의 변신형	성장성의 한계에 처한 굴뚝산업이 인터넷이나 IT분야로 진출	텐트 생산업체 舊 진웅(지누스), 舊 개나리벽지가 인터넷기업으로의 변신
후발벤처 흡수형	선발벤처기업이 후발벤처를 인수하여 경쟁력을 강화	다음 커뮤니케이션의 유인커뮤니케이션 인수 등
생존형	아이디어로 많은 회원을 확보 하고 있으나 뚜렷한 수익모델이 없는 경우 수익성 확보를 위한 M&A	프리첼의 인터넷 서점 815.com, 광고회사 webshow TV를 인수
지주회사형	사업목적을 추가해 지주회사로 전환하는 유형	리타워텍, 로커스 등

자료 : 김병균(2000), 벤처산업의 미래전략, 21세기북스.

[표 12-3] 거래형태로 본 M&A 유형

거래형태	내용
자산인수 (Asset Acquisition)	기업재산의 전부 또는 일부를 개별적으로 이전받는 것
영업양도	사실관계를 포함한 영업재산의 총체적·포괄적 양도
주식인수 (Stock Acquisition)	다른 회사의 지분취득
주식스왑 (Stock Swap)	자산이 보유하는 주식의 일부를 제휴회사의 주식과 맞교환하거나 투자유치의 수단으로 주식을 받는 것
백 도어 리스팅 (Back Door Listing)	비상장·비코스닥 등록기업이 상장·코스닥 등록기업의 주식을 인수하여 경영권을 장악한 후 비상장·비코스닥 등록기업을 합병함으로써 간접적으로 상장시키는 형태
A&D (Acquisition & Development)	기존기업의 인수 후 신기술을 습득·개발하여 기업을 변신시키는 기법, 즉 인수 후 개발 또는 인수개발
P&A (Purchase & Assumption)	자산인수의 특수한 형태로, 자산과 부채를 인수·매각하되 매도기업(판매기업)의 일부 자산과 부채를 분리하여 인수·매각하는 것

자료 : 윤종훈 외(2000), M&A를 알아야 경영을 할 수 있다, 매일경제신문사.

(7) 구조조정과 M&A

■ 구조조정의 의의

구조조정이란 기업의 성장 또는 생존을 위하여 기업의 가치를 상승시키는 일련의 과정을 말한다. 사업철수, 이관, 생산축소, 원가절감, 인원절감 등 기업의 내부적인 수단을 통한 구조조정에는 한계가 있으며, M&A, 분할, 전략적 제휴 등 기업 간 내부적 역량을 합하는 구조조정 수단이 필요하다.

이렇듯 구조조정을 위한 강력한 수단이 M&A와 기업분할이며, M&A와 분할은 구조조정의 하위 개념이다. 중복 과잉분야를 매각하거나 분사하여 경쟁력 있는 분야에 경영자원을 특화하는 것을 말한다. 구조조정은 자산 차원과 재무 차원으로 분류할 수 있으며, 주요 내용은 [표 12-4]와 같다.

[표 12-4] 구조조정의 주요 내용

자산 차원			재무 차원		
자산확대	자산축소	자산교환	부채 차원	주식 차원	혼 합
M&A 합작투자 영업양수	분할매각	사업교환	부채탕감 부채회수 장·단기부채 교환	유상증자 전환사채	대출금 출자전환

부문별 구조조정 내용을 보면 [표 12-5]와 같다.

[표 12-5] 부문별 구조조정 내용

부문	내용
사업	핵심역량을 높이도록 경영자원을 배분
재무	적정한 재무구조를 달성
소유	소유권과 경영권의 정당성
지배	열린 경영으로 투명한 이사회 운영
조직	하부구조에 권한과 책임을 위임
인력	슬림화, 고효율화, 전문화
이익	고비용 저효율 타파, 실질적 기업가치 창출
관리	올바른 성과평가와 공정한 평가제도 구축

▪ M&A(인수합병)

우리나라에서 M&A(인수합병)가 인수합병이 활성화되지 못했던 이유는 경제력 집중을 방지하기 위해서 정책적으로 규제했기 때문이다. 그런데 이 규제는 IMF 위기 이후 기업과 경제의 구조조정의 필요성에 의해 점차 축소되어 왔다. 이러한 정책적 규제 외에도 다음과 같은 사회·문화적인 저해요인이 존재한다.

첫째, M&A를 부정적 행위로 생각하는 사회분위기가 존재한다. M&A를 탈취의 느낌으로 이해하고 규모를 늘리기 위해 기업을 매수하는 것은 페어플레이(fair play)가 아니라는 인식이 강하며, 오직 기업 스스로의 내적인 성장만을 높이 평가하는 경향이 있기 때문이다.

둘째, 기업을 매도하면 기업가가 자신의 모든 것(자존심 포함)을 팔았다는 의식이 지배한다.

셋째, 영업권(goodwill) 상각에 대한 문제가 발생한다. 영업권이라는 개념은 동업종 타사의 평균수익률을 웃도는 초과 수익력이라고 정의된다.

일본의 경우, 5년 이내에 영업권이 상각되어야 하며, 균등상각이 보편적이다. 이 5년 이라는 짧은 기간 동안의 상각은 기업을 매수하는 동기를 약하게 만드는 요인으로 볼 수 있다. 미국의 경우 특별한 제한이 없고, 40년 동안 상각하는 경우가 많다. 우리나라의 경우 합병법인이 인식한 영업권은 기업회계기준상 무형자산에 해당되므로 내용 연수에 걸쳐서 정액법으로 상각해야 한다. 또 그 내용 연수는 미래의 경제적 효익이 제공될 것으로 기대되는 기간으로 한다. 그 기간은 20년을 초과하지 못한다. 만일 영업권의 내용 연수가 기간범위로 추정되는 경우에는 그 범위 중 가장 짧은 기간을 선택해야 한다.

IMF 외환위기 전까지만 하더라도 M&A는 산업합리화정책의 일환이나 부실기업을 처리하는 과정에서 정부가 주도적으로 행사한다. 반면 경쟁력 제고 등을 위한 개별 기업들의 전략적 수단으로서는 그다지 활용되지 못했다. 그러나 IMF 이후 국내 M&A시장이 활기를 띠어 기존 전통산업의 경우 거대해진 몸집을 줄이고 사업의 다각화를 이룰 수 있는 경영의 한 수단으로 M&A를 이용하고자 하였다. 이에 따라 벤처 거품이 걷힌 이후에 중소 벤처기업들도 수익성 있는 비즈니스 모델을 확보하고 시장선점을 위한 경영전략을 활용하기 시작했다.

우리나라에는 아직까지 중소벤처기업의 M&A를 지원하는 기관이 체계화되지 않은 상태이다. 혼재되어 있는 M&A 중개기관들은 시장의 규칙에 따라 운용되기보다는 머니게임에 의해 운용되고 있어 적합한 형태로 활성화시키는 것이 필요한 시점이다. 1998년 자본시장이 전면 개방된 후 최근에는 법무법인, 회계법인, 산업발전법에 의한 기업구조조정 전문회사, 그리고 M&A 부띠끄[4], 증권사들이 100여개 넘게 설립된 것으로 파악되고 있다.

또한 기존에 은행, 증권회사 등이 M&A업무를 부수적으로 담당하고 있으나, 실질적으로 이들 금융기관의 M&A 중개기능은 지극히 미약한 수준이다. 따라서 중소벤처기업의 M&A 활성화를 위해 M&A 전문기관의 육성을 도모하는 동시에 자신들의 업무영역을 특화하고 합리적인 거래규칙을 만드는 것이 필요하다. 또한 상담기업 및 상담기관 사이에 신뢰를 구축할 수 있는 제도적 뒷받침도 함께 이루어져야 할 것이다. 우리나라의 M&A 중개기관을 정리하면 [표 12-6]과 같다.

인수합병의 중요성을 인식하고 이 기능의 활성화를 생각한다면, 우선 기술확보형 M&A 시장을 생각해 볼 수 있다. 벤처와 같은 중소기업은 보통 주력기술이 1~2개이고 기술 자체의 성장기간도 짧아 쉽게 한계에 부딪치므로 기술확보형 M&A가 의미를 가질 수 있다. 벤처캐피탈 주도로 기술거래와 금융의 연계를 강화하도록 촉진하는 방안도 생각해볼 만하다.

[표 12-6] 우리나라 M&A 중개기관

중개기관	법적 지위	강점	약점
증권회사	• 재경원인가 • 겸업업무	• 주식매매를 통한 접근 • 조직 내의 팀조직으로 운영 • 기업 분석력	• M&A 관련주의 주가변동 • 기밀유지에 의문
M&A 부티크	• 법적 제약 없음 • 브로커	• 신속한 의사결정 • 신뢰성, 안정성에 문제 • 비공식적 거래 • 적극적 마케팅 • 공개적 고객유치 • 철저한 인센티브 • 업무영역의 제한	• 회사의 분화가 용이 • 정보수집 능력 부족 • Financing 불가 • 기밀유지에 의문
은행	• 은행감독원 규정 부수업무 • 단순중개업무	• M&A 대상기업 발굴 용이 • 기업정보수집 및 분석력 우수 • Financing 네트워크 구축	• 의사결정 지연(보수성) • M&A 업무경험 부재 • M&A 업무영역의 제약
법률사무소 및 회계사무소	• 법적 제약 없음	• 적대적 M&A의 시도와 함께 역할 증대 • 법률자문, 기업실사 및 세무 회계자문 • 기밀유지 확실	• M&A 중개능력은 취약(다만 전문화된 경우는 예외)

자료 : 윤종훈 외(2000), M&A를 알아야 경영을 할 수 있다.

---

4 부티크(boutique)란 원래 '값비싼 옷이나 선물을 파는 가게'를 의미하지만, 금융 쪽에서는 소수 전문가가 모여 특정 금융 상품에 대한 서비스를 제공하는 전문 회사를 말한다. 미국 월가에서 시작된 금융 부티크는 인수합병(M&A), 기업공개(IPO), 우회상장, 유상증자, 신주인수권부사채(BW) 발행, 개인 자산가의 주식이나 파생상품 투자 자문 등을 하고 수수료를 받는 회사다. 금융 부티크는 증권사, 투자 자문사 및 자산 운용사, 은행권 출신의 M&A 전문가, 국제금융 담당자, 주식 및 채권 운용 담당자, 선물 전문가, 외환 전문가, 애널리스트 등이 주축이 돼서 설립한다.

■ 인수기업에 대한 파이낸싱(financing)

• LBO(leveraged buyouts)와 MBO(management buyouts)

LBO는 차입매수라고 하며, 기업 내의 경영자그룹뿐만 아니라 외부의 다양한 회사, 개인투자자, 투자그룹 등에 의해 사용될 수 있는 특이한 조달 및 매수기법을 말한다. 소수의 투자자들이 차입을 통한 자금조달을 하여 대상기업의 전체 주식 및 정크본드[5]를 발행한다. 인수대상기업의 자산을 담보로 자금을 차입하고 대상기업을 인수한 후 동 기업의 이익금이나 인수한 자산의 매각대금으로 차입금을 상환하는 기업인수방식을 말하기도 한다. 재무적인 기업재편으로서 개인 기업화하는 것을 의미하기도 한다. 개인기업화(going private)란 공개기업을 상장 폐지하여 비공개기업으로 전환하는 것을 의미한다.

LBO는 일반적으로 전문가나 투자은행의 도움을 받게 되는데, MBO는 기업 내 경영자들의 일반적인 주도에 의해 이루어진다는 차이가 있으나 매우 유사한 개념이다. LBO기업은 매수기업을 지주회사 형태로 관리하게 된다

인수주체는 paper company를 설립, 그 명의로 금융기관에서 차입한다. 우리나라는 채권등급체계 간 금리의 시간구조체계의 미발달로 정크본드의 발행을 허용하지 않고 있다. 그러나 채권시장이 발달한 미국의 경우는 활용도가 다양하다. LBO는 부채 파이낸싱(debt-financing)의 형태이나, 최근 주식시장의 호조로 자금조달 없이 주식교환으로 인수합병을 추진할 수 있는 자본 파이낸싱(equity-financing)이 활성화된 편이다.

• 벌처펀드(vulture fund)

벌처(vulture)란 대머리 독수리라는 뜻으로, 독수리가 썩은 고기를 깨끗이 먹어치우는 습성에서 유래되었다. 부도나 화의 등 최악의 경영위기에 봉착한 부실기업을 인수해서 적절한 경영정상화 조치를 실행한 후 기업의 가치가 상승하면 되팔아서 수익을 올리는 펀드이다. 우리는 벌처펀드에 대한 명확한 법률적 규정이 미비하다.

---

5   정크 본드(junk bond)는 말 그대로 "쓰레기 같은 채권"이라는 뜻이며 과거에는 신용 등급이 높았지만 경영 악화나 실적 부진으로 신용 등급이 급격하게 낮아졌을 때 그 기업이 발행했던 채권을 말한다.

• 출자전환(debt-equity swap)

채권자가 갖고 있는 채권을 주식으로 전환함으로써 채무자회사의 원금 및 이자상환 부담을 면제하고 기업의 고유영업을 유지하여 산출된 이익으로 대출채권 추심의 재원으로 활용하는 것을 의미한다.

제3절 기업공개(IPO)

기업공개(IPO, Initial Public Offering)란 개인이나 소주주로 구성돼 소유구조가 폐쇄적인 기업이 일반에 주식을 공개하고 재무내용을 공시하는 것으로, 우리나라에서는 주로 코스닥에 등록한다는 의미로 많이 쓰인다. 기업공개는 벤처활동의 최종목표로 불릴 정도로 중요하다.

실제로 주식시장에 공개된 기업(publicly-traded firm)은 창업자에게 엄청난 부를 주기도 하며 예비창업자들의 선망의 대상이 되기도 한다. 과거 한때, 특히 인터넷 버블 시기에 수익도 없는 기업들이 기업공개를 통해서 돈을 번다는 질타를 받았던 적이 있다. 그러나 현재 수익이 없는 기업이 공개되는 것 자체가 불가능하다.

기업공개(IPO)는 IPO 시장상황에 영향을 받는다. 미국에서도 2001년도 10월의 경우(인터넷 버블이 한창 꺼지는 시점) 어떤 하이테크 벤처기업도 IPO를 하지 않았다는 지표가 그것을 잘 말해준다. 미국 나스닥(NASDAQ)은 기업공개시장의 대표적 상징물이다.

이 나스닥시장은 1971년 첫 거래가 시작되어 현재에는 인텔, 마이크로소프트, 시스코 등의 약 5천여 개의 기업이 상장된 신생 첨단기업중심의 거래시장으로 성장했다. 많은 국가에서 이 나스닥시장을 모방하여 첨단기술기업의 공개시장으로 활용하고 있다. 우리나라의 코스닥시장도 나스닥시장의 한국판으로 볼 수 있다.

발행회사는 주식 발행가격이 높을수록 IPO 가격이 낮아지므로 유리하지만 투자가의 투자수익은 줄어 추가공모 등을 통한 자본조달 여건이 나빠진다. 불특정 다수에게 소유권을 분산시키는 작용을 하므로 기업 현금 흐름이 투명해지고 회사 사주가 경영을 통해 얻은 이익을 합리적으로 판단해서 사용할 수 있다. 성공적인 IPO를 위해서는 적정수준에서 기업을 공개하는 것이 중요하며 투자자들의 관심을 끄는 것이 필요하다. 때문에 시장상황에 따른 IPO 시기, 파트너의 선택에 신중해야 한다.

(1) 기업공개(IPO)의 장점

• 대규모 자금 조달이 가능

일반 투자자들로부터 유상증자 또는 사채 발행으로 대규모 장기 자본을 조달하는데 유용해진다.

• 기업 신인도가 높아짐

기업공개가 되면 회사의 정보자료가 공시되므로 증권, 언론기관에 국내외로 전달되므로 기업 홍보 효과에도 좋다.

• 경영 합리화, 생산성 향상

일반투자자들에게 소유권이 분산되므로 소유권과 경영권이 분리되어 전문 CEO가 경영을 합리화 시키는데 도움이 된다. 스톡옵션 등의 방식으로 생산성을 향상시키면서 경영권을 안정시킬 수 있다.

(2) 기업공개(IPO)의 단점

• 기업을 공개함으로써 기업에 대한 중요정보가 노출될 수 있다.
  내부 정보를 이용해 주식매매 차익을 얻는 일이 생긴다.

• 소유권 분산으로 경영에 주주들의 압력이 가해질 수 있다.
  기업의 성장성에 투자한 주주들을 위해 경영인에게 더 많은 압박이 가해져 소신있는 경영이 힘들어 질 가능성이 있다.

(3) 기업공개 시 혜택

■ 세제상의 혜택

① 초과유보소득에 대한 법인세비과세(법인세법 제22조 2항): 자기자본이 100억원을 초과하는 비상장법인과 대규모 기업집단에 속하는 비상장법인은 적정 유보소득을 초과하는 초과소득에 대하여 15%의 법인세가 추가 과세된다.

② 증자소득 공제(조세감면규제법 제 93조 및 동법 시행령 제89조): 제조업 등을 영위하는 법인이 법인 이외의 개인 및 기관투자자 등으로부터 금전을 출자 받아 증자한 경우에는 일정률의 증자소득이 공제되며 우리사주조합의 금전출자가 있는 경우에는

증자소득 공제율이 5% 추가된다.

③ **주식양도 시 양도차익비과세(소득세법 제23조 제1항 4호)**: 상장주식의 양도차익, 기업공개를 통한 구주매출 및 장외거래방식에 의한 취득분의 양도차익은 비과세된다. 참고로 비상장주식의 경우 양도세율은 양도차익의 20%(중소기업 10%)이다.

④ **주주의 배당소득세 부담 경감(소득세법 제15조 및 제14조)**: 상장법인으로부터 받은 배당은 비상장법인으로부터 받은 배당에 비하여 세 부담이 경감된다. 일반 법인이라 하더라도 우리사주조합원으로서 소액주주 해당자는 분리과세하고 있다.

■ **법률상의 혜택(증권거래법)**

① **무의결권주 발행한도 확대**: 의결권이 없는 주식의 발행한도를 상법의 규정에도 불구하고 발행주식 총수의 1/2까지 확대할 수 있다.

② **주식배당의 특례**: 주식배당은 상법에 의해 이익배당 총액의 1/2에 상당하는 금액을 초과하지 못하나 상장법인의 경우 이익배당 총액에 상당하는 금액까지 주식배당을 할 수 있다.

③ **신종사채의 발행**: 상장법인은 전환사채와 신주인수권부 사채 외에도 이익참가부 사채, 교환사채, 기타 신종사채의 발행이 가능하다.

④ **사채발행 한도의 특례**: 상장법인이 발행하는 전환사채, 신주인수권부 사채 중 주식으로 전환 또는 신주인권의 행사가 가능한 분에 해당하는 금액은 상법에 의한 사채발행 한도의 제한을 받지 않는다.

⑤ **자기주식의 보유**: 상장법인은 자기주식을 취득하여 종업원에게 상여금으로 지급하거나 주가안정 또는 일정한 지분을 확보하기 위하여 증권거래법상으로는 10%까지 보유할 수 있게 되어 있으나, 하위 증권관리위원회 규정에서 5%까지로 제한하고 있다. 상장법인이 보유하는 자기주식의 의결권은 제한되고 있다.

⑥ **주주총회 소집절차의 간소화**: 원래 주주총회의 소집통지를 서면으로 하게 되어 있으나, 상장법인의 1% 이하 소액주주에 대해서는 신문 공고로써 주주총회의 소집통지를 갈음할 수 있다.

⑦ **회계장부 열람청구권 제한**: 발행 주식총수의 3/100 이상을 가진 주주가 회계자부와 서류의 열람 또는 등사의 청구를 하는 경우 주주의 청구가 부당함을 회사가 증명하지

않으면 이를 거부하지 못하게 되어 있다. 그러나 상장법인은 주주에게 거증책임을 부과하여 그 권리의 남용을 방지할 수 있게 하고 있다.

■ 코스닥시장에서의 등록효과

① 직상장 허용: 코스닥시장에 등록한 기업 중 요건을 갖춘 기업의 경우 거래소시장에 직상장을 허용하고 있다. 직상장에 필요한 요건으로는 ① 소액주주지분율 30%, ② 소액주주수 1,000명 이상, ③ 상장신청일 전 월평균 거래실적이 발행주식 총수의 1% 이상 등이 있다.

② 세제상의 혜택: 코스닥시장에 등록된 법인은 세제상 많은 혜택을 누릴 수 있는데, 위에서 언급하였던 상장법인과 비상장법인의 경우를 서로 비교해보면 다음 [표 12-7]과 같다.

[표 12-7] 코스닥 등록시 세제상 혜택

구분		상장법인	KOSDAQ 등록법인	비등록법인
소득세법	배당소득	대주주 : 종합과세 소액주주 : 분리과세	좌 동	모두 종합과세
	양도소득	비과세	공모 및 코스닥시장을 통한 매각 비과세, 단 5% 이상 대주주가 3년 내 1% 이상 양도하는 경우에는 과세	20%과세
법인세법	배당소득	90% 익금 불산입	좌 동	익금 산입
	적정유보 초과소득	비과세	좌 동	15% 법인세 합산
	주식이동 상황명세서	소액주주 제출 면제	좌 동	미제출 시 가산세
상속세법	상속재산의 평가	거래소시세 인정	코스닥시세 인정 (코스닥 등록유지 시)	별도의 평가방법 적용
증권거래법	증권거래세	탄력세율 (농특세 포함 0.3%)	좌 동	고정세율(0.5%)
	기타	자사 중 취득 주식배당 유상증자 시 일반 공모 가능	좌 동	불 가

③ 공모상장요건 완화: 기업공개 시에 코스닥시장에서의 주식분산(공모)실적을 발행주식 총수의 20%까지 인정한다. 또한 안정적인 경영권을 유지할 수 있는 범위 내에서 기업공개 시 추가적인 분산이 가능하다.

(4) 기업공개의 요건[6]

■ 일반기업공개의 공통요건

일반기업 공개의 공통요건은 아래 [표 12-8]과 같이 정리할 수 있다.

[표 12-8] 일반기업의 공통요건(유가증권인수업무에 관한 규정 제20조)

요건	내용
1. 설립 후 경과년수	설립 후 5년 이상 경과하고 계속적으로 영업을 하고 있을 것
2. 자본금 및 상장 주식수	상장신청일 현재 자본금고 k자기자본이 각각 30억원 이상, 50억원 이상이고, 발행주식 총수가 30만 주 이상일 것
3. 매출액	매출액이 최근 3사업연도 평균 150억원 이상이고, 최근 사업연도에 200억원 이상일 것
4. 납입자본이익률	최근 3사업연도에 각각 영업이익, 경상이익 및 당기순이익이 있고, 최근 사업연도의 납입자본이익률의 합계가 50% 이상일 것, 이 경우 납입자본이익률의 산정은 당해 사업연도의 영업이익, 경상이익, 당기순이익 중 적은 금액과 당해 사업연도 말 현재의 납입자본금을 기준으로 하되, 최근 사업연도 말 이후에 잉여금을 자본에 전입하였거나 유상증자를 한 경우에는 이를 포함하여 최근 사업연도 말 현재의 납입자본금으로 한다.
5. 부채비율	최근 사업연도 말 현재의 부채비율이 감독원장이 정하는 바에 따라 산정한 주권상장법인의 동일 업종의 상장법인이 5사 이하인 경우에는 전 상장법인의 평균부채비율의 1.5배 미만일 것. 다만, 정부가 정하는 한국표준산업분류사의 중분류기준에 의한 금융업, 보험 및 연금업, 금융 및 보험관련 서비스업을 영위하는 법인의 경우에는 이를 적용하지 아니한ㄷ.
6. 자산가치 및 수익가치	1주당 자산가치가 액면가액의 3배를 초과하고 1주당 수익가치가 액면가액의 2배를 초과할 것
7. 감사의견	최근 3사업연도의 재무제표에 대한 감사인의 감사의견이 적정 또는 한정일 것

---

6 기업공개(IPO)는 IPO 시장상황에 영향을 받는다. 미국에서도 2001년도 10월의 경우(인터넷 버블이 한 창 꺼지는 시점) 어떤 하이테크 벤처기업도 IPO를 하지 않았다는 지표가 그것을 잘 말해준다. 미국 나스닥(NASDAQ)은 기업공개시장의 대표적 상징물이다. 이 나스닥시장은 1971년 첫 거래가 시작되어 현재에는 인텔, 마이크로소프트, 시스코 등의 약 5천여 개의 기업이 상장된 신생 첨단기업중심의 거래시장으로 성장했다. 많은 국가에서 이 나스닥시장을 모방하여 첨단기술기업의 공개시장으로 활용하고 있다. 우리나라의 코스닥시장도 나스닥시장의 한국판으로 볼 수 있다.NASDAQ National Market의 상장공개조건(2004)은 다음의 표준조건을 맞춰야 한다. 최소 주가 5달러, 최소 400주주 확보, 최소한 3~4market maker가 개입해야 한다. market makers란 투자은행의 종업원으로서 스톡가격을 돕는 자들을 말한다. 사업전개단계에 따라 다음 3개 중 하나의 조건(자격규정)이 필요하다. 수익력 있는 창업기업은 세전수입이 1백만 달러를, 기존 기업은 연수익, 총자산 혹은 주식자본이 7천 5백만 달러, 성장기업은 실유형 자산이 1천8백만 달러를 반드시 초과해야 한다.NASDAQ Small Cap Market의 상장조건은 다음의 표준조건을 맞춰야 한다. 최소 주가(minimum stock price) 4달러, 최소 300주주 확보, 최소한 3 market makers가 개입해야 한다. 사업전개단계에 따라 다음 3개 중 하나의 조건(자격규정)이 필요하다. 수익력 있는 창업기업은 세전수입이 75만 달러를, 기성 기업은 연수익, 총자산 혹은 주식자본이 5천만 달러, 성장기업은 실유형 자산이 4백만 달러를 반드시 초과해야 한다.

요건	내용
8. 재평가적립금 이외의 잉여금의 자본전입	유가증권신고서를 제출하는 날로부터 소급하여 1년간 재평가적립금 이외의 잉여금을 자본에 전입한 경우에는 다음의 요건을 구비할 것 가. 자본에 전입한 총액이 유가증권신고서를 제출하는 날로부터 2년 전의 날이 속하는 사업연도 말 현재의 자본금의 30% 이하일 것 나. 자기자본이 자본에 전입한 후의 자본금의 1.5배 이상일 것
9. 유상증자 등	유가증권신고서를 제출하는 날로부터 소급하여 1년 유상증자(전환사채 및 신주인수권부사채의 전환권 또는 신주인수권의 행사와 합병으로 인한 자본금의 증가액을 포함한다.) 총액과 유가증권신고서를 제출하는 날까지 상환되지 아니한 전환사채 및 신주인수권부사채의 전환권 또는 신주인수권의 행사로 인하여 증가될 자본금을 합한 금액이 유가증권신고서를 제출하는 날로부터 2년 전의 날이 속하는 사업연도 말 현재의 자본금의 40% 이하일 것
10. 재평가적립금의 자본전입	유가증권신고서를 제출하는 날로부터 소급하여 2년간 재평가적립금을 자본에 전입한 경우에는 다음의 요건을 구비할 것 가. 자본에 전입한 총액이 유가증권신고서를 제출하는 날로부터 3년 전의 날이 속하는 사업연도 말 현재의 자본금의 30% 이하일 것 나. 자기자본이 자본에 전입한 후의 자본금의 2배 이상일 것 다. 자본에 전입한 총액이 유가증권신고서를 제출하는 날로부터 2년 전의 날 현재의 재평가적립금과 그 이후에 발생한 재평가적립금과 그 이후에 발생한 재평가적립금을 합한 금액의 50% 이하일 것
11. 소송 및 부도발생	회사경영에 중대한 영향을 미칠 수 있는 소송 등의 분쟁사건이 없고, 부도가 발생한 사실이 있었던 경우에는 유가증권신고서를 제출하는 날로부터 1년 전에 그 사유가 해소되었을 것
12. 합병 및 영업의 양도·양수 및 감자	합병 및 영업의 전부 또는 중요한 일부의 양도·양수 및 감자를 한 경우에는 당해 합병 등의 기일 및 감자의 등기일이 속한 사업연도의 결산재무제표가 확정되었을 것. 다만, 합병 등의 기일 및 감자의 등기일로부터 당해 사업연도 말까지의 기간이 3월 미만인 경우에는 다음 사업연도의 결산재무제표가 확정되어야 한다.
13. 주식 소유비율의 변동	유가증권신고서를 제출하는 날로부터 소급하여 1년간 규정에 의한 최대주주와 그 특수 관계인 및 발행주식 총수의 100분의 1 이상을 소유하는 주주의 주식소유비율에 변동이 없을 것. 다만, 다음 항목의 1에 해당하는 사유로 인하여 주식소유비율이 변동하는 경우에는 그러하지 아니하다. 가. 우리사주조합에 가입한 종업원이 주식을 취득하는 경우 나. 유상증자 시 주주가 주식대금을 납입하지 아니한 경우, 다만, 다른 주주가 그 실권주식을 취득하지 아니한 경우에 한한다. 다. 협회중개시장에서 매매거래를 한 경우 라. 상속, 유증 및 합병 등에 의한 경우 마. 외국인투자 및 외자도입에 관한 법률에 의한 외국투자가 그 소유주식을 규정에 따라 매각한 경우, 다만, 국내 최대주주 등이 변경되지 아니한 경우에 한한다. 바. 유가증권신고서를 제출하는 날로부터 소급하여 3년 이전에 발행된 전환사채 및 신주인수권부사채의 전환권 또는 신주인수권의 행사에 의한 경우 사. 기타 법령상 의무의 이행 등으로 불가피한 경우
14. 기타	국민경제의 건전한 발전 또는 투자자보호에 지장이 있다고 인정되는 다음 중 1에 해당하는 법인이 아닐 것 가. 사치, 향락성업종 등 불건전한 서비스산업을 영위하는 법인 나. 제조, 판매시설 등 설비투자가 없는 서비스산업을 영위하는 법인 다. 기업경영을 정부 또는 타법인으로부터 재정지원에 의존하는 등 경영의 독립성이 결여된 법인 라. 지주회사 등 기업경영의 성과가 타법인의 경영정책 또는 실적에 따라 중대한 영향을 받는 법인 마. 기타 기업경영의 안정성, 성장성 등으로 보아 기업공개가 부적합하다고 증권선물위원회가 판단하는 법인

■ 코스닥 증권시장 등록요건

일반적으로 등록요건은 매우 한정적인 기업을 적용대상으로 하나 벤처기업에 대해서는 설립 경과 년수, 자본금, 재무내용 등 기업을 구성하는 일반적 요인에 대해 등록제한 규정을 적용하지 않는 것으로 벤처기업의 코스닥 등록이 매우 유리하도록 규정하고 있다.

코스닥 증권시장의 등록요건은 아래 [표 12-9]와 같다.

[표 12-9] 코스닥증권시장 등록요건

① 공통요건

등록요건	벤처기업	일반기업	증권투자회사
주식의 분산	1) 분산방법 : 신주모집, 구주매출 2) 분산정도 : 소액주주 100인 이상에게 발행주식 총수의 20%이상(단, 등록 1년 전에 벤처금융이 10%이상 출자한 벤처기업은 10% 이상)		모집 또는 매출. 단, 등록 예정일 전 1년 내에 모집 또는 매출 외의 방법으로 발행한 주식은 1년간 예탁원에 보호 예수
감사의견	외부감사인의 감사의견이 적정 또는 한정일 것		-
합병/영업의 양수도	합병 등의 기일이 속한 사업연도의 결산재무제표 확정 (합병 등의 기일로부터 사업연도 말까지의 기간이 3월 미만인 경우 다음 사업연도 결산 확정)		-
주식의 양도 제한	정관 등에 주식양도의 제한이 없을 것		
소송 및 부도 발생	소송 등의 중대한 분쟁사건이 없고, 부도의 경우 등록 6개월 전에 그 사유가 해소될 것		
주권양식	통일 규격 유가증권		
액면가액	100,200,500,1,000,2,500,5,000원 중 하나일 것		-
명의개서 대행위탁	명의개서 대행회사(증권예탁원, 우리은행 및 국민은행)와 명의개서 대행계약 체결. KS, 은행법에 의한 은행은 제외		-
통일규격 유가증권	사용할 것		
기타	공익과 투자자보호상 부적당한 사유가 없을 것		-

자료 : 한국거래소 홈페이지(http://www.krx.co.kr)

② 선택요건

등록요건		벤처기업	일반기업		증권투자회사
			선택 1	선택 2	
설립 후 경과년수		–	3년 이상		–
납입자본금		–	5억원 이상		8억원 이상
자기자본		–	–	100억원 이상	–
자산총계		–	–	500억원 이상	–
상시 종업원 수		–	–	–	–
재무 내용	부채비율	–	동업종 평균 1.5배 미만	동업종 평균 미만	–
	경영성과	–	경상이익 실현		–
	자본상태	–	자본잠식 없을 것	자본잠식 없을 것	–

(5) 기업공개절차

■ 선행요건

① 기업등록: 기업공개를 위하여 유가증권을 모집 또는 매출하고자 하는 법인은 사전에 금융감독위원회에 등록한다.

② 감사인의 회계감사 및 감사인 지정: 기업공개 예정법인은 최근 사업연도 재무제표에 대해 증권관리위원회가 지정하는 감사인으로부터 회계감사를 받아야 한다.
  따라서 증권관리위언회로부터 감사인의 지정을 받고자 하는 회사는 지정받고자 하는 사업연도의 종료 3개월 전까지 증권관리위원회에 감사인 지정 신청을 하여야 한다.

③ 주간사회사의 선정 및 주간사 계약체결: 기업을 공개하고자 하는 법인은 주간사회사가 증권감독원에 주간사계획서를 제출하기 전에 주간사 계약을 체결하여야 한다. 그러므로 간사 회사의 자격요건을 가진 증권회사 등을 주간사회사로 선정하고 공개일정 등에 관해 사전에 충분한 협의를 거쳐야 한다.

■ 예비절차

① 정관의 정비: 기업을 공개하기에 앞서 공개기업으로서의 법적 요건과 제반 주식사무를 취급하기 위해서는 정관을 개정·보완해야 한다. 개정 또는 보완할 정관내용으로는 수권주식수의 조정, 회사가 발행할 주식의 종류, 신주 인수권 배제에 관한 사항,

명의개서 대리인의 선임, 주주총회 소집공고에 관한 사항, 전환사채 및 신주인수권부 사채발행 관련조항 등이다.

② **우리사주조합의 결성:** 우리사주조합은 공개 여부에 관계없이 전 종업원을 대상으로 결성할 수 있으며 정부는 종업원지주제도의 확대를 위해 우리사주조합의 결성을 적극 장려하고 세제 및 금융 면에서 크게 지원하고 있다. 기업을 공개하고자 하는 법인은 우리사주조합을 결성하고 공모주식 총수의 20%를 우리사주조합원에 우선적으로 배정해야 한다(거래법 제191조의 7).

③ **명의개서 대행기관 선정:** 명의개서 대행기관 선정은 증권거래소의 유가증권 상장업무 규정상의 상장요건으로 명시되어 있다.

■ **본 절차**

① **이사회(주주총회) 결의:** 일반공모를 통상 신주발행에 의해 기업공개를 하고자 하는 법인은 이사회의 결의로 신주의 종류와 구·신주의 발행가액과 납입기일, 신주의 인수방법 등을 결정하여야 한다. 그러나 정관의 규정으로 주주 주주총회가 신주발행을 결정하도록 정한 경우에는 주주총회의 결의에 의한다. 신주를 발행하지 않고 구주매출에 의해 기업공개를 하고자 하는 법인은 대주주로부터 구주매출의 위임장을 받아 이사회 결의로서 구주매출에 임하게 된다.

② **주간사 계약체결 및 주간사 계획서 제출:** 기업공개를 하고자 하는 법인은 주식의 모집·매출을 주관할 주간사를 선정하여 주식인수 의뢰서를 동 주간사회사에 발송하고 주간사와 주간사 계약을 체결한다. 주식인수를 의뢰받은 주간사회사는 유가증권신고서를 제출하고자 하는 월의 전월 1월까지 증권감독원에 주간사 계획서를 제출 한다.

③ **유가증권 분석 및 인수가액 결정:** 유가증권 분석은 간사단이 공동으로 모집 또는 매출할 주식의 이론 가치를 산정하기 위해 실시된다. 이때 간사 회사는 기업의 본질가치 등을 고려하여 이론 가치를 산정한다. 유가증권 분석이 종료되면 주간사 회사는 인수가액을 결정하는데, 인수가액은 유가증권 분석결과 산정된 본질가치와 사업성, 주식시장의 상황 및 공모규모 등을 고려하여 발행회사와 협의하여 결정한다. 이렇게 결정된 인수가액은 기관투자가 등을 대상으로 한 수요예측(book building) 결과를 감안하여 이를 변경할 수 있다.

④ **인수단 구성 및 총액인수모집계약 체결:** 유가증권분석이 완료되어 발행 또는 공모규모

와 공모가액이 결정되면 주간사회사는 공동간사회사와 협의하여 즉시 인수단을 구성하고 발행회사와 인수단 간에 주식총액인수 및 모집 · 매출계약을 체결하게 된다.

⑤ **유가증권신고서 제출:** 유가증권을 모집 · 매출하고자 하는 경우 당해 유가증권발행인은 유가증권신고서를 증권관리위원회에 제출해야 한다(거래법 제8조). 따라서 발행회사는 인수 및 매출계약이 체결되면 유가증권신고서를 작성하여 증권관리위원회에 제출한다. 유가증권신고서는 증권관리위원회가 동 신고서를 수리한 날로부터 20일이 경과함으로써 효력이 발생한다.

⑥ **청약안내공고 및 청약 실시:** 주간사회사는 신고서 효력발생 후 발행회사와의 협의를 거쳐 발행회사와 인수단 및 청약사무 취급 단 구성원 전원의 연명으로 청약안내 공고를 한다. 청약안내서에 공고된 청약일에 청약을 받게 되는데 청약은 통상 효력발생일로부터 3일 정도 경과 후 2일간에 걸쳐 받게 된다.

⑦ **주금의 납입:** 신주에 대한 청약이 완료되면 미리 정해진 납입기일에 신주인수권자로부터 받은 청약증거금을 주금으로 대체하여 주금납입이 이루어진다. 신주인수인은 납입기일의 다음날부터 주주의 권리와 의무를 가지게 된다.

⑧ **자본금 변경등기:** 주금납입이 완료되면 발행회사는 신주발행에 따른 자본금 변경내용(회사발행주식의 총수, 자본금 총액)을 등기한다.

⑨ **유가증권 발행실적 보고서 제출:** 발행회사는 신주에 대한 주금의 납입이 완료되면 지체 없이 유가증권 발행실적 보고서를 작성하여 금융감독원 · 한국거래서 · 협회 중 한 곳에 제출한다. 유가증권 발행실적 보고서는 유가증권신고서와 함께 금융감독원에 2년간 비치되고 일반인에게 공개된다(거래법 제17조).

⑩ **상장 신청:** 주금의 납입이 완료되면 발행회사는 지체 없이 주권을 발행, 교부하고 한국거래소에 상장 신청 한다.

기업공개 절차를 정리하면 [표 12-10]과 같다.

[표 12-10] 기업공개절차

일정	업무내용	관련기관	비고
D-2~3년	• 주간사계약 체결	• 주간사	최소한 주간사계약서 제출일 6개월 전
D-2월	• 주간사계획서 제출	• 금융위원회	–
D-7일	• 주식인수심사청구서 제출 • 유가증권분석보고서 제출	• 금융위원회	–
D일	• 유가증권신고서 제출 • 예비사업설명서 제출	• 금융위원회	–
D+7일	• 신규상장신청서 제출 • 상장시기 및 절차 협의	• 한국거래소	청약일 2주 전
D+15일	• Book Building 실시	• 주간사	–
D+21일	• 유가증권신고서 효력발생 • 본 사업 설명서 제출 • 청약안내공고 • 사업설명서, 유가증권신고서 및 청약 서류 배포	• 금융위원회 • 청약취급단	–
D+22, 23일	• 청약실시	• 청약취급단	–
D+40일	• 주금납입	• 납입은행	–
D+41일	• 증자등기 • 유가증권발행실적 보고	• 등기소 • 금융위원회	–
D+53일	• 상장안내서 배표 • 주권교부신청, 인쇄, 발행	• 한국거래소, 증권회사, 청약취급단 대행기관	–
D+57일	• 상장결정통보 및 공시	• 한국거래소	–
D+60일	• 상장	• 한국거래소	납입일 20일 후

자료 : 한국거래소 홈페이지(http://www.krx.co.kr)

(6) 코스닥증권시장 등록절차

코스닥증권시장의 등록절차는 일반적으로 발행회사(벤처기업)와 주간사(증권회사) 간 사전에 협의에 의하여 이루어진다. 그러나 증권시장의 상장보다는 용이하다. 자세한 등록절차는 [표 12-11]과 같다.

[표 12-11] 코스닥증권시장의 등록절차

일정(예시)	구 분	주요내용	주관처	대상처	비고
(사전절차)	외감법에 의한 외부감사	최근 사업연도 재무제표에 대한 검사	회계법인	발행사	
(사전절차)	등로종목딜러 선정	등록을 주선할 증권회사 선정	발행사	증권사	
(사전절차)	금융감독위원회 등록	금융위원회에 등록하여야 코스닥시장에 등록할 수 있음	발행사	감독원	
(사전절차)	정관정비	등록요건에 부합하도록 정관 개정(명의개서 대리인 제도 도입, 주식의 양도 제한 삭제, 주식의 액면가액 조정 등	발행사		
(사전절차)	주식인수의뢰	주식공모를 위한 사전 절차	증권사	협회	주간사계약 체결 전
(사전절차)	주간사계약 체결	유가증권신고서 제출 전	발행사	증권사	
(사전절차)	유가증권분석 조서 작성	자산가치 및 수익가치 산출	증권사		
D-2	명의개서 대행 계약 체결	등록요건 충족을 위한 계약 체결	발행사	대행사	
D-2	주식총액인수 및 모집·매출 계약 체결	발행가액 등 주식공모에 관한 사항약정	발행사	증권사	
D	유가증권신고서 제출(수리)	유가증권신고서의 효력이 발생해야 공모 가능	발행사	감독원	
D+8	등록신청	청약개시 예정일의 2주 전까지 신청	증권사	코스닥	청약일 2주 전
D+20	유가증권신고서 효력발생	유가증권신고서 수리일로부터 20일이 경과한 날			수리 후 20일
D+20	신문 공고	청약, 배정 등 공모에 관한사항 공고	증권사	투자자	
D+20~23	청약	등록종목 딜러의 본지점 등에서 접수	투자자	증권사	2일간
D+30	배정	청약결과에 따라 안분 배정	증권사		청약8영업일째
D+30	환불 및 추가납입	배정결과에 따라 환불 및 추가납입 실시	증권사	투자자	1일간
D+31	주금납입	신주모집금액의 주금납입	증권사	발행사	
D+34	등록신청 추후 보완서류 제출	주식공모결과 증빙서류 등 제출	증권사	코스닥	예탁자 확인서 등
D+35	등록심의 및 승인	코스닥위원회의 등록심의 및 승인(매월 2번째 수요일 개최)	협회	코스닥 위원회	
D+38	등록승인 통보	발행회사 등에게 등록승인 사실 통보	협회	코스닥	
D+39	매매개시	등록승인을 포함하여 3거래일 이내	코스닥		

자료 : 한국거래소 홈페이지(http://www.krx.co.kr)

제4절 코넥스(KONEX) 시장

(1) 코넥스(KONEX) 시장의 도입배경

장외주식시장의 기능을 수행하던 "협회등록호가 중개시장"이 1996년 7월 "코스닥 증권시장"으로 출범한 이후 코스닥시장의 투자자 보호를 위해 계속적인 심사요건 강화와 2005년 통합거래소 출범 이후 코스닥시장이 거래소의 지위를 부여 받음에 따라 설립 초기의 중소기업을 위한 자본시장의 필요성이 제기되었으나 프리보드 시장은 지속적인 거래부진으로 거래가 위축되어 제 기능을 수행하지 못하였다.

이에 기존 증권시장을 활용하기보다 새로운 시장의 개설이 필요하다는 인식하에 거래소내에『창업 → 성장 → 회수 및 재투자 → 중소벤처활성화』로 이어지는 중소 · 벤처 생태계의 선순환체제를 구축하고 융자 중심에서 모험자본(risk capital)에 기반한 투자방식으로 금융 패러다임을 전환하는 핵심 인프라로서의 기능과 역할을 담당하기 위한 코넥스시장을 개설하게 된다.

중소 · 벤처기업들이 공개시장을 통해 자금을 조달할 수 있도록 지원하기 위하여 중소기업에 특화된 코넥스시장은 공모, 사모, 직상장 등 시장 진입방법의 다양화와 진입요건 최소화, 분반기 보고서 면제, 수시공시사항을 축소하고, 지배구조 부담을 완화해 주기 위하여 사외이사와 상근감사에 대한 설치의무를 면제해 주는 등 중소기업의 시장진입의 용이성을 높였다.

이와 더불어 코넥스시장 개설 목적인 모험자본의 선순환과 구조조정 지원을 위하여 전문투자자 이외에도 중소기업 투자에 대한 투자를 전문적으로 하는 엔젤투자자와 창업투자조합, 벤처캐피탈 등의 코넥스시장 참여를 허용하고, 대량매매제도 및 경매매의 도입, 우회상장 허용 및 합병요건 완화 등을 통해 지분매각과 M&A가 활성화 될 수 있도록 시장제도를 개편하였다.

(2) 코넥스시장 특성

■ 중소기업 특화 시장

코넥스시장은 「중소기업기본법」상 중소기업만 상장 가능한 시장으로서 특화된 시장이다. 기술력있는 중소기업의 성장을 지원하기 위하여 공모, 사모, 직상장 등 진입방법을 다양화하고 진입요건도 최소화하였다. 그 밖에도 분반기보고서를 면제하고 수시공

시사항을 축소하여 공시부담을 완화하였으며 법상 사외이사와 상근감사 설치의무를 면제하여 지배구조부담도 완화하였다.

■ **모험자본의 선순환(투자회수 및 재투자) 체계 지원**

코넥스시장은 전문투자자 등으로 시장참여자를 제한하나, 중소기업 투자전문성이 인정되는 벤처캐피탈(창업투자조합 등 포함) 및 엔젤투자자의 시장참여를 허용하여 모험자본의 선순환을 지원하고 있다.

■ **M&A 등 구조조정을 지원하는 시장**

초기 중소기업은 M&A등을 통한 기업성장 및 경쟁력 강화가 매우 중요한데, 코넥스시장은 활발한 M&A의 지원 및 원활한 지분매각을 위하여 합병요건(우회상장 포함)을 완화하고 대량매매·경매매제도 등을 도입하였다.

(3) 코넥스(KONEX) 시장의 거래 현황

코넥스시장은 2013년 25개사로 개설 이후 2013년말 45개 상장기업, 시가총액 923억원에서 2016년말 141개사 약 4조 3000천억원으로 외적성장이 이루어졌을 뿐만 아니라 자본조달규모 136억에서 1,231억, 모험자본 투자 규모는 100억원에서 707억원으로 코스닥시장 이전상장은 2014년 6개에서 2016년 11개사로 질적 성장 역시 이루어져 코넥스시장의 출범 목적인 설립초기 중소·벤처기업의 성장을 지원하는 인큐베이터 시장과 모험자본의 선순환(투자→회수→재투자)지원 기능이 이루어지고 있는 것으로 평가된다.

다만, 시가 총액이 높고 기업성과가 우수한 기업들이 코스닥시장으로 이전상장 되는 비율 역시 매년 증가하고 있어, 코넥스시장의 기업들의 외형적 규모의 성장은 한계가 있을 것으로 사료된다.

투자자별 거래비중의 경우 시장 초기 기관투자자의 투자비율이 40%이상 높은 수준이었으나 이후 개인투자자의 투자비중이 급격히 증가하여 2016년 기준 개인투자자의 투자비중은 78.95%로 개인투자자의 집중도가 심화되고있다. 거래량 증가는 시장 활성화 측면에서 긍정적이나 중소벤처기업 중심의 코넥스시장의 투자위험을 고려 시 개인투자자의 투자비중이 지나치게 높게 나타나고 있어 모험자본의 선투자 순환구조보다 개인투자자 중심의 투기적 시장으로 변질될 우려가 있다.

(4) 코넥스시장 상장혜택

■ 기업에 대한 혜택

① 공모를 통한 유상증자 용이 (자본시장법 제165조의 6): 상장법인은 정관이 정하는 바에 따라 이사회의 결의로써 주주의 신주인수권을 배제하고 불특정 다수인(당해 기업의 주주를 포함한다)을 상대로 하여 신주를 모집할 수 있다.

② 의결권 없는 주식의 발행한도 특례 (자본시장법 제15조의15): 비상장법인은 의결권 없는 주식을 발행주식 총수의 25%까지 발행할 수 있다. 그러나 상장법인이 외국에서 주식을 발행하거나 외국에서 발행한 해외전환사채, 해외신주인수권부사채, 기타 주식과 관련된 증권 또는 증서의 권리행사로 발행하는 의결권 없는 주식은 발행한도의 계산에 산입되지 않는다.

③ 주식배당의 특례 (자본시장법 제165조의13): 비상장법인은 주식배당을 배당가능 이익액의 1/2를 초과하지 못하나, 상장법인은 배당가능 이익총액에 상당하는 금액까지 주식배당을 할 수 있다.

④ 주주총회 소집절차의 간소화 (상법 제542조의4): 비상장법인의 주주총회의 소집통지는 각 주주에게 서면으로 하게 되어 있으나, 상장법인의 주주총회 소집통지는 의결권 있는 발행주식 총수의 1%이하를 소유하는 주주에 대하여 정관이 정하는 바에 따라 주주총회일 2주전에 2개 이상의 일간신문에 각각 2회 이상 공고함으로써 이를 갈음할 수 있다.

■ 주주에 대한 혜택

① 주식양도소득에 대한 비과세 (소득세법 제94조, 동법시행령 제157조제4항): 상장주식은 대주주 등을 제외하고 주식양도에 따른 양도소득세를 부과하지 않고 있기 때문에 상장을 위해 모집하거나 증권시장을 통하여 양도하는 경우에는 양도소득세가 면제된다. 그러나 비상장주식은 양도차익의 20%(중소기업의 경우 10%, 중소기업 이외의 법인의 주식을 소유한 대주주로서 1년 미만 보유시 30%)를 세금으로 납부하여야 한다.

② 증권거래세 탄력세율 적용 (증권거래세법 제8조 및 동법시행령 제5조): 비상장법인의 발행주식을 양도하는 경우 0.5%의 증권거래세율이 적용되지만, 코넥스시장을 통해 양도되는 상장법인의 주식은 0.3%의 세율이 적용된다.

③ 소수주주권 행사완화 등 (상법 제542조의6, 제542조의7): 상장법인의 경우 상법상 소수주주권 및 집중투표제 행사요건(1%) 등이 완화되어 적용된다.

■ 상장의 효과

① **필요자금 조달의 용이**: 유상증자, 해외DR 발행, 전환사채, 교환사채 등 다양한 방법을 통해 대규모 필요자금을 쉽게 조달할 수 있다.

② **기업인지도 제고**: 상장법인의 주가 등이 신문 · TV 등 언론매체에서 수시로 보도됨으로써 기업의 홍보효과가 극대화되고 국내외 투자자에 대한 당해 기업의 인지도를 제고할 수 있다. 또한 기업인지도 제고에 따라 우수 인재의 입사지원 증가 및 우수인력의 확보가 용이하다.

③ **기업구조조정의 원활한 추진**: 상장법인의 분할 또는 합병 등에 의해 설립된 회사를 쉽게 상장할 수 있도록 상장요건 정비 등 환경을 조성함으로써 상장법인의 경영목적에 맞는 방법으로 구조조정을 원활하게 추진할 수 있다.

(5) 신규상장 요건

■ 외형요건

코넥스시장은 기업이 해당기업 실정에 맞는 요건을 선택할 수 있도록 기업의 재무요건을 최소화하고, 또한 기업이 해당기업 실정에 맞은 요건을 선택할 수 있도록 외형요건을 선택요건화(매출액, 자기자본 및 당기순이익 중 택일)하였다. 그 밖에 초기 중소 · 벤처기업 실정에 부합하지 않는 요건은 폐지하거나 완화하고, 증권의 자유로운 유통과 재무정보의 신뢰성 확보를 위한 최소한의 요건만 적용하도록 하였다.([표 12-12] 참조)

[표 12-12] 신규상장 요건

구분		내용	비고
중소기업 여부		중소기업 기본법에 따른 중소기업에 해당 여부	
재무내용	일반기업	① 매출액 10억원 이상 ② 자기자본 5억원 이상 ③ 당기순이익 3억원 이상 중 택일	택일
	벤처투자기업7	① 매출액 5억원 이상 ② 자기자본 3억원 이상 ③ 당기순이익 2억원 이상 중 택일	택일
주권의 양도제한		정관 등에 양도제한의 내용이 없을 것 다만, 他법령에 의해 제한되는 경우로서 그 제한이 코넥스 시장에서의 매매거래를 저해하지 않는다고 인정되는 경우에는 예외	
감사의견		최근 사업연도 감사의견이 적정일 것	
액면가액		100원, 200원, 500원, 1,000원, 2,500원, 5,000원 중 하나 일 것	액면주식에 한함

■ 질적요건

한국거래소는 지정자문인이 제출한 상장적격성보고서를 토대로 신규상장신청기업 경영진의 시장건전성 저해행위, 경영투명성, 회계정보 투명성, 투자위험 등을 종합적으로 검토하여 공익과 투자자보호에 부적합한 사유가 없는 지에 대해 질적심사를 수행한다. 다만, 지정자문인이 신규상장신청기업에 대해 사전에 상장적격성을 심사하므로 한국거래소에 의한 상장심사는 최소화하고 있다.

(6) 코넥스시장의 상장절차

코넥스시장의 상장절차를 정리하면 아래 [그림 12-1]과 같다.

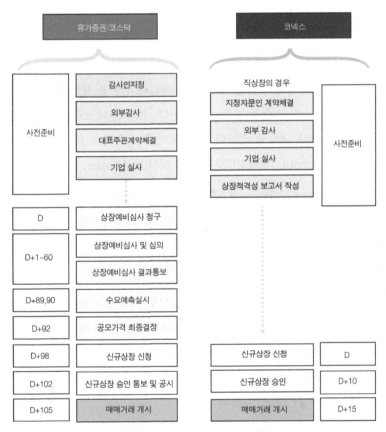

[그림 12-1] 코넥스시장의 상장절차

---

7   「벤처기업육성에 관한 특별조치법」 제2조의2 제1항 제2호 가목에 해당하는 자가 보유한 주식 등의 합계가 발행주식 총수의 20% 이상인 법인

`기업가정신 사례 1` **버크셔 해더웨이 워렌 버핏 창업주[8]**

워렌 버핏은 주식중개인이던 아버지로부터 주식을 배워 8세 때부터 아버지가 보던 주식 관련 서적을 탐독한다. 그리고 11세에 석유회사인 시티 서비스 주식을 매입하기도 했다. 특히 고등학교 1학년이던 1945년에 친구 돈 댄리와 함께 핀볼 게임기 대여사업을 해서 돈을 벌게 된다.

중고 핀볼 게임기를 사서 수리한 다음 이발소에 설치하고, 이발소 주인에게는 수익의 20%를 주기로 합의하여, 이발하러 온 손님들이 기다리는 시간에 게임을 하도록 하는 것이다. 35 달러로 게임기 한 대를 사서 시작한 사업에서, 곧 게임기는 7대로 불어났고 1주일에 50불씩 벌게 된다.

1947년 대학진학을 위해 퇴역군인에게 이 사업을 1,200불에 양도한다. 이것이 버핏에게는 비즈니스의 원리를 깨치는 좋은 경험이 되었다. 그는 후에 이 경험을 두고 "인생이 이렇게 멋진 것인 줄 미처 몰랐다"라고 회고한다.

어릴 때부터 이렇게 사업과 투자에 대한 깊은 관심과 경험을 갖게 된 그는 1947년에 펜실베이니아 대학 와튼 스쿨의 학부 과정에 진학한다. 1949년 네브라스카 대학으로 학교를 옮기고, 1950년 컬럼비아 대학에 진학한 그는 평생의 스승이자 역할모델이 되는 벤저민 그레이엄(Benjamin Graham, 1894-1976)과 필립 피셔(Phil Fisher, 1970-2004)를 만난다.

버핏은 "I'm 15 percent Fisher and 85 percent Benjamin Graham."이라고 술회한 적이 있으며, 첫 아들의 이름에 그레이엄을 넣을 정도로 그레이엄을 존경하였다. 그레이엄은 〈증권분석〉이라는 책을 집필하였고, 실제 투자회사도 운영하였으며, 가치투자에 대한 그의 철학과 지식은 스승 그레이엄으로부터 배운 것이라고 할 수 있다.

그렇지만 버핏은 그레이엄의 철학을 신봉하면서도 그것에 머물지 않고 친구이자 동업자인 버크셔 해더웨이 부회장 찰스 멍거(Charles Munger)를 통해 반드시 헐값이 아니더라도 가치가 저평가되어 있는 주식을 사는 것이 수익에 도움을 준다는 것을 깨닫게 된다. 이렇게 좋은 스승과 좋은 창업 동료가 버핏에게는 투자자로서 흔들리지 않는 투자철학을 확립할 수 있는 좋은 조언자들이 된다.

버핏은 2006년, 본인이 보유하고 있는 버크셔 해더웨이 주식의 85%를 5개의 재단에 기부하겠다고 발표했고, 이 기부금의 대부분은 게이츠 재단(Bill and Melinda Gates

---

8　배종태외 3인(2009), 전게서, pp. 88~89.

Foundation)에 기부하기로 결정했다. 수십조 원에 달하는 자신의 재산 대부분을 자신이 직접 재단을 설립하지 않고 자선 사업에 보다 전문적인 능력을 가지고 있는 게이츠 재단에 기부하겠다는 생각은 얼마 되지 않는 출연금으로도 자신의 재단을 만들어 자신의 기부 활동을 다른 사람들에게 알리고 생색을 내려는 우리나라의 많은 기업인들에게 좋은 귀감이 된다고 할 수 있다.

CHAPTER **13**

창업기업의 지속성장 전략

- '값진 위기를 허비해선 안 된다(Never waste a good crisis)'
  우르슬라 번스, 제록스 CEO

- 기업이 실패하는 이유는 '잘못된 일을 해서' 또는 '올바른 것을 제대로 실행하지 못해서' 그런 게 아니다. 비즈니스 환경의 근본적인 변화를 제대로 읽지 못해서 실패하게 된다. 그런 변화는 소비자의 수요 변화일 수 있고, 핵심 역량의 변화일 수 있고 경제 환경의 변화일 수도 있다. 이런 큰 이슈들을 잘 포착하고 시대 조류에 재빨리 대응해야 한다.
  피터 드러커

제1절 **지속성장 전략의 의의**[1]

기업가 활동은 사업 기회를 포착하면서 시작되지만 지속적인 성장을 이루어 가기 위해서는 이 기회를 실행할 수 있는 사업 조직의 뒷받침이 있어야 한다. 판매와 소비자가 늘어감에 따라 성장관리를 제대로 해내지 못하면 실패로 이어진다.

기업이 생존하고 성장을 이어 나가기 위해서는 성장의 단계에 맞는 필요 사항에 주의를 기울여 조치를 취해야 한다. 장기적인 성공에 요구되는 계획과 준비가 필요한 것이다. 보통 사업가적 역량과 관리적 역량은 상호 배타적이고 회사의 성장 단계에 따라 각기 다른 시기에 작용한다고 여겨진다. 즉, 창업기에는 사업가적 역량이 중요하고 회사가 성장해 감에 따라 관리적 역량의 중요성은 커져 간다.

하지만 기업은 성장을 거쳐 커져가더라도 기업가적 혁신 정신은 유지해야 할 필요가 있다. 회사는 현재까지 이룩한 것을 잘 관리만 해서는 오래 갈 수 없다. 소비자의 니즈는 필연적으로 바뀌게 된다. 경쟁자들도 더 나은 제품과 서비스를 끊임없이 내놓는다. 경제, 정치, 기술 등 다양한 외부 상황의 변화에 따라 끊임없이 변화하고 새로운 기회를 추구해야 한다.

오늘 시작한 사업의 반 이상이 8년 후에는 없어진다는 것은 놀라운 일이 아니다. 7개 중 1개 회사만이 성장하고 수익을 낸다. 이들 소수 업체들이 무엇이 다르기에 생존하고 성장하는가? 기업이 지속적으로 성장하기위해서는 바로 조직의 혁신 역량을 유지하며 효율적인 운영 조직을 구축하는 전략이 필요하다.

제2절 **창업기업의 성장 과정**

창업 초기에는 포착된 사업 기회가 어느 정도 모양을 갖추기 시작하지만 아직 이렇다할 판매는 없을 것이다. 자원을 긁어모아 운영체계를 갖추기 시작한다. 대부분의 경우 창업자 자신이 모든 일에 관여하게 된다. 시간이 흘러 사업이 성숙 단계에 이르면 구축

---

1 William Bygrav & Andrew Zacharakis, 이민화, 이현숙 옮김(2013). 기업가 정신(Enterpeneur ship), 동서미디어, p.319~327.

된 조직이 사업 활동을 하며 직면하는 많은 문제를 처리해야 한다. 시스템과 구조는 확립되고, 고착화된 문화는 새로운 성장의 방해요인이 될 수도 있다.

초기 성장단계를 거쳐 가면서 기업은 성장 기조를 유지하며 관리할 수 있는 조직과 운영 노하우를 구축하고 혁신적 기업가정신을 유지하며 성장을 이어나갈 수 있는 역량을 키워가야 한다. 성장의 4가지 원동력은 리더십, 기회, 자원과 역량, 그리고 실행이다. 우선 창업 후 모든 기업가들이 직면하는 선택의 문제인 사업의 성장, 유지, 매각 등에 대한 사항들을 살펴보도록 하자.

(1) 성장, 유지, 매각에 대한 고려

[그림 13-1]은 창업 이후 기업가가 사업에 대해 선택할 수 있는 옵션들이다. 각 옵션에는 최소 두 개 이상의 대안을 창업자에게 제시한다. 기업가는 사업을 성공시킨 후 매각하여 자본 이익을 거둘 수 있다. 매각 후에는 그대로 회사에 남을 수도 있고 떠나서 다른 직장을 찾거나 다른 사업을 시작할 수도 있다. 보통은 그대로 남는 경우가 많다.

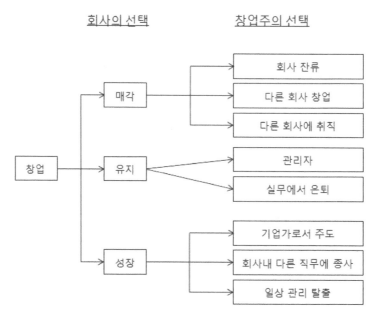

[그림 13-1] 창업 후 창업자의 선택권

기업가는 자본 이익을 거두기 위해 경영권을 매각하더라도 수년 동안 조직에 남아 일을 계속하기도 한다. 칼리지 코치(College Coach)의 창업자인 마이클 런던(Michael London)과 스티븐 크래머(Stephen Kramer)는 자신들의 회사를 2006년 브라이트 호라이즌(Bright horizons)에 매각하였다. 매각 후 마이클과 스티븐 둘 다 회사에 남아 일을 계속 하였다. 인수자 입장에서는 리스크를 줄이기 위해 창업자가 회사에 남는 것을 선호한다.

일반적으로 회사의 인수 대금은 인수 가격의 3분의 1은 현금으로, 3분의 1은 인수회사의 주식으로, 나머지 3분의 1은 이익연계지불(earn-out)로 지급되는 경우가 많다. 만일 인수된 회사가 정해진 목표를 달성하면 약속대로 이익연계지불 금액을 지급받고 실패하면 못 받을 수도 있다. 따라서 창업자는 회사 매각 후에도 열심히 일할 이유가 생기는 것이다.

반면 회사가 상장사인 경우에는 소유주가 매각 후 나가는 경우가 많다. 실리콘 그래픽스를 1981년 공동 창업한 짐 클락은 그의 지분을 1994년에 팔고 회사를 떠나 마크 안드리센과 넷스케이프를 공동 창업하였다. 창업자가 회사를 매각하면 떠날 경우를 대비해 이후 활동에 제약을 두는 계약서를 작성하기도 한다. 예를 들어 인수 회사에서 창업자가 경쟁사에 취직하거나 경쟁 사업을 일으키는 것을 금지하는 비경쟁 조항을 요구할 수 있다.

사업체를 매각하지 않고 유지할 경우, 창업자는 계속 회사를 이끌어 갈 수도 있고 일상적인 경영 활동에서 물러날 수도 있다. 구글의 공동 창업자인 세르게이 브린과 래리 페이지는 1998년 창업하여 2001년에 에릭 슈미트(Eric Schmidt)를 CEO로 영입할 때까지 회사에서 계속 일하였다. 경험 많은 CEO를 영입하자 브린과 페이지는 자신들이 가장 좋아하는 분야를 맡기로 하고 각각 기술 그룹과 제품 그룹을 이끌었다.

상당수 기업가들이 복잡하고 리스크가 커지는 것을 기피하고 편안한 생계를 유지하는 수준으로 사업을 유지하는 것을 선택하기도 한다. 사업을 더 키울 욕망이 없다 보니 매각할 만큼 규모가 크지도 않은 경우가 많다. 기업의 성장에는 기업가의 능력뿐만 아니라 성장에 대한 의지도 요인으로 작용한다.

(2) 성장의 원동력

창업과정에서는 창업자, 기회, 자원의 3가지 요소가 균형을 맞아야 하고 성장 단계에서는 리더십, 기회의 확장, 조직적 역량과 자원이 필요하다(그림 13-2 참고). 창업 단계에서는 사업 계획이 중요한 역할을 하지만 성장 단계에서는 실행이 핵심이다. 이들 요소는 서로 균형을 이루며 성장하는 동안 꾸준하게 유지 되어야 한다.

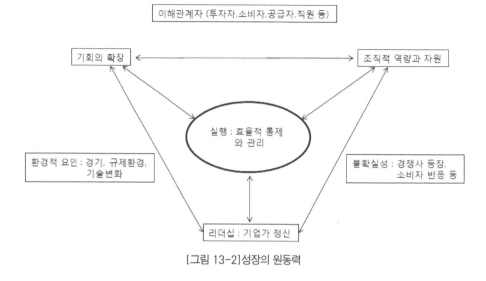

[그림 13-2]성장의 원동력

창업과 성장 모두 환경적 요인과 불확실성에 영향을 받는다. 창업 단계이든 성장 단계이든 회사는 경쟁사의 등장이나 소비자의 반응 등을 정확하게 예측하기는 어렵다. 또한 경기, 규제 환경, 기술 변화 등 외부 요인도 기업의 생존과 성공 여부에 영향을 준다. 회사가 통제하기 힘든 이런 요인들 사이에서 성장의 원동력이 되는 요소들을 잘 갖추어 균형을 이루어 나가야 한다.

기업의 이해관계자들(투자자, 소비자, 공급자, 직원 등)은 해당 기업의 성장 잠재력에 있어 큰 영향력을 행사한다. 기업이 성장함에 따라 다양한 내부, 외부 관계자들이 영향력을 행사하게 되는데, 이들의 니즈와 의견들을 장기적인 관점에서 현명하게 활용하고 균형을 맞추어 나가야 한다.

코닥은 2004년 필름 기반 카메라 판매를 중지하고 디지털 카메라 사업으로의 전환을 위해 인력을 감축하고 그간 필름 카메라 판매의 주요 유통 파트너였던 월그린(Walgreens)과의 관계 중단을 발표했고 이는 큰 파장을 불러왔다. 주주들의 반대에도 불구하고 코닥은 필름 사업의 종말을 내다보았고 당장 주주들을 달래는 것보다는 미래에 대한 준비를 위한 과감한 결정을 내려야 한다고 생각하였다.

코닥은 2006년에 소비자 사업 부문을 디지털 이미징 그룹과 필름 앤 포토피니싱 시스템 그룹으로 이분화하여 과거에 대한 정리와 미래에 대한 준비를 동시에 해나가기로 하였다. 2008년 말 코닥은 1천 4백만대 이상의 디지털 카메라를 선적하였고, 필름 부서의 매출은 2004년 7십억 달러에서 2008년 3십억 달러로 축소되었다. 만일 코닥이 필름 부

진병채(2006), 일류기업 CEO의 자질

창업진흥원(2012) 기술창업보육론 교재

최성우 · 정태호(2012), OVA상표법, 춘추문화사

최종렬 · 정해주(2011), 벤처창업과 기업가 정신, 탑북스

최종열 (2010), 기술창업기업의 네트워크 특성이 기업성과에 미치는 영향 : 창업보육센
　　　터기업을 중심으로, 벤처경영연구 Vol.13, No.4, pp87~108

최종인 · 양영석(2012), 창업교육 프로그램 개발과제, 한국벤처창업학회, 제7권 제1호

최준식 · 최현식(2017), 제4의 물결이 온다. 지식노마드, pp.6~9

클라우드 슈밥(2006), 제4차산업혁명, 새로운현재.

토니세바(2015), 에너지혁명 2030, 교보문고, pp.20~34

통계청(2015), 기업생멸 행정통계

특허청(2008), 사례중심의 지식재산 경영매뉴얼.

특허청(2008), 선진 특허 강국의 기술지주회사에 대한 국내 기업들의 대응방안과 특허정
　　　책연구

특허청(2013), 창업, 지식재산권으로 통하다

한국과학기술정책연구원(2017), Entrepreneur Ship Korea, vol.5

한국데이타베이스진흥원(2014), 국내외 스타트업 지원 현황, DB 이슈리포트 제31호

한국벤처창업학회(2012), 창업론, 명경사.

한국보건사회연구원(2016), 글로벌 사회정책브리프, Aug 2016, vol.32

한국산업경제원, 산업경제정보 제515호(2011), "우리나라 기업가정신의 현황과 시사점"

한국은행(2016), 국제경영리뷰, "제4차산업혁명: 주요국의 대응현황을 중심으로"

한국품질재단한국품질인증센터(2002), 신품질 실천 가이던스

한길석(2013), 창업과 기업가정신, 비엔엠북스.

한정화(2010), 벤처창업과 경영전략, 홍문사

한정화(2011), 기업가정신의 힘, 21세기북스

홍금표(2005), 프랜차이즈 경영론, 글로벌

홍성도(2012), 벤처기업컨설팅, 무역경영사

황홍식 · 서승원 · 안숙원 · 최택형 · 박준범(2009), 커뮤니티 마케팅, 팜파스창

히라노겐(2009), 재무 분석, 새로운제안

근로복지공단, http://www.kcomwel.or.kr

금융위원회 홈페이지(www.smefn.or.kr)

소상공인진흥원, http://www.sbdc.or.kr

신용보증재단, http://www.seoulshinbo.co.kr

온라인 재택창업시스템(www.startbiz.go.kr)

조선일보, http://futurechosun.com/archives/cagegory/series/c00p-30

중소기업진흥공단, http://www.sbc.or.kr

중소기업청, http://www.smba.go.kr

창업진흥원, http://www.kised.or.kr/

한국거래소, http://www.krx.co.kr

한국벤처캐피탈협회, http://www.kvca.or.kr

한국여성경제인협회, http://www.womanbiz.or.kr

한국장애인고용공단, http://www.kead.or.kr

[국외문헌]

Alexander Osterwalder and Yves Pigneur (2010), Business Model Generation.

Alexander Osterwalder 등 공저(2011),비즈니스모델의 탄생, 타임비즈

Andrew Humphries, Richard Gibbs (2009), Strategic Alliances & Marketing Partnerships.

Arun Sundararajan, 이은주 옮김(2016), 4차산업혁명시대의 공유경제(The Sharing Economy), 교보문고

Audretsch, D. B. and A. R. Thurik (2010), "Unraveling the Shift to the Entrepreneurial Economy", Tinbergen Institute Discussion Paper TI2010-080/3.

Bernard Stiegler, 권오룡 옮김(2015), 고용은 끝났다, 일이여 오라(L'emploi est mort, vive le travail!), 문학과지성사

Birley, S., and Cromie, S (1998), 'Social Networks and Entrepreneurship in Northern Ireland', Paper presented at Enterprise in Action Conference, Belfast (September).

Brian R. Ford ,Jay M. Bornstein, Patrick T. Pruitt (2006), Earnst & Young Business Plan Guide 3rd Edition.

Bruce R. Barringer & R. Duane Ireland(2012), Entrepreneurship Fourth Edition, Pearson.

Butler, J., and Hansen, G. S. (1991), 'Network Evolution, Entrepreneurial Success, and Regional Development', Entrepreneurship and Regional Development, Vol.3.

C. Joseph Touhill. Gregory J. Touhill. Thomas A. O'Riordan, 최민석. 신성철 역(2011), 스마트창업, 서울경제경영

Carol Batten Persons, Lynn Wieck (1985), Networking : A Power Strategy, Nursing Economics, Vol, 3.

Charles J. Corbett & Joseph D. Blackbum and Luk N. Van Wassenhove (1999), "Partnership to Improve Supply Chains", Sloan Management Review, Summer.

Chesbrough (2003), Open Innovation, Harvard Business School Press.

Christensen, C. M (1997), The Innovator's Dilemma: When New Technologies Cause Great Firms to Fail, Boston: HBSP.

Debelak Don (2006), Business Proposals & Business Plans, McGraw-Hill.

Donald F. Kuratko & Richard M. Hodgetts (2009), Entrepreneurship, 7th ed, Thomson South-Western, p. 4.

Donckels, R., and Lambrecht, J. (1995), 'Networks and Small Business Growth: An Explanatory Model', Small Business Economics, Vol. 7.

Drucker, P. F.(1986), Innovation and Entrepreneurship, Harper Business.

Edward Elgar (2007), Handbook of Research on Techno-entrepreneurship.

Gassmann, O (2003), Reepmeyer, G.; Zedtwitz, M., Analyzing Structures of the Pharmaceutical Industry in Switzerland). Journal of Health Care and Society, 13(2).

GEM(2012), Global Entrepreneurship Moniter-2012 Global Report

Geoffrey A. M.; R. McKenna (1991), Crossing the Chasm: Marketing and Selling High-Tech Products to Mainstream Customers.

Grover D. A. Cheon M. J. and Teng, J, T.C. (1994), "The effect of service quality and partnership on the outsourcing of information system function", Journal of Management Information System, Volume.12, Number.4, Spring.

Gulati, R.(1999), Alliances and network, Strategic Management Journal, Vol 19, No 4.

Gundry, Lisa K & KicKul, Jill R.(2007), Enterpreneurship Strategy: changing patterns in new venture creation, growth, and reinvention, Sage Publication Inc.

José C. Casillas & Ana M.Moreno(2010), Journal Enterpreneurship & Reginal Development "The Relationship between Entrepreneurial Orientation and Growth", vol.22

Karl H.Vesper(1990), New Venture Strategies, Prentice-Hall.

Kauffman Foundation (2009), Where will the jobs come from?, Research Series: Firm Formation and Economic Growth.

Khalil, E. E. (2000), "Environmental Pollution From Automotive" Proc. International Road On Safety Conference, Cairo.

Konsynski B. R., W.F. McFarlan (1990), Information partnership. shared data, shared scale, Harvard Business Review, September-October, pp.114-120.

Kotler, P.(2003), Marketing Management, 11th ed., NJ: Prentice-Hall.

Lan Stuart, F. & David M. McChtcheon (2000), "The Manager's Guide to Supply Chain Management", Sloan Management Review, March - April.

Lawrence M.(1998), "Filling a Financing Shortfall with Mezzanine Capital", Merger & Aquisitions, Nov.-Dec.

Lodish, L., Morgan, H.L., & Kallianpur, A.(2001), Entrepreneurial marketing: Lessons from Wharton's pioneering MBA course, NY: John Wiley and Sons.

Marc Sniukas (2012), Making Business Model Innovation Happen.

Mark J.P. Anson(2008), Handbook of Alternative Assert, Wiley.

Mark, W. J., Christensen, C. M. & Kagermann, H. (2008), 「Reinventing Your Business Model」, Harvard Business Review, Dec 01, p 12.

McKenna, R.(1991), Marketing is everything. HBR.

Morris M. H., P. Lewis & D. Sexton (1994), Reconceptionalizing Entrepreneurship: An Input-Output Perspective, Advanced Management Journal, 59(1), pp 21-31.

Naisbitt, J.(1988), Megatrend: Ten new directions transforming our lives. NY: Warner Books.

Osterwalder (2004), The Business model ontology a proposition in a design science approach, p 15.

Philip Kotler, Gary Armstrong(2012), Principles of marketing, 14th ed.,Prentice Hall.

Philip Kotler and Paul N. Bleem(1984), Marketing Professional Services, Englewood Cliff, New Jersey: Prentice-Hall Inc.

Richard Stutely (2002), The Definitive Business Plan, Prentice Hal.1

Ritter, T. & Gemunden, H. G.(2003), Network Competence : Its impact on innovation success and its antecedents. Journal of Business Research, 56(9).

Rogers, E. (2003), Diffusion of Innovations, 5th ed. NY: Simon & Schuster Publishing.

Sandaran P. Premaratne (2002), Entrepreneurial Networks and Small Business Development : The Case of Small Enterprises in Sri Lanka, Library Technische Unversiteit Eindhoven.

Sandberg, W. R., & Hofer, C. W.(1987), "Improving New Venture Performance: The Role of Strategy, Industry Structure and Entrepreneur" Journal of Business Venturing Vol 2.

Schilling, M. A., (2005) A "Small-World" Network Model of Cognitive Insight, Creativity research journal, 17.

Sood, A., and G. J. Tellis (2005), Technological evolution and radical innovation, Journal of marketing 69(3).

Stuart, R. W., & Abetti, P. A.(1987), "Start-Up Ventures: Towards the Prediction of Initial Success," Journal of Business Venturing, Vol 2, Issue 3, pp. 215-230.

Timmons J.A. (1993), New Venture Creation, Burr Ridge: McGraw-Hill, p 3.

Tom Elfring & Willem Hulsink (2001), Networks in Entrepreneurship : The Case of High-technology Firms, Small Business Economics.

Tom Strodtbeck & David Terry (2010), The Fundamentals of Incubator Management, NBIA's Preconference Institute.

Touhill C. Joseph, Gregory J. Touhill, Thomas A. O'riordan (2010), Commercialization of Innovative Technologies: Bringing Good Ideas to the Marketplace, Wiley-Aiche.

William Bygrav & Andrew Zacharakis, 이민화, 이현숙 옮김(2013). 기업가(Enterpeneur ship) 정신, 동서미디어

Zacharakis, Andrew(2009), Portable MBA in Entrepreneurship.

4차 산업혁명 시대의 기업가정신과 벤처 창업론

1판 1쇄 발행 2018년 09월 20일
1판 4쇄 발행 2023년 03월 10일
저   자 백두옥
발 행 인 이범만
발 행 처 **21세기사** (제406-2004-00015호)
　　　　　경기도 파주시 산남로 72-16 (10882)
　　　　　Tel. 031-942-7861   Fax. 031-942-7864
　　　　　E-mail : 21cbook@naver.com
　　　　　Home-page : www.21cbook.co.kr
　　　　　ISBN 978-89-8468-813-1

정가 30,000원